Britta Laws | Armando Koziner | Marianne Waldenmaier

Mitarbeiter ins Ausland entsenden

Britta Laws | Armando Koziner |
Marianne Waldenmaier

Mitarbeiter ins Ausland entsenden

Verträge gestalten und Vergütung optimieren

GABLER

Bibliografische Information Der Deutschen Nationalbibliothek
Die Deutsche Nationalbibliothek verzeichnet diese Publikation in der Deutschen Nationalbibliografie; detaillierte bibliografische Daten sind im Internet über <http://dnb.d-nb.de> abrufbar.

1. Auflage 2008

Lektorat: RA Andreas Funk

Der Gabler Verlag ist ein Unternehmen von Springer Science+Business Media.
www.gabler.de

Umschlaggestaltung: Nina Faber de.sign, Wiesbaden
Druck und buchbinderische Verarbeitung: Wilhelm & Adam, Heusenstamm
Gedruckt auf säurefreiem und chlorfrei gebleichtem Papier
Printed in Germany

ISBN 978-3-8349-0132-3

Vorwort

Der weltweite Austausch von Wissen, Waren und Dienstleistungen nimmt in starkem Maße zu. Ein unumkehrbarer Prozess. Arbeitsteilung im globalen Wirtschaftsgeschehen bedeutet, dass auch hoch entwickelte Produkte und Teilprodukte dort hergestellt werden, wo es billiger ist. Die Chance für die Industrienationen liegt in ihrem Vorsprung an Wissen, Kapitalausstattung und Infrastruktur.

Mit der Globalisierung suchen immer mehr Unternehmen ihre Absatzmärkte im Ausland. Viele Großunternehmen erwirtschaften dort inzwischen weit mehr als die Hälfte des Umsatzes. Immer mehr Unternehmen entscheiden sich aus Gründen der Kostenersparnis dazu, Produktionen ins Ausland zu verlagern. Auch für klein- und mittelständische Unternehmen bietet die fortschreitende Globalisierung große Chancen. Es geht darum, bedeutenden Kunden ins Ausland zu folgen und strategische Partnerschaften zu nutzen, um rechtzeitig in wachsende Märkte einzutreten. Vor allem in dem ständig wachsenden neuen Europa wird ein enormes Wachstumspotenzial gesehen.

Die sich dadurch eröffnenden Chancen sind mit großen Herausforderungen an das Personalmanagement in allen Unternehmen verbunden. Internationale Personaleinsätze unterscheiden sich von inländischen Stellenbesetzungen nicht zuletzt durch die Notwendigkeit, ständig mit den neuesten entsendungsspezifischen Regelwerken in Deutschland und anderen Ländern vertraut zu sein, um Auslandseinsätze richtig vorzubereiten und zu begleiten. Es gilt sowohl für globale als auch für international wachsende oder sich verändernde Unternehmen, rechtzeitig Konzepte und langfristig ausgelegte Strategien zu entwickeln und anzupassen, um Mitarbeiter weltweit erfolgreich einsetzen zu können.

Das vorliegende Buch ist eine Handlungsanleitung für internationale Personaleinsätze. Es wendet sich an die Spezialisten und Generalisten im Personalmanagement sowohl in großen, weltweit agierenden als auch in international wachsenden kleinen und mittelständischen Unternehmen. Es spannt den Bogen von der strategischen Ausrichtung des internationalen Personalmanagements im Hinblick auf die Erreichung der Unternehmensziele, der sich verändernden Rolle und den Aufgaben von International Human Resources bis hin zu den konkreten Aufgaben und Verfahrensweisen bei der Durchführung von Entsendungen. Dabei wird ein Schwerpunkt auf die Vergütung als ein zentrales Element des internationalen Personaleinsatzes gelegt. Im Detail werden Grundsätze und Methodik des Vergütungsansatzes erläutert, nach dem weltweit die meisten international entsendenden Unternehmen verfahren. Darüber hinaus beschreibt es ausführlich die arbeits-, sozial- und steuerrechtlichen Regelungen, die zur Durchführung einer erfolgreichen Entsendung notwendig sind und enthält praktische

Hinweise und Checklisten. Mit Ergebnissen aus weltweiten Policy Benchmarks unterstützt dieses Buch die Verantwortlichen für Human Resources bei strategischen Entscheidungen und ist zugleich ein täglicher Begleiter für alle, die internationale Personaleinsätze planen und durchführen.

Mein herzlicher Dank gilt den Mitautoren für ihre fundierten Beiträge und allen, die durch ihre Mitarbeit zu dieser Veröffentlichung beigetragen haben.

München im Sommer 2007 Britta Laws

Inhaltsverzeichnis

Teil I

Vergütung beim Internationalen Personaleinsatz

Britta Laws

1. Globale HR-Strategie

1.1 Internationales Personalmanagement – Begriff und Orientierung

Internationales Personalmanagement (IPM) umfasst alle Tätigkeiten im Bereich der Personalbeschaffung, Personalerhaltung, Personalentwicklung und Vergütung in international tätigen, multinationalen und globalen Unternehmen (vgl.Kumar, in Kumar & Wagner, 1998, S. 2) und beinhaltet die Entwicklung und Umsetzung sowohl der Personalpolitik als auch der Personalstrategie. Personalpolitik stellt dabei die zielgerichtete Handlungsweise im Rahmen der Personalstrategie dar. Sie leitet sich aus der Unternehmenspolitik ab. Die Personalstrategie umfasst die längerfristige Planung in Abstimmung mit den Unternehmenszielen; sie setzt die Unternehmensstrategie um (vgl. auch Scholz, Personalmanager 5/2004, S. 14).

Ein international tätiges Unternehmen sieht sich mit spezifischen Problemen konfrontiert, da es verschiedene Nationalitäten und Kulturen vereinen muss, um die Erreichung der Unternehmensziele zu gewährleisten. Das internationale Personalmanagement setzt sich mit diesen Herausforderungen auseinander, und dabei vor allem mit den Gegensätzen Integration und Differenzierung. Es agiert – je nach strategischer Orientierung – zwischen globaler Koordination und lokaler Anpassung.

Kumar (ebd., Seite 5 f) definiert vier strategische Modelle des IPM: nationales, multinationales, globales und transnationales IPM. Diese Varianten unterscheiden sich im Wesentlichen durch den Grad des Eingehens auf lokale Situationen und Werte und die Möglichkeiten, Erfahrungen und Fähigkeiten, weltweit zu koordinieren und das lokale Umfeld im Rahmen einheitlicher Regelungen zu integrieren. Dies hängt vom Stand der Internationalisierung und der Unterschiedlichkeit der Gastländer ab. Dabei ist globales IPM am stärksten auf die Durchsetzung von weltweit standardisierten Maßnahmen gerichtet. Wenn wir im Folgenden von international sprechen, meinen wir dies im Strategie übergreifenden Sinne, werden jedoch im jeweiligen Kontext den globalen Begriff – sowohl wie hier definiert als auch im Sinne weltweiter Ausrichtung – zur Unterscheidung verwenden.

Grundsätzlich unterscheidet das EPRG-Modell nach H. Perlmutter vier Typen der Unternehmenspolitik (vgl. Blom, 2002, S. 105 ff.):

1. Ethnozentrische Unternehmenspolitik
2. Polyzentrische Unternehmenspolitik
3. Regiozentrische Unternehmenspolitik
4. Geozentrische Unternehmenspolitik

Analog dazu können vier Strategien für eine Global Policy unterschieden werden:

1. Weltweite Policy des Headquarters
2. Kooperation mit den Tochterunternehmen
3. Regionale Policies der regionalen bzw. lokalen Headquarter
4. Weitgehende Unabhängigkeit der Tochterunternehmen mit dezentralen Policies

- Weltweite Policy des Headquarters
  Das Problem der Integration zeigt sich hier am stärksten, da eine allgemeine Policy für den gesamten Konzern einschließlich seiner Tochtergesellschaften entwickelt und eingeführt ist. Es kann sich als schwierig erweisen, diese für alle Unternehmen zu deren Zufriedenheit zu gestalten, da weniger auf landesspezifische Unterschiede eingegangen werden kann. Es muss ein Kompromiss gefunden werden, damit sowohl die strategischen Interessen der Muttergesellschaft umgesetzt als auch die Sichtweisen in den einzelnen Ländern berücksichtigt werden und sich die Mitarbeiter nicht aufgrund ihrer Herkunftsländer benachteiligt fühlen.

- Kooperation mit den Tochterunternehmen
  Durch die Kooperation mit den Tochtergesellschaften bei der Erstellung von Global Policies werden landesspezifische Unterschiede berücksichtigt. Vielfach werden Rahmenpolicies erstellt, die Raum zur Gestaltung lokaler Besonderheiten lassen.

- Regionale Policies der regionalen bzw. lokalen Headquarter
  Regionale Policies ermöglichen eine Anpassung der Bedingungen und Vorgehensweisen an die jeweilige Region, regionale Besonderheiten können in die Policy aufgenommen werden. Allerdings können durch die Unterschiede zwischen den regionalen Policies Probleme und Hindernisse bei interregionalen Mitarbeiter-Entsendungen entstehen. Die Unterschiede zu kommunizieren und die Gründe dafür zu erklären, kann sich als schwierig erweisen, und es bedarf dazu einer hohen interkulturellen Kommunikationskompetenz.

- Weitgehende Unabhängigkeit der Tochterunternehmen
  Durch die Unabhängigkeit der Tochterunternehmen bei der Gestaltung der Policy wird größtmögliche Anpassung an lokale Bedingungen gewährleistet. Die Policies lassen sich gezielt nach den Bedürfnissen des jeweiligen Konzern- oder Tochter-Unternehmens gestalten. Dies birgt jedoch die Gefahr in sich, dass die Unterschiede zwischen den Policies sehr groß und zum Beispiel Assignment Policies so ausgestaltet sind, dass die Expatriates der verschiedenen Töchter unterschiedlich behandelt werden. Besonderes Feingefühl des Managements hinsichtlich dieser Problematik kann Unzufriedenheit der Mitarbeiter von vornherein verhindern, jedoch sollte die Begründung für Unterschiede schlüssig und nachvollziehbar sein.

Welcher Ansatz gewählt werden soll und wie groß die auftretenden Probleme tatsächlich sind, lässt sich schwer vorhersagen. Das IPM steht jeweils vor der Herausforderung, einerseits Policies zu erstellen, die den Unternehmenszielen entsprechen, und andererseits darauf zu achten, dass die Motivation in den Tochtergesellschaften erhalten bleibt und keine Mobilitätshindernisse aufgebaut werden. Die Gestaltung des internationalen Personalmanagements hängt grundsätzlich davon ab, welche Strategie das Unternehmen verfolgt und in welchem Entwicklungsstadium es sich befindet.

1.2 HR in der Globalisierung

1.2.1 HR als strategischer Partner

Allgemeine Wegbereiter der Globalisierung und Internationalisierung wie der globale Wettbewerb, die Zunahme von Mergers und Acquisitions, die Dynamisierung des Arbeitsmarktes und das rapide Wachstum neuer Technologien haben Auswirkungen auf das Internationale Personalmanagement. Die Einführung des Euro hat mehr Transparenz in die Vergütungsstrukturen und Vergütungsbestandteile in den Euro-Ländern gebracht. Durch die EU-Erweiterung sind innerhalb Europas neue Arbeitsmärkte entstanden. Der Einfluss aus den USA hinsichtlich der Variabilisierung der Vergütungs- und Beteiligungssysteme und der Vergütung auf Basis von Funktionen und Rollen sowie allgemein eine Zunahme an Flexibilität ist im IPM deutlich spürbar. Durch die Globalisierung wurden die wesentlichen Handelsbarrieren wie Zölle, unterschiedliche technische Standards und kulturelle Barrieren weitgehend abgebaut. Neue Konkurrenzsituationen sind entstanden, Organisationen vernetzen sich immer stärker und entwickeln sich virtuell, die Reaktionszeit wird ständig schneller. Organisationen verändern sich grenzüberschreitend und damit auch die Strukturen im Personalmanagement. Zu den Prozessen gehören u.a. Outsourcing, der Aufbau von Service Centern und sogar Call Centern in den Personalorganisationen. Aus all dem erwachsen neue Spannungsfelder.

Seit dem Ende des 20. Jahrhunderts erleben wir den Bereich des internationalen Personalmanagements in einer Periode rasanter Veränderungen. Vor 30 Jahren hat International Human Resources (IHR) in multinationalen Unternehmen und Organisationen 80 Prozent seiner Tätigkeit dem Management von Expatriate Assignments gewidmet – und davon sogar fast die gesamte Zeit dem Thema Expatriate Compensation. Noch in den frühen neunziger Jahren hat das Thema Expatriate-Vergütung die Hälfte der Zeit von Corporate HR in Anspruch genommen und auch gegenwärtig ist es immer noch eines der Schwerpunkte (vgl. Reynolds, 2000, S. 3).

Jedoch verändern sich Zeitanteile und Schwerpunkte des Internationalen Human Resources Managements deutlich. Expatriate Compensation konkurriert heute mit strategischen Themen wie der weltweiten Integration der Vergütung, der globalen Besetzung von Positionen, der Umsetzung der Unternehmensstrategien und mit Gehaltsstrategien für Local Nationals, Benefits, Personalauswahl, Management Development und Organisationsentwicklung. Bei diesen Themen sowie bei der Konzeption international geltender Human Resources Policies hat Corporate HR die Verantwortung für Entwicklung und Umsetzung. Die strategisch wichtigen HR Themen sind somit zentral ausgerichtet. Als Ergebnis des intensiven Drucks auf die

Kopfzahlen im Unternehmen (Headcount) reduzieren bzw. begrenzen globale Organisationen die Funktionen, die als nicht strategisch betrachtet werden, und viele administrative Aktivitäten, die bisher von Corporate HR durchgeführt wurden, werden inzwischen – strategisch ausgerichtet und gesteuert durch die Zentrale – von externen Dienstleistern übernommen (outsourcing), oder es werden Shared Service Center gebildet, um Skaleneffekte beispielsweise in der Administration oder beim Assignment Management zu erzielen. Zunehmend wird das Internationale Human Resources Management (IHRM) als das gesehen, was es sein muss, nämlich als Beitrag zur Wettbewerbsfähigkeit des Unternehmens (Scholz, ebd. S. 12).

Zu den strategischen Aufgaben gehören weiterhin (vgl. Herod, 2006, S. 2)

- Unterstützung bei der Gründung neuer Gesellschaften
- Beteiligung bei Mergers und Acquisitions
- Rekruting für Schlüsselpositionen
- Internationales Karrieremanagement und Global Talent Management
- Entwicklung von Vergütungs- und Benefit Strategien
- Einführung und Pflege von globalen Unternehmenswerten und –standards

International Human Resources Management ist somit als strategischer Business Partner gefordert (vgl. Althauser, in Friederichs/Althauser (Hrsg.), 2001, S. 86) und in diesem Sinne auch Service Partner für die Linie, „to identify service needs and translate them into deliverables that benefit line managers and employees. ... this means knowing applicable employment laws in foreign countries and customs affecting work practices and then responding to them with timely support programs to avoid costly misunderstandings" (Benham 1999, S. 10 zit. nach Althauser, ebd., S. 87).

Noch vor gar nicht langer Zeit hatten die meisten international tätigen Unternehmen zwar verschiedene Schlüsselpositionen vor Ort mit Expatriates besetzt, doch lag es in der Verantwortung des lokalen Managements, ihre Organisation so mit Personal auszustatten, dass die gesetzten Ziele erreicht und das Wachstum des Unternehmens unterstützt wurde. Compensation und Benefits lagen eindeutig in der Verantwortung des Local Managements.

Die Einflussnahme des Headquarters erstreckte sich in vielen Unternehmen auf die Genehmigung der Gehaltsbudgets, der Gehaltserhöhungen für die Senior Local Executives und die Einführung von neuen und größeren Benefit-Plänen, selten jedoch auf Strukturen oder Details der lokalen Vergütungen und Benefit-Pläne. Außerdem hatten nur einige wenige im Headquarter Wissen und Erfahrung in diesen konkreten lokalen Themen. Auch dieses hat sich in den letzten Jahren deutlich verändert. Zunehmend wird es zur Aufgabe von IHR, die Entwicklung und Implementierung von Vergütungspolitik und –systemen – zumindest für die Führungsebenen – zentral zu entwickeln und zu steuern.

Für die klein- und mittelständischen Unternehmen (KMU) bekommen die geplanten Auslandsinvestitionen zunehmende Bedeutung, zumal ein Großteil bisher nur national tätig war. Die geringere Unternehmensgröße bedeutet aber auch, dass viele dieser Unternehmen einen

Mangel an international erfahrenen Mitarbeitern haben. Im Gegensatz zur klassischen Form der Internationalisierung, bei der Unternehmen erst mit steigender internationaler Erfahrung Internationalisierungsformen wählen, die auch ein Risiko einschließen und mehr Resourcen erfordern, ist der grenzüberschreitende Prozess „bei den KMU der heutigen Generation durch schnelle Internationalisierung charakterisiert“. Auch mit geringer internationaler Erfahrung gründen KMU Tochtergesellschaften in ihnen unbekannten Märkten oder gehen Joint Venture ein. Beide Merkmale, Unternehmensgröße und schnelle Internationalisierung, haben einen wesentlichen Einfluss auf die spezifische Personalbedarfsplanung, -beschaffung und -entwicklung. Dies ist das Ergebnis der Gemeinschaftsuntersuchung der KfW-Bankengruppe und des Lehrstuhls für internationales Management der Friedrich-Alexander-Universität Erlangen-Nürnberg, aus deren Bericht in „Personalwirtschaft“ 10/2006 hier zitiert ist. Im Sinne der von Kumar entwickelten personalstrategischen Modelle (s. unter 1.1) agieren diese Unternehmen in erster Linie national, d.h. eher situativ und von den Vorstellungen und Regelwerken des Stammhauses ausgehend.

1.2.2 Herausforderung Auslandsentsendung

Im Zuge dieser Entwicklung gewinnt das IPM bei Unternehmen aller Größen verstärkt an Bedeutung. Auslandsentsendungen sind unverändert ein wichtiges Instrument der Unternehmensstrategie in weltweit operierenden Organisationen und haben für die sich internationalisierenden Unternehmen zunehmende Bedeutung. Unternehmen nutzen diese Assignments, um auf neuen und alten Märkten Fuß zu fassen, in weltweite Informationsnetzwerke einzusteigen, Know-how zu transferieren, internationale Alliances und Joint Venture zu managen und Führungsfähigkeiten für den internationalen Kontext zu entwickeln. Aufgabe des IPM ist es, den grenzüberschreitenden Personaleinsatz im Sinne der Unternehmensziele zu gestalten, d. h. sicherzustellen, dass die richtigen Mitarbeiter zur richtigen Zeit im richtigen Land eingesetzt sind. Dies betrifft qualifizierte Fach- und Führungskräfte, Montagearbeiter, Ingenieure, Mitarbeiter im Vertrieb, IT-Spezialisten, Manager und Topmanager in Schlüsselfunktionen. Das Besondere im Verhältnis zum nationalen Personaleinsatz besteht darin, dass bei grenzüberschreitenden Einsätzen auf der einen Seite die familiäre Situation des Mitarbeiters zu berücksichtigen ist, denn eine Entsendung ist ein Einschnitt in die Lebenssituation für die gesamte Familie, und auf der anderen Seite die Regelungen im Arbeits-, Steuer- und Sozialversicherungsrecht anzuwenden sind, die sich aus nationalem und internationalem Recht ergeben. Dieses gilt nicht nur für Entsendungen von der Muttergesellschaft in ein anderes Land, sondern zunehmend geht es auch um die Beschäftigung von Arbeitnehmern mit unterschiedlicher Staatsangehörigkeit und verschiedenem kulturellen Hintergrund im Stammhaus bzw. in der Muttergesellschaft oder in den verschiedenen Tochtergesellschaften. Dabei sind die gesellschaftlichen, kulturellen, politischen, rechtlichen und wirtschaftlichen Werte und Einflüsse in den betreffenden Ländern zu berücksichtigen. Mit der Entsendung von Mitarbeitern eröffnet sich für das Personalmanagement ein komplexes Handlungsfeld, das sich darüber hinaus ständig verändert und neue Herausforderungen bringt.

Waren internationale Entsendungen in der Vergangenheit notwendig, um bestimmte Aufgaben im Ausland auszuführen und Positionen mit Mitarbeitern des Headquarters zu besetzen, so wurden dafür Fach- und Führungskräfte gesucht, die über viele Jahre mit ihren Familien im Ausland blieben und vielfach auch nicht mehr zurückkamen. Heute dagegen ist der Entsendungsprozess im Wesentlichen davon geprägt, einerseits internationale Assignments für Führungskräfte und High Potentials auf allen Ebenen zu einem möglichst geplanten Karriereschritt zu machen. Die Dauer dieser Entsendung beträgt in der Regel 3-5 Jahre. Andererseits werden Entsendungen im Sinne eines tatsächlich vorübergehenden Auslandseinsatzes zunehmend kürzer und projektbezogen gestaltet. Dies hat mehrere Gründe: Dem finanziellen Anreiz und der materiellen Ausstattung von Entsendungen steht der Zwang zur Kostenkontrolle gegenüber. Sich stärker international und global ausrichtende Unternehmen entwickeln ihre Unternehmensstruktur, teilweise hin zu stärkerer Regionalisierung und einer projektbezogenen Organisation, sodass sie Short-Term, Commuter und virtuelle Assignments nutzen können. Kürzere bzw. andere Formen des internationalen Personaleinsatzes werden auch durch das immer häufiger auftretende Problem der sogenannten Dual Careers notwendig. Immer mehr Ehepartner und Lebensgefährten wollen ihre eigene berufliche Entwicklung nicht unterbrechen oder beenden, sodass die Bereitschaft der Familie, den Mitarbeiter zu begleiten, nicht mehr selbstverständlich ist. Dabei spielt auch der Verlust des zweiten Einkommens eine Rolle. Die Unterstützung, die Unternehmen für mitreisende Lebenspartner leisten, bezieht sich im Wesentlichen auf Jobsuche, Karriereberatung, Weiterbildungsmaßnahmen, Arbeitserlaubnisse (fast 80 % der Unternehmen haben dazu eine Policy – ORC Worldwide, 2005 Dual Career and International Assignment Survey). Als Alternative stellt sich, dass der Mitarbeiter entweder allein ins Ausland geht und dann für einen kürzeren Zeitraum (Short-Term Entsendung) oder im Extremfall nicht bereit ist, sich entsenden zu lassen. Wenn nach den Entfernungskriterien ein Commuter-Einsatz (der Mitarbeiter pendelt tage- oder wochenweise zwischen seinem Heimat- und seinem Einsatzort – siehe dazu 4.4.) möglich ist, ist dies oftmals eine Lösung.

Von allen genannten Ablehnungsgründen sind der Lebensgefährte/Ehepartner und dessen Karriere sowie Bedenken wegen der Kinder die häufigsten (ORC Worldwide, 2005 Dual Career Survey, ebd.).

In Anbetracht der Kosten einer Auslandsentsendung sowie der erheblichen Konsequenzen, die das Scheitern in finanzieller und persönlicher Hinsicht haben kann, ist die Abwicklung von grenzüberschreitenden Personaltransfers trotz des damit verbundenen Einsatzes an Zeit und Kosten entsprechend der Entsendungsziele umfassend zu planen, durchzuführen, zu koordinieren und zu überwachen.

Aber auch der Repatriierung kommt entscheidende Bedeutung zu, insbesondere im Hinblick auf die weitere berufliche Entwicklung und Karriere des Mitarbeiters. Eine Studie von Cendant Mobility („Set your sights overseas“ – von Mary van der Boon & „Going Global: Research from US&UK Multinational“, zit. nach einer Präsentation) berichtet, dass 85 Prozent der Unternehmen internationale Assignments als Karriereförderung bzw. als Karriereschritt betrachten. Jedoch sehen 59 Prozent der Entsandten eine Lücke zwischen ihren Karriereerwartungen und der Laufbahn nach der Entsendung. Die Unternehmensberatung McKinsey hat die Kosten einer Entsendung für drei Jahre im Durchschnitt auf eine Million US Dollar beziffert. Zwischen 26 und 70 Prozent der zurückgekehrten Mitarbeiter verlassen das Unternehmen innerhalb von zwei Jahren nach der Entsendung. Der 2006 ORC Worldwide Survey of International Assignment Polices and Practices kommt zu dem Ergebnis, dass die Karriereplanung das größte Problem im Zusammenhang mit der Repatriierung darstellt, gefolgt von der Nachfolgeplanung für die aufgegebene Position. Außer in Nordamerika garantiert zwar die Mehrheit der Unternehmen dem Expatriate eine Position nach der Entsendung, jedoch weder den Job Level noch die Aufgabe. Das Performance- und Karrieremanagement der international mobilen Mitarbeiter ist somit eine besondere Herausforderung und wesentliche Voraussetzung für eine sinnvolle und gelungene Repatriierung. Hinzu kommt die Definition von Zielen für die Entsendung, die nur in weniger als der Hälfte der Unternehmen vorgenommen wird. Wenn die Verantwortung für die Leistungsbeurteilung in den meisten Unternehmen an die Manager im Einsatzland übertragen wird und 37 Prozent der Unternehmen die Ergebnisse in der Heimatgesellschaft überprüfen, ist hier ein offensichtlicher Anknüpfungspunkt für eine gezielte Einsatzplanung nach der Entsendung.

Im Zuge von Internationalisierung und Globalisierung zeigen sich die derzeitigen und zukünftigen Problemfelder und somit Herausforderungen für das IPM:

- Größere Nationalitätenvielfalt in den Unternehmen
- Größerer Spielraum für Gehaltsunterschiede
- Weltweit integrierte Vergütungspolitik
- Größere Vielfalt von internationalen Assignments, Short Term und Commuter Assignments
- Wesentlich mehr Einsatzorte für Entsendungen, mehr regionale Einsätze
- Lokalisierung
- Stärkere Abneigung gegen Mobilität – Dual Careers und Familie
- Sorge der Expatriates um die Karriereentwicklung – Rückkehr
- Aufbau von Global Talent Management
- Kostenkontrolle und Effektivität
- Marktvergleich/Benchmarking im Rahmen der Wettbewerbsfähigkeit

1.2.3 Auswahl und Global Talent Management

Der wesentliche Unterschied zum herkömmlichen Personalmanagement besteht darin, dass auf viel mehr Märkten die richtigen Personen zur richtigen Zeit in die richtigen Positionen gebracht werden müssen. Dazu werden Mitarbeiter auch auf internationalen Arbeitsmärkten rekrutiert und im Rahmen einer internationalen Karriere und der interkulturellen Zusammenarbeit gefördert.

Die Identifikation der „richtigen Personen" stellt hierbei das erste Problem dar. Es sind die konkreten Anforderungen zu definieren, nach denen die für den internationalen Personaleinsatz geeigneten Personen ausgewählt werden können. Dabei ist zu berücksichtigen, dass auch das HR Instrument Anforderungsprofil kulturspezifischen Kriterien unterliegt, die bei einer Standardisierung einzubeziehen sind (vgl. auch Grau/Jöns, Personalwirtschaft 7/2005, S. 11 ff).

Die geringe Größe und mangelnde Erfahrung mit fachlichen und persönlichen Anforderungen vor Ort machen auch für viele KMU die Erarbeitung von Anforderungsprofilen für Stellen im Ausland schwierig. Zu diesem Ergebnis kommt die oben genannte „Gemeinschaftsuntersuchung" (ebd.). Oftmals werden sie in Absprache mit den Führungskräften intuitiv erstellt und nicht aus der Unternehmensstrategie abgeleitet, sondern in Abhängigkeit vom Potenzial des Mitarbeiters beschrieben. Auch ist die interne Auswahl bei der Rekrutierung oft schwierig und kommt eher bei einzelnen Positionen der oberen Hierarchieebene in Betracht, weil dort vor allem das Wissen über das Unternehmen von Bedeutung ist. Zudem erlaubt in Auslandsniederlassungen die Besetzung der Führungsposition mit höheren Führungskräften des Stammunternehmens eine leichtere Durchsetzung der heimischen Unternehmenspolitik und lässt eine hohe Loyalität zum Stammhaus erwarten (vgl. „Gemeinschaftsuntersuchung", ebd.). Nach ORC Studien werden in den meisten Unternehmen unabhängig von ihrer Größe potenzielle Kandidaten für den internationalen Personaleinsatz vom Linienmanagement bestimmt, und auch die Auswahl wird dort getroffen. HR ist nur bei einem Drittel der Unternehmen immer beteiligt und bei fast der Hälfte von Fall zu Fall (2006 ORC Worldwide Survey, ebd.).

Die folgenden Maßnahmen unterstützen eine erfolgreiche Auswahl, Besetzung und Karriereentwicklung:

- Beschreibung der Anforderungen der Position, der geforderten technisch/fachlichen Qualifikation und weiterer Fähigkeiten,
- Einführung eines verbindlichen Auswahlprozesses,
- Vereinbarung/Festlegung von Zielen für die Entsendung und ihre Kontrolle während des Assignments mit entsprechendem Feedback an den Expatriate,
- sorgfältige Planung des Rückkehrprozesses, wobei sichergestellt werden sollte, dass insbesondere die Long-Term-Entsendung einen Entwicklungs- und möglichst auch einen Karriereschritt des Mitarbeiters nach sich zieht und die Investition somit für das Unternehmen längerfristig nutzbringend ist.

Eine weitere Herausforderung ist die Personalentwicklung für die in neuen ausländischen Niederlassungen oder Joint Ventures tätigen Mitarbeiter, die oftmals einen hohen Aus- und Weiterbildungsaufwand verlangen. Häufig sind die lokalen Mitarbeiter im Gastland nicht ausreichend mit der eingebrachten Ausrüstung und Technologie vertraut. Dies macht Trainingsaufenthalte im Stammhaus des Unternehmens erforderlich (vgl. „Gemeinschaftsuntersuchung", ebd.).

International durchgeführte Nachfolgeplanung und zielgerichtete Auslandseinsätze sind Instrumente, um die im Unternehmen vorhandenen Potenziale für die weiteren Karriereschritte und internationalen Positionen zu qualifizieren.

Talente müssen insbesondere auf den unteren Ebenen der Organisation und in einem frühen Karrierestadium identifiziert werden. Der internationale Einsatz von Talenten wird unterstützt, gefördert und erleichtert. Ebenso wird die Nachfolgeplanung zu einem dynamischen Prozess. Supervision und geplante Vorgehensweisen gehören zu den entscheidenden Maßnahmen. Um dieses erfolgreich zu gestalten und durchzuführen, muss das Talent Management in andere Prozesse des Human Resources Managements integriert werden.

Dieses belegt auch eine Studie von Towers Perrin in 16 multinationalen und in 10 ausgewählten DAX-Unternehmen im Jahr 2000, in der die folgende Leitlinie als Best-Practise einer internationalen Führungskräfteentwicklung aufgestellt wird:

„Nachfolge- oder Talent Pools werden an den definierten, international benötigten Competencies gemessen und bewusst als Mittel eingesetzt, die internationale Zusammenarbeit und Kommunikation zu verbessern und sicherzustellen" (zit. nach Althauser, ebd., S. 102).

Im Hinblick auf die Internationalisierung und Globalisierung von Unternehmen steht sowohl die Rekrutierung von Fach- und Führungskräften in den einzelnen Ländern an als auch der grenzüberschreitende Personaleinsatz und damit der Aufbau einer unternehmensweiten Struktur für ein Global Talent Management, das alle Regionen, Business Units und erworbenen Gesellschaften einbezieht. Zur Optimierung der Unternehmensleistung steht das Gewinnen, Halten und Weiterentwickeln von hochqualifizierten Mitarbeitern im Vordergrund.

Sind jedoch Unternehmensstrategie und Global Talent Management von einander getrennt, bedeutet das, dass

- Schlüsselqualifikationen nicht eingesetzt werden können, wenn und wo sie gebraucht werden,
- wettbewerbsentscheidende Fähigkeiten und Wissen verloren gehen, möglicherweise an den Wettbewerber,
- Businesspläne verzögert umgesetzt werden,
- Kosten für Replacement und Training hochschnellen können.

Auch der Bereich des internationalen Personaleinsatzes ist in das Global Talent Management mit einzubeziehen, damit nicht gute Potenziale vergessen werden, nur weil sie gerade nicht in ihrer Heimatgesellschaft sind. Ein Kurz-Survey, den ORC im Jahr 2006 zum Thema Auswahl, Management und Repatriation von Expatriates erhoben hat, stellt fest, dass die Verfahren und Programme für Talent Management oftmals nicht die international mobilen Mitarbeiter erfassen. Nur ein Viertel der Teilnehmer hat für alle Expatriates weltweit einen Talent Management Prozess aufgesetzt. Im selben Survey hat die Mehrheit der Unternehmen angegeben, dass sie keine entsprechend qualifizierte Position nach Beendigung der Entsendung garantieren. Ohne einen Talent Management Prozess ist dieses noch schwieriger. Gleichzeitig besteht die

Gefahr, den Mitarbeiter und damit notwendiges Potenzial für das Unternehmen zu verlieren, wenn die Erwartungen guter Mitarbeiter nicht erfüllt werden. Die Investition wäre verschwendet und zugleich das strategische Ziel, dass Assignments der „best cost“ Stratgie entsprechen, nicht erreicht.

Mit effektiven Talent Management Systemen lassen sich folgende Ziele erreichen: Vorbereitung von Nachfolgern auf entscheidende Positionen, Erkennen und Entwickeln von Qualifikationen und Fähigkeiten, die in der Zukunft notwendig sind und Wettbewerbsvorteile bringen sowie Motivation und Bindung von Schlüsseltalenten auf allen Ebenen.

Global Talent Management ist die Klammer zwischen Karriere- und Assignment Management für alle Talent Pools.

1.3 Aufbau einer Global Workforce

Wenn Unternehmen sich erstmals entscheiden, grenzüberschreitend tätig zu werden und in einem oder auch mehreren Ländern eine Niederlassung zu gründen, haben sie zunächst zwei Mitarbeitergruppen in ihren Tochtergesellschaften:

- Local Nationals, die aus dem Land kommen, in dem das Unternehmen seine Niederlassung gründet, und

- Expatriates, die vom Headquarter in die Tochtergesellschaft entsandt werden, um Know-how-Transfer zu leisten, Fach- und Führungspositionen zu besetzen, für die lokale Kräfte fehlen, und Schlüsselpositionen einzunehmen, die das Headquarter nicht mit lokalen Mitarbeitern besetzen möchte.

Im Zuge der internationalen Entwicklung eines Unternehmens wird diese International Workforce um die folgenden Mitarbeitergruppen erweitert (vgl. Reynolds, 2001, S. 520f):

- Third Country Nationals (TCN): Mitarbeiter, die in einem beliebigen Land lokal rekrutiert werden und für eine befristete Zeit zu einer Konzerngesellschaft in einem anderen Land außerhalb des Landes des Headquarters entsandt werden.

  Beispiel: Ein amerikanischer IT-Spezialist, der bei der Tochtergesellschaft eines deutschen Unternehmens in Chicago angestellt ist, wird für eine befristete Zeit nach Kanada entsandt, um dort eine IT- Abteilung aufzubauen.

- Regionalisten: Mitarbeiter, die für eine befristete Zeit in ein anderes Land innerhalb derselben geographischen Region entsandt werden.

  Beispiel: Ein Vertriebsmitarbeiter aus Singapur wird nach Indien als Vertriebsmanager transferiert.

- Stammhaus-Assignees: Mitarbeiter, die in das Headquarter entsandt werden. Sie werden auch als In- oder Impatriates bezeichnet.
- Short Term Assignees: Mitarbeiter, die für einen kürzeren Zeitraum entsandt werden, meistens bis zu einem Jahr und ohne Begleitung der Familie.
- Virtuelle Assignees: Mitarbeiter, die eine verantwortliche Rolle in der Auslandsgesellschaft bzw. im Gastland haben und diese vom Heimatland aus wahrnehmen. Der persönliche Kontakt wird über gelegentliche Dienstreisen gehalten.
- Permanente International Transfers: Mitarbeiter, die unbefristet in ein Konzernunternehmen oder eine Tochtergesellschaft entsandt werden, in der Regel einen lokalen Vertrag bekommen und für die nur in sehr seltenen Fällen eine Rückkehr in das Headquarter geplant ist.
- Highly Mobile Employees: Mitarbeiter, die in aufeinander folgenden Entsendungen weltweit oder auch in einer Region mit internationalen und/oder lokalen Verträgen jeweils über eine unterschiedliche Dauer eingesetzt werden. Sie werden auch Global Nomads genannt. Bei diesen Mitarbeitern stellt sich die Frage nach dem Heimatland-Bezug. Sie kehren häufig nicht in ihr Heimatland zurück.
- International Cadre: Globally Mobile Employees, die zumeist aufgrund ihrer spezifischen Qualifikation in mehreren Assignments eingesetzt werden. Auch hier bleibt in vielen Fällen die Frage nach dem Heimatland-Bezug.

Der Weg zu einer international erfolgreichen Unternehmung verläuft für viele Firmen von der Export Company zur Global Company. Mit zunehmendem Erfolg auf ausländischen Märkten und damit verbundenem Wachstum steigt die Bedeutung der ausländischen Tochterunternehmen oder Konzerngesellschaften. Um diese Entwicklung in der Unternehmensstrategie zu berücksichtigen, ist es unerlässlich, eine International Workforce aufzubauen, zu entwickeln und zu fördern. Hier ist die proaktive Vorgehensweise von HR als Business Partner entscheidend. Dies spielt eine besondere Rolle bei der Gründung von neuen Gesellschaften oder Joint Ventures, auch und gerade bei kleineren Unternehmen, und zwar auf allen Märkten. Der erste Schritt ist die Ausstattung mit Personal. Folgende Fragen bedürfen einer Antwort:

- Wie ist der Zeitplan der Neugründung? Welche Bedingungen sind zu erfüllen?
- Was sind die Erfordernisse für die kurz- und langfristige Stellenbesetzung?
- Welche Qualifikationen und Erfahrungen werden gebraucht?
- Welche Positionen müssen zuerst besetzt werden?
- Sind entsprechend qualifizierte lokale Arbeitnehmer verfügbar? Wie sind die Arbeitsmarkt bedingten und die rechtlichen Regelungen?
- Welche Positionen müssen mit Expatriates oder Short Term Assignees besetzt werden?

Eine weitere strategische Herausforderung ist die weltweite Besetzung von Schlüsselpositionen.

Dazu gehört ein gutes Verständnis der zu besetzenden Position und der damit verbundenen kurz- und langfristigen Ziele, eine Stellen- oder Rollenbeschreibung, ein Anforderungsprofil, der Vergütungsrahmen und möglicherweise die Beauftragung eines internationalen Headhunters.

Im Rahmen der Global Mobility Strategy bietet das Global Mobility Model für globale und sich weiter internationalisierende Unternehmen eine sinnvolle Veranschaulichung der notwendigen Elemente und Aktivitäten, Schlüsselanforderungen und Schlüsselkompetenzen der Global Workforce, die die folgende Abbildung zeigt:

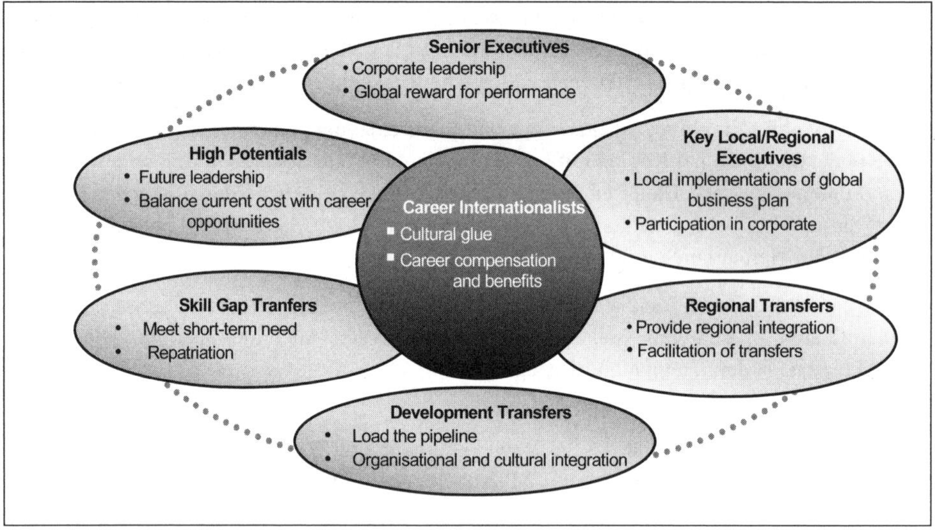

Abbildung I-1: *Globally Mobile Employee Model (ORC Worldwide Präsentationen)*

Obwohl die meisten global agierenden Unternehmen sich zunächst fast ausschließlich auf lokale Arbeitnehmer stützen und dieses auch für die Mehrzahl der lokalen Positionen tun, entsenden sie ebenso Mitarbeiter aus anderen Ländern, um z.B. fehlende Qualifikationen auszugleichen, Know-how-Transfer zu gewährleisten, unternehmensweite Systeme einzuführen oder auch internationale Personalentwicklung zu ermöglichen. Die Entscheidungen über den Personaleinsatz sind im Rahmen der strategischen Unternehmensentwicklung zu treffen, und zwar in Verbindung mit den kurz- und langfristigen Zielen, den Leistungserwartungen und dem Wachstum.

Der Aufbau einer Global Workforce umfasst die Integration von lokalen und internationalen Mitarbeitern. Eine entscheidende Rolle kommt dabei dem Key Local National Employee zu. Dies ist ein lokaler Mitarbeiter mit Schlüsselqualifikationen für das Unternehmen. Als Träger der globalen Unternehmenskultur ist es seine Aufgabe, diese im Unternehmen vor Ort umzusetzen. Er nimmt zudem an der internationalen Personal- und Karriereentwicklung und am Global Talent Management Programm teil.

Bei der Festlegung der Gehälter für lokale Schlüsselpositionen wollen die Unternehmen grundsätzlich gewährleisten, dass sie am lokalen Markt wettbewerbsfähig sind und innerhalb des Landes herausfordernde Positionen zur Verfügung stellen. Diese Gehälter werden grundsätzlich als Vergleichsmaßstab für die Vergütung von Expatriates in diesem Land herangezogen, jedoch ist dieser Ansatz nicht immer ausreichend. Die Unternehmen haben hier auch die jeweiligen Heimatland-Gehälter im Blick und gegebenenfalls den weiteren Entwicklungsweg der Mitarbeiter.

1.4 Faktoren für eine erfolgreiche internationale und globale HR-Strategie

Der wichtigste Faktor für eine erfolgreiche internationale bzw. globale HR-Strategie ist die direkte Verknüpfung der HR-Strategie mit der Unternehmensstrategie. Nur so kann sichergestellt werden, dass beide dasselbe Ziel verfolgen und die HR-Strategie ihrer Aufgabe nachkommt, die Unternehmensstrategie zu unterstützen. Jedoch können die Unternehmen die Herausforderungen nur bestehen, wenn sie die HR Strategie nicht einfach „als Derivat der Unternehmensstrategie betrachten, sondern diese integrieren ... und umsetzen" (Althauser, ebd. S. 86; siehe dazu auch Scholz, ebd.). Dabei kommt es entscheidend darauf an, globales Wachstum und Profitabilität dadurch zu unterstützen, dass die richtigen Personen in den richtigen Positionen an den richtigen Orten zur richtigen Zeit eingesetzt sind. Als strategischer Partner agiert IPM proaktiv, indem es die strategischen Unternehmensziele im HR Bereich auf ihre Machbarkeit prüft, Risiken zur Realisierung ermittelt (vgl. Althauser, ebd.) und Lösungen erarbeitet.

Als Business Partner unterstützt IPM das Top-Management – Unternehmensleitung und obere Führungskräfte – dabei, den internationalen Fach- und Führungskräften im Rahmen der Strategie zur Erreichung der Unternehmensziele die richtigen Botschaften zu kommunizieren, den internationalen Karrierefokus zu betonen und die Wichtigkeit von lokaler und kultureller Integration herauszustellen. Hier geht es vor allem darum, dass internationale und globale Kompetenz das signifikante Kriterium bei der Auswahl und der Entwicklung des Führungsteams ist. Dies beinhaltet, dass die interkulturellen Fähigkeiten als entscheidender Faktor bei Beurteilung und Leistungsvergütung hervorgehoben werden. Dazu ist sicherzustellen, dass Kandidaten mit globalen und multikulturellen Fähigkeiten in den Nachfolgeprogrammen entsprechend berücksichtigt und entwickelt werden.

Talent Management ist das drängendste strategische HR Thema der Unternehmen im Jahr 2007 (ORC Worldwide Survey) und wird auch noch weiterhin an oberster Stelle der Agenda stehen. Die international agierenden Unternehmen sind zunehmend besorgt, ausreichend Mitarbeiter mit den notwendigen Qualifikationen und Entwicklungspotenzialen in den herausfordernden und nicht einfachen Standorten wie in China, Indien, Osteuropa und Brasilien zur Verfügung stellen zu können. Talent Management bezieht sich heute nicht mehr nur auf das Senior Management, sondern auf die Mitarbeiter, die Schlüsselqualifikationen für den Erfolg des Unternehmens oder in ihrer Funktion besitzen und insofern dem Unternehmen einen Wettbewerbsvorteil ermöglichen. Global Talent Management ist daher eindeutig mit Unternehmensstrategie verbunden.

Dazu gehört es auch, die Potenziale in den Konzern- und Tochtergesellschaften weltweit aufzuspüren und für die regionale und globale Karriereentwicklung zuzulassen und zu fördern. Der Aufbau von globalen oder regionalen Talent-Pools ist ein nächster Schritt. Die Zunahme von Transfers aus Entwicklungsländern in Industrieländer als auch von Transfers zwischen Nachbarländern verstärkt die Herausforderung, eine Vielfalt verschiedener Kulturen und damit verbundener Werte in die Entwicklung der IHR Programme einzubeziehen. Die internationale und globale Entwicklung von Talenten ist ein Erfolgsfaktor, um tiefe und differenzierte Talent Pools sicherzustellen.

Wichtig für eine erfolgreiche internationale Entsendungspolitik ist die Integration von Expatriate-Programmen und Global-Talent-Management-Programmen. Dies zum einen, um Mitarbeiter mit den richtigen Qualifikationen entsenden zu können und zum anderen, den Auslandseinsatz als Vorbereitung auf den nächsten Karriereschritt zu planen oder bereits als solchen durchzuführen. Das heißt auch, die Expatriates in den Potential Pool aufnehmen und weiterentwickeln zu können. Im Rahmen der High Potential Programme sind Early Assignments sinnvoll, d.h. bereits die Entsendung von jungen Mitarbeitern. Dies dient ebenso der Kosteneffizienz, denn die jungen Expatriates haben noch nicht so hohe Gehälter und oftmals noch keine Familie gegründet.

Ein globaler Ansatz muss mit der lokalen Kultur und den operativen Erfordernissen ausgewogen gestaltet werden. Dazu bedarf es u.a. konsistenter Beurteilungskriterien. Ein global definiertes und um die Besonderheiten regionaler Kulturen ergänztes Competency-Modell schafft Transparenz und erlaubt ein einheitliches Performance Management (Althauser, ebd., S. 102). Grundsätzlich unterstützen „global einheitliche Auswahlkriterien, standardisierte Leistungsbeurteilungen, auf vergleichbaren Qualifikationen und Leistungen beruhende Vergütung sowie eine unternehmensweit strategiekonforme Personalentwicklung … ein effektives und effizientes globales HR Management“ (Grau/Jöns, ebd. S. 11). Ein wesentlicher Faktor bei der Neugestaltung der HR Instrumente und ihrer Entwicklung zu einem integrierten Gesamtkonzept ist die Beantwortung der Frage, inwieweit die zu entwickelnden HR Instrumente, die den internationalen Prozess unterstützen sollen, kulturübergreifend standardisiert werden können und dabei die lokalen Unterschiede zu berücksichtigen sind (vgl. dazu die SAP-Studie 2005 – Grau/Jöns, ebd. S. 11 ff).

Ein globales Vergütungsprogramm mit dem Fokus auf leistungsbezogener Vergütung und mit leistungsbezogenen Karrierechancen sollte so gestaltet sein, dass es die Mitarbeiter auch dazu motiviert, internationale Assignments anzunehmen und fortzuführen. Es ist die Frage zu beantworten, in wieweit die klassischen Vergütungsmethoden und der Vergleich mit der Peergroup im Heimat- oder Gastland verbunden wird mit zielorientierten Bonusprogrammen und konkreten Karriereschritten. Im Zuge der stärkeren Rekrutierung von entsandten Mitarbeitern aus den sogenannten Entwicklungs- oder Schwellenländern wie Indien und China sind die derzeitigen Expatriate Gehaltssysteme ohne einige deutliche Abwandlungen nicht ausreichend. Als Antwort können hybride Systeme oder in einigen Fällen besondere Gehaltsmargen und -bänder dienen (international paylines). In Asien finden wir in den Ländern jeweils eigene Bedingungen für Personaleinsätze, z.B. innerhalb Chinas für lokale Mitarbeiter, die zuvor international tätig waren und für internationale Mitarbeiter, die auf dem lokalen Markt rekrutiert werden.

Bei Highly Mobile Employees, die – hauptsächlich in globalen, grenzüberschreitenden Organisationen – als „Global Nomads" oder „International Cadre" in Top Management oder Spezialisten-Positionen den größtenTeil ihres Berufslebens von Entsendung zu Entsendung oder Einsatz zu Einsatz gehen, greift die klassische Peergroup Betrachtung nicht, da ein entsprechender Heimat- oder Gastlandbezug nicht gegeben ist. Das Gehalt wird sich eher an der Definition „Expatriates weltweit" und einer globalen Gehaltsstruktur bzw. international pay scale orientieren, die eine Vergütung für diese internationale Mobilität ermöglicht. Karriereentscheidungen für diese Mitarbeiter werden vielfach unabhängig von Expatriate Programm getroffen. Der Fokus liegt in erster Linie darauf, dass sie von Land zu Land jeweils für eine bestimmte Zeit, teilweise sogar mit unbefristeten Verträgen eingesetzt sind, und wie Vergütung und Benefits geregelt werden. Grundsätzlich sollte hier die Frage beantwortet werden, wie diese Mitarbeiter mit welchen Bedingungen in das Globally Mobile Employee Model (s. dazu 1.3) eingebunden sind.

Internationale Entsendungen haben einen hohen strategischen Wert, bedeuten aber gleichzeitig hohe Kosten und auch Risiken für das Unternehmen und ebenso den Mitarbeiter und seine Familie. Um den Return on Investment in die kostenintensiven Entsendungen sicherzustellen, der „best cost Strategie" zu entsprechen und auch die „Human Assets" zu schützen, die international erbracht werden, muss IHR effektive Policies, Richtlinien und Verfahrensweisen einführen, die Auswahl, Vorbereitung und Unterstützung der Expatriates sicherstellen.

Die grenzüberschreitende Unternehmensstruktur erfordert die Schaffung eines grenzüberschreitenden HR-Managements. Die Personalbereiche werden miteinander vernetzt, um eine internationale Abstimmung bei Personalentscheidungen zu ermöglichen und effizient und auch arbeitsteilig vorgehen zu können. Kontakte und Koordinationsmechanismen zwischen den einzelnen Ländern werden im Sinne einer effektiven Kommunikationsstrategie ausgebaut. Shared Service Center und Call Center sind einerseits eine Antwort auf den Kostendruck, werden aber auch als Beitrag zur Wertschöpfung gesehen.

Betrachtet man die heutige strategische Rolle von IHR, so ist Althauser (ebd. S. 78) zuzustimmen, wenn er feststellt, dass das deutsche HRM vielfach sehr stark funktions- und richtlinienbezogen aufgestellt ist und noch zu wenig strategisch. Mit Blick auf den wertschöpfenden Beitrag eines funktions- und länderübergreifenden IHRM ist es sinnvoll, anstelle der oftmals starren Einhaltung und Durchführung von Richtlinien stärker flexible, auf die Situation vor Ort angepasste Lösungen zu entwickeln, die am strategischen Gesamtkonzept ausgerichtet sind.

1.5 Internationale Entsendungen – Begriff und Definition

1.5.1 Entsendungsarten

Das steigende Tempo der Globalisierung hat mit seinen signifikanten Veränderungen in Technologie, Reiseverkehr und Kommunikation einen zunehmenden Bedarf an qualifizierten und hochmobilen Fach- und Führungskräften hervorgerufen, die bereit sind, internationale Assignments anzunehmen. Entsendungen variieren nach Art und Dauer und gehen faktisch in jedes Land der Welt.

Es gibt für die Entsendungsarten keine allgemein gültige Terminologie, die national oder international verbindlich oder einheitlich angewandt wird. Dennoch lassen sich verschiedene Modalitäten unterscheiden. Grundsätzlich wird Entsendung oder Assignment (in der englischen Sprache) auch als personalpolitischer Oberbegriff verwandt.

Eine Entsendung ist ein zeitlich befristeter Einsatz eines Mitarbeiters im Ausland, um bestimmte Aufgaben und Ziele für seinen Arbeitgeber zu erfüllen. Eine spezifische Definition erfährt dieser Begriff im Sozialversicherungsrecht: Entsendung ist hier an bestimmte Voraussetzungen geknüpft – dazu verweisen wir auf Teil III des Buches. Im Folgenden verwenden wir den Begriff Entsendung/Assignment im personalpolitischen Sinne.

Grundsätzlich werden die verschiedenen Arten der Entsendung entweder nach ihrer Dauer mit den zeitlichen Begriffen Short-Term und Long-Term unterschieden oder in Deutschland auch als Abordnung, Delegation und Versetzung differenziert, wobei die Versetzung befristet ist. In den USA und von dort kommend wird zusätzlich der Begriff Mid-Term Assignment verwandt und zwar dann, wenn unter Long-Term Assignment eine Lokalisierung zu Expatriate-Bedingungen verstanden wird. Auf diese Spezifizierung werden wir jedoch nicht weiter eingehen.

Entsendungen oder Assignments werden in folgende **zeitliche Abschnitte** eingeteilt:

- **Dienstreise**: in Deutschland in der Regel bis zu drei Monate
- **Short-Term Assignment**: in der Regel sechs bis 18 Monate, bestimmt durch Projektdauer bzw. Auftragsdauer. In Deutschland werden auch die Begriffe **Abordnung** oder **Delegation** verwandt.
- **Long-Term Assignment: grundsätzlich** bis zu fünf Jahren. In deutschen Unternehmen wird auch der Terminus **Delegation** oder befristete **Versetzung** oder **Transfer** (mit und ohne Rückkehrgarantie) verwandt.
- **Transfer/Übertritt/Lokalisierung**: die unbefristete Versetzung in das ausländische Unternehmen, entweder nach einem Entsendungszeitraum von i. d. R. fünf oder mehr Jahren oder als Lokalisierung von Beginn an.

Abbildung I-2 zeigt die grundsätzliche zeitliche Zuordnung zu den Begriffen Business Trip/Dienstreise, Short- und Long-Term-Asignments sowie Übertritt als permanenter Einsatz vor Ort.

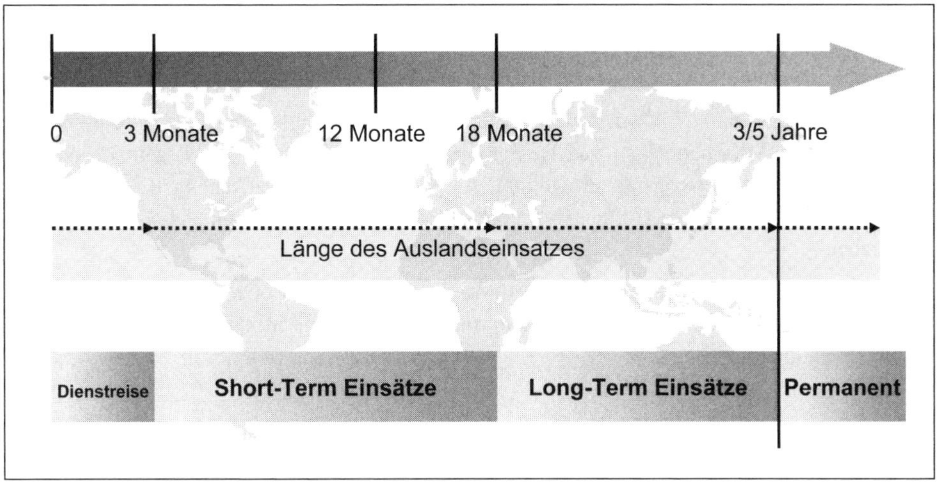

Abbildung I-2: *Dauer der verschiedenen Entsendungsformen*

Dienstreise/Business Trip

Die grenzüberschreitende Dienstreise ist die kürzeste Form des internationalen Personaleinsatzes. Um sie auch tatsächlich in diesem Rahmen anzusiedeln, ist es sinnvoll, sie in der Entsendungs-Policy zu definieren und nicht nur unter steuerlichen Gesichtspunkten zu betrachten.

Damit einher geht zum einen, dass Human Resources über grenzüberschreitende Dienstreisen informiert wird. Dies ist ebenso aus steuerlichen wie aus sozialversicherungsrechtlichen Gründen erforderlich (s. dazu Teil IV.8 und Teil III).

Zum anderen kann die Dienstreise als Instrument im Rahmen der internationalen Personalentwicklung genutzt werden. Auch Mitarbeiter, die sich relativ kurz während einer Dienstreise im Ausland aufhalten, sammeln internationale Erfahrung.

In Deutschland erstreckt sich die Dienstreise in der Regel auf einen Zeitraum von bis zu 3 Monaten, der in der Praxis oftmals auf sechs Monate ausgedehnt wird. Der 3-Monats-Zeitraum ist definiert durch die steuerfrei auszuzahlenden Tagespauschalen für Verpflegungsmehraufwendungen, sofern sie die Höhe der Beträge des Bundesfinanzministeriums nicht überschreiten (s. dazu Teil IV).

Short-Term Einsatz/Abordnung

Hierunter wird ein kurzfristiger internationaler Personaleinsatz verstanden, der im Rahmen des bestehenden Vertrages mit der Muttergesellschaft absolviert wird und dessen Dauer in der Regel sechs bis 18 Monate beträgt. Dazu gehören zum Beispiel Projekteinsätze, Know-how-Transfers und – jedoch in geringerer Anzahl – Entsendungen mit dem Ziel der Karriere- oder Personalentwicklung.

Bei diesen kurzfristigen Einsätzen wird in den meisten Fällen – bedingt durch die stärkere Anbindung des Mitarbeiters an das Heimatland – ein Änderungs- und Ergänzungsvertrag zum bestehenden Arbeitsvertrag im Heimatland geschlossen. Dieser enthält Regelungen zur Tätigkeit, zum Berichtsweg, zur zusätzlichen Vergütung und zu weiteren Nebenleistungen im Einsatzland.

Eine der häufigsten Bedingungen für Short-Term Entsendungen oder Abordnungen besteht darin, dass die Familie im Heimatland bleibt und der Expatriate in kürzeren Abständen nach Hause reisen kann.

Long-Term Einsatz/Versetzung

Diese langfristigen Einsätze, die in der Regel bis zu fünf Jahren dauern, sind nach wie vor die am häufigsten durchgeführten Entsendungen. Ihr Ziel ist zumeist der Know-how-Transfer, die Besetzung von Management- und Schlüsselpositionen und die Karriereentwicklung mit späterer Übernahme von Managementpositionen mit höherer Verantwortung. Die Familie begleitet den Mitarbeiter, wenn es ihrer eigenen Planung entspricht und der Einsatzort bzw. die Nähe des Einsatzortes für das Leben der Familie geeignet ist.

Der Vertrag im Heimatland wird in den meisten Fällen ruhend gestellt und ein lokaler Arbeitsvertrag geschlossen. Gleichermaßen ist jedoch auch ein Änderungs- oder Ergänzungsvertrag zum bestehenden Grundvertrag möglich. In diesem Fall ist zu prüfen, ob aus landesrechtlichen Gründen ein lokaler Arbeitsvertrag notwendig ist. Nach der Beendigung der Entsendung lebt der Heimatland-Vertrag wieder auf.

Delegation

Wenn von Delegation gesprochen wird, handelt es sich häufig um einen Zeitraum von bis zu drei Jahren. Jedoch wird dieser Begriff auch von einzelnen Unternehmen für Long-Term Einsätze verwendet. Wie bei der Versetzung begleitet die Familie den Mitarbeiter in das Entsendungsland, wenn dieses am Einsatzort möglich ist, d.h. der Mitarbeiter gibt seinen Lebensmittelpunkt im Heimatland für diesen Zeitraum auf.

Der Delegationsvertrag kann als Änderungs- und Ergänzungsvertrag zum Arbeitsvertrag mit der Heimatland-Gesellschaft geschlossen werden, aber auch als Entsendungsvertrag mit einer Ruhensvereinbarung für das Arbeitsverhältnis im Heimatland. In diesem Fall regelt ein lokaler Arbeitsvertrag die Bedingungen des Arbeitsverhältnisses im Einsatzland.

Commuter Assignments

Eine neue Form von Entsendungen sind die sogenannten Commuter Assignments. Die Heimatlandbindungen des Mitarbeiters bleiben vollständig bestehen, d.h. er gibt seine Wohnung nicht auf, seine Familie bleibt zu Hause. Der Mitarbeiter ist entweder die gesamte Arbeitswoche an seinem Einsatzort oder in einem Rhythmus von Montag bis Donnerstag oder Dienstag bis Freitag, sodass er in diesen Fällen mindestens einen, wenn nicht sogar zwei Tage, zu Hause oder an seinem Arbeitsplatz im Heimatunternehmen tätig ist.

Permanenter Transfer/Lokalisierung

Beim permanenten Transfer oder Übertritt wird der Mitarbeiter auf Dauer in ein anderes Land transferiert. Er beendet sein Arbeitsverhältnis mit dem Heimatunternehmen und begründet ein Vertragsverhältnis mit der Auslandsgesellschaft.

Wenn eine solche Lokalisierung durchgeführt wird, ist dieses in der Regel nach einer Entsendungsperiode von fünf bis sechs Jahren der Fall. Der Mitarbeiter möchte in seinem Unternehmen am Einsatzort bleiben, und das Unternehmen hat dort eine Position für ihn. Für den Mitarbeiter gelten ab dem Zeitpunkt des Übertritts die Bedingungen vor Ort. Manche Unternehmen gewähren noch Leistungen für eine befristete Übergangszeit, z. B. die Weiterzahlung von Schulkosten oder einen Zuschuss zur Wohnung.

Von Lokalisierung wird aber auch dann gesprochen, wenn der Mitarbeiter in einer ausländischen Tochtergesellschaft seines Heimatland-Unternehmens von Beginn an zu lokalen Bedingungen beschäftigt wird und diese Tätigkeit zeitlich begrenzt ist. Der Vertrag mit der Heimatgesellschaft wird in der Regel ruhend gestellt und lebt nach seiner Rückkehr wieder auf.

Für die Diskussion der Vergütung werden wir uns soweit wie möglich von diesen begrifflichen Unterscheidungen lösen und im Wesentlichen auf Long- und Short-Term Assignments und Lokalisierung eingehen und zwar mit der Fokussierung auf die Vergütungskonzepte.

1.5.2 Entsendungsdauer

Die Mehrzahl der Unternehmen entsenden ihre Mitarbeiter einmalig mit einer definierten Rückkehr. Die sog. „out and back“-Entsendungen mit einer Zeitdauer von zwei bis fünf Jahren werden am häufigsten praktiziert. Dabei werden fünf Jahre als in der Regel längster Zeitraum für eine Entsendung angesehen, um zu gewährleisten, dass der Expatriate seine Verbindungen zum Heimatland nicht verliert. Untersuchungen zeigen, dass sich ein Mitarbeiter nach einer Zeitdauer von ca. fünf Jahren im Einsatzland eher verwurzelt und somit die Rückkehr in sein Heimatland schwieriger wird. Ebenso gilt dies für eine unmittelbar anschließende Entsendung in ein anderes Land.

Nach der neuesten Studie von ORC Worldwide zum Thema International Assignment Policies and Practices, 2006, nutzen 45 Prozent der Unternehmen weltweit Entsendungszeiträume bis zu drei Jahren, gefolgt von 32 Prozent, die regelmäßig bis zu fünf Jahren entsenden. Japanische Unternehmen tendieren dazu, ihre Mitarbeiter insgesamt länger zu entsenden. Dort bevorzugen 70 Prozent eine Entsendungsdauer von fünf Jahren.

Gleichzeitig steigt die Anzahl der Unternehmen, die ihre Mitarbeiter für einen kürzeren Zeitraum, insbesondere im Rahmen von Projekten, im Ausland einsetzen. 27 Prozent sehen einen Trend hin zu kürzeren Entsendungszeiten. Dabei spielt das Thema Kostenkontrolle eine wesentliche Rolle.

Bei fast 90 Prozent der entsendenden Unternehmen gelten unterschiedliche Bedingungen für Short-Term Assignments. Incentives werden von mehr als der Hälfte der Unternehmen nicht gezahlt. Da die Familie in den meisten Fällen zu Hause bleibt, gewähren mehr als 50 Prozent der Firmen den Short-Term Assignees eine größere Anzahl von Heimflügen. Oftmals kann der Mitarbeiter einen Teil seines Flugkontingents an die Familie abtreten oder das Unternehmen gewährt einen Familienflug in das Einsatzland.

Short-Term Assignments werden von den Unternehmen häufig als ein schneller und im Verhältnis nicht so teurer Weg angesehen, die jeweiligen Ziele des Auslandseinsatzes zu erreichen. Die o. g. Untersuchung von ORC Worldwide zeigt, dass 93 Prozent der Unternehmen der Bauindustrie (einschließlich Anlagen- und Montagebau, Ingenieurfirmen) und 90 Prozent der IT- und Telekommunikations-Unternehmen Short-Term Assignments nutzen. Die Anzahl dieser kurzen Assignments ist insbesondere nach Asia Pacific und Osteuropa gestiegen.

Auslands-Entsendungen werden dadurch erschwert, dass viele Mitarbeiter familiär gebunden sind und sich keinen neuen Herausforderungen stellen wollen. Eine Entsendung für einen Zeitraum von drei bis fünf Jahren bedeutet für viele Mitarbeiter eine ungewollte Beeinflussung ihres Lebensablaufs.

Eines der größeren Hindernisse beim internationalen Personaleinsatz ist der steigende Prozentsatz von sogenannten Dual Career Couples, d.h. von Mitarbeitern, deren Lebensgefährte bzw. Lebensgefährtin ebenfalls eine berufliche Karriere verfolgt (s. auch 1.2.2). Dies ist einer der häufigsten Gründe für die Ablehnung eines konkreten Auslandeinsatz-Angebotes. Deshalb geht der Trend in den letzten Jahren immer mehr in Richtung kürzerer Zeiten für den internationalen Personaleinsatz, zu Short-Term Assignments, und – wenn möglich – auch zu Commuter-Einsätzen.

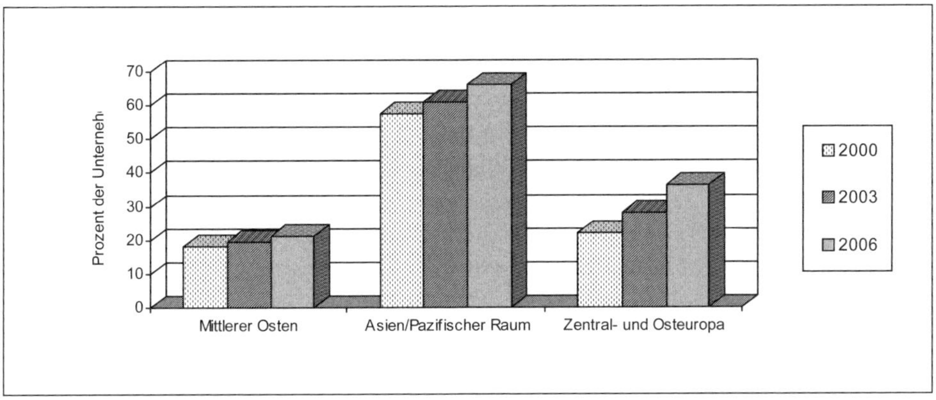

Abbildung I-3: *Entwicklung von Short-Term Assignments nach Regionen*
Quelle: ORC Worldwide Survey of International Assignment Policies and Practices, 2006

2. Grundsätze und Ziele der Internationalen Vergütungspolitik

2.1 Lokale Vergütung und Globalisierung

Im Zuge der Globalisierung der Unternehmen – seit ca. 15 Jahren deutlich zu beobachten – hat sich der Fokus der für Global Compensation und Benefits Verantwortlichen verändert. Management-Gehälter, insbesondere in den Industrieländern, nähern sich einander an. Abgesehen von der Vergütung für Top-Führungskräfte sind Management-Gehälter z.B. in Japan und der Schweiz sogar höher als in den USA. In den meisten Industriezweigen stellen die Local Nationals mehr als 98 Prozent der Mitarbeiter der ausländischen Tochtergesellschaften amerikanischer und westeuropäischer Multinationals. Die Kosten für Gehälter und Nebenleistungen für Local Nationals wirken sich somit in einem größeren Ausmaß auf die Profitabilität des jeweiligen Unternehmens aus als die Gehälter der Expatriates. Mit der Vergütung rücken große Kostenblöcke zunehmend in den Fokus des Managements.

Zusätzlich zum Thema Kosten richten multinationale Unternehmen ihre Aufmerksamkeit auf die Motivation der Mitarbeiter, um die Unternehmensziele besser erreichen und die Wettbewerbsfähigkeit des Unternehmens steigern zu können. Dies ist in unzähligen Global Vision Statements festgeschrieben. Darüber hinaus haben viele Unternehmen ihre Vergütungsprogramme auf andere Länder übertragen, in der Erwartung bzw. in der Hoffnung, dass sie die lokalen Mitarbeiter in ihren ausländischen Tochtergesellschaften darüber ebenso motivieren wie die Mitarbeiter im Headquarter.

Die Ergebnisse eines von ORC Worldwide durchgeführten Surveys zum Thema Global Compensation Practices of Leading US, West European and Latin America Corporations zeigt, dass 80 Prozent der Unternehmen (unabhängig vom Ort ihres Headquarters) das Grundgehalt von Key Local Executives an den lokalen Wettbewerbsbedingungen ausrichten. Im Gegensatz dazu beteiligen die Mehrzahl der Unternehmen in den USA ihre Key Local Executives an den Incentive-Plänen ihrer Headquarter und nicht an den jeweiligen lokalen oder regionalen Plänen, verglichen mit einem Drittel der nicht amerikanischen Unternehmen (vgl. Reynolds 2001, S. 5 und neueste ORC Studien).

Nicht zuletzt aufgrund der Untersuchung von Gerd Hofstede für IBM in den sechziger Jahren (1960 und folgende – vgl. Hofstede, 1991) haben viele Unternehmen den Einfluss kultureller Faktoren auf Politik und Strategie von Human Resources sowie die Vergütungspolitik und -systeme erkannt. Kurz gefasst zeigen die Ergebnisse: Die Vergütungspraxis in den USA begünstigt Individualität und Hochleistung, die kontinentaleuropäischen Systeme unterstreichen die soziale Verantwortung und die traditionell japanischen Ansätze betrachten Alter und Dienstjahre im Unternehmen als vorherrschende Faktoren für die Vergütung.

Fons Trompenaars (vgl. Tromenaars, 1993/94) hat Hofstedes Untersuchung erweitert und viele wertvolle Einblicke über Kultur und ihren Einfluss auf die Unternehmenstätigkeit weltweit hinzugefügt. Selbst wenn sich Systeme und Vorgehensweisen in den einzelnen Ländern im Laufe der Zeit insbesondere unter dem Druck der Globalisierung verändern, können wir festhalten, dass die Kultur der jeweiligen Länder auch die nationale Vergütungspraxis beeinflusst. Die Vergütungspolicies und -systeme rund um die Welt unterscheiden sich nach wie vor, und viele dieser Unterschiede resultieren aus kulturellem Mind-Set und historischen Einflüssen. Dennoch haben in den letzten Jahren einige multinationale Unternehmen radikale Veränderungen in ihren Vergütungssystemen vorgenommen, die zunächst nicht mit der Kultur und der Tradition ihres Landes übereinstimmen, z. B. Stock-Options-Pläne in Japan oder Aktienoptionspläne und eine stärkere Orientierung an Leistung in Deutschland, einschließlich der Variabilisierung der Vergütungen für deutsche Führungskräfte. Da schließlich kein Land ein Monopol auf eine Best Practise hat, kann es für diejenigen, die dennoch danach handeln wollen, einen ernst zu nehmenden Wettbewerbsnachteil bedeuten. Flexibilität für die notwendige Entwicklung ist erforderlich. Die Kultur ist dabei ein starker Treiber für das Verhältnis von Grundgehalt, variabler Vergütung, Benefits und anderen Nebenleistungen.

Insofern ist es wenig Erfolg versprechend, eine Policy oder Vorgehensweise in einem anderen Land einzuführen, lediglich weil „es zu Hause gut funktioniert". Ihre Einführung scheitert häufig daran, dass die Tochtergesellschaften weder das Vorgehen noch die Inhalte akzeptieren, selbst wenn die lokalen Mitarbeiter wissen oder sogar respektieren, dass das Headquarter bzw. die Muttergesellschaft die Autorität und Macht hat, die eigenen Vorstellungen durchzusetzen. Wie Barmeyer/Davoine in ihrer Untersuchung (s. dazu Personal Heft 04/2006, S. 46 ff) feststellen, lassen sich drei Reaktionsmuster unterscheiden:

- Die Mitarbeiter wehren sich gegenüber unternehmenskulturellen Elementen und setzen diese nicht um.
- Die Mitarbeiter übernehmen und integrieren unternehmenskulturelle Elemente im Anschluss an inhaltliche oder sprachliche Modifikationen, die dem landeskulturellen Kontext Rechnung tragen.
- Die Mitarbeiter übernehmen und integrieren ohne Infragestellung oder Konflikte unternehmenskulturelle Elemente wie Praktiken und Werte.

Auch „das durch kulturelle Werte charakterisierte lokale HRM prägt die Wahrnehmung der Unternehmensmitglieder und wirkt somit auf ihre Einstellung gegenüber globalen Instrumenten", wie Maren R. Grau und Ingela Jöns in der Auswertung der SAP-Studie 2005 feststellen (ebd.).

Mit der richtigen Vorgehensweise und Begleitung durch das Personalmanagement lassen sich diese Muster entwickeln bzw. verändern. Entscheidend ist, wie Veränderungen von Policies und Systemen lokal dargestellt und vermittelt werden. Es ist ein großer Unterschied, ob das Management eines japanischen Multinationals Stock Options für das Unternehmen für sinnvoll hält, selbst wenn sie unter japanischen Wettbewerbern weniger oder sogar unüblich sind, oder ob das Management eines amerikanischen Unternehmens seinen Führungskräften in der japanischen Gesellschaft die Notwendigkeit amerikanischer variabler Vergütungssysteme erklären will. Vielfach ist es Repräsentanten der Headquarters nicht gelungen, ihre Vorhaben überzeugend darzustellen und im Rahmen globaler oder transnationaler HR-Strategie (zu den Begriffen siehe 1.1) neue Systeme erfolgreich zu implementieren, weil sie nicht verstanden haben, wie bedeutsam es ist, zuzuhören und lokale Kultur und Sichtweisen zu akzeptieren. Doch es lohnt sich und ist demzufolge zielführend, die notwendige Zeit aufzubringen, um das lokale Verständnis und Engagement zu gewinnen.

Bei der Betrachtung lokaler Vergütungsprogramme rund um die Welt werden die großen Differenzen zwischen den Ländern schnell deutlich und zwar sowohl bei der Gehaltshöhe als auch bei der Struktur der Vergütung und ebenso bei den Benefit-Programmen. Insbesondere sind die Unterschiede im Umgang mit Zusatzleistungen signifikant.

Nehmen wir als Beispiel die Nutzung von Firmenfahrzeugen in Großbritannien und anderen ehemaligen oder heutigen Commonwealth-Staaten. Obwohl Firmenfahrzeuge nicht unbedingt als ein Instrument z. B. zur Steueroptimierung angesehen werden können, sind sie in diesen Ländern nach wie vor eine wichtige Nebenleistung, weil sie sichtbar das Ansehen der Position unterstreichen.

Sind Zusatzleistungen einmal eingeführt, ist es schwer, sie zu reduzieren oder wegzunehmen. In Ländern mit relativ hoher Einkommensteuer wie Norwegen und Schweden sind Gehaltserhöhungen oft von geringerem Wert als steueroptimierende Benefits. Diese Nebenleistungen sind auch üblich in Ländern, in denen die Lohn- und Gehaltshöhe grundsätzlich gering ist. In einigen Ländern Asiens, besonders in Indien, sind Housing Allowances, Hausangestellte, Firmenwagen mit Chauffeur und andere Benefits je nach Gehaltslevel selbstverständliche Nebenleistungen. Die Liste der Zusatzleistungen, die in den meisten lateinamerikanischen

Ländern gewährt wird, ist ebenfalls sehr lang und enthält ähnliche Allowances. Deshalb ist die Beurteilung von Gehältern ohne Betrachtung der Zusatzleistungen – in cash oder in kind – problematisch.

2.2 Integration und Differenzierung in der Vergütungspolitik

Im Zuge der Globalisierung von Märkten und Unternehmen verbreitet sich die Einstellung, dass alle wichtigen Policies und Verfahrensweisen globalisiert werden sollten. Obwohl nicht vereinbar mit der verbreiteten Aufforderung „Think Global – Act Local", herrscht häufig die Meinung, dass Policies, die nicht global ausgerichtet sind, auch nicht strategisch sein können.

Grundsätzlich und in vielen konkreten Fällen sichtbar bedeutet globalisiert auch standardisiert und zwar im Sinne der vom Headquarter zentral entwickelten Policies und Verfahrensweisen. Gleichwohl werden globale Instrumente auch von der lokalen Kultur beeinflusst (Grau/Jöns, ebd.). Bevor Vergütungs- und Benefit-Programme rund um die Welt standardisiert werden sollen, ist es sinnvoll, nach dem konkreten Ziel solcher Maßnahmen zu fragen. Der Schlüssel zur Definition einer Total Remuneration Strategie ist die Verbindung zur Unternehmensstrategie. Dabei wird im ersten Schritt festgelegt, wie das Unternehmen weltweit organisiert ist – Länder bezogen, multinational oder transnational, regional oder global. Je „grenzenloser" ein Unternehmen aufgestellt ist, desto einheitlicher sollte das Vergütungssystem für die Executives auf derselben Ebene sein. Sowie die Organisationsstruktur die Unternehmensstrategie unterstützt, ist auch die Total Remuneration Strategie mit der Unternehmensstrategie verbunden. Dies bestimmt auch, welche Managementebenen an globalen Vergütungsprogrammen teilhaben und wie weit sie in die lokalen Organisationen herunter gebrochen werden.

In vielen Unternehmen kann es im Interesse einer global ausgerichteten Unternehmensstrategie sinnvoll sein, ein einheitliches Beurteilungs- und Gehaltsfindungssystem für Executives und obere Führungskräften einzuführen, um eine weltweite Vergleichbarkeit zu erzielen. Dies geschieht zumeist in Form eines Global Grading Systems. Bei dieser Vorgehensweise gibt es eine Differenzierung der Unternehmen nach ihrer strategischen Ausrichtung, wie Cuthill im Jahr 2000 in einer Untersuchung bei 76 Unternehmen in Nord Amerika und Europa festgestellt hat (zit. nach Althauser, ebd., S. 84). Danach gestalten 95 Prozent der globalen Unternehmen die Vergütungssysteme für ihre oberen Führungskräfte gleich, 70 Prozent der multinationalen und 60 Prozent der international ausgerichteten Unternehmen.

Bei der Gestaltung einer fairen Vergütung wird zunächst die Vergütungsstrategie für die Senior Executives festgelegt: Ist die interne Vergleichbarkeit maßgebend, ist marktgerecht das Kriterium oder eine Mischung aus beidem? Entscheidet sich ein Unternehmen für die interne Vergleichbarkeit, bedeutet das, alle Teilnehmer des Vergütungsprogramms nach denselben

Kriterien zu vergüten, unabhängig von lokal üblichen Vorgehensweisen. Wird die Entscheidung für die Marktbezogenheit der Vergütung getroffen, entstehen daraus teilweise extrem unterschiedliche Vergütungspakete. Kein Ansatz ist richtig oder falsch, beide reflektieren die jeweilige Unternehmensstrategie, und das ist der wesentliche Faktor. Eine Unternehmensstrategie, die auf globale Integration ausgerichtet ist, erfordert eine Vergütungspolitik, die sich stärker an der internen Vergleichbarkeit orientiert und insofern eher grenzüberschreitend und unabhängig vom lokalen Markt aufgebaut ist. Auch Kompromisse aus beiden und die Aufnahme von Elementen aus beiden Programmen sind möglich.

Die Vergütungspolitik ist zentraler Bestandteil einer globalen Human-Resources-Strategie, die sicherstellt, dass globales Wachstum und Effizienz nicht daran scheitern, dass die geeigneten Mitarbeiter für die entsprechenden Positionen vor Ort fehlen. Deshalb berücksichtigt eine internationale HR-Strategie die grenzüberschreitende Unternehmensstruktur bei der Entwicklung, Implementierung und Administration aller HR-Programme einschließlich der Vergütung. Sie stellt ebenfalls sicher, dass internationale Assignments der sogenannten Best-Cost-Strategie entsprechen. Ziel ist dabei eine leistungsorientierte Vergütung für internationale Personaleinsätze und die Eröffnung von Karrieremöglichkeiten.

Folgende Ziele verfolgen die meisten internationalen Unternehmen in ihrer Vergütungspolitik:

- Die verschiedenen Mitarbeitergruppen (Expatriates und lokal Angestellte) fühlen sich fair und vergleichbar behandelt, indem vergleichbare Kriterien für die Vergütung angewandt werden.
- Es sollen qualifizierte Mitarbeiter für Positionen auf der ganzen Welt gewonnen, gehalten und motiviert werden.
- Die passenden Competencies und Fähigkeiten werden definiert, entwickelt und gefördert, um die weltweiten Unternehmensaktivitäten zu unterstützen.
- Die Kostenkontrolle muss gewährleistet sein, wenn Ansprüche auf finanzielle Anreize und Boni erhoben werden oder lokale Vorschriften zusätzliche Zahlungen vorsehen.
- Die Leistungen der Organisation vor Ort werden überprüft und mit den Ergebnissen der Anreiz-Strategien des Unternehmens verglichen.
- Die Flexibilität innerhalb des Unternehmens wird gefördert, damit der Wert dauerhaft gesteigert wird.
- Interne Ressourcen müssen bereitstehen (oder von außerhalb eingekauft werden), damit die komplexen Anforderungen der Personalpolitik an einen modernen, multinationalen Personalbestand (International bzw. Global Workforce) erfüllt werden können.

Mit einer richtigen Zusammensetzung der Vergütungspakete und ihrer Kommunikation in den Unternehmen ist es möglich, Leistung und Motivation des einzelnen Mitarbeiters zu erhöhen. Die Gehaltsbestandteile sind in der Regel: fixes und variables Gehalt, Zulagen und Nebenleistungen.

Unter Beachtung der gesetzlichen Vorgaben, des Verhaltens der Wettbewerber und der Werte des Unternehmens tragen die verschiedenen Maßnahmen der Vergütung zur Erreichung der Unternehmensziele bei.

Mit einer strukturierten Vorgehensweise in vier Schritten

1. Klarstellung oder Bestätigung der geltenden Vergütungs-/ Belohnungsstrategie
2. Zusammenstellung der lokalen Vergütungsbedingungen und rechtlichen Erfordernisse
3. Analyse der Vorgehensweisen der externen Wettbewerber
4. Entwicklung eines ausgewogenen und ganzheitlichen Konzepts zur Vergütungspolitik

lassen sich die folgenden Ergebnisse erzielen:

- Ermittlung des Marktbereichs, mit dem die unterschiedlichen Vergütungsniveaus verglichen werden können (z.B. spezifische oder vergleichbare Industriezweige in Bezug auf Unternehmensgröße, Phasen des Wachstums, geographische Lage o.ä.),
- Schaffung angemessener Gehaltsmodule,
- Umsetzung der lokalen Vorschriften und Regelungen zur Vergütung,
- Entwicklung von Richtlinien, bei denen jeder Gehaltsbestandteil positioniert wird (z. B. im Verhältnis zum marktüblichen Mittel),
- Sicherstellung entsprechender Gehälter für Positionen mit vergleichbaren Voraussetzungen in Bezug auf Verantwortung und Erfahrung,
- Einführung von Kontrollsystemen, damit frühzeitig erkannt werden kann, wenn die Gehaltsstrukturen angepasst oder verändert werden müssen.

Je nach Grad der Differenzierung der Vergütungspolitik dürfen jedoch auch verschiedene Problemfelder nicht übersehen werden:

- Wird die Vergütungspolitik eines Landes, zumeist des Headquarters, in ein anderes Land übertragen, ist dies zumeist dann nicht erfolgreich, wenn die Vergütungspraxis des jeweiligen Landes nicht berücksichtigt wird.
- Ohne eine einheitliche und konsequente weltweite Vergütungspolitik wird es zunehmend schwerer, Kosten zu reduzieren, die Produktivität zu erhöhen und variable Zahlungen mit der Leistung des Unternehmens zu verknüpfen.
- Bei dem Versuch, weltweit qualifizierte Talente zu rekrutieren, muss häufig ein konkurrenzfähiges Gehaltspaket angeboten werden. Dies stellt vielfach eine große Herausforderung für HR dar, insbesondere dann, wenn dieses den Vergütungsrahmen übersteigt und nicht in das Gehaltsgefüge passt oder das Unternehmen möglichst kosteneffizient vorgehen möchte.

- Sollen Mitarbeiter lokalisiert werden ohne mögliche Unterschiede in den Kosten für die Lebensführung und die Auswirkungen auf das Nettogehalt in Betracht zu ziehen, z. B. durch andere Steuersätze, Mietkosten und Lebenshaltungskosten, kann das Auswirkungen sowohl auf die Bereitschaft zur Lokalisierung als auch auf die Integration haben.

2.3 Herausforderungen für International Compensation und Benefits

Wollen Unternehmen eine faire und vergleichbare Behandlung ihrer Mitarbeiter weltweit sicherstellen, stehen sie vor der Herausforderung, internationale Gehälter und Nebenleistungen auf breiter Basis zu vergleichen. Dabei können die folgenden Vergleichsgruppen herangezogen werden:

- Local Nationals grenzüberschreitend in den verschiedenen Ländern
- Local Nationals mit Expatriates
- Expatriates weltweit untereinander

Es ist in der Praxis kaum zu erreichen, dass ein Vergütungssystem die Gleichheit aller Mitarbeitergruppen herstellen kann. Gleichwohl sind Verantwortliche und Spezialisten für Compensation und Benefits ständig auf der Suche nach einem System, das motiviert und am besten weltweit für alle Mitarbeiter angewandt werden kann. Vergleichbarkeit ist dabei das wesentliche Kriterium, um Gleiches gleich und Ungleiches ungleich zu behandeln. Eine unterschiedliche Behandlung, die willkürlich ist und nicht auf Position, Verdienst und persönlicher Leistung basiert, wird schnell und überall als Diskriminierung angesehen.

Häufig wird argumentiert, dass alle Mitarbeiter, insbesondere am selben Ort, dieselben Vergütungsvorteile erhalten sollten, da ansonsten das Gefühl von Benachteiligung und Unzufriedenheit herrsche. Dies gilt insbesondere für den Vergleich von lokalen Mitarbeitern mit Expatriates. Entgegen der Annahme, dass lokale Mitarbeiter darüber unzufrieden seien, wenn Expatriates besser bezahlt sind, hat Dianne Cyr in ihrer Studie über internationale Joint Venture festgestellt, dass vielschichtige und unterschiedliche Vergütungsvereinbarungen und -systeme für Joint-Venture-Mitarbeiter als nicht problematisch erscheinen. Wesentlich wichtiger war es für die Mitarbeiter, ihr Vergütungssystem als fair beurteilen zu können, z. B. dass die Bonussysteme innerhalb der eigenen Gruppe konsistent und vergleichbar angewandt werden (vgl. Dianne J. Cyr, The Human Resource Challenge of International Joint Venture, 1995, zit. nach Reynolds, 2001, S. 10). Auch unsere eigene Erfahrung unterstützt diese Feststellungen.

Wir haben ebenso festgestellt, dass Local Nationals vergleichsweise hoch bezahlte Expatriates, mit denen sie zusammen arbeiten, nur dann ablehnen, wenn diese nicht kompetent sind, weder das für den Markt erforderliche Know-how noch die Erfahrungen mitbringen, eine überaus lange Zeit ihren Expatriate-Status beibehalten ohne lokale Nachfolger auszubilden oder wenn die Local Nationals selbst von internationalen Personalentwicklungsprogrammen und Karrieremöglichkeiten außerhalb ihrer Heimatländer ausgeschlossen werden, weil sie nicht als „unsere Leute“ angesehen werden.

Diese Beobachtung spricht nicht gegen differenzierte Vergütungsprogramme sondern für die Notwendigkeit besserer und weltweiter Potenzial- und Expatriate-Auswahlverfahren und eine effektive Karriereplanung.

Die besondere Struktur von Expatriate-Vergütungssystemen beruht hauptsächlich auf zwei länderspezifischen Unterschieden: Gehaltshöhe und -struktur sowie tatsächliche Kaufkraft.

Wäre eine länderübergreifende Vergleichbarkeit von Gehältern sowohl in den Brutto- als auch in den Nettobezügen möglich und würde das Nettogehalt einen vergleichbaren Lebensstandard in den verschiedenen Ländern gewährleisten, wäre die grenzüberschreitende Entsendung von Mitarbeitern in Bezug auf das Gehalt nicht schwieriger als die Versetzung innerhalb eines Landes. Selbst wenn der Ausgleich unterschiedlicher Nebenleistungen oftmals eine Herausforderung darstellt, liegen die Gesamtvergütungen nicht so weit voneinander entfernt, und die Unterschiede sind im Wesentlichen akzeptiert.

Der Vergleich der Bruttogehälter in den einzelnen Ländern weist jedoch tatsächlich große Unterschiede auf. Zusätzlich verändern sich die Nettogehälter durch die unterschiedlichen Steuersysteme, wobei diese Veränderungen nicht notwendigerweise mit den Bruttogehältern korrelieren.

Darüber hinaus ist die jeweilige Kaufkraft des Nettogehaltes verschieden. Dies kann dazu führen, dass Mitarbeiter, die auf einer lokalen Gehaltsbasis in ein anderes Land gehen, das Gefühl haben, dass ihr tatsächlicher Lebensstandard willkürlich erhöht oder verringert wird. Mehr noch, oftmals weisen die lokalen Gehaltssysteme eine andere Bewertung der jeweiligen Position und Job-Familien aus. So kann sich die Kaufkraft des Gehaltes z.B. eines Ingenieurs und eines Finance Managers, die zwischen denselben Ländern entsandt werden, unterschiedlich verändern.

Auch innerhalb eines Landes sind Veränderungen möglich:

- In vielen Ländern gibt es regionale Unterschiede bei den Gehältern.
- Einige Länder haben lokal unterschiedliche Steuersysteme, die das Nettogehalt beeinflussen, z.B. in den USA (Federal und State Tax) und in der Schweiz (kantonale Steuern).
- Die Kosten für Lebenshaltung und Wohnung unterscheiden sich in einer Weise, die sowohl mit der Höhe der Gehälter zusammenhängen kann als beispielsweise auch mit regionalen Preisstrukturen.

Eine Verringerung dieser nationalen Unterschiede würde bereits einiges an Komplexität bei internationalen Entsendungen herausnehmen. Dieses wird jedoch – wenn überhaupt – bestenfalls in den ökonomisch homogeneren Regionen wie in Europa möglich sein, und selbst hier werden die bestehenden substanziellen Unterschiede in Steuersystemen und Lebensstandard auf absehbare Zeit nicht überwunden sein. Da die stärkste Zunahme von Entsendungen in weniger entwickelte Länder stattfindet, bedeutet dies, dass die klassische Diskrepanz zwischen lokalen und Expatriate-Gehältern wahrscheinlich sogar größer ist als vor 20 Jahren.

Konkret wird die Vergütungspolitik eines Unternehmens auch daran zu messen sein, inwieweit sie diese objektiven Schwierigkeiten zu überwinden bereit und in der Lage ist. Bislang werden beispielsweise die Kosten für Entsendungen als Preis für die Erreichung weiter gehender Ziele von den Unternehmen grundsätzlich akzeptiert. In den letzten Jahren wurden allerdings bereits vielfältige Einsparungen insbesondere bei Relocation-Kosten wie Wohnung, Flügen etc. vorgenommen. Werden Kostenüberlegungen zukünftig für den Einsatz von Expatriates ein stärker begrenzender Faktor, wird dies die Arbeitslandschaft deutlich verändern. Der ORC Worldwide Survey of International Assignment Policies and Practices, 2006 ermittelt trotz der hohen Kosten gegenwärtig noch eine Zunahme der internationalen Personaleinsätze von 44 Prozent im Jahr 2004 auf 56 Prozent.

3. Expatriate-Vergütung

3.1 Ziele der Expatriate-Vergütung

Grundsätzlich gelten für ein internationales Expatriate Vergütungssystem die gleichen Kriterien wie für das nationale Vergütungssystem. Dabei steht in Zeiten zunehmender Kostenoptimierung die Wirtschaftlichkeit im Vordergrund. Gleichzeitig kommt es darauf an, – und zwar unter Beachtung der Unterschiede in verschiedenen Ländern – attraktiv und leistungsorientiert für Fach- und Führungskräfte zu sein.

Anforderungen an die internationale Vergütungspolitik

- Attraktiv für Fach- und Führungskräfte
- Leistungsorientiert
- Mobilitätssichernd
- Absicherung von allgemeinen Nebenleistungen wie. z.B. Altersversorgung
- Wirtschaftlich
- Vergleichbarkeit von internationalen und lokalen Fach- und Führungskräften
- Einfach zu verstehen und zu administrieren

Das grundsätzliche Ziel der Vergütungspolitik bei internationalen Personaleinsätzen besteht in einer leistungsorientierten Vergütung und der Eröffnung von Entwicklungs- und Karrieremöglichkeiten. Die HR-Strategie ist so aufgestellt, dass sie dazu die entsprechende Botschaft sendet und dem Top-Management den notwendigen Support gibt, internationale Karrieren zu fördern.

Da bei Auslandsentsendungen ein hohes Maß an Mobilität erforderlich ist, ist dieses auch im Vergütungssystem zu berücksichtigen. Auslandsentsendungen werden von Unternehmen und Mitarbeitern zunehmend als wichtiger Schritt auf der Karriereleiter angesehen, demzufolge sollte auch die Vergütungspolitik leistungs- und karrierefördernd gestaltet werden. Die am häufigsten genannten Kriterien sind Equality, aber auch Global Mobility und Cost Effectivness.

Je nach Entsendungsland bestehen unterschiedliche nationale Bedingungen im Vergleich zum Heimatland. Ein internationales Expatriate-Vergütungssystem muss so flexibel gestaltet werden, dass es eine Anpassung an die jeweiligen Bestimmungen des Einsatzlandes ermöglicht. Hier ist es wiederum Ziel für International HR, bei der Entwicklung, Implementierung und Administration der HR-Programme die grenzüberschreitende Unternehmensstruktur zu berücksichtigen.

Die übergeordneten Ziele einer Expatriate Compensation Policy sind:

- die Vergütung fair und vergleichbar zu gestalten,
- Ausnahmen zu verringern,
- internationale Mobilität zu unterstützen durch die Schaffung entsprechender Rahmenbedingungen.

Die folgenden Beispiele veranschaulichen die Problematik der Forderung nach Vergleichbarkeit (vgl. auch Reynolds, ebd., S. 521):

Beispiele

- Mit welcher Mitarbeitergruppe vergleichen wir einen deutschen Expatriate, der nach Tokio entsandt wird? Mit den japanischen Kollegen oder mit denen, die im Heimatland eine vergleichbare Position haben?
- Wer sind die Vergleichspersonen eines deutschen Mitarbeiters aus Frankfurt, der von einer Gesellschaft mit Headquarter in den USA nach Mumbai in Indien entsandt wird? Seine indischen Kollegen auf derselben Positions- und Gehaltsebene? Ein amerikanischer Expatriate derselben Ebene aus dem Headquarter? Oder seine vergleichbaren Kollegen in Frankfurt?
- Mit wem vergleichen wir einen amerikanischen Mitarbeiter der Tochtergesellschaft eines Unternehmens mit Hauptsitz in den USA, der seit 10 Jahren in Sao Paulo arbeitet und mit einer Brasilianerin verheiratet ist? Mit lokalen brasilianischen Angestellten in vergleichbaren Positionen? Oder mit Amerikanern, die eine ähnlich lange Zeit in Brasilien arbeiten? Oder mit einem amerikanischen Kollegen, der für zwei Jahre nach Sao Paulo entsandt ist?

Jede dieser hieraus entstehenden Alternativen für die Vergütung ist umsetzbar. Grundsätzlich werden von den international entsendenden Unternehmen auch alle Möglichkeiten praktiziert. Das einzelne Unternehmen entscheidet gemäß seiner Unternehmensphilosophie und der darauf abgestimmten Vergütungspolitik. Die Entwicklung einer Compensation- bzw. Vergütungspolicy dient der Vergleichbarkeit und einheitlichen Vorgehensweise weltweit.

Die folgenden Vergleichsgruppen bieten eine Orientierung:

- Lokale Mitarbeiter auf derselben Ebene, d.h. die Vergleichbarkeit richtet sich am **lokalen Marktgehalt** aus. Das bedeutet im konkreten Fall, in dem z.B. ein deutscher Ingenieur für drei Jahre nach Indien entsandt wird, dass sich sein Gehalt an dem Gehalt seines indischen Kollegen orientiert. Andererseits wird ein indischer IT-Spezialist für zwei Jahre nach Frankfurt entsandt, und sein Gehalt entspricht dem des vergleichbaren deutschen Kollegen in Frankfurt.
- Die Vergleichbarkeit richtet sich nach den Mitarbeitern auf derselben Ebene **im Heimatland**. Das Gehalt wird auf Basis des Heimatland-Gehaltes entwickelt, indem eine sogenannte Nettovergleichsrechnung, d. h. ein Balance Sheet, erstellt wird. In der Praxis bedeutet das, ganz gleich ob der Mitarbeiter in ein Land geht, dessen Gehaltsniveau niedriger oder höher ist als das im Heimatland, wird er auf Basis des Heimatland-Gehaltes so bezahlt, dass seine Kaufkraft erhalten bleibt.
- Die Vergleichbarkeit wird zwischen den **Expatriates als Gruppe weltweit** oder **regional** hergestellt. Daraus ergibt sich der Bezug zur Muttergesellschaft oder es wird eine Vergütung entwickelt, die verschiedene Elemente aus verschiedenen Gehaltssystemen mit einbezieht, z.B. regional. Diese Verfahrensweise wird allerdings nicht sehr häufig verwandt, da sie notwendiger Weise als Basis für das Vergütungssystem das höhere Gehaltsniveau zugrunde legen muss. Sie ist jedoch eine Gehaltsmethodik für Highly Mobile Employees (s. dazu 1.4 und 3.2).
- Die Vergleichbarkeit mit den Kollegen auf derselben Ebene der **Muttergesellschaft**. Dies würde bedeuten, dass ein Expatriate der amerikanischen Tochtergesellschaft eines deutschen Unternehmens, der nach Japan entsandt wird, **auch mit seinem Ausgangsgehalt** so bezahlt wird wie der deutsche Kollege, der ebenfalls nach Japan entsandt ist. Auch diese Lösung wird relativ selten praktiziert, da sie in der Regel nur dann funktioniert, wenn das Gehaltsniveau der Muttergesellschaft höher ist.

3.2 Methodische Ansätze der Vergütung

3.2.1 Überblick

Ziel ist es, eine auf das Unternehmen abgestimmte best practice zu entwickeln. Obwohl die meisten Unternehmen die Methode der Netto-Vergleichsrechnung zur Kaufkraftabsicherung, d.h. das **Balance Sheet** für die Festlegung der Auslandsvergütung nutzen (s. unter 3.5), stellt für eine nicht unerhebliche Anzahl von insbesondere kleineren Unternehmen mit nur wenigen Expatriates immer noch die **individuelle Vertragsverhandlung** die best practice dar. Was muss das Unternehmen hier und heute bezahlen, damit der Mitarbeiter ins Ausland geht? Dieser Ansatz erscheint vergleichsweise einfach und auf den konkreten Fall zugeschnitten. Er wird aber umso schwieriger, je mehr Mitarbeiter ins Ausland entsandt werden, da die vereinfachende Vergleichbarkeit kaum aufrechterhalten werden kann.

Manche Unternehmen beginnen mit dem **Heimatland-Plus**, oftmals dann, wenn sie keine lokale Gesellschaft vor Ort haben. Das Bruttogehalt aus dem Heimatland wird im Einsatzland weiter bezahlt. Zusätzliche Kosten, wie z. B. Flüge in das Heimatland oder für die internationale Schule, werden übernommen oder durch eine Pauschale abgegolten. Ebenso gibt es den Modus, dass lediglich eine Pauschale für höhere Lebenshaltungskosten gezahlt wird. Darüber hinaus ist der Mitarbeiter selbst für die Abführung von Steuern und sonstigen Abgaben im Einsatzland verantwortlich. Er muss sich auch zumeist selbst um alle mit der Entsendung verbundenen administrativen Vorgänge (Umzug, Wohnungssuche, Versicherungen Heimreisen etc.) kümmern.

Andere Firmen versuchen den Ansatz des lokalen Gehalts, den **Host Based Approach**. Der Mitarbeiter wird so bezahlt wie seine vergleichbaren Kollegen am Einsatzort. Allerdings wird häufig ein Add-on gewährt, wenn zusätzliche Kosten oder unterschiedliche Bedingungen ausgeglichen werden sollen, wie z.B. Kosten für die Wohnung, die internationale Schule und Flüge in das Heimatland. Diese Vorgehensweise wird als **Local Plus** oder **Gastland Plus** bezeichnet. Sie wird teilweise auch angewandt, wenn sich das Unternehmen für den **„Higher of Home or Host**"-Ansatz entschieden hat und der Mitarbeiter in ein höheres Gehaltssystem wechselt. Diese Vorgehensweisen werden als **Hybrid Approaches** bezeichnet. Dazu gehört auch das **modifizierte Balance Sheet**, das Unternehmen dann nutzen, wenn sie die gleiche Behandlung aller Expatriates vor Ort ermöglichen wollen. Der Heimatland-Bezug des Gehaltes nach dem Heimatland Balance Sheet Verfahren bleibt grundsätzlich bestehen. Das Spendable Income im Einsatzland, d.h. der Betrag, den der Expatriate für die Kosten seiner Lebenshaltung am Einsatzort braucht, entspricht der höchsten Summe, die unter allen Expatriates und vergleichbaren Local Nationals gezahlt wird. Damit erhalten alle Expatriates vor Ort denselben Betrag für die Kosten des täglichen Bedarfs. Diese Methodik wird nicht sehr häufig angewandt. Sie wird in abgewandelter Form von manchen Firmen für die Festlegung der Vergütung für Short-Term Assignees in multinational besetzten Projekten genutzt.

Vergütungsmethoden

- Balance Sheet/Nettovergleichsrechnung
- Modifiziertes Balance Sheet
- Muttergesellschaft
- Gastlandbezug
- Vergleich Heimat-/Gastland
- Pauschale
- Flexible Vergütungspakete
- Regionale Vergütung

Abbildung I-4: *Vergütungsmethoden*

3.2.2 Ziele der Vergütung

Wie die Unternehmen sich weltweit und regional verhalten, zeigt die neueste Untersuchung von ORC Worldwide über International Assignment Policies and Practices, 2006. Dieser Survey wird seit über 30 Jahren im zweijährigen Rhythmus durchgeführt. An der hier genannten Umfrage haben über 800 Unternehmen weltweit teilgenommen.

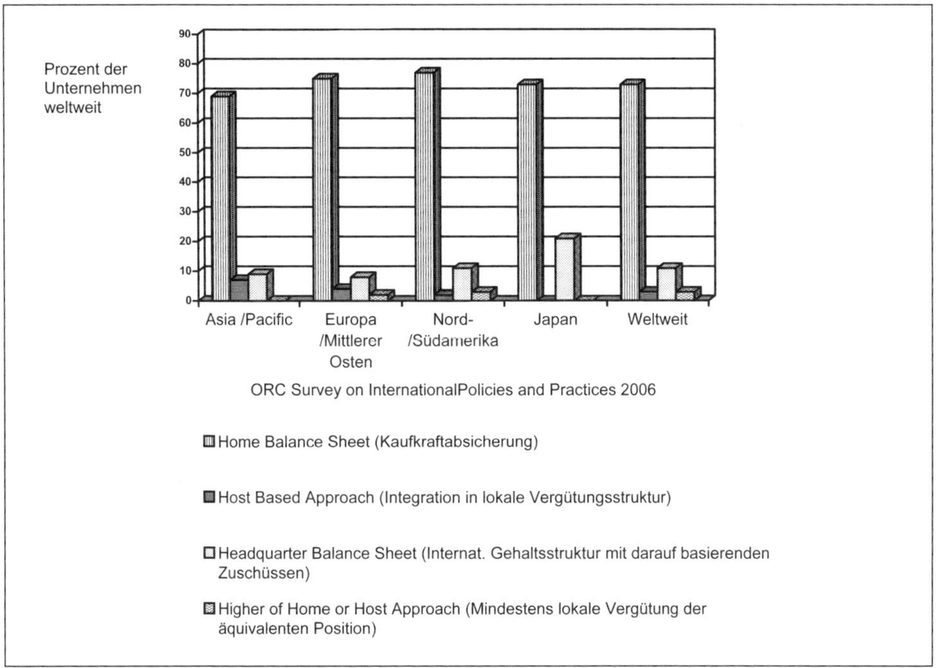

Abbildung I-5: *Vergütungsansätze und ihre Zielsetzung*
Quelle: ORC Worldwide Survey of International Assignment Policies and Practices, 2006

Home-Balance-Sheet – Kaufkraftabsicherung
Betrachten wir die Zielsetzung, die die Unternehmen mit den in Abbildung I-5 genannten Vergütungsansätzen verbinden, so lässt sich eindeutig festhalten, dass der **Erhalt der Kaufkraft des Heimatland-Gehaltes** (mit den vier Hauptkategorien Steuern/Sozialversicherung, Wohnung, Lebenshaltungskosten, Sparrate) an bevorzugter Stelle steht. Dies wird mit dem Home-based Approach und dem **Heimatland-Balance-Sheet,** der Nettovergleichsrechnung erreicht – 73 Prozent der entsendenden Unternehmen wenden diese Methode weltweit an. Den Heimatlandansatz nach dem Balance-Sheet behandeln wir ausführlich unter 3.5.

Host-Based-Ansatz – Integration in die lokale Gehaltsstruktur
Über die Notwendigkeit und Möglichkeit der **Integration in die lokale Gehaltsstruktur** wird viel diskutiert. Der Mitarbeiter erhält – vollkommen unabhängig von seinem bisherigen Heimatland-Gehalt – das seiner Position entsprechende lokale Gehalt ohne weitere Zulagen (**Host-Based-Ansatz**). Die Untersuchungsergebnisse zeigen jedoch, dass sich diese Vergütungspraxis bislang nicht durchgesetzt hat und wohl auch so schnell nicht durchsetzen lässt. In den USA wird sie von zwei Prozent, in Europa von vier Prozent und in Asien von sieben Prozent der Unternehmen bei Global Assignments angewendet. Die Vergütungsunterschiede, insbesondere in den Nettogehältern in den einzelnen Ländern, sind immer noch sehr groß. Da ist kaum begründbar, warum Mitarbeiter während der Entsendung in Länder mit einem geringeren Gehaltsniveau ein geringeres Nettogehalt bekommen sollen als im Heimatland, vor allem dann, wenn die Kaufkraft geringer sein sollte als im Heimatland. Es wird nicht davon ausgegangen, dass der Mitarbeiter und seine Familie ihre Lebensgewohnheiten bei einer befristeten Entsendung sehr stark den Gewohnheiten lokaler Mitarbeiter im Einsatzland anpassen (s. dazu 3.5). Auch das Host Plus, das heißt der Ausgleich von zusätzlichen Kosten zum Gehalt, wird nur von wenigen Unternehmen weltweit angewannt.

Bei Entsendungen in Länder mit höheren Gehältern als im Heimatland begegnen wir zwei unterschiedlichen Situationen: Entsendungen innerhalb der Industrieländer, z.B. aus Deutschland in die USA oder Japan, und Assignments aus sog. Entwicklungs- oder Schwellenländern in Industrieländer, z.B. aus Indien nach Deutschland. Wird bei Entsendungen innerhalb der Industrieländer das höhere lokale Gehalt gezahlt, so ist dieses im Verständnis des Expatriates sehr schnell das Zielgehalt, das er bei Rückkehr in sein Heimatland weiterhin erwartet. Dieses kann zu Wiedereingliederungsproblemen führen, insbesondere dann, wenn der Gehaltsunterschied nicht mit einer höherwertigen Position ausgeglichen werden kann. Dieses Problem stellt sich grundsätzlich bei der Rückkehr von Expatriates in Heimatländer mit niedrigerem Gehaltsniveau und häufig auch bei Local Nationals, die beispielsweise nach einer Ausbildung in Deutschland in ihr Heimatland China oder Indien zurückkehren oder dorthin mit einem lokalen Vertrag entsandt werden.

Eine Methode, dieses aufzufangen, ist die Berechnung einer sog. Position Allowance. Ist das Nettogehalt des Expatriate, berechnet nach der Balance Sheet Methodik, geringer als das Nettogehalt eines vergleichbaren Mitarbeiters (Gehalt und Familiengröße) im Einsatzland, wird diese Differenz mit einer Position Allowance ausgeglichen. Diese Allowance variiert, wenn Goods and Services Index und Exchange Rate sich verändern. Zusätlich werden in der Regel Housing Allowances für erhöhte Wohnkosten gezahlt (s. auch 3.7.3.3).

Higher of Home or Host
Beim Ansatz **Higher of Home or Host** steht das Ziel im Vordergrund, dem Mitarbeiter mindestens die lokale Vergütung der entsprechenden oder äquivalenten Position (Betrachtung des Brutto und Netto-Werts) zu gewähren, es sei denn, das auf Basis des Heimatlandgehalts entwickelte Entsendungsgehalt (Balance Sheet bzw. Net-to-Net) ist höher. Beim Net-to-Net werden die Nettogehälter, d.h. die Kaufkraft beider Gehälter verglichen. Ist das Gehalt der

Position im Einsatzland höher, erhält der Mitarbeiter diese höhere Vergütung. In diesem Fall ist auch die Integration in das Gehaltssystem des Unternehmens im Einsatzland erreicht. Weltweit wird dieses Verfahren nur von drei Prozent der Unternehmen praktiziert.

Internationale Gehaltsstruktur
Werden die Gehälter der Expatriates entsprechend einer **internationalen Gehaltsstruktur** mit darauf basierenden Zulagen festgelegt, bedeutet das, dass in der Regel das Land (oder mehrere Länder) mit dem höchsten Gehaltsniveau oder mindestens das Headquarters System zugrunde gelegt wird und darauf auch die Entsendungszulagen berechnet werden. Dadurch, dass die Headquarters der meisten internationalen Unternehmen in den vergangenen Jahren in den hoch entwickelten Industrieländern angesiedelt waren, war hauptsächlich deren Gehaltsstruktur maßgeblich. Dies verändert sich mit Zunahme der Unternehmen, die in Ländern mit anderen Gehaltsstrukturen beheimatet sind. Der **Headquarters Based Approach** ermöglicht die gleiche Vergütung aller Expatriates und vereinfacht die Administration. Da dieser Ansatz notwendigerweise teuer ist, da wenig attraktiv, wenn das Gehaltsniveau im Heimatland höher ist, wird er nicht sehr häufig praktiziert.

Sinnvoll und überlegenswert ist eine **internationale Gehaltsstruktur** oder der **Headquarters Approach** bei der folgenden Fallgestaltung:

Expatriates verschiedener Nationalitäten mit bereits mehreren aufeinander folgenden Entsendungen arbeiten zusammen in einem Projekt oder einer Konzerngesellschaft z. B. in Malaysia. Seit zehn Jahren ist keiner der Mitarbeiter in seine Heimatgesellschaft zurückgekehrt. Die Vergleichbarkeit der Lebens- und Arbeitssituation ist eher unter diesen **International Mobile Employees** gegeben als mit den Peers im jeweiligen Heimatland oder im Einsatzland. Die Expatriates aus Heimatländern mit niedrigem Gehaltsniveau werden ihre Gehälter mit denen aus höher zahlenden Ländern vergleichen und sich bei einem geringeren Gehalt benachteiligt fühlen.

Die Basis für die internationale Gehaltsstruktur, die für diese Mitarbeiter entwickelt wird, richtet sich entweder nach dem Headquarter System, einem Durchschnitt der Länder, aus denen diese Expatriates kommen oder bezieht sich auf die Gehaltssysteme in einer Region. Nebenleistungen und Benefits, wie z.B. Altersversorgung, Krankenversicherung, Incentives und Zulagen, werden für diese Mitarbeiter zumeist länderunabhängig bzw. -übergreifend gewährt. Als gemeinsame Währung wird vielfach der US Dollar eingesetzt oder auch der Euro in Europa.

Bei der Berechnung des **Lebenshaltungskosten-Ausgleiches** bei allen genannten Methoden orientieren sich die Unternehmen an den folgenden Kriterien in der dargestellten Häufigkeit:

- Lebensstandard des Heimatlandes
  - 85 % Weltweit
  - 75 % Europa/Mittlerer Osten
  - 86 % Nord-/Südamerika
  - 97 % Japan

- Lebensstandard anderer Expatriates im Einsatzland
  - 11 % Weltweit
  - 19 % Europa/Mittlerer Osten
  - 10 % Nord-/Südamerika
  - 3 % Japan
- Lokaler Lebensstandard des Einsatzlandes
  - 4 % Weltweit
  - 6 % Europa/Mittlerer Osten
  - 4 % Nord-/Südamerika
  - 0 % Japan

Quelle: ORC Worldwide Survey of International Assignment Policies and Practices, 2006

3.3 Grundsätze für die Entwicklung des Auslandsgehaltes

Um das in Höhe und Struktur angemessene Auslandsgehalt für internationale Personaleinsätze festzulegen, gelten Grundsätze und Regelwerke, die zu beachten und miteinander in Beziehung zu setzen sind, sollen die Interessen von Mitarbeiter und Unternehmen angemessen berücksichtigt werden. Das Unternehmen entscheidet die Ausgestaltung im Rahmen seiner Policy.

Gleiche Kaufkraft
Es soll die gleiche Kaufkraft wie im Heimatland erzielt werden, sodass dem Mitarbeiter ein vergleichbarer Lebensstandard erhalten bleibt. Der Balance-Sheet Ansatz dient diesem Ziel.

Vergleichbarkeit der Gehälter
Das Auslandsgehalt ist bei diesem Grundsatz nicht geringer als das Gehalt für die vergleichbaren Mitarbeiter in der Auslandsgesellschaft. Die Bezugsgrößen hierfür sind das lokale Gehaltssystem und das der Heimatgesellschaft. Ebenso können zusätzliche Benefits für Expatriates einbezogen werden. Dies gilt bei Entsendungen in Länder mit höherem Gehaltsniveau oder höher bezahlten Positionen, so z.B. von Deutschland in die USA, von Deutschland in die Schweiz. Was für Entsendungen zwischen hoch entwickelten Industrieländern mit ähnlichen Gehaltsphilosophien und grundsätzlich vergleichbaren Gehaltssystemen gilt, sollte ebenso bei der Entsendung von Mitarbeitern aus sogenannten Entwicklungsländern in Industrieländer berücksichtigt werden, beispielsweise von Indien nach Deutschland. Hier kann auch auf die Kosten für die vergleichbare Lebenshaltung im Einsatzland abgestellt werden

Keine zu großen Gehaltsschwankungen
Dieser Grundsatz bezieht sich im Wesentlichen auf die Zulagen, die zum Ausgleich höherer Lebenshaltungskosten geleistet werden und z.B. von Wechselkursschwankungen abhängig sind.

Keine unnötigen Kosten
Weil Auslandsentsendungen nach wie vor teuer sind, sollten im Sinne der „Best Cost Strategy“ Möglichkeiten zur Kostenoptimierung genutzt und geschaffen werden. Insbesondere der Umgang mit den einzelnen Nebenleistungen, die das Unternehmen dem Mitarbeiter beim Auslandseinsatz gewährt, ist dabei zu prüfen.

Wiedereingliederung in das Gehaltssystem der Heimatgesellschaft
Die möglichst reibungslose Wiedereingliederung in das Gehaltssystem der Heimatgesellschaft ist dann problematisch, wenn ein Mitarbeiter von einem höheren Gehaltslevel auf das geringere Gehaltsniveau im Heimatland zurückkehrt, z.B. nach der Entsendung in die USA zurück nach Deutschland oder auch von Deutschland zurück nach Mexiko oder Südafrika. Insofern ist immer zu erwägen, nicht das lokale Gehalt als solches auszuzahlen, sondern das Heimatlandgehalt und eine Zulage als Differenz zum lokalen Gehalt.

Eine ähnliche Problematik ergibt sich nach Entsendungen, wenn beispielsweise Arbeitnehmer mit anderer Nationalität in Deutschland rekrutiert werden und dann in ihr Heimatland zurückgehen sollen, um dort eine entsprechende Position nach lokalen Maßstäben einzunehmen, z.B. nach China und Indien. Die großen Unterschiede bei der Gehaltsfindung machen sowohl die Wiedereingliederung des Mitarbeiters in sein Stammhaus-Gehaltssystem schwierig als auch die Rückkehr von Local Nationals in ihr Heimatland.

Ersatz von einsatzbedingten Mehrkosten
Mehrkosten wie beispielsweise Umzug, Kosten für lokale bzw. internationale Schulen oder höhere Wohnkosten werden dem Mitarbeiter in der Regel erstattet. Das Gehaltssystem sollte so aufgebaut sein, dass diese Mehrkosten einzeln ausgewiesen und dem Mitarbeiter überwiesen oder direkt vom Unternehmen gezahlt werden. Die Zahlung dieser Mehrkosten entspricht wiederum dem Grundsatz, dass dem Mitarbeiter im Ausland ein seinem Heimatland vergleichbarer Lebensstandard gewährt werden soll.

Ausgleich für erschwerte Einsatzbedingungen
Bestimmte Standorte der Welt weisen deutlich schwierigere Lebens- und Arbeitsbedingungen auf als in den sogenannten westlich orientierten Ländern. Um dieses auszugleichen, zahlen die Unternehmen eine Erschwerniszulage, die auf Basis der Bewertung verschiedener Faktoren und Bedingungen entwickelt wird. Für die Zahlung gibt es grundsätzlich zwei Methoden: als Prozentsatz vom jährlichen Grundgehalt des Mitarbeiters oder als Pauschalsumme. Sie wird dem Mitarbeiter in der Regel als Netto-, von einigen Unternehmen aber auch als Bruttozulage gewährt.

Ausgleich von sozialen Nachteilen und Risiken
Im Zuge der Internationalisierung und Globalisierung fordern immer mehr Unternehmen von ihren Mitarbeitern weltweite Mobilität. Sie erwarten, dass sie ihren Lebensmittelpunkt und damit in vielen Fällen ebenfalls den Lebensmittelpunkt der Familie in ein anderes Land zu verlegen bereit sind. Damit entstehen auch soziale Nachteile und Risiken, z.B.

- für die schulische Ausbildung der Kinder,
- für die Situation des Lebensgefährten bzw. der Lebensgefährtin, die möglicherweise ihre im Heimatland ausgeübte Berufstätigkeit nicht fortführen und im jeweiligen Einsatzland keiner dem Qualifikationsstand entsprechenden Beschäftigung nachgehen kann,
- sprachliche Defizite, wenn der Mitarbeiter und seine Familie der Landessprache nicht oder nur eingeschränkt mächtig sind.

Ob das Unternehmen dies über eine Zulage ausgleichen will, hängt von Unternehmensphilosphie und Personalpolitik ab.

3.4 Elemente eines Expatriate Compensation Packages

Ein Vergütungspaket für ein internationales Assignment enthält die folgenden Elemente:

- Grundgehalt – möglicherweise wird eine Anpassung auf eine höherwertige Funktion vorgenommen.
- Incentive – um den Einsatz in bestimmten Situationen und Ländern für den Expatriate attraktiv zu machen oder eine Erschwernis auszugleichen, wird ein Incentive gezahlt.
- Lebenshaltungskosten-Ausgleich – ein Ausgleich für möglicherweise höhere Lebenshaltungskosten wird dem Expatriate gewährt, ggfs. ein Abzug für geringere Kosten vorgenommen. Hinzu kommen Zulagen für Wohnung, Auto und die Schulkosten der Kinder.
- Heimreisen – der Mitarbeiter und seine mitreisenden Familienangehörigen erhalten eine festgelegte Anzahl von Heimreisen pro Jahr.
- Umzugskosten – die Ausgaben für den Umzug werden vom Unternehmen innerhalb festgesetzter Höchstgrenzen getragen.
- Sprachunterricht – für eine festgelegte Anzahl von Stunden wird der Unterricht für den Mitarbeiter und seine mitreisenden Familienangehörigen bezahlt, sodass sie am beruflichen und sozialen Leben teilnehmen können.
- Steuern – das Unternehmen übernimmt höhere Steuerlasten im Einsatzland und evtl. auch im Heimatland, wenn sie aus der Tätigkeit im Ausland entstehen.

- Krankenversicherung – es wird für den Mitarbeiter eine private Krankenversicherung bzw. eine Zusatzkostenversicherung abgeschlossen, je nach dem, was nach dem Versorgungssystem im Heimatland möglich und notwendig ist.
- Betriebliche Altersversorgung – es sollte geprüft werden, ob der Mitarbeiter während der Entsendung weiterhin in die betriebliche Altersversorgung einzahlen kann oder welche alternativen Versorgungspläne möglich sind.
- Steuerberatung – der Mitarbeiter kann für die Steuererklärung im Ausland eine Steuerberatung auf Kosten des Unternehmens in Anspruch nehmen.
- Schul- und Ausbildungskosten für Kinder – wenn notwendig und keine gleichwertige lokale Schule vorhanden ist, werden Kosten für die internationale Schule bis zu einer Höchstgrenze bezahlt, evtl. auch für ein Internat.
- Dual Career/ Spousal Support – das Unternehmen unterstützt die Jobsuche, Weiterbildung etc. der mitreisenden Lebenspartner durch einmalige Zahlungen oder gegen Nachweis.

3.5 Heimatland-Ansatz nach Balance Sheet

Der in der Praxis am weitesten verbreitete Vergütungsansatz ist der Home-Based Ansatz, der von der überwiegenden Mehrheit der Unternehmen, weltweit 73 Prozent, praktiziert wird (s. Abbildung I-5).

Beim Home-Based-Ansatz ist die Vergütungssystematik des Heimatlandes das wesentliche Ausgangsmerkmal – dies auch im Hinblick auf eine spätere Wiedereingliederung. Mit Hilfe von Balance Sheet und Bruttohochrechnung (Grossing-up) wird ein Auslandsgehalt ermittelt, das dem Mitarbeiter einen Lebensstandard ermöglicht, der vergleichbar ist mit dem in seinem Heimatland (s. dazu 3.7). Fallen im Ausland höhere Steuern und Sozialversicherungsbeiträge an, werden diese vom Unternehmen bezahlt.

In Bezug auf die Kaufkraft des Gehaltes im Heimatland wird der Mitarbeiter im Ausland nicht schlechter gestellt. Neben einem Ausgleich für höhere Lebenshaltungskosten und eventuell Wohnung am Einsatzort erhält der Entsandte je nach Firmen-Policy Zulagen und Incentives, wie z.B. eine Mobilitätszulage, eine Zulage für Erschwernis an bestimmten Einsatzorten und eine bestimmte Anzahl von Heimflügen.

Balance Sheet bedeutet also, dass Heimatland und Ausland wie die Seiten Soll und Haben einer Bilanz betrachtet werden, die Netto-Auslandsvergütung stellt gewissermaßen den Saldo dar. Auf der Heimatlandseite wird ausgehend vom Bruttogehalt die Netto-Auslandsvergütung errechnet, diese wird in Auslandswährung auf die Auslandsgehaltsseite übertragen. Im Unterschied zur Bilanz wird auf der Auslandsgehaltsseite jedoch ausgehend von der Netto-Auslandsvergütung zum Bruttogehalt im Ausland „hochgerechnet“. Dieser Schritt des Hochrechnens bildet das eigentliche Grossing-up (s. dazu 3.7.2.).

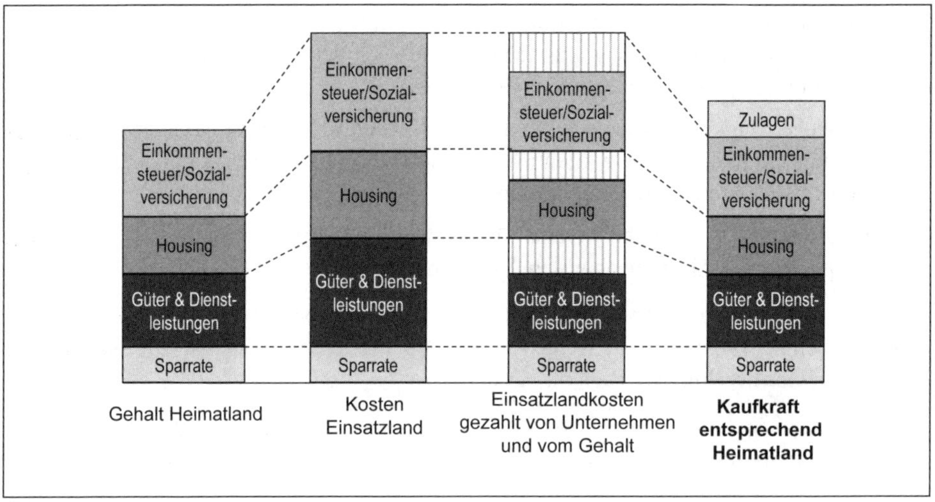

Abbildung I-6: *Balance Sheet nach ORC*

3.5.1 Gehalt Heimatland

Die erste Säule in Abbildung I-6 zeigt das Gehalt des Mitarbeiters im Heimatland, das für die Berechnung des Auslandsgehalts zugrunde gelegt wird. Dies ist in der Regel entweder das bisherige Gehalt vor seinem Auslandseinsatz, das entsprechende Funktionsgehalt des Expatriates im Einsatzland oder ein Referenzgehalt, das z.B. dem Midpoint des jeweiligen Gehaltsbandes entspricht

Die nachfolgende Tabelle verdeutlicht die Aufteilung des Gehaltes anhand von Beispielzahlen:

Gehalt	Steuerabzüge	Sozialversicherungsbeiträge	Wohnung	Güter und Dienstleistungen (Spendable)	Sparrate
70.000	13.143	11.354	12.646	32.206	651
90.000	20.060	11.354	15.303	38.152	5.131
120.000	32.169	11.354	19.037	46.318	11.122
180.000	58.223	11.354	25.897	60.878	23.648

Tabelle I-1: *Aufteilung eines deutschen Gehaltes, Familiengröße 3, 2007, in Euro*

3.5.1.1 Grundgehalt/Base Salary

Die Definition und Zusammensetzung des Grundgehaltes oder Base Salary ist national und international nicht eindeutig. Zum einen liegt das an unterschiedlichen nationalen Bestimmungen und Verfahrenweisen, zum anderen wenden die Unternehmen unterschiedliche Systeme und Vorgehensweisen an.

Folgende drei Komponenten werden zur Definition herangezogen:

1. Fixe bzw. Grundvergütung (Gehalt und möglicherweise Stundensätze und -löhne)
2. Variabler Teil der Vergütung, der leistungsabhängig gewährt wird (kurz- oder langfristige Anreize bzw. Boni)
3. Weitere vergütungsbezogene Incentives und Nebenleistungen (z.B. Firmenwagen)

Der feste Gehaltsbestandteil bezieht sich in der Regel auf das Grundgehalt bzw. das fest vereinbarte Gehalt, aus dem sich auch gesetzliche Ansprüche ergeben. Definition und Zusammensetzung des Base Salary sind jedoch länder- bzw. unternehmensbezogen. Zum Beispiel unterscheiden viele Länder in Europa, Asien und Lateinamerika zwischen Grundgehalt und zugesichertem Gehalt bzw. Total Cash. Das Grundgehalt wird als ein monatliches Gehalt definiert und kann zu einem Jahresgehalt zusammengefasst werden.

Das zugesicherte Gehalt besteht aus dem Grundgehalt zuzüglich einem oder mehrerer weiterer Monatsgehälter, die üblicherweise am Jahresende oder in zwei Teilen im Jahr gezahlt werden. Weihnachtsgeld oder Zulagen zum Jahresende werden auch als dreizehntes Monatsgehalt ausgewiesen, wenn sie Bestandteil des festen Grundgehaltes sind. Diese Beträge werden als Teil des zugesicherten Gehaltes betrachtet, da alle Mitarbeiter zu diesen Zulagen berechtigt sind und sie nicht leistungsabhängig gewährt werden.

3.5.1.2 Funktionsgehalt

Das Funktionsgehalt wird durch die Bewertung der Auslandsposition im Rahmen der internationalen Stellenbewertung im Unternehmen (Global Grading System) oder durch eine Bewertung nach den Kriterien in der Muttergesellschaft festgelegt. Eine weitere Alternative ist die Festlegung der Wertigkeit im Rahmen des Systems und mit den entsprechenden Kriterien der Auslandsgesellschaft.

Beispiel

Ein Unternehmen mit Headquarter in Deutschland bewertet die Position in der Tochtergesellschaft im Ausland nach seinem internen Stellenbewertungssystem und ordnet dem Ergebnis das entsprechende Gehalt im Rahmen seines Gehaltsystems zu. Dieses Gehalt wird als Grundlage für die Gehaltsfindung des Mitarbeiters im Ausland herangezogen. Sind Bewertung und Gehalt für die Expatriate-Position im Ausland höher als für die bisherige Stelle des Mitarbeiters und kann nicht davon ausgegangen werden, dass bei Rückkehr in das Heimatland für den Mitarbeiter eine gleichwertige Position zur Verfügung steht, wird als eine alternative Vorgehensweise eine **Funktionszulage** zum bisherigen Grundgehalt gezahlt. Bisheriges Gehalt und Funktionszulage werden zum Ausgangsgehalt im Heimatland.

Voraussetzung für diese Vorgehensweise ist eine klare Definition der Ziele und Prozesse in der Gehaltspolitik. Dies ist auch deshalb von Bedeutung, weil das definierte Ausgangsgehalt die Basis für die Berechnung von verschiedenen gezahlten Zulagen ist, ebenso wie z.B. für Einstufungen in Altersversorgungspläne etc., die Auswirkungen auf die Entwicklung von Nebenleistungen haben.

3.5.1.3 Schattengehalt

Im Rahmen der Gehaltspolitik wird festgelegt, ob und wie das beschriebene Ausgangsgehalt oder die Elemente der Vergütung während der Entsendungszeit in die jährliche Gehaltsanpassung entweder der Heimatgesellschaft oder des Unternehmens im Einsatzland oder auch in die Systematik beider Unternehmen einbezogen werden.

Im Hinblick auf die Wiedereingliederung ist es hilfreich, dass sich das bisherige Gehalt des Expatriate gleichermaßen verändert bzw. wächst wie das Gehalt der vergleichbaren Mitarbeitergruppe im Heimatland. Wenn also die Grundgehälter dieser Mitarbeitergruppe beispielsweise um vier Prozent angehoben werden, gilt dieses auch für das vergleichbare bisherige Gehalt des Mitarbeiters. Das Gehalt des Mitarbeiters wird also „fortgeschrieben“. Das bedeutet, es wird weiterhin in der Gehaltsabrechnung geführt, aber nicht ausgezahlt. So kann es in den jährlichen Gehaltsüberprüfungen berücksichtigt werden. Der Expatriate soll auf diese Weise über die Entsendungsjahre hinweg so gestellt werden, als wäre er mit seinem bisherigen Gehalt im Heimatland geblieben. Bei seiner Rückkehr erhält der Mitarbeiter zumindest sein auf diese Weise weitergeführtes oder fortgeschriebenes Gehalt, sofern er nicht eine höherwertige Position einnimmt. Ein solches Gehalt wird als Schattengehalt bezeichnet.

Das gleiche gilt für ein Mitarbeiterbeurteilungsverfahren des Unternehmens im Heimatland, sofern der Mitarbeiter in dieses einbezogen ist und dessen Ergebnis Auswirkungen auf die Vergütung hat. Der Mitarbeiter erhält danach für eine entsprechende Leistung eine Vergütung, die Eingang in sein „garantiertes“ Heimatland-Gehalt findet.

3.5.1.4 Leistungselement

In der Vergütungspolitik ist die grundsätzliche Entscheidung zu treffen, nach welchem System – Heimatland oder Einsatzland – die Leistung des Mitarbeiters beurteilt und belohnt, d.h. vergütet wird. Hier gibt es im Wesentlichen zwei Ansätze und eine Kombination aus beiden, das hybride System.

a) **Die Leistung des Mitarbeiters ist während seiner Entsendung dem Unternehmen im Ausland gewidmet, d.h. er trägt zum Ergebnis des jeweiligen Auslandsunternehmens bei, das wiederum in das Konzernergebnis eingeht.**

   Insofern ist es durchaus schlüssig zu argumentieren, dass sich Leistungsbeurteilung und Leistungsvergütung nach den Maßstäben des Auslandsunternehmens richten.

Unkritisch ist dieses in den Fällen und Auslandsgesellschaften, in denen die Leistungsvergütung in ihrer letztendlichen Auswirkung vergleichbar ist mit der Leistungsvergütung des Heimatunternehmens des Mitarbeiters. Gibt es hier große Abweichungen und ist der variable Leistungsanteil am Gehalt sehr hoch, kann dieses für den Mitarbeiter Gehaltserhöhungen oder Gehaltseinbußen bedeuten. In einem Fall, in dem die Leistungsvergütung in der Heimatgesellschaft höher ausfällt als in der Auslandsgesellschaft und diese geringere Leistungsvergütung als kontinuierlicher fester Bestandteil während der Entsendungsdauer in die Vergütung des Mitarbeiters Eingang findet, kann dieses zu einer Reduzierung der Vergütung im Verhältnis zur Peergroup im Heimatland führen.

Die gehaltspolitische Entscheidung kann mit Hilfe der Grundsätze für die Auslandsvergütung getroffen werden. Ist nicht die Orientierung am Heimatland-Gehalt sondern die Vergleichbarkeit der Gehälter mit dem lokalen Marktgehalt bzw. mit den Gehältern in der Auslandsgesellschaft das entscheidende Kriterium und soll dieses zur Integration des Mitarbeiters im Einsatzland beitragen, ist es sinnvoll, die Leistungsvergütung des Expatriate nach den Grundsätzen und Maßstäben des Einsatzlandes vorzunehmen. Der ORC Worldwide Survey of International Assignment Policies and Practices, 2006 (ebd.) sagt aus, dass 27 % der Unternehmen in Europa, Middle East and Africa (EMEA) so verfahren, während weltweit 71 % der Unternehmen die Leistung nach dem Heimatlandsystem beurteilen.

b) Die Leistung des Mitarbeiters wird weiterhin nach dem Gehaltssystem des Heimatlandes vergütet.

Der Mitarbeiter bleibt mit allen Gehaltselementen vergleichbar mit der Mitarbeitergruppe in seiner Heimatgesellschaft. Hierbei wird in den Vordergrund gestellt, dass er keinen Nachteil und auch keinen Vorteil gegenüber der für ihn bisher geltenden Gehaltssystematik erfahren soll. Das wesentliche Ziel ist die Gewährleistung der reibungslosen und unproblematischen Wiedereingliederung in das Heimatunternehmen. Die gehaltspolitischen Maßnahmen zielen darauf ab, das Gehalt des Expatriates dem Niveau des Gehaltes der vergleichbaren Mitarbeiter im Heimatland anzupassen.

c) Das hybride System

Für die Leistungsvergütung wird nur der Teil des im Ausland gezahlten Gehalts des Mitarbeiters herangezogen, der dem vergleichbaren Gehalt der Mitarbeitergruppe entspricht, welcher der Expatriate mit seiner Position im Einsatzland angehört.

Dieser lokale Gehaltsteil wird nach den jeweiligen Regelungen der Auslandsgesellschaft angehoben und ist auch Grundlage für die Leistungsvergütung. Die Anpassung dieses Gehaltsteils an die lokalen Bedingungen gilt auch für die anderen persönlichen Merkmale, z.B. für die Gehaltsauswirkungen von Familienstandsänderungen. Heiratet der Mitarbeiter während seiner Entsendungszeit oder vergrößert sich die Familie durch Kinder, so wird er nach den entsprechenden gesetzlichen und steuerlichen Vorschriften des Einsatzlandes behandelt und es wird keine Neuberechnung seines Auslandsgehaltes auf Basis der entsprechenden Auswirkungen in seinem Heimatland vorgenommen.

3.5.1.5 Die vier Ausgabenblöcke des Einkommens

a) Einkommensteuer und Sozialversicherung

Hierunter fallen die Beträge, die nach den jeweiligen Gesetzen im Heimatland für Steuer und Sozialversicherung auf das Gehalt abzuführen sind, entweder als direkter Lohnsteuerabzug durch das Unternehmen oder vom Mitarbeiter selbst. In den meisten Ländern, so z.B. auch in Deutschland, ist die Einkommensteuer progressiv, d.h. sie steigt mit zunehmendem Einkommen. Die Sozialversicherungsabgaben steigen ebenfalls mit dem Einkommen, in Deutschland bis zu einer Bemessungsgrenze für den Höchstbeitrag (sog. Beitragsbemessungsgrenze). Andere Vorgehensweisen finden wir beispielsweise in den Ländern Skandinaviens. Dort ist die Sozialversicherung in das Steuersystem eingegliedert. In Frankreich ist der Arbeitnehmerbeitrag begrenzt, nicht jedoch der Arbeitgeberbeitrag.

b) Wohnung

Die Ausgaben für Wohnung sind einerseits sehr individuell, werden aber auch als statistische Größe erhoben (z.B. Mietspiegel, statistische Ämter). Sie sind ein relativ gleich bleibender Teil des Gehalts. Der Betrag kann als solcher steigen, aber als Prozentsatz zum Einkommen sinken, wenn sich das Einkommen erhöht. Jeweils bezogen auf ein bestimmtes Einkommen gibt eine Familie in der Regel mehr für die Wohnung aus als ein Single. Wenn ein oder zwei Kinder hinzukommen, erhöht dies nicht notwendig die Ausgaben für die Wohnung.

c) Güter und Dienstleistungen (Spendable)

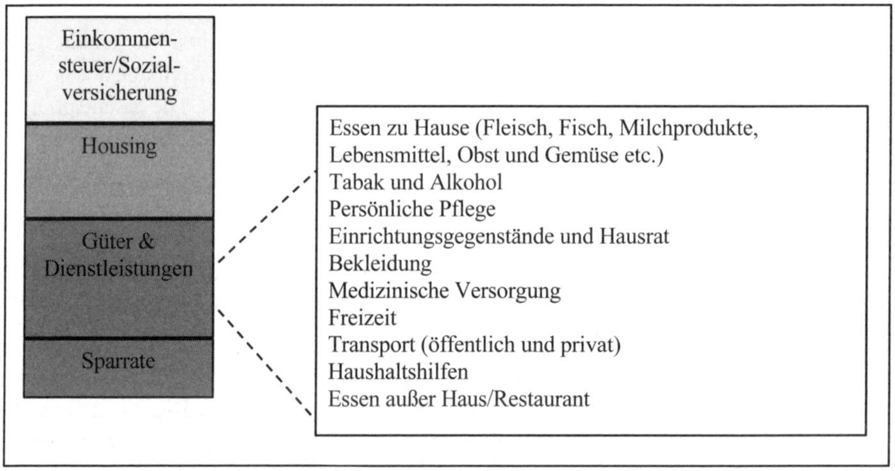

Abbildung I-7: *Ausgaben für Güter und Dienstleistungen*

Die Güter und Dienstleistungen des täglichen Bedarfs (Goods and Services) sind der größte Teil der Ausgaben vom Nettogehalt nach Abzug von Steuern und Sozialversicherung. Dazu gehören Lebensmittel, Kleidung, öffentliche und private Verkehrsmittel, medizinische Versorgung, Freizeit usw. Diese Ausgaben steigen mit Preiserhöhungen für diese Güter, als Prozentsatz vom Einkommen sinken sie, wenn das Einkommen steigt. Anders als bei den Wohnungskosten lässt jedoch jede Vergrößerung der Familie die Ausgaben für Güter und Dienstleistungen ansteigen.

Im Verhältnis zum Einkommen wird die Steigerungsrate der Ausgaben für Güter und Dienstleistungen immer kleiner, je größer das Einkommen wird. Ab einer bestimmten Höhe steigen die Ausgaben für Güter und Dienstleistungen trotz steigenden Einkommens kaum noch an.

d) Sparrate

Die Sparrate ist der Betrag, der vom Einkommen übrig bleibt, und zwar nach Abzug von Einkommensteuer, Sozialversicherung, Wohnungskosten sowie Ausgaben für Güter und Dienstleistungen für den täglichen Bedarf. Zur Sparrate zählen sowohl Sparanteile als auch Investitionen, Rücklagen oder Kosten für die Ausbildung der Kinder, Unterstützungsleistungen für Familienangehörige etc. Auch Luxusgüter gehören dazu. Nicht eingeschlossen sind Zinsen bzw. Rückzahlungen bei Haus- oder Wohnungskauf. Die Sparrate erhöht sich sowohl als Betrag als auch als Prozentsatz in Abhängigkeit zu den Ausgaben, wenn das Einkommen steigt.

3.5.2 Kosten im Einsatzland

Die zweite Säule in Abbildung I-7 zeigt die Kosten, die im Einsatzland entstehen. Diese setzen sich zusammen aus den beschriebenen Ausgabenblöcken im Heimatland und den Mehrkosten für diese Ausgaben, damit der Lebensstandard im Einsatzland vergleichbar bleibt.

Beispiel

Eine deutsche Expatriate-Familie mit vier Personen wird nach London entsandt. Während die erste Säule in Abbildung I-6 darstellt, was die Familie mit ihrem Einkommen in ihrem Heimatland Deutschland ausgibt, zeigt die zweite Säule, was dieses Ausgabenvolumen in London insgesamt kosten würde, um sowohl einen angemessenen vergleichbaren Lebensstandard in Bezug auf Wohnung und Güter und Dienstleistungen des täglichen Bedarfs herzustellen als auch die Gesamtausgaben für Steuern und Sozialversicherung abzudecken. Diese setzen sich zusammen aus dem Betrag, den der Mitarbeiter im Heimatland nach Gehalt und Familiengröße ausgegeben hätte (hypothetischer Betrag nach Steuer- und Sozialversicherungstabellen) und den zusätzlichen Steuern und möglicherweise Sozialversicherungsabgaben, die im Einsatzland zu zahlen sind.

Zu den Ausgabenblöcken im Einzelnen:

a) Steuern

Es ist davon auszugehen, dass in vielen Ländern die Steuern für den Expatriate mindestens so hoch sind wie im Heimatland. Hinzu kommt, dass in der Regel die gesamte Vergütung des Expatriates mit allen Zulagen und Nebenleistungen – Mieten, Heimflüge, Schulkosten etc. – zu versteuern ist, was das Gehalt in den meisten Fällen höher werden lässt als das lokale Gehalt für die vergleichbare Position. Selbst in Ländern mit einer relativ geringen Steuerbelastung, wie z.B. China, werden die Steuern, die der Expatriate zu zahlen hat, ähnlich hoch sein wie im Heimatland, da nicht nur das Grundgehalt, sondern das gesamte Expatriate-Gehalt mit den Zulagen für den Auslandseinsatz zu versteuern ist.

b) Wohnung

Bei den Kosten für die Wohnung ergibt sich ein ähnliches Bild: Wohnungen für Expatriates sind in vielen Ländern teurer, da der Mitarbeiter einen aktuellen Mietmarkt antrifft, auf dem er kurzfristig eine Wohnung für einen befristeten Zeitraum mietet. Größe und Ausstattung der Wohnung wie im Heimatland beizubehalten, nicht zu weit von der internationalen Schule zu wohnen und ggf. auch notwendige Sicherheitsstandards einhalten zu können, bedeutet in den meisten Fällen höhere Mieten als im Heimatland, die in manchen Orten der Welt sogar wesentlich teurer sind.

c) Güter und Dienstleistungen (Spendable)

Die Ausgaben für Güter und Dienstleistungen sind in vielen Entsendungsorten für Expatriates höher als für lokale Mitarbeiter und sogar höher als im Heimatland. Dies gilt auch für Länder mit geringen Lebenshaltungskosten. Der wesentliche Grund hierfür ist die unterschiedliche Ausgabenstruktur, d.h. die unterschiedlichen nationalen Verbrauchsgewohnheiten. Bei zeitlich befristeten internationalen Einsätzen von bis zu fünf Jahren kann grundsätzlich davon ausgegangen werden, dass der Mitarbeiter und seine Familie die Verbrauchsgewohnheiten ihres Heimatlandes beibehalten, selbst wenn einige international Entsandte sich partiell an die jeweiligen lokalen Gewohnheiten anpassen. Dies wird durch Untersuchungen bestätigt, die ORC Worldwide in regelmäßigen Abständen bei Expatriates durchführt.

d) Sparrate

Der Anteil für die Sparrate bleibt während der Entsendungszeit gleich. Dies ist darin begründet, dass mit der Sparrate zumeist langfristige Verbindlichkeiten finanziert werden, die zu Hause in Heimatlandwährung anfallen und während der Entsendung weitergeführt werden. Deshalb gibt es keinen Unterschied zum Heimatland.

3.5.3 Einsatzland-Kosten, gezahlt vom Unternehmen und vom Gehalt

Die dritte Säule von Abbildung I-6 zeigt, dass der entsandte Mitarbeiter von seinem Auslandsgehalt die Ausgaben bestreitet, die er auch im Heimatland gehabt hätte. Das Unternehmen übernimmt alle zusätzlichen Kosten für Steuern, Sozialversicherung, Wohnung, Güter und Dienstleistungen, die durch die Entsendung entstehen.

3.5.4 Kaufkraft zum Heimatland

Die vierte Säule in Abbildung I-6 verdeutlicht das wesentliche Ziel des Balance-Sheet Ansatzes: die Gewährleistung der Kaufkraft des Gehalts des Expatriates im Vergleich zum Heimatland. Darüber hinaus zeigt die Säule eine neue Kategorie, nämlich die Zulagen, die zusätzlich zum Gehalt und zu den Gehalts-Nebenleistungen gezahlt werden, wie z.B. Incentives oder Hardship Allowances (s. dazu ausführlich 3.6.4).

3.6 Gehaltspolitik mit dem Balance-Sheet-Verfahren

Die Anwendung der Methode des Balance Sheet ist Bestandteil der Gehaltspolitik des Unternehmens und wirkt sich somit unmittelbar auf die Vergütung der Mitarbeiter aus. Die vier genannten großen Ausgabenblöcke stehen im Vordergrund: Steuern, Lebenshaltungskosten-Ausgleich, Wohnkosten, Zulagen.

3.6.1 Steuern

Die Auswirkungen der Steuer-Policy des Unternehmens haben einen entscheidenden Einfluss auf die persönliche Steuersituation des entsandten Mitarbeiters. Deshalb gehört die Frage nach dem Steuerausgleich auch zu den wichtigsten und am meisten gestellten Fragen. Grundsätzlich gibt es die folgenden Möglichkeiten des Steuerausgleichs:

3.6.1.1 Laissez-Faire-Ansatz

Beim Laissez-Faire-Ansatz trifft das Unternehmen keinerlei Regelungen oder Vorkehrungen zur steuerlichen Situation des Expatriate, d.h. dem Mitarbeiter bleibt die Abführung seiner Steuern selbst überlassen. Dies gilt sowohl für die Steuern im Heimatland als auch für die Steuern im Einsatzland. Der Vorteil dieser Vorgehensweise liegt darin, dass der Arbeitgeber keinen bzw. nur einen sehr geringen administrativen Aufwand bei den Steuern hat und lediglich – wenn nach den Landesgesetzen vorgesehen – die Lohnsteuer vom Gehalt des Mitarbeiters abführt. Das Unternehmen erstattet in den meisten Fällen auch keine Kosten einer externen Steuerberatung für den Mitarbeiter. Ein deutlicher Nachteil eines solchen Systems besteht darin, dass der Expatriate mit dem Thema Steuern im Einsatzland allein gelassen wird. Steuerfragen sind selbst im Heimatland oftmals nicht leicht zu klären, im Einsatzland ist es ungleich schwieriger, da die Systematik und oftmals auch die Landessprache Schwierigkeiten bereiten. So kann es leicht dazu kommen, dass der Mitarbeiter sich nicht im Sinne der Steuergesetzgebung des Einsatzlandes verhält, was zumindest aus Compliance Gründen nicht gewollt sein kann.

Diese Vorgehensweise ist dann selbstverständlich, wenn der Mitarbeiter im Einsatzland lokal angestellt wird, weil er dort eine unbefristete Tätigkeit aufnimmt, also lokalisiert wird. Der Mitarbeiter unterliegt nun grundsätzlich den Landesgesetzen und der Vorgehensweise des ausländischen Unternehmens, sodass er dort so behandelt wird wie die lokalen Mitarbeiter.

3.6.1.2 One Time Tax Adjustment

Zu Beginn der Entsendung wird das Nettogehalt des Expatriates festgelegt. Das so garantierte Nettogehalt wird in einem weiteren Schritt in ein Bruttogehalt im Einsatzland hochgerechnet. (Grossing-up – s. dazu 3.7.2). Dieses Bruttogehalt ist sowohl ein Element für die Cost Projection, d.h. die Schätzung der gesamten Entsendungskosten, als auch eine wichtige Information für die Gehaltspolitik des Einsatzlandes, nach der festgestellt werden kann, ob bzw. inwieweit das Gehalt des Expatriates in das lokale Gehaltssystem passt. Außerdem sieht es die Gehalts- und auch die Vertragspolitik vieler Unternehmen vor, mit dem Mitarbeiter ein Bruttogehalt zu vereinbaren und dieses vertraglich festzulegen.

Nach der Berechnung dieses Bruttogehaltes bleibt es in der Verantwortung des Mitarbeiters, seine Steuern im Einsatzland entsprechend abzuführen. Wenn es die Landesgesetze vorsehen, obliegt dem Unternehmen ein Lohnsteuerabzug.

Ein Vorteil dieses Systems ist es, dass sich das Unternehmen nicht mit den Details der persönlichen Einkommensteuer des Expatriates beschäftigen muss. Auch müssen nicht zwingend die Kosten für einen Steuerberater übernommen werden.

Ein Nachteil ist jedoch, dass das Unternehmen die jeweiligen Änderungen bei Steuergesetzen, Steuerzahlungen, Lebenshaltungskosten und Einkommensveränderungen nachhalten muss, um sicherzustellen, dass das Bruttogehalt (Grossing-up) jeweils das garantierte Nettogehalt widerspiegelt. Da die tatsächliche Steuerbelastung in den meisten Steuersystemen erst am Jahresende festzustellen ist, sollte in der Policy ausgewiesen sein, ob eine evtl. Steuerrückzahlung dem Mitarbeiter oder dem Unternehmen zugute kommt.

3.6.1.3 Tax Protection

Der Mitarbeiter wird vor steuerlicher Mehrbelastung geschützt. Es werden die zusätzlichen Steuern im Einsatzland im Verhältnis zur Steuerbelastung im Heimatland erstattet.

Im ersten Schritt trägt der Expatriate sowohl die Steuern im Heimat- als auch im Gastland. Wenn alle Steuerbescheide ergangen sind und berechnet werden kann, mit welchen in- und ausländischen Steuern der Mitarbeiter tatsächlich belastet wurde, wird in einer hypothetischen Berechnung festgestellt, welche Steuerbelastung auf den Mitarbeiter zugekommen wäre, wenn er sein gesamtes Gehalt ausschließlich in seinem Heimatstaat versteuert hätte. Der Arbeitgeber erstattet dann dem Mitarbeiter die Differenz zwischen der tatsächlich entrichteten Steuer im Heimat- und im Gastland zur berechneten hypothetischen Steuer im Heimatland, sofern diese geringer ist. Ist die hypothetisch berechnete Steuer im Gastland höher als die tatsächlich vom Expatriate bereits bezahlte Steuer, so verbleibt dieser Steuervorteil beim Mitarbeiter.

Dieses System ist für den Mitarbeiter insofern positiv, als er den Vorteil aus geringeren Steuern erhält. Auf der anderen Seite besteht auch bei diesem System das Problem, dass der Mitarbeiter alle Steuervorschriften beachtet. Zur Berechnung der Steuererstattung ist die Unterstützung eines Steuerberaters notwendig. Ein weiterer Nachteil ist, dass das Unternehmen in keinem Fall den Vorteil von geringeren Steuerbelastungen in verschiedenen Ländern hat.

3.6.1.4 Tax Equalisation

Hier wird der Mitarbeiter steuerlich so gestellt, als wenn er nicht entsandt worden wäre. Er trägt also auch während des Auslandseinsatzes stets die Steuer, die er auch getragen hätte, wäre er zu Hause geblieben. Der Arbeitgeber schützt den Mitarbeiter also vor steuerlichen Mehrbelastungen, eventuelle Mindersteuern verbleiben beim Arbeitgeber.

Die hypothetischen Steuern, die der Expatriate auf sein bisheriges Gehalt zu tragen hätte, wenn er nicht entsandt worden wäre, werden von seinem vereinbarten Bruttogehalt einbehalten. Sofern der Mitarbeiter entsendungsbedingte finanzielle Zulagen auf Nettobasis erhält, d.h. der Arbeitgeber die darauf anfallenden Steuern trägt, gehen diese nicht in die Berechnung der hypothetischen Steuerbelastung ein.

Der Tax-Equalisation-Ansatz greift das Prinzip wieder auf, nach dem der Mitarbeiter bezogen auf das Gehalt, das er für seine Position bezieht, weder Gewinne noch Verluste erzielen soll. Der Nettowert seines Gehaltes im Heimatland soll erhalten bleiben, er wird also mit seinen Peers im Heimatland verglichen. Deshalb werden ihm auch Steuervorteile durch niedrigere Steuern in manchen Einsatzländern nicht zuerkannt.

Der wesentliche Vorteil dieses Ansatzes ist, dass er als fair und vergleichbar für alle Expatriates in allen Einsatzorten angesehen wird. Für das Unternehmen kommt positiv hinzu, dass es die erhöhten Steuern, die es in anderen Einsatzländern für die Expatriates zahlt, für die Gesamtkostenbelastung gegen die Steuerersparnisse in einigen Einsatzländern aufrechnen kann. Darüber hinaus besteht ein entscheidender Vorteil darin, dass das Unternehmen die Steuern selbst abführt und somit sicherstellt, dass die Steuern ordnungsgemäß auf das Gehalt entrichtet werden.

Sofern es Policy des Unternehmens ist, kommt es am Jahresende zu einem finalen Steuerausgleich, bei dem die endgültig vom Mitarbeiter zu tragende Einkommensteuer auf sein Arbeitnehmereinkommen und eventuell noch weitere vorhandene Einkommen (z.B. Ehegatteneinkommen, Einkünfte aus Vermietung und Verpachtung, Kapitaleinkünfte) berechnet wird. Differenzbeträge sind dann entsprechend auszugleichen. Eine Steuerausgleichsrichtlinie regelt Bedingungen und Verfahrensweisen.

Wie alle anderen Ansätze hat auch dieser Ansatz Nachteile. Diese beziehen sich darauf, dass der administrative Aufwand höher ist als bei den anderen Ansätzen. Bei dieser Vorgehensweise ist in der Regel eine externe Steuerberatung notwendig.

3.6.1.5 Das hybride System

Die Vorgehensweise und Steuer-Policy in den Unternehmen setzt sich aus den genannten Ansätzen zusammen. Ein Beispiel für ein hybrides System ist, die Tax Equalisation für das Einkommen aus der Tätigkeit beim Unternehmen im Einsatzland anzuwenden und den Laissez-Faire-Ansatz für die persönliche Einkommensteuer, d.h. diesen Prozess beim Mitarbeiter zu lassen.

Diese Vorgehensweise wird vielfach von deutschen Unternehmen angewandt. Ein Beispiel in den USA ist, die Tax Equalisation für die Federal Income Tax anzuwenden und die Tax Protection für die State Income Tax.

3.6.2 Lebenshaltungskosten-Ausgleich

Ein wesentliches Element der Balance-Sheet Methode ist der Ausgleich für erhöhte oder geringere Lebenshaltungskosten, der dem entsandten Mitarbeiter die gleiche Kaufkraft wie im Heimatland sichert. Tabelle I-2 zeigt, wie viele Unternehmen einen solchen Lebenshaltungskosten-Ausgleich gewähren und auf welche Weise:

	Asien (Pazifischer Raum)	Europa/ Mittlerer Osten	Japan	Amerika	Weltweit	
Anzahl	75	204	156	432	867	
Anteil	77 %	73 %	78 %	92 %	84 %	Ja, im Vergütungspaket separat als Ausgleichszahlung oder Zulage ausgewiesen
Anteil	15 %	12 %	21 %	5 %	10 %	Ja, als Teil einer Zulage mit der auch andere Leistungen als Lebenshaltungskosten abgedeckt werden
Anteil	8 %	16 %	1 %	3 %	6 %	Nein

Tabelle I-2: *Lebenshaltungskosten-Ausgleich*
Quelle: ORC Worldwide Survey of International Assignment Policies and Practices, 2006

Die überwiegende Mehrheit, weltweit 94 Prozent der Unternehmen, gewährt eine Form des Lebenshaltungskosten-Ausgleiches. Dieser wird über einen Index ermittelt, der sich durch den Vergleich der Kosten für die Güter und Dienstleistungen im Heimatland und im Einsatzland bestimmt. Die Güter und Dienstleistungen sind in einem Warenkorb zusammengestellt, der im Heimatland durch die öffentlichen statistischen Angaben definiert wird. In Deutschland werden die Angaben des Statistischen Bundesamtes zugrunde gelegt.

Derartige Indizes stellen verschiedene Anbieter zur Verfügung. Es würde den Rahmen dieses Buches sprengen, auf alle Indexanbieter einzugehen. Hier wird die Vorgehensweise von ORC Worldwide dargestellt, dem weltgrößten Anbieter von Lebenshaltungskosten-Indizes und anderen Entsendungsdaten.

3.6.2.1 Preisermittlung

Die typischen Waren und Dienstleistungen, die der Arbeitnehmer und seine Familienmitglieder zu Hause und während der Entsendung einkaufen, sind in 13 Hauptkategorien zusammengefasst:

Internationaler Warenkorb

- Fleisch, Fisch, Milchprodukte
- Gemüse, Obst
- Lebensmittel
- Tabak, Alkohol
- Persönliche Pflege
- Einrichtungsgegenstände und Hausrat
- Bekleidung
- Medizinische Versorgung
- Freizeit
- Transport (öffentlich)
- Transport (privat)
- Haushaltshilfe
- Essen außer Haus/Restaurant

Abbildung I-8: *Internationaler Warenkorb – Kategorien*

Insgesamt 181 Produkte werden nach folgenden Kriterien ausgewählt:

- Repräsentativer Charakter
- Verfügbarkeit
- Identifizierbarkeit

Zu den Auswahlkriterien der Produkte im Einsatzland gehören, dass international bekannte bzw. vor Ort erhältliche oder vergleichbare lokale Marken herangezogen werden, dass die Produkte repräsentativ sind und tatsächlich von Expatriates gekauft werden.

Die Vergleichbarkeit wird dadurch gewährleistet, dass ORC jedes Produkt nach Qualität, Gewicht, Volumen, Größe, Marke, usw. definiert.

Der gesamte Auswahlprozess wird ständig überwacht. Damit wird sichergestellt, dass Veränderungen in den Wünschen und im Verhalten der Verbraucher sowie Markttrends erfasst und in den Daten wiedergegeben werden.

Ausgebildete Pricing Spezialisten erheben grundsätzlich zweimal im Jahr am Einsatzort die Preise für jedes Produkt in verschiedenen Preiskategorien (teuer, mittlere Preisklasse, preiswert) und in Geschäften, die auf Basis von Umfragen bei Expatriates festgelegt werden.

ORC vergleicht den Unterschied der Preise beim Kauf der Güter und Dienstleistungen im Heimatland und im Einsatzland. Dabei werden zwei unterschiedliche Preiserhebungen durchgeführt:

Die Preiserhebung für den Expatriate Index erfolgt nach dem Kaufverhalten eines Expatriates, der z.B. erst seit kurzem im Einsatzland lebt. Dieser wird in der Regel etwas „teurer" einkaufen als ein lokaler Mitarbeiter mit vergleichbarem Einkommen, weil er sich noch nicht so gut auskennt und bevorzugt ihm bekannte, also internationale Marken kauft. Das Gleiche gilt für Standorte, an denen vergleichbare lokale Marken und Geschäfte nicht vorhanden sind.

Die andere Preiserhebung richtet sich nach dem Kaufverhalten eines Expatriates, der sich dem landesüblichen Verhalten in Bezug auf Marken und Geschäfte angepasst hat, weil mit dem Heimatland vergleichbare lokale Marken und Produktqualitäten ausreichend vorhanden sind. Der Expatriate bzw. seine Familie vergleichen Geschäfte, Produkte und Preise, wenn sie längere Zeit im Einsatzland sind und können so kostengünstiger einkaufen. Aus diesem Einkaufsverhalten entsteht der sogenannte EPI (Efficient Purchaser Index). Dieser liegt immer unter dem des Expatriate-Index.

Beispiel

Deutscher Expatriate in Paris, Gehalt € 80.000, Familiengröße 3

Index Typ	Lebenshaltungskosten-Ausgleich	Unterschied zum Expatriate Standard
Expatriate Standard **Efficient Purchaser**	€ 11.372 € 4.957	€ 6.415 (56 %)

3.6.2.2 Gewichtungen im Warenkorb

Es werden die offiziell herausgegebenen Daten der statistischen Ämter (Deutschland: Statistisches Bundesamt) für die Warenkorbgewichtungen zugrunde gelegt. Die Gewichtungen bilden einen Durchschnittshaushalt in den mittleren bis oberen Einkommensstufen im jeweiligen Heimatland ab.

Die Gewichtung jedes einzelnen Artikels richtet sich nach seinem Konsumanteil im Heimatland. Aus den folgenden beiden Gründen wird bei Bedarf eine Anpassung an das Einsatzland vorgenommen:

- Das Unternehmen stellt Produkte des Warenkorbes zur Verfügung.

  Beispiel: Der Mitarbeiter erhält ein Firmenfahrzeug. Im Warenkorb sind die laufenden Kosten für zwei Fahrzeuge enthalten, die Kosten für ein Fahrzeug werden aus dem Warenkorb herausgenommen und diese Gewichtung entsprechend auf die anderen Produkte verteilt.
- Im Einsatzland ist es üblich, mehr Hausangestellte zu beschäftigen. Die Gewichtung von Hausangestellten in Deutschland beträgt z. B. 0,4 Prozent. Für Jakarta in Indonesien beispielsweise wird die wesentlich höhere Anzahl und Arbeitszeit von Hausangestellten in der Warenkorbgewichtung berücksichtigt.

Nicht nur die Zusammenstellung der Güter des internationalen Warenkorbes, sondern auch ihre Gewichtungen beim Kaufverhalten im jeweiligen Land sind das Ergebnis statistischer Angaben. So lassen sich das Kaufverhalten im jeweiligen Heimatland und die unterschiedlichen Gewohnheiten und Verhaltensweisen der verschiedenen Nationalitäten widerspiegeln. Die Gewichtung wird von den Statistischen Ämtern der jeweiligen Länder zur Verfügung gestellt.

Die folgende Abbildung zeigt die Zusammensetzung eines deutschen Warenkorbes mit seinen Kategorien und Gewichtungen.

Kategorie	Gewichtung
▪ Essen zu Hause	
- Fleisch, Fisch, Milchprodukte	7,5
- Lebensmittel	8,4
- Obst und Gemüse	3,6
▪ Tabak/Alkohol	2,3
▪ Persönliche Pflege	4,3
▪ Einrichtungsgegenstände und Hausrat	17,4
▪ Bekleidung	10,1
▪ Medizinische Versorgung	7,1
▪ Freizeit	20,3
▪ Transport (öffentlich)	2,2
▪ Transport (privat)	10,6
▪ Haushaltshilfe	0,4
▪ Essen außer Haus/Restaurant	5,8
▪ Gesamt (Gewichtung)	100,0

Abbildung I-9: *Internationaler Warenkorb – Deutsche Gewichtung 2006*

Neben der Heimatland-Gewichtung als Ausgangsbasis können auch regionale oder internationale Gewichtungen erstellt werden. Dies geschieht, wenn Unternehmen das Kaufverhalten ihrer Expatriates z.B. international einheitlich betrachten und somit die Ausgangsbasis für den Index für alle Expatriates gleich gestalten wollen, sodass an einem Einsatzort für alle derselbe Index entsteht. Entsprechendes gilt für eine regionale Gewichtung, die sich z.B. auf eine Region wie Westeuropa bezieht oder die Länder, die das Unternehmen als Ausgangsländer bestimmt.

Wie unterschiedlich die nationalen Gewichtungen sind, wird im folgenden Vergleich deutlich:

	D	GB	F	USA	China
▪ Essen zu Hause					
- Fleisch, Fisch, Milchprodukte	7,5	6,0	13,7	6,7	17,9
- Lebensmittel	8,4	5,0	6,0	8,0	9,7
- Obst und Gemüse	3,6	3,3	4,3	3,0	13,3
▪ Tabak/Alkohol	2,3	7,5	3,4	2,9	6,1
▪ Persönliche Pflege	4,3	3,3	5,1	4,8	3,9
▪ Einrichtungsgegenstände und Hausrat	17,4	17,7	15,5	10,5	8,9
▪ Bekleidung	10,1	10,2	10,2	10,1	14,2
▪ Medizinische Versorgung	7,1	1,7	7,3	6,2	2,3
▪ Freizeit	20,3	17,3	16,5	13,2	6,2
▪ Transport (öffentlich)	2,2	3,0	2,1	2,4	2,9
▪ Transport (privat)	10,6	14,5	8,0	19,1	6,3
▪ Haushaltshilfe	0,4	1,4	1,6	2,7	0,0
▪ Essen außer Haus/Restaurant	5,8	9,1	6,3	10,4	8,3

Abbildung I-10: *Internationaler Warenkorb – Gewichtungen 2006 – Vergleich*

3.6.2.3 Erstellung des Lebenshaltungskosten-Index

Ein Lebenshaltungskosten-Index (LHK) wird aus der Summe der Indizes für die einzelnen Kategorien des Warenkorbes (z.B. Index für Lebensmittel, Kleidung, medizinische Versorgung, Transport etc.) gebildet. Diese Kategorien-Indizes werden wie folgt erstellt:

1. Für die einzelnen Produkte werden im Heimatland und im Einsatzland Durchschnittspreise ermittelt.
2. Diese Preise werden zueinander ins Verhältnis gesetzt (Host-Preise dividiert durch Home-Preise).
3. Dieses Preisverhältnis wird auf die Gewichtung der einzelnen Kategorien angewandt, indem es mit der Gewichtung der Kategorie multipliziert wird.

Die Summe dieser Kategorien-Indizes ergibt den Gesamt-Index.

Auch für die einzelnen Kategorien wird eine Gewichtung ermittelt, etwa für Obst und Gemüse.

Kategorie Obst + Gemüse (3,6%)	Gewichtung
▪ Getrocknete Bohnen	0,1
▪ Gemüse in Dosen	10,2
▪ Obst in Dosen	4,1
▪ Fruchtsaft	19,0
▪ Frisches Obst	37,6
▪ Frisches Gemüse	21,3
▪ Kartoffeln	7,8
▪ Tofu	0,0
▪ Getrockneter Laver (Hoshimori)	0,0
Gesamt	**100,0**

Abbildung I-11: *Kategorien – Deutsche Gewichtung 2006*

Nachfolgend wird eine Indexerstellung beispielhaft dargestellt. Um die Methode zu veranschaulichen, werden einzelne Produkte aus verschiedenen Kategorien ausgewählt. Das Berechnungsprinzip bleibt gleich.

Beispiel

Indexerstellung Deutschland nach New York, Wechselkurs: $ 1,1440 : € 1

	Gewichtung	D Preis €	NY Preis $	NY Preis €	Preisverhältnis (NY €/D €)	Gesamtindex-Komponente (Gewichtung x Preisverhältnis)
1 Liter Milch	25	0,69	1,20	1,05	1,52	38
1 Fl. Olivenöl	20	3,99	3,09	2,70	0,68	14
100 g Zahnpasta	20	1,99	2,50	2,19	1,10	22
Herren-Oberhemd	15	45,00	40,00	34,97	0,78	12
Fahrrad	20	399,00	520,00	454,55	1,14	23
Gesamt	**100**					**109**

Der Index Deutschland nach New York ist also 109.

Der Cost of Living Index wird an den meisten Standorten mindestens zweimal im Jahr überprüft. Jeweils drei Monate nach der Überprüfung findet eine Anpassung mit dem Wechselkurs statt. Eine Veränderung kann deshalb je nach ihrer Höhe und der Gehaltspolitik des Unternehmens entsprechend auf die Gehaltsberechnung des Mitarbeiters angewendet werden.

3.6.2.4 Lebenshaltungskosten-Ausgleich oder Differential

Der Index wird auf das Spendable Income, kurz Spendable, im Heimatland angewandt. Das ist der Teil des Gehaltes, den der Mitarbeiter entweder allein oder mit Familie im Heimatland für Güter und Dienstleistungen ausgibt. Dieser Wert wird für Deutschland nach den Angaben des Statistischen Bundesamtes ermittelt, für die USA vom Bureau of Labor Statistics und in den anderen Heimatländern von vergleichbaren Organisationen innerhalb des jeweiligen Landes.

Das Spendable Income Heimatland (oder auch Home Spendable Income) ist der Betrag, den ein Haushalt mit der jeweils festgesetzten Anzahl von Angehörigen (Single, Familie) zu Hause für die 13 Kategorien des Warenkorbes ausgibt. Bei einer befristeten Entsendung von bis zu fünf Jahren bleibt der Mitarbeiter in der Regel bei seinen Gewohnheiten, zumindest diese Kategorien im Warenkorb auch weiterhin zu verbrauchen bzw. entsprechende Ersatzprodukte dafür einzukaufen, sofern die primären Güter im Einsatzland nicht vorhanden sind.

Beim Balance-Sheet Ansatz wird – wie oben beschrieben – dieser Teil des Einkommens mit den Ausgaben im Einsatzland dargestellt, und das Unternehmen erstattet auf der Basis des Index, der die relativen Mehrkosten oder Minderkosten ausdrückt, den Unterschied zu den Ausgaben im Heimatland, wenn diese höher sind.

Um den tatsächlichen Cost-of-Living-Ausgleich zu berechnen, d.h. den Betrag der Mehr- oder Minderkosten, auch **Differential** genannt, gilt folgende Formel:

$$\frac{\text{Cost-of-Living-Index} - 100}{100} \times \text{Spendable} = \textbf{Cost-of-Living-Ausgleich}$$

Der Betrag, der mit dieser Formel errechnet wird, kann positiv oder negativ sein. Er ist positiv an den Einsatzorten, in denen die vergleichbare Lebensführung teurer ist und negativ dort, wo die Kosten der Lebenshaltung geringer sind als im Heimatland. Sind die Lebenshaltungskosten im Einsatzland höher, wird dieser Betrag als Nettobetrag zum Nettogehalt hinzu gerechnet.

Sind die Lebenshaltungskosten niedriger, sollten sie nach der Logik der Verfahrensweise von diesem Teil des Nettogehaltes abgezogen werden. Die Unternehmen gehen jedoch damit unterschiedlich um. Nur etwas weniger als ein Drittel der Unternehmen weltweit wenden einen negativen Index direkt an.

Mehr noch als das Grundgehalt bestimmt das Gesamtfamilieneinkommen, wie viel eine Familie für die Güter und Dienstleistungen des täglichen Bedarfs ausgibt. Im Heimatland kann sich das Familieneinkommen auch aus weiteren Quellen zusammensetzen, wie z.B. das Einkommen des Lebenspartners, andere Einkünfte, die der Mitarbeiter außerhalb seiner Tätigkeit erzielt, Zinsen, Einkünfte aus Investments usw. Obwohl diese verschiedenen Einkommensquellen zumeist Einfluss darauf haben, wie viel Geld ein Mitarbeiter bzw. eine Familie für den täglichen Verbrauch zur Verfügung hat, geht das Unternehmen bei der Definition des Einkommens für die Lebenshaltungskosten bei Entsendungen von nur einem Verdiener aus, bezieht also lediglich das Gehalt des Mitarbeiters beim Unternehmen ein. Dadurch wird die Vergleichbarkeit zu den Mitarbeitern mit gleichem Gehalt und Familiengröße erzielt. Darüber hinaus zeigen die Untersuchungen, dass der Betrag, der für die Güter und Dienstleistungen des täglichen Bedarfs ausgegeben wird, mit steigendem Einkommen zwar ansteigt, aber mit einem geringeren Prozentsatz.

Einfluss der Familiengröße

Dieses gilt vergleichbar auch für die Familiengröße. Je größer sie ist, desto mehr steigt der Teil des Einkommens, der für Güter und Dienstleistungen ausgegeben wird. Jedoch ist die Steigerungsrate des Spendables – aufgrund von Kostenvorteilen und Festkosten, die unabhängig von der Familiengröße bestehen – für größere Familien nicht direkt proportional zur Größe der Familie. Der Betrag, der beispielsweise für die Autoversicherung ausgegeben wird, ändert sich grundsätzlich nicht mit der Familiengröße, ebenso verdoppeln sich die Ausgaben für Mobiliar und Hausrat nicht, wenn sich die Familie von zwei auf vier Personen vergrößert.

3.6.2.5 Index-Modifizierung – Spendable Factor

Da ein Index immer aus festgelegten Kategorien besteht, kann jeder Index modifiziert werden, indem man einzelne Kategorien nicht oder nur teilweise berücksichtigt. Stellt zum Beispiel ein Unternehmen dem Mitarbeiter einen Firmenwagen im Einsatzland zur Verfügung, so spart der Mitarbeiter die laufenden Kosten zumindest für ein eigenes Fahrzeug. Dieser Teil seines Spendables muss also nicht mehr angepasst werden, weil der Expatriate ihn gar nicht mehr aufwendet. So kann der Warenkorb auf die Policy des Unternehmens abgestimmt werden.

Beispiel

Für einen nach London entsandten Amerikaner beträgt der Anteil am Spendable Income für die laufenden Kosten seines Fahrzeugs **4,725 Prozent.**

Das neue Spendable Income – ohne die Kosten für ein eigenes Auto – beträgt nun **95,275** Prozent des vollen Warenkorbes.

Dieser Multiplikator wird **Spendable Factor** genannt.

Der Spendable Factor wird auf das gesamte Heimatland-Spendable angewendet. So errechnet sich ein modifiziertes Spendable, welches mit dem entsprechenden modifizierten Index angepasst werden kann.

3.6.3 Exkurs: Auswirkungen von Wechselkurs-Schwankungen

In den folgenden Beispielberechnungen wird dargestellt, wie sich eine Veränderung des Wechselkurses auf den Index, den Kaufkraftausgleich und die Kaufkraft des Mitarbeiters im Einsatzland auswirkt.

Zunächst die konstante Ausgangslage:

Ein Mitarbeiter wird in das Land X mit der Währung W entsandt. Sein Heimatland-Spendable beträgt € 35.240.

Beispiel 1:

€ 1 = W 5 ; Index = 114,8842

	Euro	Einsatzland Währung W
Spendable Heimatland	€ 35.240,00	
LHK-Ausgleich	€ 5.245,19	
Spendable Einsatzland	€ 40.485,19	W 202.426,00

Der errechnete Lebenshaltungskosten-Ausgleich beträgt € 5.245,19, das angepasste Spendable € 40.485,19 bzw. W 202.426.

Im nächsten Beispiel gewinnt der W an Stärke gegenüber dem Euro. Der Wechselkurs ändert sich und steht jetzt bei € 1:W 4. Daraufhin ändert sich der Index. Wie oben dargestellt, werden bei der Erstellung des Index die Preise im Gastland in Heimatlandwährung umgerechnet. Also ist der Index auch vom Wechselkurs beeinflusst.

Die Formel zur Berechnung des neuen Index bei Veränderungen im Wechselkurs lautet

$$\frac{\text{Alter Index x Alter Wechselkurs}}{\text{Neuer Wechselkurs}} = \text{Neuer Index}$$

Der neue Index berechnet sich also wie folgt: 114,8842 x 5/4 = 143,60525. Wie wirkt sich das auf den Lebenshaltungskosten-Ausgleich und die Kaufkraft des Mitarbeiters aus?

Beispiel 2:

€ 1 = 4 W, Index = 143,6052

	Euro	Einsatzland Währung W
Spendable Heimatland LHK-Ausgleich Spendable Einsatzland	€ 35.240,00 € 15.366,47 € 50.606,47	W 202.426,00

Dieses Beispiel zeigt, dass aufgrund des gestiegenen Index auch der Lebenshaltungskosten-Ausgleich für den Mitarbeiter ansteigt und zwar von € 5.245,19 auf € 15.366,47. Daraus errechnet sich ein Spendable von € 50.606,47.

Zunächst mag man meinen, dem Mitarbeiter stünde nun mehr Geld im Ausland zur Verfügung. Rechnet man jedoch diesen Euro-Betrag anhand des neuen Wechselkurses in die Einsatzland-Währung W um, so zeigt sich, dass der Betrag in W genau gleich geblieben ist. Der Mitarbeiter hat also im Einsatzland die gleiche Kaufkraft wie vor der Wechselkursänderung.

Das dritte Beispiel zeigt die Veränderungen aufgrund einer Schwächung der Einsatzland-Währung gegenüber dem Euro. Der Wechselkurs ist € 1:W 6. Wendet man wieder obige Formel zur Berechnung des neuen Index an, so ergibt sich:

143,6052 x 4/6 = 95,7368. Der neue Index ist 95,7368.

Beispiel 3:

€ 1 = W 6; Index = 95,7368

	Euro	Einsatzland Währung X
Spendable Heimatland LHK-Ausgleich Spendable Einsatzland	€ 35.240,00 –€ 1.502,35 € 33.737,65	W 202.426,00

Es wird deutlich: Obwohl der Lebenshaltungskosten-Ausgleich negativ ausfällt und das Spendable in Heimatland-Währung sogar sinkt, bleibt der Betrag in Einsatzland-Währung W gleich. Der Mitarbeiter hat also durch eine wechselkursbedingte Reduzierung seines Heimatland Spendables keinerlei Nachteile.

3.6.3.1 Verschiedene Index-Arten

Um das jeweilige Ausgabenverhalten der Expatriates genau und sehr detailliert abbilden zu können, gibt es verschiedene Index-Arten:

Efficient Purchaser Index – EPI

Dieser Index legt zugrunde, dass der Expatriate an einem Ort lebt und arbeitet, an dem die Qualität der lokalen Marken vergleichbar zur Qualität der entsprechenden Marken im Heimatland ist. Der Expatriate kann lokale Marken anstelle von Importartikeln erhalten und in denselben Geschäften einkaufen wie die lokalen Mitarbeiter. Dadurch wird ein mit dem Heimatland vergleichbarer Lebensstandard gewährleistet. Europäische Unternehmen bevorzugen diesen Index.

Expatriate Index

Dieser Index geht davon aus, dass am Einsatzort lokale Marken mit entsprechender Qualität wie im Heimatland nicht erhältlich sind oder aufgrund der Markenloyalität zu den Produkten aus dem Heimatland nicht gekauft werden. Insofern werden in erster Linie importierte Waren in teuren Importgeschäften gekauft.

Dieser Index wird an den Standorten genutzt, an denen vergleichbare lokale Produkte nicht zu bekommen sind und deshalb ein EPI nicht erhoben werden kann. Je nach Firmenpolicy wird er auch angewandt, wenn die Markenloyalität beim Einkaufsverhalten im Vordergrund steht.

Multinational Index

Für diesen Index wird eine regionale oder auch weltweite Gewichtung ermittelt, z.B. Europa oder Lateinamerika. Sie wird bei der Berechnung des Index zugrunde gelegt. Er ist geeignet für intraregionale Entsendungen oder Highly Mobile Employees und International Cadre (s. dazu 1.4. und 3.2.), die durch aufeinander folgende Entsendungen innerhalb einer Region oder auch weltweit eine abgeschwächte Bindung zum Heimatland haben.

International Index

Dieser Index berücksichtigt grundsätzlich keine Gewichtungen, sondern berechnet sich nach absoluten Verbrauchsmengen. Es wird ein statistischer Wert für den Jahresverbrauch der 13 Produktkategorien ermittelt. Die Preise für diesen Jahresverbrauch werden für das Heimatland und das Einsatzland festgestellt. Daraus wird ein Preisverhältnis gebildet, das den International Index darstellt.

Der Index kann reziprok angewandt werden, d.h. wenn der Index von Deutschland/Frankfurt nach New York 105 ist, ist der Index von New York nach Frankfurt 1/105, also 95.

Der International Index ist z. B. für Highly Mobile Employees gedacht, deren Bindungen an das Heimatland zumindest in Bezug auf ihr Einkaufsverhalten sehr abgeschwächt sind, weil sie von einem Einsatzland in das nächste entsandt werden. Er wird auch angewandt bei dauerhaften Transfers, bei denen die Unternehmen für einen Anpassungszeitraum den Mitarbeitern höhere Kosten der täglichen Lebenshaltung ausgleichen wollen, unabhängig von ihren Heimatland-Gewohnheiten.

Multi Currency Index

Es gibt Länder, in denen nicht alle im Warenkorb enthaltenen Produkte gekauft werden können. Für diese Fälle wird ein Multi Currency Index entwickelt. Dieser Index geht davon aus, dass ein bestimmter Teil der Produkte in einem Nachbarland gekauft werden muss oder aus dem Heimatland mitgebracht wird. Deshalb wird der Index mit mehr als zwei Währungen berechnet.

STAA (Short-Term Assignment Allowance) Index

Der STAA Index bildet das Kaufverhalten eines Mitarbeiters bei einer Kurzzeitentsendung ab, während der er in der Regel ohne Familie im Ausland ist. Der Warenkorb wird deshalb an das veränderte Kaufverhalten des kurzfristigen Einsatzes angepasst. Da der Mitarbeiter zumeist in einem möblierten Appartement wohnt, werden die Ausgaben für große Einrichtungsgegenstände, z.B. Waschmaschine, nicht aufgenommen. Stattdessen wird berücksichtigt, dass der Mitarbeiter wesentlich öfter außer Haus isst. Insofern wird der Anteil für die Ausgaben im Restaurant erhöht und der Anteil für Lebensmittel verringert.

Auch dieser Index wird auf das Heimatland-Spendable angewandt, um die daraus resultierende Allowance zu erhalten. Da das Unternehmen mehr Produkte und Dienstleistungen aus dem Warenkorb zur Verfügung stellt und Teile des Warenkorbes weiterhin zu Hause eingekauft werden, ist das Spendable geringer, auf das der Index angewandt wird.

Alternativ zum Lebenshaltungskosten-Ausgleich, der die höheren Kosten des täglichen Bedarfs abdeckt, kann die Short-Term Assignment Allowance auch als Tages- oder Monatspauschale – sog. Per Diems – dargestellt werden. Zu Short-Term Assignments und der weiteren Beschreibung von Short-Term Assignment Index und Allowance siehe Kapitel 4.4.

3.6.4 Wohnkosten im Einsatzland

Die Unterstützung durch das Unternehmen bei den Wohnungskosten ist ebenfalls ein Teil der Vergütungspolitik bei Auslandseinsätzen. Die meisten Unternehmen leisten einen Beitrag zu den Mietkosten im Einsatzland, es sei denn, der Mitarbeiter wird im Gastland lokalisiert und bekommt einen lokalen Arbeitsvertrag. Die Leistung des Untermnehmens kann anhand der drei folgenden Fragen festgelegt werden:

1. Wie hoch soll die Mietkostenerstattung durch das Unternehmen sein?
2. Wie hoch soll der Eigenanteil des Expatriates an den Mietkosten sein?
3. Wer schließt den Mietvertrag ab?

3.6.4.1 Höhe der Mietkostenerstattung im Einsatzland

Viele Unternehmen weltweit waren Jahre lang äußerst großzügig in Bezug auf die Höhe der Mietkosten, die sie ihren Expatriates erstattet haben. Die Mietkosten sind abhängig von Lage, Größe und Ausstattung der Wohnung. Sind die Mietkosten am Einsatzort höher als die Kosten, die der Expatriate für seine Wohnung im Heimaland zu zahlen hat bzw. als die dafür errechnete statistische Durchschnittsgröße entsprechend Gehalt und Familiengröße, gleicht das Unternehmen über eine Mietzulage die Differenz aus.

Da die Mietkosten jedoch einen sehr hohen Anteil an den Gehaltsnebenkosten einer Entsendung haben und sich im Ergebnis dadurch erhöhen, dass sie in den meisten Ländern zu versteuern sind, bilden sie einen hohen Anteil an den Gesamtkosten der Entsendung. Deshalb sind viele Unternehmen dazu übergegangen, Wohnlage und Obergrenzen für Mietpreise zu definieren. Der ORC Worldwide Survey on International Policies and Practices, 2006 stellt fest, dass die Hälfte der entsendenden Unternehmen weltweit eine Höchstgrenze für die Miete festlegt.

Dabei bedienen sich die Unternehmen unterschiedlicher Quellen:

1. Informationen, die sie über die Tochtergesellschaften selbst einholen können,
2. Untersuchungen, die über die Anbieter von Lebenshaltungskosten erstellt werden,
3. Untersuchungen, die von Relocation Companies durchgeführt werden.

ORC Worldwide stellt regelmäßig für die verschiedenen Einsatzorte sog. Mietspiegel zur Verfügung, in denen die Mietkosten für verschiedene Preiskategorien und Stadtteile aufgeführt sind. Sie sind ein verlässlicher Gradmesser für die Bestimmung entsprechender Mietobergrenzen.

Grundsätzlich sind die Wohnungen für Expatriates in den meisten Ländern der Welt verhältnismäßig teuer. In vielen europäischen Großstädten besteht darüber hinaus die Möglichkeit, anhand des Mietspiegels für lokale Mitarbeiter mit entsprechendem Einkommen vergleichbare Mietkosten festzulegen.

3.6.4.2 Eigenbeteiligung des Mitarbeiters an den Mietkosten

Wird ein Ausgleich zwischen Mietzahlung im Heimatland und Mietkosten im Einsatzland gewährt, wird in der Regel der landesweite, regionale oder lokale Mietdurchschnitt im Heimatland des Mitarbeiters erfasst. Diese Angaben werden den Unternehmen unter anderem von den Anbietern der Lebenshaltungskostendaten zur Verfügung gestellt. ORC fasst diese Angaben in den sogenannten Housing Norms zusammen.

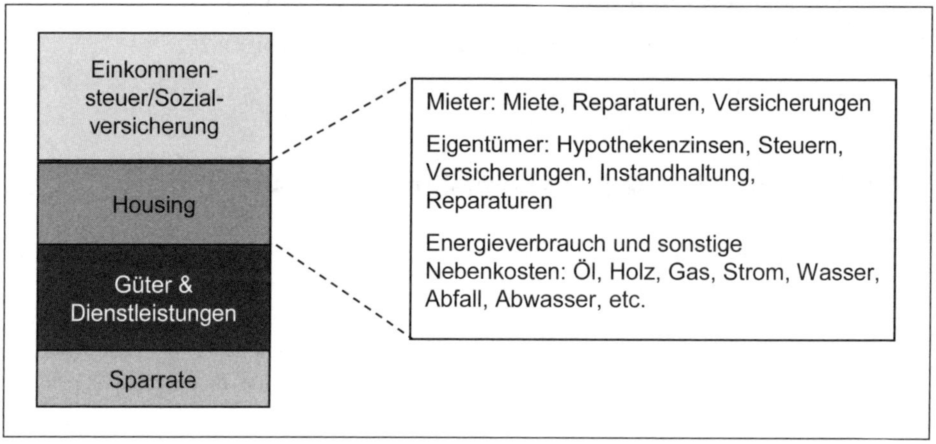

Abbildung I-12: *Ausgaben für Wohnen*

Die Housing Norms beziffern die durchschnittlichen Ausgaben für Heimatland-Wohnkosten im Verhältnis zum Bruttoeinkommen und zur Aufteilung Single/Familie. Dabei werden die in Abbildung I-12 dargestellten Ausgaben zugrunde gelegt.

Daraus ergibt sich der Beitrag, den der Mitarbeiter zu den höheren Mietkosten im Einsatzland leistet. Er wird demzufolge auf die Mietkosten im Einsatzland angerechnet und die Kosten für Wohnung bzw. das Haus im Einsatzland vom Unternehmen übernommen. Die neueste Studie von ORC Worldwide of International Assignments Policies and Practices, 2006 stellt fest, dass weltweit die Hälfte der Unternehmen die Mietkosten für den Mitarbeiter zahlen, aber einen Beitrag des Mitarbeiters in Höhe seiner Heimatlandmietkosten bzw. eines lokalen Durchschnitts in Anrechnung bringen. 44 Prozent der in Europa und Middle East entsendenden Unternehmen nehmen keinen Abzug der Wohnkosten im Heimatland vor, sie bezahlen die Mietkosten des Mitarbeiters im Einsatzland in voller Höhe. Gründe dafür sind u. a., dass einerseits die Mitarbeiter auch bei Long-Term-Entsendungen immer häufiger ohne Familie in das Einsatzland gehen und andererseits viele Mitarbeiter nicht bereit sind oder keine Möglichkeit sehen, ihre Wohnung bzw. ihr Haus im Heimatland zu verkaufen oder unterzuvermieten.

3.6.4.3 Vertragspartner beim Mietvertrag

Die Beantwortung der Frage, wer den Mietvertrag für die Wohnung oder das Haus des Expatriate im Entsendungsland unterschreibt, sollte von den gesetzlichen Vorgaben in den einzelnen Ländern abhängig gemacht werden, die sich sowohl auf die rechtliche als auch auf die steuerliche Situation beziehen können. In einigen Ländern ist es möglich, die Mietkosten steuerfrei zu gewähren. Dies gilt zumeist in den Fällen, in denen das Unternehmen die Wohnung bzw. das Haus anmietet und die Miete direkt an den Haus- bzw. Wohnungseigentümer bezahlt.

3.6.5 Auslandszulagen/Assignment Incentives/International Premiums

Mit Auslandszulagen, Incentives oder International Premiums – alle Begriffe werden synonym verwandt – sollen grundsätzlich durch die Entsendung entstehende Veränderungen, Umstände und mögliche Schwierigkeiten und Erschwernisse für den Expatriate und seine Familie ausgeglichen werden. Dies schließt ein: die Trennung von der Familie, Freunden, Kollegen und dem gesamten Heimatumfeld, der Ehe- oder Lebenspartner gibt seinen Beruf auf, die Kinder werden umgeschult, Unterschiede in Sprache und Kultur erschweren die sozialen Kontakte und müssen überwunden werden. Sprachunterricht gehört dabei zu den einsatzbedingten Mehraufwendungen (s. dazu 3.3). Auch Erschwernisse wie unzureichende medizinische Versorgung oder ein unsicheres politisches Umfeld werden beachtet.

Die verschiedenen Bezeichnungen der Incentives zeigen, was jeweils honoriert werden soll.

3.6.5.1 Foreign Service Premium

Das Foreign Service Premium, als Begriff eher in den USA verwandt, entspricht im Wesentlichen der Mobility Allowance. In neueren Policies liest man häufiger den Begriff International Premium.

3.6.5.2 Mobility Allowance

Mit der Mobility Allowance honorieren die Unternehmen die Bereitschaft des Mitarbeiters, ins Ausland zu gehen. Sie wird in unterschiedlicher Form gezahlt:

- als einmaliger oder monatlicher Pauschalbetrag,
- als ein Prozentsatz vom Gehalt mit monatlicher Auszahlung,
- zu Beginn der Entsendung als einmaliger Betrag und teilweise nach erfolgreichem Abschluss der Entsendung ebenfalls als einmaliger Betrag.

Die Zahlung von Foreign-Service- und Mobility-Zulagen hat in den letzten Jahren deutlich abgenommen. Inzwischen gewähren weltweit nur noch etwas mehr als die Hälfte der Unternehmen eine Zulage sowohl für Entsendungen innerhalb des Kontinents und auch für interkontinentale Entsendungen.

Anders bei den japanischen Unternehmen: Dort zahlen mehr als 90 Prozent der Unternehmen entsprechende Zulagen. Seit 2004 hat sich die Zahl der Unternehmen in Europa, Middle East und Afrika, die bei Entsendungen innerhalb des Kontinents Zulagen zahlen, um zehn Prozent verringert, sogar um zwölf Prozent, wenn es um Incentives für intraregionale Einsätze, also innerhalb einer Region, geht. Dies spiegelt die Tatsache wider, dass es in international tätigen Unternehmen zunehmend zur Voraussetzung wird, im Rahmen der Karriereentwicklung ins Ausland zu gehen.

Wird eine Zulage gezahlt, so ist die Höhe sehr unterschiedlich. Wird sie als Lump Sum zu Beginn der Entsendung gezahlt, beträgt sie bei deutschen Unternehmen in der Regel ein halbes bis zu zwei Monatsgehälter. Durch die Einmalzahlung entsteht ein höherer Betrag, den der Mitarbeiter nutzen kann, um zusätzliche Kosten im privaten Bereich abzudecken.

3.6.5.3 Erschwernis- oder Hardship-Zulage

Diese Zulage wird an Einsatzorten gezahlt, an denen die Lebens- und Arbeitsbedingungen besonders schwierig sind. Sie wird auf der Basis der Bewertung verschiedener Faktoren und Bedingungen entwickelt. Die nachfolgende Abbildung zeigt die von ORC zugrunde gelegten Faktoren.

- Wohnungsqualität
- Klimatische Bedingungen
- Umweltverschmutzung
- Gesundheitsrisiken
- Medizinische Versorgung
- Schul- und Ausbildungsmöglichkeiten
- Infrastruktur
- Politische Verhältnisse
- Politisches und soziales Umfeld
- Kriminalität
- Kommunikationsmittel, Sprache
- Kultur- und Freizeitangebot
- Allgemeine Versorgung

Abbildung I-13: *Erschwernis-/Hardship-Kriterien*

Die Erschwernis am Einsatzort wird anhand eines Kriterienkataloges beschrieben und beurteilt, in dem die einzelnen Kriterien nach ihrer relativen Wertigkeit gewichtet werden. So sind Gesundheitsrisiken und medizinische Versorgung am stärksten gewichtet. Über eine Punkteskala wird die Erschwerniszulage als Prozentsatz ermittelt. Die meisten Unternehmen wenden diesen Prozentsatz auf das Grundgehalt an, so entsteht der zu zahlende Betrag.

Die folgende Abbildung zeigt, dass weltweit die Mehrheit der Unternehmen eine Hardship Allowance gewährt.

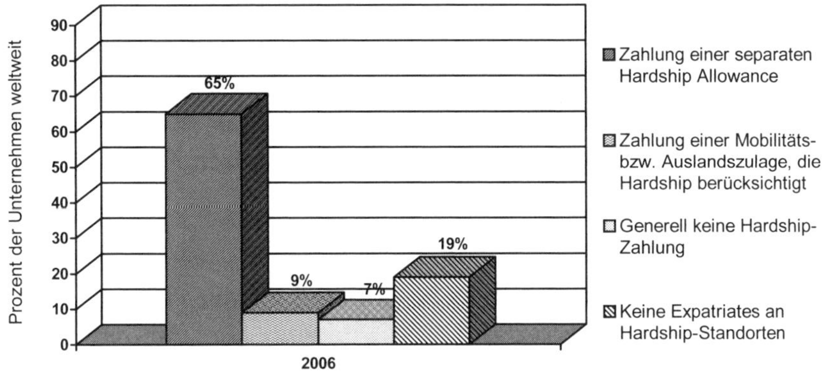

Abbildung I-14: *Zahlung verschiedener Zulagenarten*
Quelle: ORC Worldwide Survey of International Assignment Policies and Practices, 2006

Unterschiedliche Ansichten bestehen darüber, ob die Hardship Allowance in Abhängigkeit zur Nationalität des Expatriates oder aber als Zulage für die Erschwernis an einem bestimmten Ort ohne Bezug auf eine Nationalität ausgewiesen werden soll.

Es gibt weiterhin Argumentationen, dass ein Expatriate, der aus einem Ort mit Erschwerniszulage kommt und in einen anderen Ort mit Hardship Allowance entsandt wird, nicht dieselbe Zulage erhalten solle wie jemand, der aus einem Standort ohne Erschwernis kommt.

Grundsätzlich ist festzustellen, dass jeder Hardship-Bewertung eine Bezugsgröße immanent ist, die die westlichen Industrienationen als Ausgangspunkt hat, wenn sie aus diesem Blickwinkel erstellt wird. Zum anderen gibt es gute Gründe dafür, bei der Gewährung von Erschwernis-Zulagen die Herkunftsländer unberücksichtigt zu lassen und nur auf den Einsatzort abzustellen. Maßgeblich dafür ist:

- Die meisten Hardship-Faktoren sind unabhängig von kulturellen Einflüssen. Zum Beispiel betrifft das Kriminalitätsrisiko oder eine schlechte medizinische Versorgung alle Mitarbeiter.

- Die ursächlichen Faktoren für die Hardship-Bewertung in den einzelnen Ländern können sehr unterschiedlich sein. Während in dem einen Land Klima und Kriminalität ausschlaggebend sind, sind es in dem anderen Land die hygienische Bedingungen, Infektionskrankheiten und die allgemeine Infrastruktur. Eine Vergleichbarkeit und damit Anrechenbarkeit ist in der Hardship-Bewertung somit nicht gegeben.
- Werden Hardship Allowances in Abhängigkeit von Herkunftsländern gezahlt, birgt dies die Gefahr, dass sich Expatriates aus sog. Entwicklungsländern benachteiligt und ungleich behandelt fühlen, wenn sie eine geringere Zulage bekommen als Expatriates aus Nicht-Hardship-Ländern, was in den meisten Fällen die hochentwickelten Industrieländer sind.

Es gibt auch die Überlegung, die Hardship Allowance innerhalb einer Region wie beispielsweise in Südostasien nach den genannten Kriterien für die Länder dieser Region zu definieren, was möglicherweise zu anderen Ergebnissen führen kann.

Nach den Ergebnissen des ORC Worldwide Survey, 2006 zahlen nur 21 Prozent der teilnehmenden Unternehmen Hardship Allowances in Abhängigkeit vom Heimatland, fast die Hälfte zahlt für alle an demselben Einsatzort denselben Prozentsatz.

3.7 Vom Balance Sheet zum Gross-up – Hochrechnung von Netto auf Brutto

3.7.1 Balance Sheet

Um zu gewährleisten, dass dem Mitarbeiter durch das Assignment und das Leben im Ausland keine Nachteile entstehen, wird mit der Methodik des Balance Sheets das Nettogehalt berechnet, das dem Expatriate zur Verfügung stehen muss, um ihm im Gastland dieselbe Kaufkraft wie im Heimatland zu ermöglichen. Dieses wird wie folgt berechnet:

Vom zugrunde liegenden Heimatlandbruttogehalt, das der Mitarbeiter vor seiner Entsendung verdient (Jahresgehalt einschließlich aller festen Zusatzzahlungen, auch Boni, Firmenwagen – s. dazu auch 3.2) oder einem anderen definierten Ausgangsgehalt werden die hypothetischen (oder tatsächlichen) Beiträge zur Sozialversicherung im Heimatland abgezogen. Des Weiteren wird ein hypothetischer Steuerabzug basierend auf den Lohnsteuermerkmalen des Mitarbeiters ermittelt, der ebenfalls in Abzug gebracht wird. Dies ergibt das hypothetische Heimatland Nettogehalt.

Hiervon kann, je nach Richtlinie, der durchschnittliche oder tatsächliche Betrag für die Wohnung (Housing Norm) in Abzug gebracht werden, um das Netto zu ermitteln, das für den täglichen Konsum und den Sparanteil verwendet wird.

Zu diesem Netto wird der Ausgleich für die erhöhten Lebenshaltungskosten (Cost-of-Living Differential) hinzugerechnet, um die Kaufkraft im Heimatland an die Kaufkraft im Gastland anzupassen. Bei einem negativen Lebenshaltungskostenausgleich erfolgt je nach Policy ein Abzug.

Zu diesen Nettoeinkünften im Heimatland werden nach der Firmen-Policy weitere Zulagen gewährt, z.B. eine Hardship-Zulage sowie eventuell ein finanzieller Anreiz für Mobilität.

Gehaltselemente	Currency Home country *EUR*
Annual Base Salary	85.000
Bonus	-
Total Salary	85.000
Social Security	(11.354)
Hypothetical Taxes	(18.014)
Net Salary Home	55.632
Home Housing Norm	(14.654)
Cost of Living Differential	8.163
Mobility Premium 15%	12.750
Target Net Income	**61.891**

Abbildung I-15: *Balance Sheet – Gehaltselemente*

Das so ermittelte Nettogehalt wird dem Mitarbeiter garantiert und entweder über die Gehaltsabrechnung im Heimatland, im Gastland oder als Split Pay in beiden Ländern ausbezahlt. Die Steuern, die hierauf entstehen, werden vom Unternehmen getragen.

Bei einer Rückkehr ins Heimatland auf eine Position, die der Wertigkeit der ursprünglichen Stelle entspricht, muss die Vergütung lediglich wieder von Netto auf Brutto umgestellt werden, da der Mitarbeiter seine Gehaltssystematik nie verlassen hat. Die Zulagen entfallen.

3.7.2 Gross-up

Entscheidet sich das Unternehmen jedoch, den Mitarbeiter in das Gehaltsgefüge im Gastland einzugliedern und dort das Bruttogehalt auszuzahlen, so wird das nach oben beschriebener Vorgehensweise ermittelte Nettogehalt in das korrespondierende Bruttogehalt hochgerechnet, d.h. einschließlich der geschätzten Steuern und der zu zahlenden Sozialversicherungsbeiträge (Gross-up).

Es gibt für die Definition des Bruttogehaltes drei verschiedene Ansätze (s. dazu auch 3.2):

- Home- oder Heimatland-Ansatz
- Host- oder Gastland-Ansatz
- Higher of Home or Host: hybrider oder auch Mischansatz, bei dem der Mitarbeiter das jeweils höhere Gehalt bekommt

Allerdings ist anzumerken, dass es beim Gross-up nicht darum geht, genaue Steuerlasten festzustellen und die Einkommen genau zu vergleichen, sondern das Gross-Up dient lediglich dem Entgelt-Findungsprozess.

3.7.2.1 Heimatland-Ansatz

Das Bruttogehalt im Gastland errechnet sich nach dem Heimatland-Ansatz wie folgt: Die Netto-Auslandsvergütung in Heimatland-Währung (s. 3.7.1) wird zum gültigen Wechselkurs in die Auslandswährung umgerechnet. Es wird somit von der Heimatland-Seite auf die Auslandsseite der Bilanz gewechselt (s. auch 3.5). Übernimmt das Unternehmen die Wohnungskosten im Gastland bzw. stellt dem Mitarbeiter die Wohnung zur Verfügung, sind diese Kosten bei der Hochrechnung ebenso zu berücksichtigen wie die Sozialversicherungsbeiträge im Heimatland sowie eventuelle weitere Sozialversicherungsbeiträge im Gastland. Diese Beträge und die geschätzten Steuern im Ausland werden addiert. Dadurch erhält man das errechnete Bruttogehalt im Ausland in ausländischer Währung. Zu Vergleichszwecken kann dieses wieder in die Währung des Heimatlandes umgerechnet werden.

Wird dem Mitarbeiter dieser Bruttobetrag ausgezahlt, muss er die hierauf entstehende Steuer selbst tragen.

3.7.2.2 Gastland-Ansatz

Jedoch wird der Mitarbeiter durch diese Hochrechnung noch nicht in das Gehaltsgefüge der Gastgesellschaft integriert.

Ist es Ziel der Gehaltspolitik, dem Mitarbeiter unabhängig vom Erhalt seiner Kaufkraft im Heimatland dasselbe Bruttoentgelt wie dem lokalen Mitarbeiter für die Ausübung dieser Tätigkeit zu gewähren, erhält er eben dieses Entgelt auf Bruttobasis und trägt seine Steuern und Sozialversicherungsbeiträge hieraus selbst. Damit ist der Mitarbeiter tatsächlich in das Gehaltsgefüge des Gastlandes eingegliedert.

Eine Erweiterung dieses Ansatzes ist die sog „Host Plus“ Methode, d.h., der Mitarbeiter erhält das lokale Entgelt plus einige Zulagen, z.B. für die Wohnung oder die Schulausbildung der Kinder.

3.7.2.3 Higher of Home or Host

Dieser Ansatz gewährleistet dem Mitarbeiter das höhere Gehalt aus Heimat- oder Gastland.

Zunächst wird wieder das verfügbare Nettogehalt mit der Balance-Sheet-Methode ermittelt, das, wie oben dargestellt, auf ein korrespondierendes Gastland-Bruttogehalt hochgerechnet wird.

In einem zweiten Schritt wird das für diese Tätigkeit gewährte lokale Gehalt ermittelt. Der Mitarbeiter erhält dann das höhere der beiden Gehälter. Das bedeutet, dass er in jedem Fall seinen Lebensstandard erhalten kann. Denn er wird mindestens sein auf die Gastlandsituation angepasstes und umgerechnetes Gehalt zur Verfügung haben, ist aber das lokale Gehalt höher, erhält er mehr.

Dieses wird in der folgenden Beispielsrechnung für einen Mitarbeiter mit einem Bruttogehalt von € 85.000 im Heimatland Deutschland verdeutlicht. Wir nehmen weiterhin an, dass das lokale Schweizer Gehalt für die vergleichbare Position 175.000 CHF beträgt.

Compensation Package Calculation ORC WORLDWIDE

Name	***Expat***	*Date*	**23. Feb 07**
Home Country	***Germany***	*Date Index*	**23. Feb 07**
Host Location	***Zurich, Switzerland***	*ORC Index*	**121,2520** *EPI*
Family Size	***4***	*Exchange Rate*	**1,6243**

Balance Sheet

	Currency Home country *EUR*
Annual Base Salary	85.000
Bonus	-
Total Salary	85.000
Social Security	(11.354)
Hypothetical Taxes	(18.014)
Net Salary Home	55.632
Home Housing Norm	(14.654)
Cost of Living Differential	8.163
Mobility Premium 15%	12.750
Target Net Income	**61.891**

Salary Host Country

	Currency Home Country *EUR*	Currency Host Country *CHF*
Gross Total Salary Host	**119.592**	**194.253**
Sozialversicherung Deutschland	(11.354)	(18.442)
Hypoth. Steuern Schweiz		(32.081)
Housing Cost at Host		(43.200)
Actual Net		**100.530**
Target Net Host Country		**100.530**

Cost of living differential calculation

	EUR	CHF
Spendable Home-country	38.412	
Spendable Factor	*1,00000*	
Adjusted Spendable	38.412	
Differential	**8.163**	
Spendable Host-country	46.575	**75.652**

Abbildung I-16: *Berechnung eines Compensation Packages*

Von diesem Bruttogehalt im Heimatland werden die Steuern und Sozialversicherungsbeiträge abgezogen, die im Heimatland entstehen bzw. entstehen würden. Daraus errechnet sich ein Netto von 55.632 €. Hiervon wird die Housing Norm (durchschnittliche Wohnkosten im Heimatland) abgezogen, der Lebenshaltungskosten-Ausgleich sowie die Zulagen addiert. So entsteht ein Ziel-Nettogehalt von 61.891 €. Das Ziel-Nettogehalt wird in die Gastlandwährung mit dem oben genannten Kurs umgerechnet und beträgt 100.530 CHF. Dieses Netto zuzüglich der Wohnkosten in der Schweiz, der Beiträge für die deutsche Sozialversicherung und der geschätzten Schweizer Steuern ergibt einen Bruttobetrag von 194.253 CHF. Bei der Verwendung des Home-(Balance-Sheet) Ansatzes und des „Higher of Home or Host" würde der Mitarbeiter dieses Entgelt erhalten.

Im Vergleich hierzu verdient die lokale Position in der Schweiz lediglich 175.000 CHF; würde der Host-Ansatz zugrunde gelegt, bekäme der Mitarbeiter dieses geringere Entgelt.

3.7.3 Spezielle Anwendungen in der Vergütungspraxis

3.7.3.1 Split Pay

Bei einem Split Pay oder einer Split Payroll wird das Vergütungspaket aufgeteilt:

Der Teil des Gehaltes, den der Mitarbeiter am Einsatzort für seine Lebenshaltung benötigt – Ausgaben für die Güter und Dienstleistungen des täglichen Bedarfs und je nach Bedingungen und Gehaltsstruktur die Kosten für Wohnung und selbst abzuführende Steuern und Sozialversicherung – wird im Einsatzland in ausländischer Währung ausgezahlt. Der verbleibende Rest wird auf ein Heimatlandkonto überwiesen.

Gründe für ein Split Pay liegen z.B. in starken Wechselkursschwankungen oder in der Gehaltspolitik des Gastlandes. Soll der Mitarbeiter in das Gehaltsgefüge des Gastlandes integriert werden, wird ihm der Teil seines Gehaltes von der Gastgesellschaft ausgezahlt, der dem Gehaltssystem vor Ort entspricht. Der Rest wird auf ein Heimatlandkonto gezahlt. Dadurch wird das Gehaltsgefüge nicht gestört.

Wird ein Split Pay durchgeführt, sind die jeweiligen Steuervorschriften der betroffenen Länder zu beachten. Zumindest beim langfristigen Personaleinsatz ist davon auszugehen, dass in fast allen Fällen das gesamte Einkommen aus der Tätigkeit – unabhängig von Art und Ort der Auszahlung – im Tätigkeitsland zu versteuern ist (siehe dazu Teil IV des Buches). Bei Short-Term Assignments kommt es wesentlich auf die Voraussetzungen an. Hier ist die Abstimmung mit der Steuerabteilung oder dem Steuerberater entscheidend. Dies gilt insbesondere für die Vorgehensweise im Ausland, um im Sinne der Compliance und der unterschiedlichen Systeme verfahren zu können.

3.7.3.2 Gehaltsanpassung

Die Bestandteile des Gehalts, die die Höhe der Auslandsvergütung bestimmen, sind ständigen Änderungen unterworfen: Wechselkursschwankungen, Veränderungen im Lebenshaltungskostenindex, Änderungen bei Steuern und Sozialabgaben etc.

Es stellt sich die Frage, wer das Risiko für diese Veränderungen trägt, das Unternehmen oder der Mitarbeiter.

Dabei zeigt sich auch, wie wichtig es ist, die Ermittlung der Auslandsvergütung für den Mitarbeiter nachvollziehbar vertraglich zu vereinbaren und in diesem Zusammenhang auch die Verfahrensweise bei Gehaltsanpassungen zu regeln. Basiert zum Beispiel das Auslandsgehalt auf dem Inlandsnettogehalt – ermittelt über die klassischen Balance-Sheet-Methode mit Heimatlandansatz –, dann trägt das Unternehmen sämtliche Risiken der Veränderung von Steuern und Sozialabgaben im Heimatland, Wechselkursschwankungen und Veränderungen im Lebenshaltungskostenindex. Bei dieser Form der Auslandsvergütung ist es ratsam, zumindest eine jährliche Gehaltsüberprüfung durchzuführen, damit die Veränderungen möglichst zeitnah aufgefangen und umgesetzt werden können.

Einige Unternehmen passen die Vergütungspakete nach zwei bzw. drei Monaten an, wenn eine Wechselkursschwankung z.B. um mehr als fünf Prozent in sechs bzw. acht Wochen erfolgt. Diese Vorgehensweise führt bei den Expatriates aber häufig zu Unverständnis, wenn sich daraus eine negative Anpassung ergibt. Dies ist ebenso bei stärkeren Veränderungen des Lebenshaltungskostenindex zu berücksichtigen. Hier sind Transparenz und Kommunikation entscheidend.

Eine weitere Alternative, die auch das Bedürfnis der Expatriates nach Stabilität aufgreift, besteht darin, die Wechselkursschwankungen zu verfolgen und in regelmäßigen Abständen einen Ausgleich vorzunehmen. Dazu werden die tatsächlichen Auszahlungsbeträge dokumentiert, mit den im Nachhinein an den aktuellen Wechselkurs angepassten Beträgen verrechnet und die Differenzen über einen festgesetzten Zeitraum summiert. Diese Summe wird dem Mitarbeiter in regelmäßigen Abständen überwiesen bzw. sie wird (im Falle einer negativen Summe) von der Auszahlung einbehalten.

3.7.3.3 Cost-of-Living-Ausgleich bei Entsendungen von Niedrig- in Hochlohnländer

Eine besondere Problematik stellt sich in folgendem Beispiel: Ein IT-Spezialist wird von einer indischen Firma nach Deutschland entsandt. Sein indisches Gehalt ist im Vergleich zu dem gleichgestellter deutscher Kollegen so niedrig, dass auch ein sehr hoher Cost-of-Living-Index nicht ausreicht, das entsprechende vergleichbare Einkommensniveau seiner Host Peers, in Deutschland zu erreichen. In diesem Fall gibt es verschiedene Vorgehensweisen:

- Dem Expatriate werden so viele Zulagen gezahlt, bis er ein entsprechendes Gehaltsniveau erreicht.
- Um die Kosten des täglichen Bedarfs zu decken, wird dem Expatriate das Goods and Services Spendable für vergleichbare Mitarbeiter im Einsatzland gezahlt. Unternehmen mit einem Job Grading System legen häufig den Midpoint des vergleichbaren Gehaltsbandes zugrunde. Das Untenehmen zahlt entweder das gesamte Spendable oder nimmt einen Heimatlandabzug vor (Heimatlandspendable plus Lebenshaltungskostenausgleich). Dies wird auch als Position Allowance bezeichnet. Bei diesem Ansatz werden Wohnungskosten und evtl. Transport nach Expatriate Bedingungen gezahlt.

Der zweite Ansatz gewährleistet, dass die Ausgleichszahlung an der Stelle erfolgt, wo sie nötig ist. Diese Vorgehensweise kann auch in weiteren Fällen Anwendung finden. Wird die extreme Gehaltsdifferenz nur durch Zuschläge für Housing o.ä. und andere Zulagen aufgefangen, so handelt es sich lediglich um ein Hilfskonstrukt, nicht jedoch um eine sachlich vergleichbare Ausgleichszahlung.

Eine weitere Verfahrensweise ist, dem Mitarbeiter das Bruttofunktionsgehalt zu geben. Hat das Unternehmen ein Gehaltssystem mit Gehaltsbändern, ist zu entscheiden, welcher Prozentsatz des Bandes für das Gehalt festgelegt wird. Ein Kriterium hierzu kann die Art der Entsendung sein, z.B. werden Developmental Assignments am unteren Ende des Bandes eingestuft. Weiterhin kann es durchaus sinnvoll oder auch durch rechtliche Regelungen notwendig sein, dass die Gehaltsentwicklung für die Zeit des Einsatzes nach demselben System erfolgt, das für die vergleichbaren Mitarbeiter im Einsatzland gilt. Diese Vorgehensweise kann bei großen Gehaltsunterschieden zum Heimatland zu Problemen bei der Repatriierung führen.

Eine grundsätzlich andere Situation entsteht, wenn das Gehaltsniveau im Heimatland für Senior Management und Experten zum Gehaltsniveau des Einsatzlandes vergleichbar ist. Ein Expatriate Package mit einem Lebenshaltungskostenausgleich, der die hohen Preisunterschiede zwischen Hoch- und Niedriglohnländerrn widerspiegelt, wäre sicherlich zu großzügig. Hier kann über einen angepassten Lebenshaltungskostenindex eine Lösung gefunden werden, die eine entsprechende Expatriatevergütung sicherstellt.

Dasselbe gilt für Mitarbeiter in Entwicklungs- oder Schwellenländern, deren Gehalt über eine International Pay Scale definiert ist, die sowohl in Bezug auf das Gehaltsniveau des Headquarters, ein Drittland als auch regional bzw. als Widerspiegelung verschiedener Länder aufgestellt sein kann (s. auch 3.2).

4. Policy/Richtlinie

Der Wert einer Entsendungs-Policy bzw. einer Rahmenrichtlinie und eines entsprechenden Vertrages kann nicht hoch genug eingeschätzt werden. Hat ein Unternehmen nur ein oder zwei Expatriates, wird es ausreichend sein, individuelle Verträge mit individuellen Bedingungen abzuschließen. Ist jedoch zu erwarten, dass die Auslandsaktivitäten zunehmen, das Unternehmen ein Joint Venture eingeht oder Firmen im Ausland akquiriert, lohnt sich der Aufwand, eine Policy oder Richtlinie aufzustellen. Dabei besteht eine der Herausforderungen darin, Regelungen zu implementieren, die gleichermaßen die Interessen der Expatriates nach vergleichbarer fairer Behandlung und die Anforderungen des Managements nach Kosteneffektivität und Flexibilität auch im Sinne weltweiter Anwendung und Entwicklung erfüllen.

4.1 Ziele der Assignment Policy

Mit einer Assignment Policy lassen sich verschiedene Zielsetzungen verfolgen:

- Sie ist ein Instrument für Linienmanagement und IHR, um mit dem zukünftigen oder potenziellen Expatriate die Entsendungsgespräche zu führen.
- Sie ist die Grundlage für den Expatriate-Vertrag.
- Sie ermöglicht Vergleichbarkeit und Konsistenz über einen längeren Zeitraum zwischen den Expatriates.
- Sie dient der Kostenkontrolle.
- Sie bildet eine Grundlage für die Entwicklung von notwendigen Budgets.

- Sie unterstützt sowohl die Arbeitsbeziehungen als auch die Schnittstellen zwischen den internen Bereichen wie z.B. Personalentwicklung, Buchhaltung und Payroll bzw. Gehaltsabrechnung.
- Sie stellt einen grundsätzlichen Standard zur Verfügung, um die Arbeit und Aufgaben der externen Anbieter und Zulieferer von Daten zu koordinieren.

Die Policy ist Teil der internationalen Human Resources Strategie und steht in Einklang mit der Unternehmensstrategie. Sie berücksichtigt, dass eine internationale Entsendung nicht nur für den Mitarbeiter eine große Veränderung in seinem Leben bringt, sondern ebenso für seine Familie. Insofern enthält sie Regelungen zu Auswahl und Vorbereitung, kultureller Orientierung, Wohnen, Ausbildung der Kinder, Vergütung, Ausgleich von entsendungsbedingten Kosten, medizinischer Vorbereitung und Versorgung, Umzug und Heimreisen.

Im Allgemeinen sollte eine Policy die folgenden grundsätzlichen Fragen beantworten:

- Dauer von internationalen Personaleinsätzen – sechs Monate, zwölf Monate, zwei oder fünf Jahre?
- Zielgruppe der Policy – alle Expatriates weltweit oder Expatriates aus einzelnen Regionen oder sogar nur Ländern?
- Lokalisierung des Expatriate nach einer bestimmten Anzahl von Jahren?
- Rückkehrregelungen in das Heimatland oder Lokalisierung von vornherein?
- Definition der Familienmitglieder: wer gehört dazu?

Eine zunehmende Anzahl von Unternehmen haben unterschiedliche Bedingungen für die verschiedenen Entsendungsarten und daraus resultierend verschiedene Policies. Wird die Expatriate-Administration vollständig außer Haus gegeben, ist eine Policy eine fast unerlässliche Voraussetzung, damit das Beratungsunternehmen die Abwicklung der Entsendungen richtig durchführen kann. Es kommt entscheidend darauf an, dass Policy und Entsendungsregelwerk auf die Situation und die Bedürfnisse des jeweiligen Unternehmens zugeschnitten sind.

Zusätzlich zu einer Policy ist ein Mustervertrag anzuraten, in dem die Bedingungen der Entsendungen spezifiziert sind. Es kommt auf die konkreten Vereinbarungen an, ob dieser Vertrag im Wesentlichen eine Zusammenfassung der Bedingungen aus der Richtlinie ist und ob darüber hinausgehende Bedingungen vereinbart werden. Der Vertrag regelt die individuelle rechtliche Seite der Entsendung auch in Bezug auf den bestehenden Arbeitsvertrag und die Rückkehr nach dem befristeten Einsatz (siehe dazu Teil II – Arbeitsrecht).

Es würde den Rahmen dieses Buches sprengen, eine vollständige Policy oder Richtlinie zu erstellen. Deshalb sei auf den **Anhang** verwiesen, in dem die Struktur einer Entsendungsrichtlinie beschrieben ist, sowie auf die nachfolgenden Kapitel.

Zu einer Policy als einer wichtigen Voraussetzung für eine erfolgreiche Entsendung gehört ebenso die richtige Auswahl der Kandidaten.

Exkurs: Auswahl der Kandidaten

Das Fehlschlagen und der Abbruch von Expatriate Assignments offenbart sich häufig als ernsthaftes Problem und die dadurch entstehenden Kosten sind sehr hoch. Eine fehlgeschlagene Entsendung bedeutet sowohl direkte Kosten für das Unternehmen, z.B. Rückkehr, vorzeitige Kündigung des Mietvertrages, Auswahl und Einarbeitung des Nachfolgers, als auch oftmals nicht spezifizierbare Kosten wie etwa Folgen für die Geschäftstätigkeit bzw. Geschäftsbeziehungen des Unternehmens, die Gefährdung eines Projekterfolgs oder nicht erteilte Aufträge. Für den Expatriate kann es dazu führen, dass die Karrierelaufbahn beschädigt ist und dadurch persönliche und familiäre Probleme entstehen.

Es ist insofern nicht überraschend, dass viele erfahrene multinationale Unternehmen der Auswahl von Mitarbeitern eine hohe Aufmerksamkeit entgegenbringen, ist dies doch ein bedeutender erster Schritt zum Entsendungserfolg. Obwohl in ihrer Beurteilung sehr unterschiedlich und schwierig, können zur Unterstützung Assessments und auf dem Markt verfügbare Auswahltests herangezogen werden, ebenso wie Beratungsunternehmen, die auf diese Fragen spezialisiert sind. In großen Unternehmen gibt es in den Personalentwicklungsbereichen Mitarbeiter, die sich spezifisch mit diesem Thema befassen und Workshops und andere Instrumente entwickelt haben, um intern oder mit Hilfe von Beratern die Eignung von potenziellen Kandidaten festzustellen.

Wenn all dies durchgeführt ist, bleiben am Ende zwei entscheidende Kriterien für die Auswahl des besten Kandidaten übrig: hat er die notwendigen fachlichen und persönlichen Fähigkeiten und ist er überhaupt verfügbar. In kleineren Unternehmen bzw. bei Unternehmen mit nur einer begrenzten Anzahl von Mitarbeitern für bestimmte Positionen wird es wahrscheinlich keinen adäquaten Pool von Expatriates oder von Kandidaten für eine bestimmte Position geben, sodass eine stringente Auswahl im Sinne eines Programms nicht zum Tragen kommt. Jedoch sollte hier darauf geachtet werden, ob der Mitarbeiter und möglicherweise seine Familie auch tatsächlich für einen solchen Auslandseinsatz geeignet sind. Der Erfolg im Heimatland garantiert noch keinesfalls den Erfolg im Ausland. Ein Kandidat sollte neben der fachlichen Qualifizierung zumindest genügend kulturelle Flexibilität mitbringen. Dies gilt auch und insbesondere für die Short-Term Assignees, die bei ihrem kurzen Auslandsaufenthalt ebenso mit ihren lokalen Kollegen interagieren. Zusätzlich sollte die Familie des Kandidaten dieses Assignment unterstützen, unglückliche Lebenspartner und Kinder sind einer der ersten Gründe für das Fehlschlagen einer Entsendung.

Doch allgemein gültige Rezepte gibt es nicht. Ein Grund dafür ist die Besonderheit eines jeden Einsatzlandes und die Differenzierung seiner Kultur sowohl in allen Lebensbereichen als auch in Industrie und Unternehmen. Es gibt Situationen, in denen Mitarbeiter, von denen man es am wenigsten erwartet, in einem Land sehr erfolgreich sind, während Mitarbeiter, die scheinbar gut qualifiziert und vorbereitet in ein Land gehen, dort scheitern. Beispielsweise muss ein Mitarbeiter, der in Südamerika äußerst erfolgreich ist, vielleicht aufgrund dort bereits gemachter Erfahrungen oder einer Binationalität, nicht zwingend im Nahen Osten erfolgreich sein. Auf der anderen Seite kann es wichtig sein, dass Mitarbeiter erst in einem bestimmten Alter entsandt werden und in einem Land sehr gut ankommen, weil sie aufgrund ihrer Seniorität nach der Kultur des Landes respektiert sind.

4.2 Long-Term Assignment Policy

Long-Term Assignments dauern zumeist zwei bis fünf Jahre. Der Mitarbeiter wird in der Regel auf die Payroll der ausländischen Gesellschaft gebracht bzw. in das Gehaltssystem integriert und nimmt auch dort am Nebenleistungsprogramm teil. Es wird festgelegt, nach welcher Methode das Auslandsgehalt bestimmt und ausgezahlt wird. Es wird entweder ein vergleichbares lokales Gehalt ausgezahlt oder über ein Grossing-up das Bruttogehalt im Einsatzland errechnet, um zwei grundsätzliche Verfahren zu nennen. Dabei werden die Unterschiede bei Lebenshaltungskosten, Wohnung, Steuer und Sozialversicherung ausgeglichen.

Zusätzlich sollen in der Policy enthalten sein: Regelungen zu Umzug, Relocation, d.h. die Unterstützung bei der Visa-Beschaffung, der Wohnungssuche, Schul- und Kindergartensuche, bei Behördengängen etc., Heimreisen, medizinische Versorgung, Sicherheit des Wohn- und Arbeitsumfeldes, Steuerberatung und Urlaub. Die folgenden Vergütungselemente werden zum Beispiel in der Policy festgelegt:

Grundgehalt	Heimatland-Grundgehalt als Ausgangsbasis/Nebenleistungen aus Heimatland-System/Variable Vergütung
Lebenshaltungskosten	Lebenshaltungskosten-Ausgleich
Wohnung im Einsatzland	Das Unternehmen zahlt eine Wohnung im Einsatzland und zieht möglicherweise die Kosten für die Wohnung im Heimatland ab.
Tax Equalisation	Steuerausgleich zum Heimatland – ja, nein, Verfahren
Incentives	Zwischen 0 Prozent und 15 Prozent Mobility Allowance bzw. ein zehn- bis 15-prozentiger Assignment-Bonus zu Beginn und evtl. zum Ende der Entsendung
Erschwerniszulage	5 Prozent bis 35 Prozent, abhängig vom Entsendungsort
Auto	Entweder keine Unterstützung oder Firmenwagen, bei dem der Mitarbeiter teilweise einen Beitrag zahlt
Payroll/Gehaltsliste	Heimatland bzw. Einsatzland, teilweise wird Split Pay ausgezahlt
Exchange Rate	Wenn das Gehalt im Heimatland ausgezahlt wird, wird es gegen Wechselkurs-Schwankungen gesichert
Heimreisen	Einmal jährliche Heimreise zum Heimatort

Tabelle I-3: *Typische Vergütungselemente bei Long Term Expatriate Assignments*

4.3 Short-Term Assignment Policy

Short-Term Assignments dauern in der Regel zwischen drei und zwölf Monaten (in 81 Prozent der Unternehmen weltweit, ORC Worldwide Survey, 2006), in Ausnahmefällen auch bis

18 Monate. Dieses ist abhängig von der Aufgabe bzw. dem Zweck des Assignments. Short-Term Assignments werden immer häufiger genutzt, insbesondere für Mitarbeiter, die innerhalb einer Region eingesetzt sind, z.B. von einem europäischen Land in das andere.

Wir unterscheiden folgende Typen von Short-Term Assignments:

Business Trip	**Commuter**
Short-Term Assignment	**Virtuell**

Der Business Trip ist zumeist nach der Dienstreise-Richtlinie des Unternehmens geregelt.

Die Auswertung des letzten Short-Term Assignment Surveys 2006, einer Untersuchung bei 532 Unternehmen weltweit mit mehr als 21.800 Expatriates, durchgeführt von ORC Worldwide, TheMIGroup und Worldwide ERC, zeigt deutlich, dass die Anzahl dieser kurzen Assignments in den letzten Jahren gestiegen ist (63 Prozent der Befragten) und zwar insbesondere nach Middle East, nach Asia Pacific und Osteuropa (s. dazu 1.6.). Darüber hinaus erwägen weitere 40 Prozent der Unternehmen Short-Term und Commuter Assignments.

Short-Term Assignments stellen heute über ein Drittel aller Entsendungen dar. Die generelle Zunahme von Short-Term Assignments führt dazu, dass die Unternehmen die Bedingungen für diese Kurzzeit-Einsätze ebenfalls in einer Policy regeln. In der oben genannten Untersuchung geben 80,3 Prozent der Befragten an, eine Short-Term Policy in verschiedenster Form zu haben, 44 Prozent davon haben eine separate Short-Term Assignments Policy, elf Prozent legen die Bedingungen von Fall zu Fall fest und nur 8,7 Prozent haben keine Policy.

Short-Term-Assignments werden aus folgenden Gründen durchgeführt:

Projekte	80 %
Know-how-Transfer	73 %
Neugründung/Start up	56 %
Zeitbegrenzung	55 %
Training	41 %
Fehlende Mitarbeiter	35 %
Skill Gap	34 %
Management-Entwicklungsprogramm	31 %

Tabelle I-4: *Gründe für Short-Term Assignments*

Es gibt allerdings auch Gründe, warum Short-Term Assignments nicht oder nur sehr beschränkt durchgeführt werden. Dazu gehören Abgrenzungsfragen bei der Steuerproblematik, Schwierigkeiten, die Entsendungsdauer kurz zu halten, Kosten, Hindernisse bei der Koordination der Einsatzprozesse und bei der Beteiligung von International Human Resources.

4.3.1 Vergütungselemente

Als Methode der Gehaltsberechung wird auch bei Short-Term Entsendungen von der grossen Mehrheit der Unternehmen das Balance-Sheet Verfahren angewandt. Bei den Incentives hat ORC Worldwide im o.g. Survey eine zunehmende Reduzierung der Mobility Allowance bzw. sogar Abkehr von dieser Zulage festgestellt. Ein kritischer Punkt ist die Steuer- und Sozialversicherungsproblematik. Bei der Steuerfrage geht es in vielen Fällen um die Feststellung der Steuerpflicht im Heimat- und/oder im Einsatzland. Um den steuerlichen Vorschriften zu entsprechen, ist es u.a. erforderlich, die Anwesenheitstage des Mitarbeiters im Einsatzland genau nach zu halten. Dazu werden inzwischen häufig sogenannte Tax Tracking Programme genutzt.

Die folgenden Vergütungselemente sind in der Regel Bestandteil einer Short-Term Policy:

Grundgehalt	Heimatland-Grundgehalt bleibt bestehen
Nebenleistungen	Heimatland
Lebenshaltungskosten	Tagespauschale oder eine monatliche Short-Term Allowance, gezahlt in ausländischer Währung, oder Lebenshaltungskosten-Ausgleich
Wohnung	Möblierte Wohnung/Appartment vom Unternehmen zur Verfügung gestellt
Tax Equalisation	In der Regel, wenn der entsandte Mitarbeiter mehr als 183 Tage im Ausland bleibt (DBA)
Incentives	Wenn diese für das jeweilige Projekt gezahlt werden
Erschwerniszulage	Bezogen auf den jeweiligen Einsatzort und die Dauer der Entsendung
Fahrzeug	Firmenfahrzeug, Pool-Car, Transportation Allowance, Mietwagen
Heimatlandwohnung	Wird beibehalten, in jedem Fall, wenn die Familie zu Hause bleibt
Payroll/ Gehaltsliste	Heimatland
Heimflüge/ Heimfahrten	Von einmal pro Monat bis zu alle drei Monate, teilweise unterschiedlich inter- oder intraregional

Tabelle I-5: *Wesentliche Vergütungselemente bei Short-Term Assingments*

4.3.1.1 Short-Term Assignment Allowance

Die Voraussetzungen für die Gewährung einer Short-Term Assignment Allowance unterscheiden sich von den anderen Indizes durch folgende Charakteristika:

- Die Entsendungsdauer beträgt bis zu einem Jahr bzw. maximal 1,5 Jahre.
- Der Mitarbeiter behält seine Wohnung bzw. seinen Haushalt im Heimatland – auch die Familie bleibt in den meisten Fällen im Heimatland.

- Am Einsatzort erhält der Mitarbeiter ein Appartement einschließlich einer Kochgelegenheit bzw. Küche.
- Das Unternehmen stellt dem Mitarbeiter ein Fahrzeug zur Verfügung bzw. stellt den Transport vor Ort sicher.

Da die Familie während der Short-Term-Entsendung in der Regel zu Hause bleibt, erhöhen sich die Gesamtkosten des Mitarbeiters, weil er die laufenden Kosten der Lebensführung im Heimatland weiterhin bezahlen muss. Es gibt zwei Möglichkeiten, die zusätzlichen Kosten des Mitarbeiters auszugleichen: zum einen über den Short-Term Assignment Index, der die neuen Lebensgewohnheiten des Mitarbeiters aufgreift und einen angepassten Warenkorb widerspiegelt, sowie zum anderen mit einer Allowance, die auf diesem Index basiert und dem Mitarbeiter zusätzlich zu seinem Gehalt als tägliche oder monatliche Zulage ausgezahlt wird.

Auch der Spendable Factor (siehe Abschnitt 3.6.2.3 Lebenshaltungskosten-Index) variiert jeweils bezogen auf das Heimatland und die Host Location und beträgt zwischen 30 und 40 Prozent des normalen Spendable Income.

Der reduzierte Warenkorb für den Short Term Index enthält

- Lebensmittel/Essen zu Hause (mit reduzierter Gewichtung)
- Obst und Gemüse
- Tabak und Alkohol
- Persönliche Pflege
- Freizeit (nur teilweise)
- Transport (nur öffentlich)
- Essen außer Haus/Restaurant (mit erhöhter Gewichtung)

In der Gehaltsberechnung wird zunächst der für den Short-Term-Assignment-Warenkorb errechnete Short-Term Assignment Index auf das Heimatland-Spendable angewandt. So wird das Differential bzw. die Zulage errechnet, die der Mitarbeiter während seiner Entsendung erhält. Dieses wird dann entweder als Lebenshaltungskosten-Ausgleich zusätzlich zu seinem Einkommen gezahlt (Survey-Ergebnis 22 Prozent der Unternehmen, ebd.) oder als tägliche Allowance, deren Höhe sich aus dem Lebenshaltungskostenausgleich und dem Betrag errechnet, der als durchschnittlich für einen Einpersonenhaushalt im Heimatland für die Güter des täglichen Bedarfs festgestellt wurde. Dadurch wird berücksichtigt, dass sich die Gesamtkosten des Mitarbeiters durch die gleich bleibenden Ausgaben der Familie im Heimatland unverhältnismäßig erhöhen. Auf diese Weise verfahren etwas über die Hälfte der in der o.g. Studie befragten Unternehmen.

Short-Term Assignment Allowance	=	Spendable Income eines Einpersonenhaushalts	+	Lebenshaltungskostenausgleich

Mit den Tagespauschalen **(Per Diem)** bzw. dem zu zahlenden Lebenshaltungskostenausgleich berücksichtigen die Unternehmen die folgenden Mehrkosten der Expatriates in der Reihenfolge ihrer Gewichtung:

Mahlzeiten	92%	Ferngespräche	38%
Reinigung	72%	Privatfahrzeug	30%
Persönliche Pflege	54%	Internet	29%
Öffentliche Verkehrsmittel	51%	Mietnebenkosten	13%
Unterhaltung	49%	Sicherheit	8%

Tabelle I-6: *Per Diems und Lebenshaltungskosten – was wird wie berücksichtigt*

Global Per Diems: Hier wird der internationale Warenkorb mit einem globalen Einkaufsverhalten (kein Heimatland spezifisches Einkaufsverhalten) zugrunde gelegt. So besteht die Möglichkeit, einen Tagessatz festzulegen, der auf Mitarbeiter aus unterschiedlichen Herkunftsländern zugeschnitten ist, die gemeinsam an einem Ort arbeiten. Die Herkunft der Mitarbeiter bleibt unberücksichtigt. Dieser Ansatz führt zu einer größeren Zufriedenheit der Mitarbeiter während des Einsatzes, denn jeder (z.B. Projekt-) Mitarbeiter erhält die gleiche Zulage. Die Global Per Diems empfehlen sich insofern insbesondere für international besetzte Projekttätigkeiten.

4.3.1.2 Heimreisen

Heimreisen sind die wichtigste Nebenleistung für Short-Term Entsandte. Nach der genannten Studie zu Short-Term Assignment Policies besteht bei der Gewährung von Heimreisen jedoch eine große Bandbreite.

	Intraregional	**Interregional**
nach 1 Monat	7,5 %	6,4 %
nach 2 Monaten	6,2 %	6,4 %
nach 3 Monaten	16,3 %	20,8 %
nach 6 Monaten	7,7 %	6,6 %
nach 12 Monaten	9,7 %	11,7 %
keine Heimreisen	9,3 %	7,2 %

Tabelle I-7: *Heimreisen*
Quelle: 2006 Global Survey of Short-Term International Assignment Policies – herausgegeben von ORC Worldwide, TheMIGroup, Worldwide ERC

4.3.2 Commuter Assignments

Während der Short-Term Assignee im Einsatzland lebt und arbeitet und in der Regel in größeren Abständen nach Hause zurückkehrt, lebt der Commuter (Pendler) grundsätzlich weiterhin zu Hause in seinem Heimatland und arbeitet in einem anderen Land, d.h. er fährt regelmäßig für eine bestimmte Dauer an seinen Arbeitsort und kehrt zumeist mindestens einmal in der Woche nach Hause zurück. Wie oft der Mitarbeiter nach Hause zurückkehrt, hängt von der Entfernung und der Art des Projektes ab. Oftmals arbeitet der Commuter für verschiedene Auftraggeber oder Projekte. Auch die Reisezeit einschließlich der Flugzeit zwischen Einsatzort und Heimatland kann ein Kriterium für ein Commuter Assignment sein, z.B. eine Flugdauer von weniger als vier Stunden. Es sollte in Bezug auf die Aufgabe, das Umfeld und die Kosten sinnvoll sein. Beim Kriterium Umfeld spielt eine Rolle, ob und inwieweit die Integration vor Ort als wichtig angesehen wird, die bei Commuter Assignments schwierig sein kann.

Verschiedene Gründe sprechen für ein Commuter Assignment:

- Aufgaben- bzw. Projektorientierung
- Anforderung, an zwei Standorten zu arbeiten
- Räumliche Nähe zwischen Heimat- und Einsatzort
- Kein Umzug der Familie – mindestens Wochenendheimfahrten
- Kostenfaktor

Die meisten Unternehmen haben keine bestimmte Dauer für Commuter Assignments festgelegt. Sie kann sowohl kürzer als auch wesentlich länger sein als eine Short-Term Entsendung.

Fast 45 Prozent der Unternehmen stellen eine Zunahme der Commuter Assignments fest (vgl. 2006 Survey of Short-Term International Assignments, ebd.)

Der wesentliche Unterschied zur Short-Term Entsendung besteht darin, dass die Unternehmen Commuter Assignments eher als Dienstreise betrachten und für die Bedingungen die entsprechenden Regelungen gelten. Commuter wohnen größtenteils in Hotels oder auch in sogenannten Aparthotels (Serviced Apartments) und rechnen ihre Kosten über Tagespauschalen ab.

In vielen Fällen werden Commuter Assignments direkt von der Business Line oder vom Management organisiert, oftmals ohne HR einzubeziehen. Dies kann insbesondere dann zu Problemen führen, wenn z.B. steuerliche Vorschriften und sozialversicherungsrechtliche Regelungen zu beachten sind und dies von den Fachabteilungen nicht wahrgenommen werden kann.

4.4 Lokalisierung

Werden Mitarbeiter lokalisiert, sind grundsätzlich zwei Herangehensweisen zu unterscheiden:

4.4.1 Lokalisierung nach einer Entsendung

Bei der Lokalisierung als Folge einer Auslandsentsendung ist der Mitarbeiter seit einigen Jahren im Einsatzland und das Unternehmen will ihn dort lokalisieren, d.h. nach Beendigung des Entsendungsvertrages lokal anstellen. Gründe hierfür sind insbesondere:

1. Aus der Sicht des Unternehmens
   - Kostenreduzierung
   - Umstrukturierungen
   - Langfristige Nutzung des Know Hows des Mitarbeiters vor Ort.
   - Gleichstellung mit den Mitarbeitern vor Ort
2. Aus der Sicht des Mitarbeiters
   - Persönliche Gründe, am Einsatzort zu bleiben
   - Kein passender Arbeitsplatz im Unternehmen im Heimatland z.B. aufgrund von Umstrukturierungen und Kürzungen
   - Höherwertige Position im Ausland

Wird ein Mitarbeiter lokalisiert, stellt sich die Frage nach dem Übergangsprozess. Sollen einige Expatriate Gehaltselemente grundsätzlich oder für einige Zeit bestehen bleiben? Sind sie tatsächlich notwendig? Hier gibt es nicht nur eine richtige Vorgehensweise, denn die Unterschiede zwischen den einzelnen Ländern sind in Bezug auf Steuern, Vergütung, Zulagen und Arbeitsrecht sehr groß. Die Lokalisierung führt insbesondere zu einer Veränderung in der Vergütung. Zulagen entfallen bzw. werden Schritt für Schritt reduziert, Nettovergütungen werden auf Bruttovergütungen oder lokale Gehälter umgestellt etc. Die Mehrheit der Teilnehmer am neuesten ORC Worldwide Survey of International Localization Policies and Practices, 2007 wenden lokale Bedingungen sofort an, ohne eine Übergangszeit zu gewähren. Bei den Allowances werden Lebenshaltungskosten, Mobilität und Hardship nicht weitergezahlt, die Erstattung von Schulkosten für die Kinder entfällt zumeist als letztes Benefit.

Es ist empfehlenswert, die grundsätzlichen Regelungen in einer Policy festzulegen, die sowohl dem Management als auch dem Mitarbeiter die Möglichkeit gibt, sich auf die Bedingungen einzustellen. Um eine reibungslose Lokalisierung zu gewährleisten, bedarf es einer ausführlichen Kommunikation mit dem Mitarbeiter.

Die nachfolgende Tabelle zeigt das Ergebnis der Antwort von 413 Unternehmen, nach welchem Entsendungszeitraum sie lokalisieren:

	1-3 Jahre	3-5 Jahre	6-10 Jahre
Asien (außer Japan)	5 %	49 %	46 %
Europa	7 %	54 %	39 %
Nord Amerika	9 %	54 %	37 %
Zentral/Süd Amerika	7 %	49 %	44 %
Japan	6 %	49 %	45 %
Afrika	6 %	47 %	46 %
Mittlerer Osten	6 %	47 %	46 %

Tabelle I-8: *Entsendungszeitraum, nach dem Unternehmen ihre Mitarbeiter lokalisieren*
Quelle: ORC Worldwide Survey of International Assignment Policies and Practices, 2006

4.4.2 Internationaler Personaleinsatz zu lokalen Bedingungen

Eine andere Form der Lokalisierung liegt vor, wenn der Auslandseinsatz von Beginn an zu lokalen Bedingungen durchgeführt wird. Dies kann aus verschiedenen Gründen angebracht sein:

- Kostenreduzierung/Keine Expatriatekosten
- Gleichbehandlung mit den Mitarbeitern vor Ort
- Wunsch des Mitarbeiters, für das Unternehmen vor Ort zu arbeiten
- Höheres Gehalt für den Mitarbeiter
- Notwendigkeit des Unternehmens, das Know-how des Mitarbeiters vor Ort langfristig zu nutzen.
- Entwicklung einer Global Workforce

Die Einsatzform kann sowohl eine befristete Entsendung als auch ein dauerhafter Übertritt in die Gesellschaft mit einem lokalen Vertrag sein. Grundsätzlich ist zu unterscheiden, ob der Einsatz zu lokalen Bedingungen für einen befristeten Zeitraum erfolgt und geplant ist, dass der Mitarbeiter in sein Heimatland zurückkehrt. Dies kann Auswirkungen auf die Entscheidung haben, ob einige Elemente der Vergütung aus dem Heimatland aufrechterhalten bleiben, um die Repatriierung zu erleichtern. Auch Mitarbeiter, die in ihr Heimatland zurückkehren, weil sie im Headquarter oder einer anderen Konzerngesellschaft zum Beispiel zur Ausbildung oder in einem anderen Land tätig waren, sind hierunter zu fassen. Sie werden auch als „Returnees" bezeichnet. In südostasiatischen oder auch osteuropäischen Ländern ist dieses zunehmend der Fall, ebenso in Mexiko und Brasilien.

Eine Lokalisierung mit einem höheren Gehaltspaket ist relativ einfach durchführbar. Eine Schwierigkeit tritt möglicherweise dann auf, wenn die sozialversicherungsrechtlichen Bedingungen hinter denen des Heimatlandes zurück bleiben oder der Mitarbeiter keine eindeutige, den gewohnten Regelungen vergleichbare Versorgung für die Zukunft hat. Eine Lösungsmöglichkeit ist der Aufbau einer privaten Zusatzversicherung. Bei der Entscheidung für ein solches hybrides System – das auch bei den schwierigen Lokalisierungen in Ländern mit niedrigem Gehaltsniveau angewandt wird – werden oftmals auch weitere Expatriate Benefits gewährt, wie ein Zuschuss zu den Kosten der Wohnung und den Schulkosten der Kinder. Unterstützung bei der Wohnung kann insofern sinnvoll sein, als dass in manchen Ländern Darlehen für Hauskauf von Ausländern nicht oder nur zu sehr teuren Bedingungen möglich sind. Auch wird in manchen Fällen zu Beginn des Einsatzes eine Art Übergangszulage gezahlt.

Lokalisierungen in Länder bzw. Tochter- oder Konzerngesellschaften mit niedrigerem Gehaltsniveau sind grundsätzlich nicht leicht umzusetzen. Dies gilt auch dann, wenn zwar das Bruttogehalt geringer ist, aber die Kaufkraft des Nettogehaltes höher. Da der Wert eines Gehaltes im Bruttobegriff ausgedrückt wird, bedarf es einer zielgerichteten Kommunikation, die Transparenz und Verständnis ermöglicht. Hier wird in vielen Fällen das sog. Host Plus gewährt (s. auch 3.2). Ist das Interesse an der lokalen Position primär beim Mitarbeiter und eröffnet das Unternehmen für ihn den Rahmen, in dem gewünschten Land zu leben und zu arbeiten, bedarf es zumeist nur der Vereinbarung der lokalen vertraglichen Konditionen.

4.5 Kosten der Expatriate-Programme und Einsparungsmöglichkeiten

Entsendungsprogramme sind teuer, die Kosten für ein Assignment sind mindestens doppelt so hoch wie die Gehaltskosten des Expatriates vor seiner Entsendung, sie steigen je nach Einsatzland und Art der Entsendung auch auf das Drei- bis Vierfache. Kostenkontrolle und -effektivität sind große Herausforderungen. Trotz der Kosten nimmt die Anzahl der Entsendungen zu.

Wenn die überwiegende Mehrheit der Unternehmen einem Expatriate „nur“ dann ein lokales Gehalt zahlt, wenn die Kaufkraft des Heimatland-Gehaltes sichergestellt ist, eignen sich die Grundgehaltskosten nicht dazu, Einsparungen zu erzielen. Es gibt jedoch einige signifikante Möglichkeiten, die Expatriate-Kosten zu reduzieren und dennoch ein faires und wettbewerbsfähiges Vergütungspaket zu gewähren, das dem Expatriate den Ausgleich für erhöhte Kosten ermöglicht. Einige Beispiele:

- Mobilitätszulage: Sie wird als Einmalbetrag in begrenzter Höhe zu Beginn oder am Ende der Entsendung gewährt und nicht als monatliche Zahlung über den gesamten Entsendungszeitraum. Personalpolitisch stehen hier die internationalen Aufgaben und die Karriereentwicklung im Vordergrund. Knapp 40 Prozent der entsendenden Untenehmen zahlen überhaupt keine Zulage.
- Der Lebenshaltungskosten-Ausgleich bezieht sich „nur“ auf die Mehrkosten eines Warenkorbes, aus dem die Produkte herausgenommen sind, die das Unternehmen direkt finanziert.
- Der Efficient Purchaser Index wird an Einsatzorten genutzt, an denen die Expatriates ihre Kaufgewohnheiten bei Produkten und Dienstleistungen denen des lokalen Marktes anpassen können.
- Cap: Allowances wie Lebenshaltungskosten, Erschwernis und andere Incentives werden ab einer bestimmten Gehaltshöhe eingefroren.

- Wohnungskosten: Wenn Sicherheitsgründe und entsprechende Standards nicht gegeben sind, können die Kriterien für eine Housing Allowance an vielen Orten der Welt nicht nur auf Basis von teueren Wohngegenden bemessen werden, sondern auch anhand der Wohnsituation vergleichbarer lokaler Mitarbeiter.
- Regionale Entsendungen: Zulagen für Mobilität und möglicherweise Erschwernis werden nicht gezahlt bzw. reduziert. Heimreisekosten sind aufgrund der kürzeren Entfernung geringer, möglicherweise bleibt die Familie zu Hause, sodass keine hohen Kosten für Relocation anfallen.
- Bei Firmenwagen wird ein monatlicher Beitrag des Mitarbeiters angerechnet.
- Das Unternehmen achtet auf eine kosteneffektive Steuerplanung, wie z.B. ein vom Unternehmen zur Verfügung gestelltes Haus bzw. eine Wohnung oder ein Auto, wenn dies steueroptimierend im Einsatzland gestaltet werden kann.
- Schul- und Ausbildungskosten: Die internationale Schule wird nur dann bezahlt, wenn keine adäquate lokale Schule vorhanden ist.
- Travel Cost – Reisekosten: Wird ein Expatriate in ein höheres Gehaltssystem im Einsatzland integriert, steht die Frage, ob er mindestens einmal jährlich einen Heimflug für die gesamte Familie erhalten soll. Der Trend bei der Bestimmung der Flugklassen geht deutlich zu Economy Flügen.

In manchen Fällen ist es möglich, die jährlichen Kosten des Expatriate-Vergütungspaketes um 20 bis 30 Prozent zu reduzieren und gleichzeitig den Heimatland-Lebensstandard des Mitarbeiters aufrecht zu erhalten.

Für die Erfassung und das Controlling der Entsendungskosten pro Expatriate, Land und Business Unit empfehlen sich die folgenden Punkte:

- Expatriate-Statistik nach Land und Business Unit (z.B. Heimat- und Einsatzland-Orte, Beginn der Entsendung, Nationalität, Familienstand, Ehe- bzw. Lebenspartner und Kinder, Gehalt, Titel, Position, Job Grade), die in den meisten Fällen die Grundlage von Management Reports sind,
- Kosten der externen Berater und Produkte,
- Erfassung des Einkommens einschließlich aller Nebenleistungen, auch für Dienstreisen (insbesondere für Steuererklärungen notwendig),
- Aufstellung aller Nebenleistungen,
- Budget-Abgleich zu den Ausgaben,
- Kosten eines jeden Elements der Expatriate Policy (z.B. Ausbildungs-Unterstützung, Umzug des Hausrats etc.),
- Policy-Ausnahmen und die damit verbundenen Kosten.

5. Ausblick

Wir können heute feststellen: Das Expatriate-Umfeld hat sich in den letzten zehn Jahren erheblich verändert:

Führungskräfte betrachten Auslandseinsätze heute eher als Teil ihres Karriereweges in die oberen Führungspositionen, insbesondere in global agierenden Organisationen, in denen dies zur Voraussetzung geworden ist. Sie und ihre Familien sind zunehmend in der Lage und bereit, sich schneller in lokale Kulturen zu integrieren und an die Verhaltensweisen anzupassen. Multinationale Unternehmen, die sich weiter globalisieren, entwickeln sogenannte International Cadre. Gleichzeitig gilt es, Lösungsansätze für die Hinderungsgründe von Mitarbeitern bei Entsendungen zu finden, die sich im Wesentlichen in der Familie (Dual Career, Ausbildung der Kinder) und in Bezug auf die zukünftige Karriereentwicklung zeigen.

Die Formel für Motivation und Bindung von Talenten und Schlüsselpotential im Headquarter und den Tochter- und Konzerngesellschaften einschließlich der Expatriates ist Beachtung und Herausforderung. Gute Mitarbeiter müssen wertgeschätzt werden und eine herausfordernde und spannende Aufgabenstellung erhalten. Dies alles – zusammen mit Entwicklungsplanung und internationalen Assignments – geht weit über die monetäre Vergütung hinaus. Für das Karrieremanagement bedeutet dies die Schaffung und Benennung internationaler Positionen und den gezielten Einsatz von internationalen Entsendungen. Dies macht die Verknüpfung von Expatriate und Global Talent-Management-Programmen notwendig. Um gute Mitarbeiter zu halten und die Kosten-Nutzen Relation bei internationalen Personaleinsätzen zu erzielen, wird ein wesentlicher Focus auf der langfristigen Vorbereitung der Repatriierung liegen.

Die Bandbreite bei Entsendungsdauer und Entsendungsart hat sich vergrößert. Die klassiche „out and back"-Entsendung über zwei bis fünf Jahre ist zwar nach wie vor die übliche Form des befristeten Auslandseinsatzes. Jedoch steigt die Anzahl sowohl der Short-Term Assignments, die in der Regel bis zu einem Jahr dauern, als auch der direkt auf einander folgenden Entsendungen.

Die Unterscheidung von Assignments nach ihrer Dauer wird erweitert um die verschiedenen Entsendungsarten oder Kategorien, die die Unternehmen für ihre international eingesetzten Mitarbeiter anwenden, auch mit unterschiedlichen Bedingungen. Die am meisten gebräuchlichen sind:

International Cadre	Traditional
Highly Mobile/Global Nomads	Developmental
Early Career	Volunteer
Permanent	Short-Term
Commuter	Virtual

Tabelle I-9: *Entsendungs-/Assignment Arten*

Neue Assignment-Typen sind Commuter Assignments und das virtuelle Assignment. Sogenannte Entwicklungs-Assignments für jüngere Potentials sind weiterhin in der Diskussion und werden vermehrt durchgeführt. Kosten sind immer stärker ein Argument für kürzere Assignments in Projekte, die in kürzerer Zeit durchzuführen sind, sodass die Familie zu Hause bleiben kann. Regionale Assignments nehmen zu – personalpolitische Gründe und Kosten sind die treibenden Faktoren.

Long-Term Assignments über mehr als 5 Jahre werden zwar weiterhin praktiziert, allerdings mit stark abnehmender Tendenz. Open-ended Assignments, Entsendungen mit offenem Ende, gehören mehr und mehr der Vergangenheit an, da sie den heutigen Anforderungen an internationale Assignments nicht mehr entsprechen. Sie sind äußerst Kosten intensiv, führen zu Akzeptanzproblemen im Einsatzland und machen eine Repatriierung zu Heimatlandkonditionen nahezu unmöglich. Sie sollten in einen Übertritt in die ausländische Gesellschaft, d.h. in die Lokalisierung, gewandelt werden. Hier sind die vertragliche Situation und Gehaltsleistungen zu bestimmen. Für internationale Mitarbeiter, die auf Basis lokaler Verträge in das Gastland-Gehaltssystem integriert sind, aber dennoch Zusatzleistungen wie z.B. Wohnungs- und Schulkostenausgleich erhalten, finden wir auch den Begriff Hidden Assignees.

Die Entsendungsprogramme werden sowohl spezifisch auf die Unternehmensbedürfnisse abgestellt aber ebenso zunehmend mit dem Wettbewerb verglichen.

Eine einzige Entsendungs- und Vergütungspolicy wird nicht länger die Erfordernisse aller internationalen Entsendungen abdecken können. Unternehmen, die stärker die Vielfalt und Differenzierung der Entsendungsarten nutzen, brauchen und entwickeln Strategien und Policies, die den unterschiedlichen Zielen und Bedürfnissen entsprechen.

Wir beobachten heute einen Trend zu sogenannten „multie-tier“ policies, bei denen die Unternehmen einen Rahmen und allgemeine Prinzipien als Grundlage für ihre internationalen Assignment Policies aufstellen. In diesem Rahmen können sie die verschiedenen Arten ihrer Assignments zuordnen und einzelne kleinere und abgestufte Policies entwickeln, die die Bedingungen für die verschiedenen Entsendungstypen formulieren.

Die Expatriate-Vergütung bleibt eine schwierige und herausfordernde Aufgabe.

Der Wunsch nach größerer Vereinfachung in den Vergütungssystemen ist zwar ein ständiges Thema, die Zukunft wird wohl eher das Gegenteil bringen. Die Vielfalt der Entsendungen und Entsendungsarten aus Ländern mit unterschiedlichen Vergütungsstrukturen und Gehältern führt zu einer größeren Vielfalt von Gehaltsansätzen und -gestaltungen innerhalb eines Unternehmens und bedeutet damit eine höhere Toleranz gegenüber Gehaltsunterschieden. Dies schließt Highly Mobile Employees, den Transfer von Mitarbeitern aus sog. Entwicklungs- und Schwellenländern und Entsendungen zwischen Nachbarländern ein. In Europa gab es ursprünglich die Erwartung, dass durch die Einführung des Euro mehr Gastland orientierte Gehaltspakete vereinbart würden. Dieses ist jedoch nicht eingetreten, da die Brutto- und Nettogehälter in den einzelnen Ländern nach wie vor stark voneinander abweichen. Deshalb benutzen die meisten Unternehmen weiterhin die Balance-Sheet-Methode als kosteneffektive Vorgehensweise. Dennoch werden der Vergleich und die Annäherung von Brutto- und Nettogehältern und von Lebenshaltungskosten mit Blick auf Host Pay oder Host Pay plus eine zunehmende Rolle spielen.

Im Zuge der stärkeren Rekrutierung von Expatriates aus den sogenannten Entwicklungs- oder Schwellenländern sind die derzeitigen Expatriate Gehaltssysteme ohne einige deutliche Abwandlungen nicht ausreichend. Um das Problem der Transfers aus Ländern mit sehr geringem Gehaltsniveau zu lösen, werden hybride Systeme genutzt oder spezifische internationale pay lines und Gehaltsmargen und -bänder definiert. In Asien gehen die Unternehmen ähnliche Wege und entwickeln zum Beispiel eigene Policies für Personaleinsätze innerhalb Chinas, für lokale Mitarbeiter, die zuvor international tätig waren und für internationale Mitarbeiter, die auf dem lokalen Markt oder in Hongkong rekrutiert werden. Die Mehrheit der Unternehmen, die für Returnees in Asien, Osteuropa, Brasilien und Mexiko eine Policy aufgestellt haben, entscheidet sich für die lokale Gehaltsstruktur, in einigen Fällen mit Allowances für Housing, Schulkosten und Fahrzeug, ein sog. Home/Host plus.

Durch die sich verbreitenden Aktivitäten der Unternehmen in immer mehr Ländern der Welt entstehen mehr und neue Einsatzorte. Dies bedeutet gleichzeitig die Erweiterung der Standorte, für die die Kriterien der Erschwernis gelten. Bei einigen von ihnen entstehen neue Sicherheitsprobleme.

Bei der Gewährung von Expatriate Premiums geht der Trend deutlich zur Reduzierung dieser Zulagen und sogar so weit, dass keine zusätzlichen Zulagen mehr gezahlt werden. Fast 40 Prozent der entsendenden Unternehmen zahlen heute bereits kein Mobility Premium mehr. Die Logik dahinter ist einfach: das Angebot zu einem internationalen Assignment und somit zu internationaler Erfahrung sollte für den Mitarbeiter ein eigenes Incentive sein. Es gibt einen eindeutigen Trend der Unternehmen, im Rahmen der Vergütungspakete den Benefits in kind, also Sachleistungen z.B. Firmenfahrzeuge und Mietkosten für möblierte bzw. teilmöblierte Wohnungen und Häuser den Vorrang zu geben, hierbei jedoch ebenso Kostengesichtspunkte zu berücksichtigen.

Die Unternehmen werden zunehmend mit dem Management größerer und komplexer Expatriate Populationen konfrontiert. Die Mitarbeiter kommen aus vielen verschiedenen Heimatländern und gehen an Orte mit neuen Herausforderungen. Die größere Vielfalt an Entsendungsarten und -themen erfordert neue und unterschiedliche Bedingungen und ein komplexes funktions- und länderübergreifendes Management der internationalen Personaleinsätze. Hieraus erwächst auch die Notwendigkeit, den Erfolg der Entsendungsprogramme zu messen. Die Aufgaben werden sich nicht auf das Management von weltweiten Entsendungen beschränken, sondern darüber hinaus die lokalen Mitarbeiter, insbesondere die Key Local Nationals und die internationale Rekrutierung von Mitarbeitern für Schlüsselpositionen einschließen. Internationale Mobilität bedarf eines strategischen Herangehens. Dies stellt neue Herausforderungen an das Internationale Human Resources Management.

Literaturverzeichnis

BARTLETT/CHRISTOPHER A., Sumantra Ghoshal, Managing Across Borders, Boston, Massachusetts, 1989, Neuauflage 1992

BLOM, HERMAN/MEIER, HARALD, Interkulturelles Management, Herne, Berlin 2002

DGFP, Deutsche Gesellschaft für Personalführung, Der internationale Einsatz von Fach- und Führungskräften (unter Mitarbeit von Britta Laws) (vergriffen)

FRIEDRICH, PETER/ALTHAUSER, ULRICH (HRSG.), Personalentwicklung in der Globalisierung – Strategien der Insider, Neuwied, Kriftel 2001

FRÖHLICH, WERNER (HRSG.), International Success, Frechen 2000

HEROD, ROGER (HRSG.), International Human Resources Guide, 2006-2007 Edition, 2006 Thomson/West

HEUSER, ACHIM, Die Entsendung deutscher Mitarbeiter ins Ausland, Bielefeld 2004

HILB, MARTIN, Transnationales Management der Human-Ressourcen, Neuwied, Kriftel 2000

HÖRETH, ULRIKE/VOGEL, HOLGER, Global Employment, Rechtsratgeber für internationales Personalmanagement, Stuttgart 2001

HOFSTEDE, GEERT, Interkulturelle Zusammenarbeit, Wiesbaden 1993

INSTITUT FÜR INTERKULTURELLES MANAGEMENT (HRSG.), Interkulturelles Management, Wiesbaden 1994

JANUS, HELMUT, Shanghai rapid, Bochum 2004

KAMMEL, ANDREAS/TEICHELMANN, DIRK, Internationaler Personaleinsatz, München 1994

KUMAR, BRIJ NINO/WAGNER, DIETER (HRSG.), Handbuch des Internationalen Personalmanagements, München 1998

LEMONT/SCHMIDT, PATRICK, Die Amerikanische und die Deutsche Wirtschaftskultur im Vergleich, Göttingen 2003

MÜTZE, KAI/POPP, MICHAEL, Handbuch Auslandsentsendung, Frechen 2007

ORC WORLDWIDE, 2005 Dual Careers and International Assignments Survey

ORC WORLDWIDE, WORLWIDE ERC, THEMIGROUP, 2006 Global Survey of Short-Term International Assignment Policies, 2006

ORC WORLDWIDE, 2006 Worldwide Survey of International Assignment Policies and Practices

ORC WORLDWIDE, 2007 Survey of International Localization Policies and Practices

PAWLIK, THOMAS, Personalmanagement und Auslandseinsatz, Wiesbaden 2000

REYNOLDS, CALVIN, Guide to Global Compensation and Benefits, Florida 2001

SCHILO-SILBERMANN, DANIEL, Auswahl und Vorbereitung von Führungskräften für die Entsendung ins Ausland, Wiesbaden 1995

TROMPENAARS, FONS, Riding the Waves of Culture, London 1993

ZENTES, JOACHIM/SWOBODA, BERNHARD, Fallstudien zum Internationalen Management, Wiesbaden 2000

Teil II

Arbeitsrechtliche Themen

Marianne Waldenmaier

1. Vorbemerkung

Ist beabsichtigt, einen Mitarbeiter kurz-, mittel- oder langfristig nicht in seinem inländischen Stammbetrieb, sondern auf einem im Ausland befindlichen Arbeitsplatz zu beschäftigen, so ist nahe liegend, dass bei der Umsetzung dieses Vorhabens auch arbeitsrechtliche Vorgaben zu berücksichtigen sind. Der Vielzahl und Vielschichtigkeit der mit einem Auslandseinsatz einhergehenden Fallgestaltungen und Problemstellungen entspricht die Fülle der je nach Sachverhalt zu beachtenden arbeitsrechtlichen Gesetze.

Im Vorfeld des Auslandseinsatzes ist das Nachweisgesetz (NachwG) zu beachten, es können die Regelungen zum anwendbaren Recht nach dem Einführungsgesetz zum Bürgerlichen Gesetzbuch (EGBGB – IPR) oder die maßgeblichen Bestimmungen zur Wahl eines im Streitfall zuständigen Gerichts nach der Zivilprozeßordnung (ZPO) bzw. der Europäischen Gerichtsstands- und Vollstreckungsordnung (EuGVVO) zum Tragen kommen. Gelten Regelungen eines oder mehrerer Tarifverträge auch während des Auslandseinsatzes, weil das Tarifvertragsgesetz (TVG) auch weiterhin zur Anwendung kommt? Will man den Mitarbeiter nach seiner Rückkehr ins Inland und nach Beendigung seiner Anstellung einem nachvertraglichen Wettbewerbsverbot unterwerfen, wird man die entsprechenden Regelungen des HGB, evtl. verbunden mit Regelungen des IPR, nicht außer Acht lassen können. Möglicherweise ist der Betriebsrat auch für den im Ausland tätigen Mitarbeiter zuständig, dann könnte es sein, dass vor Ausspruch einer Kündigung oder des Rückrufs des Mitarbeiters der Betriebsrat anzuhören ist; zur Beantwortung dieser Fragen empfiehlt sich die Beschäftigung mit dem Betriebsverfassungsgesetz (BetrVG) oder, falls der betreffende Mitarbeiter leitender Angestellter ist, mit der Sprecherausschussgesetz (SprAuG). Soll der Auslandseinsatz oder die Anstellung insgesamt beendet werden, wird von erheblicher Bedeutung sein, ob hier das Kündigungsschutzgesetz (KSchG) oder, wenn es sich um einen schwerbehinderten Mitarbeiter handelt, das Sozialgesetzbuch IX (SGB IX) zu beachten ist. Diese Aufzählung erhebt natürlich keinen Anspruch auf Vollständigkeit, aber die Vielzahl der hier einschlägigen Gesetze ist beeindruckend.

Der Vollständigkeit halber sei an dieser Stelle erwähnt, dass das Arbeitnehmerentsendegesetz (AEntG) inhaltlich keine Erwähnung findet, denn es beschäftigt sich ausschließlich mit dem Einsatz ausländischer Arbeitnehmer durch ausländische Bauunternehmen auf Baustellen in Deutschland.

2. Entsendungstypen und ihre vertragliche Ausgestaltung

Der grenzüberschreitende Einsatz von Mitarbeitern vollzieht sich in der Unternehmenspraxis in einer vielgestaltigen Ausprägung, wobei sich als praktikables Abgrenzungsmerkmal im Wesentlichen die Dauer des Auslandseinsatzes erwiesen hat. Grundsätzlich sind danach folgende Arten der Entsendung zu unterscheiden:

2.1 Die Abordnung

In diesem Fall soll der Auslandseinsatz des Mitarbeiters nur wenige Monate umfassen. Damit steht fest, dass sich der Lebensmittelpunkt des Mitarbeiters nach wie vor im Inland befindet. Das mit dem Arbeitgeber im Heimatland geschlossene Anstellungsverhältnis bleibt auch während des Auslandsaufenthaltes weiterhin gültig. Eine zeitlich befristete Zusatzvereinbarung regelt die besonderen Bedingungen während des Auslandseinsatzes. Als möglicher Inhalt der Zusatzvereinbarung sind Regelungen zu folgenden Punkten denkbar: Aufgabenbeschreibung/Tätigkeit, Vorgesetzter, Vergütung inklusive Sonderzahlungen, Reisekosten, Heimfahrten, doppelte Haushaltsführung, besonderer Versicherungsschutz usw.

2.2 Die Delegation

Die Delegation unterscheidet sich von der Abordnung dadurch, dass es sich hierbei um einen eher mittelfristigen, durchaus zwischen ein bis fünf Jahre dauernden Auslandseinsatz handelt. In diesem Fall gibt der Mitarbeiter für die Dauer des Auslandsaufenthaltes seinen Lebensmittelpunkt in Deutschland auf und verlagert ihn an den ausländischen Einsatzort. Auch in dieser Fallkonstellation bleibt der bisherige Anstellungsvertrag wirksam bestehen, auch hier wird zwischen den Parteien des bisherigen Anstellungsverhältnisses in der Regel eine Zusatzvereinbarung geschlossen, deren Inhalt sich mit den im Zusammenhang mit der Abordnung erwähnten Punkten deckt.

2.3 Die Versetzung

Die Versetzung ist hinsichtlich ihres zeitlichen Umfangs mit der Delegation vergleichbar. Ein grundsätzlicher Unterschied liegt aber darin, dass der Mitarbeiter mit der ausländischen Gesellschaft, bei der er eingesetzt wird, ein Anstellungsverhältnis begründet. Die ausländische Gesellschaft wird damit (in der Regel neben dem Heimat-Unternehmen) Arbeitgeber des Mitarbeiters. Der Anstellungsvertrag mit der ausländischen Gesellschaft wird möglicherweise der Rechtslage und den Gepflogenheiten im betreffenden Land Rechnung tragen. Denkbar ist aber auch, dass der Vertrag auf die Besonderheiten der Versetzung stärkeres Schwergewicht legt und die Gleichbehandlung des entsandten Mitarbeiters mit dem ausländischen Stammpersonal eher in den Hintergrund tritt. Im Hinblick auf das alte Anstellungsverhältnis wird eine Zusatzvereinbarung geschlossen. In dieser finden sich beispielsweise Bestimmungen zum Ruhen des alten Anstellungsverhältnisses, zur Rückkehr des Mitarbeiters in das Heimat-Unternehmen, zur Fortführung der betrieblichen Altersversorgung, Fortschreibung eines Schattengehaltes.

2.4 Der Übertritt

Der Vollständigkeit halber sei noch erwähnt, dass der Übertritt den Fall bezeichnet, in dem der Mitarbeiter sein Anstellungsverhältnis beim Arbeitgeber im Heimatland beendet und auf Dauer eine Tätigkeit bei einem ausländischen Unternehmen aufnimmt. Die Rechtsbeziehungen zum Arbeitgeber im Heimatland werden damit beendet und in der Regel ist eine Rückkehr des Mitarbeiters nach Deutschland nicht mit der Wiederaufnahme einer Beschäftigung beim bisherigen Arbeitgeber im Heimatland verbunden.

In aller Regel ist schon allein die Frage, ob ein Mitarbeiter im Ausland eingesetzt wird, Gegenstand eines einvernehmlich zwischen den Arbeitsvertragsparteien geschlossenen Vertrages. Selbst wenn der inländische Anstellungsvertrag vorsieht, dass dem Arbeitgeber das Recht zusteht, den Mitarbeiter durch einseitige Erklärung an einen Arbeitsplatz im Ausland zu versetzen, wird sich der Arbeitgeber hierauf nicht berufen können. Der Auslandseinsatz bedarf der Zustimmung des Mitarbeiters, das Direktionsrecht des Arbeitgebers wird nicht ausreichen, um den Mitarbeiter ins Ausland zu entsenden (vgl. Heuser/Heidenreich/Förster, Auslandsentsendung und Beschäftigung ausländischer Arbeitnehmer, 1. Aufl. 2003, S. 20).

3. Das Nachweisgesetz

Von wenigen Besonderheiten abgesehen können die rechtlichen Beziehungen zwischen Arbeitgeber und Mitarbeiter in Deutschland weitgehend formlos gestaltet werden. Eine Ausnahme hiervon bilden die Bestimmungen des seit Juli 1995 geltenden Nachweisgesetzes, wodurch die bereits Anfang 1991 erlassene sog. EU-Nachweisrichtlinie in nationales deutsches Recht umgesetzt wurde.

Gemäß § 1 Abs. 1 NachwG hat der Arbeitgeber spätestens einen Monat nach dem vereinbarten Beginn des Arbeitsverhältnisses die wesentlichen Vertragsbedingungen schriftlich niederzulegen, die Niederschrift zu unterzeichnen und dem Mitarbeiter auszuhändigen. Wird der Mitarbeiter länger als einen Monat außerhalb der Bundesrepublik Deutschland tätig, so sieht § 1 Abs. 2 NachwG vor, dass ihm die Niederschrift vor seiner Abreise auszuhändigen ist. In die Niederschrift sind mindestens aufzunehmen:

- Name und Anschrift der Vertragsparteien
- Zeitpunkt des Beginns des Arbeitsverhältnisses und die Dauer der im Ausland auszuübenden Tätigkeit
- bei befristeten Arbeitsverhältnissen: die vorhersehbare Dauer des Arbeitsverhältnisses
- der Arbeitsort oder ein Hinweis, dass die Beschäftigung an verschiedenen Orten erfolgen kann
- eine kurze Charakterisierung oder Beschreibung der vom Mitarbeiter zu leistenden Tätigkeit
- die Höhe, Fälligkeit und Zusammensetzung des Arbeitsentgelts und dessen Währung
- ein zusätzliches mit dem Auslandsaufenthalt verbundenes Arbeitsentgelt und damit verbundene zusätzliche Sachleistungen
- die vereinbarte Arbeitszeit
- die Dauer des jährlichen Erholungsurlaubs
- die Kündigungsfristen
- ein allgemeiner Hinweis auf die anzuwendenden Tarifverträge, Betriebs- oder Dienstvereinbarungen
- die vereinbarten Bedingungen für die Rückkehr des Mitarbeiters

4. Schutzpflicht des Arbeitgebers (Fürsorgepflicht)

Das zwischen Arbeitgeber und Mitarbeiter bestehende Rechtsverhältnis ist im Wesentlichen davon geprägt, dass der Mitarbeiter zur Arbeitsleistung und der Arbeitgeber zur Vergütungszahlung verpflichtet ist. Wie in jedem zweiseitigen Rechtsverhältnis sind die Vertragsparteien jedoch nicht nur zur Erbringung der Hauptpflichten verpflichtet, sie haben darüber hinaus noch eine Reihe von flankierenden Nebenpflichten zu beachten. Gemäß § 241 Abs. 2 BGB kann ein Schuld- oder Rechtsverhältnis so ausgestaltet sein, dass jede Vertragspartei zur Rücksichtnahme auf die Rechte, Rechtsgüter und Interessen der anderen Vertragspartei verpflichtet ist.

Dieses Gebot der Rücksichtnahme gilt in besonderem Maße im Rahmen eines Anstellungsverhältnisses, beruhend auf dem personenrechtlichen Charakter dieser Vertragsbeziehung. Soweit es den Mitarbeiter betrifft, so findet es seinen Ausdruck in der sog. Treuepflicht. In weit stärkerem Maße ist aber der Arbeitgeber gefordert. Dies ergibt sich daraus, dass der Mitarbeiter regelmäßig in den Betrieb des Arbeitgebers eingegliedert ist und es dem Arbeitgeber obliegt, die Arbeitsvertragsbedingungen im Wege des Direktionsrechts weitgehend einseitig festzulegen.

Nun ist der Mitarbeiter während eines Auslandseinsatzes gerade nicht in den Betrieb des Arbeitgebers eingegliedert, Hintergrund und Anlass der den Arbeitgeber treffenden Schutzpflicht ergeben sich aber gerade hier aus der Tatsache, dass es der Arbeitgeber ist, der den Auslandseinsatz veranlasst und insoweit auch zu verantworten hat (vgl. Schliemann, Fürsorgepflicht und Haftung des Arbeitgebers beim Einsatz von Arbeitnehmern im Ausland, BB 2001, S. 1302). Die konkrete Ausprägung und der Umfang der arbeitgeberseitigen Schutzpflicht lassen sich nur im jeweils konkreten Einzelfall bestimmen. Generell wird man feststellen können, dass der Umfang der Einwirkungsmöglichkeiten des Arbeitgebers den Umfang seiner Fürsorgepflicht bestimmt. Dabei ist es dem Arbeitgeber nicht verwehrt, eigene berechtigte Interessen zu wahren und insoweit seine Fürsorgepflicht einzugrenzen.

Maßnahmen des Arbeitgebers zugunsten des Mitarbeiters müssen sich auf das Arbeitsverhältnis und den Auslandseinsatz beziehen und können vom Mitarbeiter nur dann verlangt werden, wenn sie auch tatsächlich erforderlich sind.

Die Schutzpflicht des Arbeitgebers kann unterschiedliche Ausprägung erfahren: Sie kann eine Obhuts- und Sorgfaltspflicht, eine Informations-, Aufklärungs- und Auskunftspflicht oder eine Mitwirkungspflicht darstellen (Heuser/Heidenreich/Förster, a.a.O., S. 23). Im Einzelfall kann die Unterstützung des Mitarbeiters durch den Arbeitgeber vor, während und nach dem Auslandseinsatz gefordert sein.

In der Praxis kann die Fürsorgepflicht Ausgangspunkt für ein arbeitgeberseitiges Handeln in vielfältiger Hinsicht sein: bei behördlichen Genehmigungen zur Einreise und Arbeitsaufnahme; Aufklärung über den Einsatz in krisengefährdeten Gebieten; Krankenrücktransport bei schwerer Krankheit; Weiter-/Fortbildungsmaßnahmen nach der Rückkehr ins Heimatland, usw.

In vielen Fällen kann der Arbeitgeber seine Schutzpflicht nur dann erfüllen, wenn ihm der Mitarbeiter zuvor mitgeteilt hat, wo er Unterstützungsbedarf sieht. Insoweit trifft den Mitarbeiter eine Mitwirkungspflicht, andernfalls wird er sich später nicht auf eine Pflichtverletzung des Arbeitgebers berufen können (vgl. Schliemann, a.a.O.).

Fall:

Der in ein afrikanisches Land entsandte Mitarbeiter A erkrankt an Malaria. Der Entsendungsvertrag enthält hierzu keine Regelung, der Mitarbeiter kann auch keine Auslandskrankenversicherung in Anspruch nehmen. In Erfüllung seiner Fürsorgepflicht wird der Arbeitgeber den Rücktransport des A zur medizinischen Behandlung in Deutschland veranlassen und die Transportkosten übernehmen.

Verletzt der Arbeitgeber seine Fürsorgepflicht, so steht dem Mitarbeiter grundsätzlich ein Erfüllungs- oder Unterlassungsanspruch zu, wobei er berechtigt sein kann, bis zur Erfüllung des Anspruchs ein Zurückbehaltungsrecht hinsichtlich seiner Arbeitsleistung geltend zu machen. Hat der Arbeitgeber schuldhaft gehandelt, so ist er dem Mitarbeiter gegenüber zum Schadensersatz verpflichtet. Dies gilt auch, falls der Arbeitgeber durch einen Erfüllungsgehilfen (Vorgesetzten oder Kollegen) gehandelt hat.

5. Anwendbares Recht

5.1 Anwendbares Recht ohne Rechtswahl

Enthält der Anstellungs- oder Entsendungsvertrag keine Vereinbarung darüber, welches Recht zur Anwendung kommen soll, so ist das Arbeitsstatut nach Art. 30 EGBGB zu bestimmen.

Art. 30 Abs. 2, 1. Halbs Nr. 1 EGBGB knüpft zunächst am Arbeitsort als Erfüllungsort des Mitarbeiters an. Nach Auffassung des Gesetzgebers hat ein Arbeitsverhältnis am Erfüllungsort sein Schwergewicht, zum Arbeitsort, der in der Regel der Betriebsort sein wird, besteht die engste Verbindung. Arbeitsort ist ein Betrieb, Betriebsteil oder eine bloße Geschäftsstelle, es kann sich hierbei um eine unselbständige Zweig- oder Geschäftsstelle oder um den Hauptsitz des Arbeitgebers handeln.

Die Frage nach dem Arbeitsort im konkreten Fall ist danach zu beantworten, wo ein Arbeitsverhältnis seinen Schwerpunkt hat. Liegen Zweigstelle und Hauptsitz zwar nicht am gleichen

Ort, aber innerhalb eines Staates, erübrigt sich die Frage nach dem Schwerpunkt. Gleiches gilt, falls der Mitarbeiter an wechselnden Arbeitsorten im Inland eingesetzt wird, denn Art. 30 Abs. 2, 1. Halbs. Nr. 1 EGBGB stellt nicht auf einen ständigen Arbeitsort ab.

Eine vorübergehende Entsendung oder Auslandstätigkeit des Mitarbeiters von seinem gewöhnlichen Beschäftigungsort aus führt nicht zu einer Änderung des für den üblichen Arbeitsort maßgeblichen Rechts. Soweit der übliche Arbeitsort in Deutschland liegt, führt die Fortgeltung deutschen Rechts dazu, dass das deutsche Recht in den ausländischen Beschäftigungsstaat ausstrahlt (sog. Ausstrahlung).

Die Fortgeltung deutschen Rechts setzt voraus, dass die Entsendung oder Auslandstätigkeit von vorübergehender Natur ist. Dem Merkmal „vorübergehend" kommt die Bedeutung von zeitlich befristet gleich. Die zeitliche Befristung kann entweder ausdrücklich in der Entsendevereinbarung vorgesehen sein. Sie kann sich aber auch aus dem Zweck des Auslandseinsatzes ergeben (zum Beispiel Entsendung im Zusammenhang mit der Implementierung eines Datenverarbeitungssystems).

Umstritten ist, ob allein aufgrund einer länger dauernden Entsendung der Schluss gerechtfertigt ist, diese sei nicht mehr vorübergehender Natur. Gegen diese Auffassung ist einzuwenden, dass auch mehrjährige Auslandsaufenthalte, insbesondere wenn sie zweckgebunden sind, vorübergehenden Charakter haben können, weil der Mitarbeiter nach Zweckerreichung in den Entsendebetrieb und ins Inland zurückkehrt. Soweit die Einstellung eines Mitarbeiters nicht ausschließlich für den Auslandseinsatz, sondern seine Entsendung vielmehr aus dem inländischen Anstellungsverhältnis heraus erfolgte, wird auch bei einem mehrjährigen Auslandseinsatz, soweit das Vorliegen der Voraussetzungen des Art. 30 Abs. 2, 1. Halbs. Nr. 1 EGBGB verneint wird, eine „engere Verbindung" zu Deutschland im Sinne des Art. 30 Abs. 2, 2. Halbs. EGBGB festzustellen sein, sodass es in jedem Fall bei der Anwendung deutschen Rechts bleibt. Es ist demnach auszuschließen, dass es im Laufe eines Auslandseinsatzes zum einem Wechsel des anwendbaren Rechts kommt (vgl. Höfer, Gesetz zur Verbesserung der betrieblichen Altersversorgung, Kommentar Arbeitsrecht, Stand Juni 2006, Rz. 1394).

Soweit der Auslandseinsatz bei einem rechtlich selbständigen Unternehmen (in der Regel wird dies ein mit dem Entsendeunternehmen verbundenes Unternehmen sein) erfolgt, ist im vorliegenden Zusammenhang erheblich, ob mit dem ausländischen Unternehmen ein Anstellungsvertrag abgeschlossen wird. Ist dies zu verneinen, so wird man davon ausgehen, dass der Auslandseinsatz vorübergehend ist und es beim gewöhnlichen Arbeitsort im Inland bleibt (Höfer, a.a.O., Rz. 1395).

Wird der Mitarbeiter während seines Auslandseinsatzes nicht in eine im Ausland befindliche betriebliche Organisation eingebunden, so folgt aus dieser Tatsache, dass der Auslandseinsatz nur vorübergehender Natur ist.

Gegenstück einer vorübergehenden Abwesenheit vom inländischen Arbeitsort ist die auf Dauer angelegte, also weder zeit- noch zweckbefristete, Tätigkeit eines Mitarbeiters im Ausland und zwar entweder bei einer rechtlich unselbständigen Zweig- oder Geschäftsstelle des inländischen Arbeitgebers oder bei einem rechtlich selbständigen mit dem Arbeitgeber verbundenen oder nicht verbundenen Unternehmen. In diesem Fall scheidet die Anwendung deutschen Rechts als des Rechts des Arbeitsorts aus. In Betracht kommt dann allenfalls die Anwendung deutschen Rechts aufgrund der engeren Verbindung des Anstellungsverhältnisses zum Inland (Art. 30 Abs. 2, 2. Halbs. EGBGB).

Verrichtet der Arbeitnehmer seine Tätigkeit gewöhnlich nicht in ein und demselben Staat, sondern übt er die Tätigkeit für seinen Arbeitgeber in verschiedenen Staaten aus, so ist gemäß Art. 30 Abs. 2, 1. Halbs. Nr. 2 EGBGB auf das Anstellungsverhältnis das Recht des Staates anzuwenden, in dem sich die Niederlassung befindet, die den Arbeitnehmer eingestellt hat. Diese Bestimmung findet beispielsweise auf Flugpersonal Anwendung (BAG vom 12.12.2001, AP Nr. 10 zu Art. 30 EGBGB nF). Die Regelanknüpfung am Recht der einstellenden Niederlassung führt allerdings nicht immer zu einem zufriedenstellenden Ergebnis. Zu nahe liegt die Annahme, dass hier dem Arbeitgeber die Möglichkeit einer einseitigen „objektiven Rechtswahl" eingeräumt wird (Thüsing, Günstigkeitsvergleich und Ausweichklausel in Art. 30 EGBGB, BB 2003, S. 898). Denn der Arbeitnehmer wird auf die einstellende Niederlassung und damit auf das anwendbare Recht überhaupt nicht Einfluss nehmen können, während der Arbeitgeber hier eine ihm genehme Wahl treffen kann.

Das Recht des Arbeitsorts oder, bei wechselnden Arbeitsorten, das Recht der einstellenden Niederlassung, werden dann verdrängt, falls sich aus der Gesamtheit der Umstände ergibt, dass das Arbeitsverhältnis zu einem dritten Staat engere Verbindungen aufweist. In diesem Fall ist das Recht dieses Staates anzuwenden. Allerdings ist Art. 30 Abs. 2, 2. Halbs. EGBGB als tatsächliche Ausnahmeregelung der beiden Regelanknüpfungen in Nr. 1 und 2 zu verstehen, die auch eng auszulegen ist (Palandt-Heldrich, BGB, 65. Aufl. 2006, § 30 EGBGB, Rz. 9). In jedem Fall muss es sich um eine Mehrzahl von Umständen handeln, welche gegenüber der Regelanknüpfung stärkeres Gewicht besitzen. Allerdings wird es nicht als erforderlich angesehen, dass sämtliche Anknüpfungspunkte mit Ausnahme des Arbeitsorts und der Anstellungsniederlassung auf die Anwendung einer anderen Rechtsordnung hindeuten (Höfer, a.a.O., Rz. 1404).

Ob ein Ausnahmefall des Art. 30 Abs. 2, 2. Halbs. EGBGB vorliegt, ist immer anhand der speziellen Gegebenheiten im Einzelfall zu prüfen. Nach der Rechtsprechung des BAG kommen als primäre Anknüpfungspunkte die Staatsangehörigkeit der Vertragsparteien und der Sitz des Arbeitgebers in Betracht, wobei einerseits allein in der Staatsangehörigkeit des Arbeitnehmers ein Indiz gegen die Regelanknüpfung gesehen wird (LAG Baden-Württemberg vom 15.10.2002, BB 2003, S. 900), während von anderer Seite eine Indizwirkung erst bei übereinstimmender von der Regelanknüpfung abweichender Staatsangehörigkeit von Arbeitgeber und Arbeitnehmer angenommen wird (Thüsing, a.a.O. m.w.N.). Der Ort des Vertragsschlusses, der Wohnort bzw. Sitz der Parteien, die Währung, in der finanzielle Leistungen gewährt werden, die Vertragssprache: all diese Faktoren sind zu prüfen, eine für sich genommen ausschlaggebende Bedeutung soll jedoch keinem dieser Faktoren zukommen (Höfer, a.a.O., Rz. 1403). Darüber hinaus soll auch die Vereinbarung von Vertragsbestandsteilen, die für eine bestimmte Rechtsordnung typisch sind, oder der Hinweis auf die Anwendung des Steuer- und Sozialversicherungsrechts eines bestimmten Landes beachtlich sein (LAG Baden-Württemberg, a.a.O.).

5.2 Anwendbares Recht mittels Rechtswahl

5.2.1 Grundsatz der Vertragsfreiheit

Auch im Hinblick auf Anstellungsverhältnisse gilt das Prinzip der Parteiautonomie und Vertragsfreiheit. Die Arbeitsvertragsparteien sind danach frei, den Anstellungsvertrag dem Recht eines fremden Staates zu unterwerfen. Dies gilt selbst dann, wenn sich das Anstellungsverhältnis ausschließlich auf deutschem Boden vollzieht und zu der gewählten Rechtsordnung keinerlei sachliche Beziehung besteht. Damit geht das deutsche Internationale Privatrecht davon aus, dass grundsätzlich jede Rechtsordnung Regelungen zur Verfügung stellt, welche zumindest ein Mindestmaß an Arbeitnehmerschutz gewährleisten. Da aber offensichtlich der Umfang des Arbeitnehmerschutzes von Land zu Land unterschiedlich ist, will das deutsche Internationale Privatrecht durch normierte Einschränkungen sicherstellen, dass eine Rechtswahl den Arbeitnehmerschutz nicht in unverhältnismäßiger Weise reduziert.

In der Praxis empfiehlt es sich nicht, eine Rechtswahl vorzunehmen, die von der nach objektiven Kriterien maßgeblichen Rechtsordnung abweicht. Grund hierfür ist, dass die Kollisionsregeln des deutschen Internationalen Rechts zwangsläufig zu Konflikten führen. Generell ist davon abzuraten, eine zumindest in weiten Teilen unbekannte und/oder nur schwer zu erschließende Rechtsordnung zu wählen, wenn nicht gewichtige Argumente dies verlangen.

Nach Art. 27 Abs. 1 EGBGB kann die Rechtswahl ausdrücklich oder konkludent erfolgen. Eine konkludente Rechtswahl zum Beispiel zugunsten französischen Rechts wird dann angenommen, wenn der Vertrag zwischen in Frankreich ansässigen Parteien in Frankreich und in französischer Sprache geschlossen wurde (Palandt-Heldrich, Art. 27 EGBGB, Rz. 6 m.w.N.). Nimmt der Vertrag ausschließlich auf deutsche Rechtsvorschriften Bezug, so wird von einer stillschweigenden Vereinbarung der Geltung deutschen Rechts auszugehen sein (Palandt-Heldrich, Art. 27 EGBGB, Rz. 7 m.w.N.).

Die Rechtswahl kann für den ganzen Vertrag, aber auch für nur einen Teil oder Teile des Vertrages gelten. Abgrenzbare Bereiche wie betriebliche Altersversorgung, Kündigungsschutz o.ä. können dem deutschen, der Vertrag im übrigen dem französischen Recht unterstellt werden.

Die Vertragsparteien sind nicht darauf beschränkt, bei Vertragsschluss, also von vorneherein, eine Rechtswahl zu treffen. Die Rechtswahl kann zu jedem Zeitpunkt während des bestehenden Vertragsverhältnisses erfolgen. Nimmt eine Partei während eines laufenden Rechtsstreits die Berufung der Gegenseite auf spezielle Rechtsnormen einer bestimmten Rechtsordnung rügelos zur Kenntnis, so kann darin eine konkludente Rechtswahl gesehen werden.

Grundsätzlich steht einer Rechtswahl durch eine formularmäßige entsprechende Vertragsklausel nichts entgegen. Für diese Annahme spricht, dass das deutsche Internationale Privatrecht grundsätzlich die Vereinbarung eines, für eine der Vertragsparteien ungünstigeres fremdes Recht nicht verbieten will, sondern durch eigene Regelungen die ggf. damit verbundenen nachteiligen Rechtsfolgen einschränkt (vgl. MünchArbR/Birk § 20, Rn. 9).

5.2.2 Grenzen der freien Rechtswahl

5.2.2.1 Art. 27 Abs. 3 EGBGB

Die freie Rechtswahl wird durch Art. 27 Abs. 3 EGBGB eingeschränkt. Soweit eine getroffene Rechtswahl die einzige Beziehung darstellt, die ein Rechtsverhältnis zu einem Staat aufweist und der sonstige Sachverhalt nur mit einem anderen Staat verbunden ist, kommen trotz der Rechtswahl der Parteien die zwingenden Bestimmungen des anderen Staates zur Anwendung. Zur Anwendung kommen alle nicht dispositiven Normen des nach Art. 27 Abs. 3 EGBGB vorgehenden Rechts: Also auch Richterrecht und nichtstaatliche Normen (z.B. Tarifbestimmungen) (Erfurter Kommentar zum Arbeitsrecht/Schlachter, Art. 34 EGBGB Rn. 15). Es ist in diesem Fall grundsätzlich unerheblich, ob das gewählte Recht oder das Recht des „anderen Staates" für den Arbeitnehmer günstiger ist oder nicht. Diese zwingende Rechtsfolge wird dadurch ausgeschlossen, dass das Anstellungsverhältnis Auslandsbezug aufweist. Allerdings sind an das Vorliegen des Auslandsbezugs nicht allzu hohe Anforderungen zu stellen: So mag die unterschiedliche Staatsangehörigkeit der Parteien ebenso genügen wie die Tatsache, dass der Arbeitgeber einen Betriebssitz im Ausland hat (vgl. ebd.). Auch verhindert die Anwendung von Art. 30 EGBGB, dass sich das vorgehende Recht in jedem Fall gegen das gewählte günstigere Recht durchsetzt.

5.2.2.2 Art. 30 Abs. 1 EGBGB

Eine weitere Schranke ergibt sich aus Art. 30 Abs. 1 EGBGB: Danach darf bei Anstellungsverträgen die Rechtswahl nicht dazu führen, dass dem Arbeitnehmer der Schutz entzogen wird, der ihm durch die zwingenden Bestimmungen des Rechts gewährt wird, das mangels einer Rechtswahl nach den objektiven Bestimmungen von Art. 30 Abs. 2 EGBGB anzuwenden wäre.

Fall:

Der verheiratete deutsche Staatsangehörige Herr B ist zusammen mit einem ledigen jüngeren Kollegen beim US-amerikanischen Konsulat in München als Hausmeister angestellt. Sein Anstellungsvertrag enthält die Bestimmung, dass amerikanisches Recht gelten soll. Nachdem das Konsulat beschlossen hat, das Konsulatsgebäude künftig von einer Hausverwaltungs- und Wartungsfirma betreuen zu lassen, wird Herr B betriebsbedingt gekündigt. Sein jüngerer Kollege wird als Pförtner weiterbeschäftigt. Herr B erhebt Klage zum Arbeitsgericht München, welches die Kündigung wegen fehlerhafter Sozialauswahl für unwirksam erklärt. Grundlage hierfür ist, dass das Arbeitsverhältnis gemäß Art. 30 Abs. 2 EGBGB engere Verbindungen zum deutschen Recht aufweist und deshalb das deutsche Kündigungsschutzgesetz trotz der zulässigen Vereinbarung der Geltung amerikanischen Rechts zwingend Anwendung findet.

Zwingende Bestimmungen im Sinne des Art. 30 Abs. 1 EGBGB des deutschen Rechts sind beispielsweise der Gleichbehandlungsgrundsatz, die Vorschriften über Arbeitnehmererfindung, Kündigungsschutz, Vertragsübernahme bei Betriebsübergang oder Mutterschutz.

Art. 30 Abs. 1 EGBGB gewährt allerdings nur einen Mindestschutz, die getroffene Rechtswahl bleibt wirksam, allerdings nur insoweit, als zwingende Schutzvorschriften des anzuwendenden Rechts nicht umgangen werden. Geht das gewählte Recht über das gemäß Art. 30 Abs. 2 EGBGB anzuwendende Recht hinaus oder ist es zumindest nicht weniger günstig, dann ist grundsätzlich das günstigere Recht anzuwenden (Gnann/Gerauer, Arbeitsvertrag bei Auslandsentsendung, 2. Aufl. 2002, S. 150). So kann es zu einem Nebeneinander von gewähltem und objektiv anzuwendenden Recht kommen, wobei zugunsten des Mitarbeiters ein Günstigkeitsvergleich vorzunehmen ist.

Kernfrage in diesem Zusammenhang ist, welches Recht käme ohne eine Rechtswahl zur Anwendung. Wenn dieses festgestellte Recht mit dem von den Parteien gewählten Recht nicht identisch ist, ist der Weg für einen Günstigkeitsvergleich eröffnet. Auf diese Weise soll sichergestellt werden, dass der Schutz des Arbeitnehmers durch die Rechtswahl entweder verbessert wird oder es zumindest beim Schutzumfang des sich aus objektiver Anknüpfung ergebenden Rechts bleibt.

Soweit sich zwingende Schutzbestimmungen des abbedungenen Rechts in der gewählten Rechtsordnung nicht oder in nicht gleichwertigem Umfang finden, geht die Rechtswahl ins Leere, da es bei der Anwendung der Bestimmungen des abbedungenen Rechts bleibt.

Nach wie vor lässt sich trefflich darüber streiten, worauf sich der Günstigkeitsvergleich beziehen soll, eine einheitliche Meinung hierzu ist nur bedingt ersichtlich. Man kann wohl davon ausgehen, dass der Günstigkeitsvergleich nicht dergestalt erfolgen kann, dass die in Frage stehenden Rechtsordnungen im Ganzen als günstiger oder ungünstiger für den Arbeitnehmer beurteilt werden.

Auch eine Gegenüberstellung von konkreten Einzelvorschriften (zum Beispiel die Länge der gesetzlichen Kündigungsfristen) ist nicht zielführend: Im Ergebnis käme es hier zu einer der „Rosinentheorie" folgenden, für den Arbeitnehmer günstigsten Rechtsordnung, was sicherlich keinen interessengerechten Ausgleich zwischen den Arbeitsvertragsparteien zum Ergebnis hätte.

Sachlich angemessen erscheint ein Vergleich der in Frage stehenden Teilbereiche, z.B. Kündigungsschutz, Entgeltfortzahlung im Krankheitsfall usw. Es ist durchaus denkbar, dass auch der sachgruppenbezogene Günstigkeitsvergleich dazu führt, dass ein Arbeitsverhältnis einem Mix von zwingenden Schutzbestimmungen zweier Rechtsordnungen unterliegt.

Vereinzelt wird die Auffassung vertreten, der Günstigkeitsvergleich habe sich auf den vom Arbeitnehmer geltend gemachten Anspruch zu beschränken (LAG Baden-Württemberg, a.a.O.).

5.2.2.3 Art. 34 EGBGB

Art. 34 EGBGB sieht vor, dass ungeachtet einer Rechtswahl und ungeachtet des nach objektiven Kriterien anzuwendenden Rechts zwingende deutsche Bestimmungen auf das Arbeitsverhältnis Anwendung finden.

Die Anwendung von Art. 34 EGBGB setzt einen gewissen Inlandsbezug voraus, das heißt, die Bestimmung kommt nicht zur Anwendung, wenn alle Anknüpfungspunkte auf die Anwendbarkeit ausländischen Rechts zielen (Schlachter, Grenzüberschreitende Arbeitsverhältnisse, NZA 2000, S. 61). Wird ein Inlandsbezug bejaht, so ist es für die Anwendung von Art. 34 EGBGB unerheblich, ob auf das Arbeitsverhältnis deutsches oder ausländisches Recht Anwendung findet und ob sich die Anwendung deutschen Rechts nach objektiven Kriterien ergeben würde. Entspricht das gewählte Recht dem objektiv zu bestimmenden Recht, so kommt neben Art. 34 EGBGB eine Anwendung von Art. 30 Abs. 1 EGBGB nicht in Betracht. Soweit gewähltes und objektiv zu bestimmendes Recht auseinander fallen, sind beide Vorschriften zu beachten.

Nicht jede nach deutschem Recht zwingende Bestimmung ist gemäß Art. 34 EGBGB unabdingbar. Dies folgt schon aus Art. 30 Abs. 1 EGBGB, der ins Leere ginge, falls jede vertraglich unabdingbare arbeitsrechtliche Norm über Art. 34 EGBGB auf das Arbeitsverhältnis einwirken würde (BAG vom 12.12.2001, AP Nr. 10 zu Art. 30 EGBGB nF). Zwingende Bestimmungen im Sinne des Art. 34 EGBGB sind nur diejenigen, die ohne Rücksicht auf das nach den deutschen Kollisionsnormen anwendbare Recht entweder ausdrücklich oder nach ihrem Sinn und Zweck gelten sollen.

Von Art. 34 EGBGB erfasste Normen sind solche, die nicht lediglich den Individualinteressen einer Vertragspartei dienen, sondern darüber hinaus Bedeutung für öffentliche Gemeinwohlinteressen besitzen. Das BAG ist der Auffassung, dass das Kündigungsschutzgesetz keine von Art. 34 EGBGB umfasste Norm ist (BAG vom 24.08.1989, NZA 1990, S. 841). Anders verhält es sich jedoch zum Beispiel mit der Entgeltfortzahlung im Krankheitsfall gemäß § 3 Abs. 1 EFZG. Diese Bestimmung dient nach Auffassung des BAG ganz wesentlich der finanziellen Entlastung der gesetzlichen Krankenkassen, da der Arbeitgeber diese zumindest für eine gewisse Zeit von der Zahlung des Krankengeldes befreit (BAG vom 12.12.2001, AP Nr. 10 zu Art. 30 EGBGB nF).

5.2.2.4 Art. 6 EGBGB

Haben die Parteien eine Rechtswahl getroffen, so ist eine Bestimmung des gewählten Rechts dann trotzdem nicht anzuwenden, wenn ihre Anwendung mit wesentlichen Grundsätzen des deutschen Rechts offensichtlich unvereinbar ist (Art. 6 EGBGB). Die Vorschrift umschreibt das Verbot eines Verstoßes gegen den sog. Ordre Public, das heißt, dass eine Rechtsnorm eines anderen Staates nicht anzuwenden ist, wenn ihre Anwendung zu einem schlichtweg untragbaren Ergebnis führt (BGH vom 17.09.1968, BGHZ 50, 370). Angesichts der Einschränkungen der Rechtswahl gemäß Art. 27 Abs. 3, 30 Abs. 1 und 34 EGBGB ist die praktische Bedeutung von Art. 6 EGBGB nur gering. Als Beispiel sei hier der Fall genannt, dass eine ausländische Rechtsordnung zwar Regelungen zum Kündigungsschutz vorsieht, den Schutz aber entgegen Art. 3 des deutschen Grundgesetzes bestimmten Personengruppen aufgrund ihres Geschlechts versagt (Mauer, a.a.O., S. 94).

6. Betriebsverfassung und Auslandseinsatz

Nicht nur in globaler Hinsicht, auch auf der Ebene der europäischen Union ist eine Harmonisierung der Regelungen hinsichtlich der Arbeitnehmervertretung in Betrieben und Unternehmen nicht in Sicht.

6.1 Europäischer Betriebsrat

Hierzu hat auch die 1994 verabschiedete Richtlinie Europäische Betriebsräte nicht beigetragen, auch wenn ein Großteil der Mitgliedstaaten der EU zwischenzeitlich die Richtlinie umgesetzt hat. In Deutschland erfolgte die Umsetzung der Richtlinie bereits im Jahr 1996 durch das Europäische Betriebsräte-Gesetz (EBRG).

Die Bildung eines europäischen Betriebsrats (EBR) liegt im Ermessen der Arbeitnehmer oder Arbeitnehmervertreter eines Unternehmens. Insoweit sieht weder die Richtlinie noch das EBRG einen Umsetzungszwang vor.

Dem europäischen Betriebsrat oder dem besonderen Verhandlungsgremium (BVG) stehen echte Mitbestimmungsrechte nicht zu. Schwergewicht der Beteiligung der Arbeitnehmervertreter sind vielmehr deren Unterrichtungs- und Anhörungsrechte.

Fall:

> Ein Unternehmen mit Betrieben in Deutschland, Italien und Österreich und einem europäischen Betriebsrat (EBR) beabsichtigt, aus dem deutschen Betrieb (insgesamt 600 Mitarbeiter) den Vertrieb auszulagern und mit dem österreichischen Betrieb in Linz zusammenzuschließen. Gemäß § 33 Abs. 1 Nr. 1 EBRG kann die zentrale Leitung des Unternehmens in diesem Fall nicht bis zur nächsten, einmal im Kalenderjahr turnusgemäß stattfindenden Unterrichtung des EBR abwarten, sondern hat den EBR möglichst zeitnah von dieser Planung zu unterrichten und auf Verlangen anzuhören.

Die in den einzelnen Mitgliedstaaten jeweils gültigen Regelungen zur Betriebsverfassung bleiben hiervon unberührt, sodass bis auf weiteres davon ausgegangen werden muss, dass eine zumindest europaweite Harmonisierung in weiter Ferne liegt (vgl. Mayer, Betriebsverfassungs- und tarifvertragsrechtliche Fragen bei grenzüberschreitenden Personaleinsätzen, BB 1999, 842).

Der grenzüberschreitende Einsatz von Mitarbeitern gehört mangels eines entsprechenden Mitbestimmungsrechtes nicht zum Zuständigkeitsbereich eines EBR oder eines BVGs.

6.2 Anwendung des Betriebsverfassungsgesetzes (BetrVG)

6.2.1 Räumlicher Geltungsbereich des BetrVG

Das BetrVG selbst regelt seinen räumlichen Geltungsbereich nicht. Ebenso wenig enthält es eine kollisions-rechtliche Regelung für den Fall, dass ein betriebsverfassungsrechtlicher Sachverhalt Auslandsberührung aufweist.

Das BetrVG gilt nur für Betriebe mit Sitz in Deutschland (sog. Territorialitätsprinzip). Anknüpfungspunkt ist der Sitz des Betriebes. Damit ist unbeachtlich, ob das Arbeitgeberunternehmen ebenfalls seinen Sitz in Deutschland hat, sodass das BetrVG im Inland belegene Betriebe ausländischer Unternehmen zweifellos mit umfasst. Umgekehrt findet das BetrVG keine Anwendung, wenn der Sitz eines Betriebes eines inländischen Unternehmens im Ausland liegt (a.A. u.a. für einen Auslandsbetrieb mit enger Inlandsbindung Däubler, Betriebsverfassung in globalisierter Wirtschaft, AiB 2000, S. 392). Auch hier kommt es nicht darauf an, ob auf die Einzelarbeitsverträge deutsches oder ausländisches Recht anzuwenden ist (Fitting, Betriebsverfassungsgesetz, 23. Aufl., § 1 Rn. 16).

Für die Betriebsverfassung spielt es keine Rolle, welche Staatsangehörigkeit die im Betrieb beschäftigten Arbeitnehmer haben oder ob für ihr Arbeitsverhältnis ein vom deutschen Recht abweichendes Recht vereinbart wurde. Denn das Betriebsverfassungsstatut folgt nicht dem Arbeitsstatut, sondern streng dem Territorialitätsprinzip.

Fall:

Im Werk der X-GmbH in Traunstein arbeitet der österreichische Staatsangehörige A. Er wohnt zusammen mit seiner Ehefrau und 2 minderjährigen Kindern in Bergheim in der Nähe von Salzburg/Österreich. In seinem Anstellungsvertrag findet sich die Regelung, dass das Anstellungsverhältnis dem Recht der Republik Österreich unterliegt. Als A. betriebsbedingt gekündigt werden soll, hat der Arbeitgeber richtigerweise gemäß § 102 BetrVG den Betriebsrat des Betriebes in Traunstein zur Kündigung angehört.

Der räumliche Geltungsbereich des BetrVG kann weder durch Betriebsvereinbarung noch durch Tarifvertrag erweitert werden (Fitting, a.a.O., § 1 Rn. 21).

6.2.2 Persönlicher Geltungsbereich des BetrVG

Die nachfolgenden Ausführungen sind im Rahmen der Beschäftigung eines Mitarbeiters im Ausland nur insoweit von Bedeutung, als der Mitarbeiter nicht leitender Angestellter im Sinne von § 5 Abs. 3 BetrVG ist. Leitende Angestellte sind grundsätzlich vom Anwendungsbereich des BetrVG ausgenommen, auf sie finden, soweit im inländischen Betrieb ein Sprecherausschuss gebildet wurde, die Bestimmungen des Sprecherausschussgesetzes (SprAuG) Anwendung. Ein leitender Angestellter ist dadurch charakterisiert, dass er nach Arbeitsvertrag und Stellung im Unternehmen unternehmerische Teilfunktionen im Sinne von § 5 Abs. 3 Nr. 1 – 3 BetrVG wahrnimmt. Hierzu zählen die selbständige Einstellungs- und Entlassungsbefugnis (§ 5 Abs. 3 Nr. 1 BetrVG), die Generalvollmacht oder Prokura (§ 5 Abs. 3 Nr. 2 BetrVG) und schließlich die Wahrnehmung sonstiger wichtiger unternehmerischer Aufgaben, vorausgesetzt, der leitende Angestellte trifft die Entscheidung frei von Weisungen oder er beeinflusst die Entscheidungsfindung maßgeblich (§ 5 Abs. 3 Nr. 3 BetrVG).

Ob ein Mitarbeiter zu den leitenden Angestellten zählt, kann für die Dauer des Auslandseinsatzes weder nach seiner Stellung im Unternehmen in der Vergangenheit noch anhand einer prognostizierten Stellung in der Zukunft ermittelt werden. Ausschlaggebend ist vielmehr, ob die Ausgestaltung der Auslandstätigkeit die Einstufung als leitender Angestellter rechtfertigt (vgl. Falder, Geschäftsführer bei Auslandsgesellschaften – Geschäftsführer ausländischer Tochtergesellschaften, leitende Angestellte nach deutschem Arbeitsrecht?, NZA 2000, S. 868). Bei dieser Betrachtungsweise ist es durchaus möglich, dass ein ehemals leitender Angestellter infolge seines Auslandseinsatzes diesen Status verliert (LAG München vom 13.04.2000, NZA-RR 2000, S. 425).

Fall:

Der Diplom-Physiker A war seit 1991 bei der X-GmbH in Bremen beschäftigt. Er hatte Prokura, zählte als obere Führungskraft zu den leitenden Angestellten und nahm als solcher ab 1991 an den Wahlen zum Sprecherausschuss teil. Ab 01.07.1995 war A als Geschäftsführer der schwedischen Tochtergesellschaft der X-GmbH in Malmö tätig, seine Prokura wurde im Innenverhältnis für gegenstandslos erklärt. Die X-GmbH hat die Geschäftsführungsbefugnisse des A in Schweden weitgehend eingeschränkt. Da A im Hinblick auf seine Tätigkeit in Schweden, und auf diese und nicht seine frühere Tätigkeit in Deutschland kommt es an, nicht als leitender Angestellter einzustufen ist, ist vor Ausspruch der Kündigung gemäß § 102 BetrVG der Betriebsrat (und nicht der Sprecherausschuss) anzuhören.

Das BetrVG findet auf solche Mitarbeiter Anwendung, die Betriebsangehörige eines dem BetrVG unterfallenden Betriebes sind. Bei im Ausland tätigen Arbeitnehmern sind 4 unterschiedliche Fallkonstellationen denkbar:

1. Der Arbeitnehmer wird im Inland eingestellt und im Voraus zeitlich begrenzt zur Arbeitsleistung ins Ausland entsandt, ohne auf längere Zeit in den ausländischen Betrieb eingegliedert zu sein.
2. Der Arbeitnehmer wird im Inland eingestellt und ständig in einen Auslandsbetrieb entsandt.
3. Der Arbeitnehmer wird im Inland eingestellt, ist ständig im Ausland tätig, ohne in einen bestimmten ausländischen Betrieb integriert zu sein.
4. Der Arbeitnehmer wird im Ausland eingestellt und im Auslandsbetrieb befristet oder unbefristet tätig.

Nach Auffassung des Bundesarbeitsgerichts findet das BetrVG auf ein Anstellungsverhältnis dann Anwendung, wenn zwei Voraussetzungen erfüllt sind: Der Arbeitnehmer muss zu dem Heimat-Betrieb (1) in einer rechtlichen und (2) einer tatsächlichen Verbindung stehen (vgl. BAG vom 07.12.1989, AP Nr. 27 zu Internationales Privatrecht Arbeitsrecht). Die rechtliche Verbindung ist in einem zwischen Mitarbeiter und Heimat-Betrieb bestehenden Anstellungsvertrag zu sehen, wobei es unschädlich ist, wenn der Anstellungsvertrag von den Parteien für die Dauer des Auslandseinsatzes als ruhend angesehen wird. Entscheidend ist vielmehr, dass das Anstellungsverhältnis mit dem Heimatland-Betrieb rechtlich nicht beendet wurde. Ob zwischen dem Mitarbeiter und dem Heimat-Betrieb eine tatsächliche Verbindung besteht, ist nach Auffassung des BAG (vgl. ebd.) anhand einer Reihe von einzelnen Gesichtspunkten in einer einzelfallbezogenen Abwägung zu entscheiden. Ein Kriterium ist hierbei die Dauer des Auslandsaufenthalts, ohne dass das BAG eine zeitliche Obergrenze festlegen will. Der Art und Weise der Eingliederung des Mitarbeiters in den ausländischen Betrieb kommt ebenso Bedeutung zu wie einem fortbestehenden Weisungsrecht des Heimatland-Betriebes und einem diesem zustehenden Rückrufsrecht.

Bezogen auf die oben skizzierten Fallbeispiele können in der Regel folgende Feststellungen getroffen werden: In Fall (1) bleibt der Mitarbeiter Angehöriger des inländischen Betriebes und unterliegt dem BetrVG. In Fall (2) geht die Bindung an den inländischen Betrieb durch die nicht befristete Tätigkeit im Ausland verloren und die Anwendbarkeit des BetrVG ist damit zu verneinen. Nach der Rechtsprechung des BAG kommt in Fall (3) die Anwendung des BetrVG in Betracht, falls der Arbeitnehmer nach wie vor dem Inlandsbetrieb zuzuordnen ist (ebd.). Auf sog. Ortskräfte wie im Fall (4) findet das BetrVG grundsätzlich keine Anwendung.

6.2.3 Beteiligung an der Betriebsratswahl

Ist ein im Ausland tätiger Mitarbeiter einem inländischen Betrieb zuzuordnen, zählt er mit, soweit es auf die Zahl betriebsangehöriger Mitarbeiter ankommt. Er kann den Betriebsrat mitwählen und sich für ein Betriebsratsamt zur Wahl stellen. Wird er in den Betriebsrat gewählt, so ist er während seiner Auslandstätigkeit an der Ausübung seines Amtes zeitweilig verhindert, sodass ein Ersatzmitglied seine Vertretung übernimmt.

6.2.4 Teilnahme an Betriebsversammlungen, Sprechstunden des Betriebsrats

Auch im Ausland tätige Arbeitnehmer sind, soweit sie dem inländischen Betrieb zuzuordnen sind, berechtigt, an den im inländischen Betrieb stattfindenden Betriebsversammlungen teilzunehmen. Hierbei sind sowohl Reisezeiten wie die Zeit der Teilnahme wie Arbeitszeit zu vergüten (§ 44 Abs. 1 Satz 2 BetrVG). Dem Arbeitgeber ist es allerdings nicht zuzumuten, dem Mitarbeiter die durch die Teilnahme entstehenden Fahrtkosten zu erstatten. Es ist strittig, ob es zulässig ist, unter Beteiligung des Betriebsrats für im Ausland tätige Arbeitnehmer Teilbetriebs- oder Abteilungsversammlungen abzuhalten.

Die Betreuung der im Ausland tätigen Arbeitnehmer kann eine Betriebsratstätigkeit im ausländischen Betrieb erforderlich machen. Falls sachlich erforderlich, kann der Betriebsrat die im Ausland beschäftigten Arbeitnehmer an ihrem Arbeitsplatz aufsuchen. In gleicher Weise dürfte die Einrichtung und Abhaltung von Sprechstunden am ausländischen Arbeitsort zulässig sein (Fitting, a.a.O., § 1 Rn. 30).

6.2.5 Mitbestimmung in personellen Angelegenheiten

Die Mitbestimmungsrechte des Betriebsrats in personellen Angelegenheiten kommen auch beim Auslandseinsatz von Mitarbeitern grundsätzlich in vollem Umfang zur Anwendung, soweit nach wie vor die rechtliche Einordnung in den alten Betrieb bejaht werden kann.

Der Betriebsrat hat bei der Versetzung des Mitarbeiters gemäß § 99 Abs 1 BetrVG mit zu entscheiden. Versetzung ist hier allerdings nicht im oben (s. 2.3) beschriebenen Sinne zu verstehen, sondern mit Versetzung ist gemäß § 95 Abs. 3 BetrVG die Zuweisung eines anderen Arbeitsbereichs zu verstehen, die voraussichtlich die Dauer von einem Monat überschreitet, oder die mit einer erheblichen Änderung der Umstände verbunden ist, unter denen die Arbeit zu leisten ist. In seiner Entscheidung vom 18.02.1986 (AP Nr. 33 zu § 99 BetrVG 1972) hat das BAG entschieden, dass eine Versetzung im Sinne von § 95 Abs. 3 BetrVG auch dann vorliegt, wenn dem Mitarbeiter lediglich ein anderer Arbeitsort zugewiesen wird, ohne dass sich seine Arbeitsaufgabe ändert oder er in eine andere organisatorische Einheit eingegliedert wird. Allerdings ist die Zuweisung eines anderen Arbeitsorts nur dann eine mitbestimmungspflichtige Versetzung, wenn der externe Einsatz die Dauer eines Monats überschreitet (ebd.). Nach den vorgenannten Grundsätzen ist von einer Versetzung im Sinne von § 95 Abs. 3 BetrVG selbst bei einer mehrmonatigen Dienstreise auszugehen (BAG vom 21.09.1999, AP Nr. 21 zu § 99 BetrVG 1972 Versetzung). Kürzere Dienstreisen können im Einzelfall mitbestimmungspflichtig sein, allerdings kann in der Notwendigkeit einer einmaligen Übernachtung kein Indiz für eine erhebliche Änderung der Umstände, unter denen die Arbeit zu leisten ist, gesehen werden (ebd.).

Externe Auslandseinsätze, die länger als einen Monat dauern, sind als Versetzung mitbestimmungspflichtig gemäß § 99 BetrVG und bedürfen der Zustimmung des Betriebsrats. Die Versetzung des Mitarbeiters kann sich auf die Delegation in einen ausländischen Betrieb beziehen, sie kann die Umsetzung eines Mitarbeiters innerhalb eines ausländischen Betriebes betreffen und sie kann den Rückruf und die Wiedereingliederung des Mitarbeiters im Heimat-Betrieb zum Gegenstand haben. Nach Auffassung des BAG lassen sich die Delegation ins Ausland und die Wiedereingliederung im Inland nur als einheitlicher Lebenssachverhalt verstehen, welcher als solcher einheitlich der Zustimmung des Betriebsrats bedarf (BAG vom 18.02.1986, a.a.O.).

Etwas anderes gilt gemäß § 95 Abs. 3 Satz 2 BetrVG für Arbeitnehmer, die nach der Eigenart ihres Arbeitsverhältnisses üblicherweise nicht ständig an einem bestimmten Arbeitsplatz beschäftigt werden. Dies ist dann der Fall, wenn der Arbeitsplatz des Mitarbeiters üblicherweise wechselt, wie dies beispielsweise bei Monteuren, Außendienstangestellten, Arbeitnehmern des Baugewerbes usw. üblich ist (BAG vom 21.09.1999, a.a.O.). Wechselt der Arbeitsplatz nur gelegentlich, liegt ein Ausnahmefall gemäß § 95 Abs. 3 Satz 2 BetrVG nicht vor.

Auch bei Einstellungen für ausländische Betriebe besteht ein Mitbestimmungsrecht nach § 99 Abs. 1 BetrVG, falls dem inländischen Arbeitgeber auch während des Auslandseinsatzes ein fortlaufendes Weisungsrecht zusteht (BAG vom 20.2.2001, AP Nr. 23 zu § 101 BetrVG 1972). Unerheblich ist in diesem Zusammenhang, ob der Mitarbeiter zu Beginn seiner Tätigkeit für Ausbildungs- oder sonstige Zwecke tatsächlich im inländischen Betrieb tätig war (Küttner/Kreitner, Personalhandbuch 2007, *Auslandstätigkeit*, Rz. 18).

Schließlich ist vor Ausspruch einer Kündigung gegenüber dem im Ausland beschäftigten Mitarbeiter der Betriebsrat gemäß § 102 Abs. 1 BetrVG anzuhören. Unterbleibt die Anhörung oder ist sie fehlerhaft, hat dies die Unwirksamkeit der Kündigung zur Folge.

6.2.6 Mitbestimmung in sozialen Angelegenheiten

Die Mitbestimmungsrechte nach § 87 Abs. 1 BetrVG gelten auch für Auslandsmitarbeiter, sofern und solange sie dem inländischen Betrieb zuzuordnen sind. Dabei kann sich eine Betriebsvereinbarung auch nur auf die Regelung von Angelegenheiten der Auslandsmitarbeiter beziehen (Boemke, „Ausstrahlungen“ des Betriebsverfassungsgesetzes ins Ausland, NZA 1992, S. 112). Das Mitbestimmungsrecht wird sich in aller Regel nicht auf Sachverhalte beziehen können, welche die Tätigkeit oder das Verhalten im ausländischen Betrieb betreffen. Insoweit fehlt es dem Betriebsrat an der Kompetenz, betriebliche Belange des Auslandsbetriebes mitbestimmen zu können.

Sind die im Ausland tätigen Mitarbeiter dort nicht in einen ausländischen Betrieb integriert, können Fragen der einzuhaltenden betrieblichen Ordnung oder zu beachtender Verhaltensregeln, Beginn und Ende der täglichen Arbeitszeit, Verteilung der Arbeitszeit auf die einzelnen Wochentage usw. auch Gegenstand von Betriebsvereinbarungen sein.

Fall:

Das Reiseunternehmen X-Tours beschäftigt weltweit mehr als 500 Reiseleiter in den unterschiedlichsten Ländern. Die Reiseleiter sind in ihrem jeweiligen Einsatzland nicht in einen dortigen Betrieb integriert. Das Unternehmen will nun seine Reiseleiter weltweit anweisen, während der Arbeitszeit weder Zigaretten, noch Zigarillos oder Zigarren oder ähnliches zu rauchen. Die Anordnung erfolgt richtigerweise über eine mit dem Betriebsrat gemäß § 87 Abs. 1 Nr. 7 BetrVG geschlossene Betriebsvereinbarung.

6.2.7 Mitbestimmung in wirtschaftlichen Angelegenheiten

Sofern in einem Inlandsbetrieb, dem ein im Ausland tätiger Mitarbeiter zuzuordnen ist, eine Betriebsänderung im Sinne von § 111 BetrVG geplant ist und es im Hinblick hierauf zum Abschluss eines Interessenausgleichs und Sozialplans kommt, wird auch der im Ausland tätige Mitarbeiter hiervon erfasst sein.

7. Geltung von Tarifverträgen

Tarifvertragliche Regelungen sind nach dem deutschen Tarifrecht dann anwendbar, wenn Arbeitgeber und Mitarbeiter jeweils tarifgebunden sind. Dies bedeutet, der Arbeitgeber ist entweder Mitglied in einer den Tarifvertrag schließenden Arbeitgebervereinigung oder er ist – wie im Falle eines Firmentarifvertrages – selbst Partei des Tarifvertrages. Demgegenüber ist der Arbeitnehmer Mitglied einer Gewerkschaft, welche ihrerseits den Tarifvertrag abgeschlossen hat. Als weitere Möglichkeit kommt in Betracht, dass der oder die Tarifverträge für allgemeinverbindlich erklärt wurden, denn dann gelten sie auch dann, wenn eine der Arbeitvertragsparteien nicht tarifgebunden ist. Schließlich kommt in Betracht, dass der zwischen den Parteien geschlossene Anstellungsvertrag die Geltung eines oder mehrerer Tarifverträge vorsieht.

Falls der Tarifvertrag selbst seinen Geltungsbereich auf Auslandssachverhalte erstreckt, findet dieser ungeachtet des im Einzelfall maßgeblichen Arbeitsvertragsstatuts Anwendung. So wurde zum Beispiel für die nicht entsandten deutschen Ortskräfte des Goethe-Instituts ein eigener Tarifvertrag geschlossen. Ein derartiger Tarifvertrag, dessen Zulässigkeit von den deutschen Arbeitsgerichten anerkannt ist (so BAG vom 11.09.1991, AP Nr. 29 zu Internationales Privatrecht Arbeitsrecht), kann allerdings durch zwingende Bestimmungen des jeweiligen Ortsrechts eingeschränkt werden.

Fall:

> Das Goethe-Institut hat sich in einem Haustarifvertrag verpflichtet, die bei den deutschen Zweigstellen im Ausland angestellten deutschen Auslandskräfte nach diesem Tarifvertrag zu vergüten. Da in Mexiko nach dortigem Recht keine Zweigstelle einer deutschen Einrichtung errichtet werden kann, hat das Goethe-Institut einen eingetragenen Verein nach mexikanischem Recht gegründet. Die deutschen Auslandskräfte sind beim Goethe-Institut angestellt und werden entsprechend dem Tarifvertrag vergütet, die mexikanischen Lehrkräfte sind bei dem mexikanischen Verein angestellt und werden entsprechend dem landesüblichen Gehaltsniveau vergütet. Nach Auffassung eines mexikanischen Gerichts verstößt diese Handhabung gegen mexikanisches Recht (Gleichbehandlungsgrundsatz). Das Goethe-Institut beschäftigt daraufhin auch die deutschen Auslandskräfte bei dem mexikanischen Verein und zahlt allen Lehrkräften eine Vergütung in ortsüblichem Umfang. In der Entscheidung der von der zuständigen Gewerkschaft angestrengten Klage stellt das BAG fest, dass das Goethe-Institut in diesem Fall nicht gezwungen werden kann, den Tarifvertrag in Mexiko umzusetzen. Der Tarifvertrag scheitert am in Mexiko geltenden Ortsrecht.

Der übliche, räumlich auf das Inland beschränkte Tarifvertrag kommt in der Regel dann zur Anwendung, wenn das Arbeitsverhältnis dem deutschen Recht unterliegt. Insoweit folgt das anwendbare Tarifvertragsrecht dem anwendbaren Arbeitsvertragsrecht. Handelt es sich um eine Versetzung, so bleibt es hinsichtlich des ruhenden Anstellungsvertrages oder des Zusatzvertrages mit dem Heimat-Arbeitgeber bei der Weitergeltung der bisher einschlägigen tarifvertraglichen Regelungen. Dagegen ist für den dem ausländischen Recht unterfallenden Vertrag mit der ausländischen Gesellschaft der deutsche Tarifvertrag ohne Bedeutung.

Handelt es sich um einen Fall der Delegation sind die tariflichen Regelungen auch weiterhin anzuwenden, da auf das Anstellungsverhältnis als Recht des gewöhnliches Arbeitsorts nach wie vor deutsches Recht anzuwenden ist.

8. Kündigung

8.1 Anwendung des deutschen Kündigungsschutzgesetzes (KSchG)

Das deutsche KSchG kommt im Falle einer Kündigung dann zur Anwendung, wenn für das Anstellungsverhältnis das deutsche Arbeitsvertragsstatut gilt. Sofern der im Ausland tätige Mitarbeiter nur vorübergehend im Ausland tätig ist, ist auf das Arbeitsverhältnis deutsches Recht anzuwenden und zwar entweder durch eine entsprechende Rechtswahl der Parteien oder in Anwendung von Art. 30 Abs. 2 EGBGB. Bei der Berechnung der Arbeitnehmeranzahl des § 23 KSchG kommt es auf die Größe des Inlandsbetriebes unter Berücksichtigung der nur vorübergehend im Ausland tätigen Mitarbeiter an, bei einer erforderlichen Sozialauswahl sind neben den im Ausland eingesetzten vergleichbaren Mitarbeitern auch die im Inlandsbetrieb vergleichbaren Positionen einzubeziehen.

Fall:

Die X-GmbH mit Sitz in München beschäftigt insgesamt 15 Lehrkräfte in Vollzeit, deren Aufgabe es ist, ausländischen Staatsangehörigen Sprachunterricht in der deutschen Sprache zu erteilen. Von diesen 15 Lehrkräften sind regelmäßig, jeweils zeitlich befristet, 5 Lehrkräfte in der in Wien befindlichen Niederlassung der X-GmbH tätig. Als die X-GmbH aufgrund der Streichung von öffentlichen Fördermitteln in Deutschland gezwungen ist, 3 Lehrkräfte betriebsbedingt zu kündigen, führt sie zutreffender Weise unter allen 15 Vollzeit-Lehrkräften eine Sozialauswahl durch.

8.2 Besonderer Kündigungsschutz

Die Anwendung des besonderen Kündigungsschutzes für Schwerbehinderte, Schwangere, Mütter und Eltern in der Elternzeit richtet sich nicht nach dem Arbeitsvertragsstatut. Entscheidend ist vielmehr, ob der Mitarbeiter oder die Mitarbeiterin dem inländischen Betrieb zuzuordnen ist und falls ja, sind die besonderen Kündigungsvoraussetzungen (zum Beispiel Einholung der vorherigen Zustimmung des Integrationsamtes nach § 85 SGB IX bei beabsichtigter Kündigung eines schwerbehinderten Mitarbeiters) zu beachten.

8.3 Kündigung der Delegation/Rückruf durch Heimat-Arbeitgeber

Es ist durchaus denkbar, dass der Arbeitgeber nicht das Arbeitsverhältnis insgesamt, sondern lediglich den Auslandseinsatz des Mitarbeiters beenden möchte.

Die Umsetzung dieses Vorhabens hängt grundsätzlich von der rechtlichen Struktur des Arbeitsverhältnisses mit Auslandseinsatz ab:

Enthält der zwischen den Parteien geschlossene „Entsendungsvertrag", sei es im Rahmen des Haupt-Anstellungsvertrages oder als gesonderte Vereinbarung, eine Rückrufklausel, so kann der Arbeitgeber hiervon Gebrauch machen. Allerdings hat er bei der Ausübung des Rückrufs auch die Interessen des Mitarbeiters zu berücksichtigen, er ist hierbei an die Grenzen billigen Ermessens (§ 315 Abs. 3 BGB) gebunden. Während der Betriebsrat vor Ausübung des Rückrufs nicht zu beteiligen ist, ist die Re-Integration des Mitarbeiters eine Versetzung, die gemäß § 99 BetrVG der Zustimmung des Betriebsrats bedarf. Erfolgt die Weiterbeschäftigung nach Rückruf nicht im ehemaligen Heimat-, sondern in einem anderen inländischen Betrieb des Arbeitgebers, ist gegebenenfalls der Betriebsrat des ehemaligen ebenso wie der Betriebsrat des künftigen Beschäftigungsbetriebes zu beteiligen.

Haben es die Parteien versäumt, dem Arbeitgeber eine einseitige Rückrufsmöglichkeit einzuräumen, kommt die isolierte Kündigung der Entsendungsvereinbarung in Betracht. Ist die Entsendung Teil des allgemeinen Anstellungsvertrages, so kann auch die (isolierte) Beendigung der Entsendung nur im Wege einer Änderungskündigung erfolgen: Dem Mitarbeiter wird angeboten, bei Beendigung des Auslandseinssatzes das Anstellungsverhältnis im inländischen Betrieb fortzusetzen. Für den Fall, dass der Mitarbeiter das Angebot nicht annimmt, kommt es zur Beendigung des gesamten Anstellungsverhältnisses. Vor Ausspruch der Änderungskündigung ist der Betriebsrat gemäß § 102 BetrVG anzuhören.

Ist der Auslandseinsatz in einem gesonderten Vertrag geregelt und soll dieser gekündigt werden, kann hierin ein Verstoß gegen das Verbot einer Teilkündigung gesehen werden. Nach ständiger Rechtsprechung des BAG ist die Kündigung nur einzelner Bestandteile eines Anstellungsvertrages unzulässig, unter anderem deshalb, weil hierdurch der Kündigungsschutz umgangen werden könnte (Reiter, Anwendbare Rechtsnormen bei der Kündigung ins Ausland entsandter Arbeitnehmer, NZA 2004, S. 10).

Die Teilkündigung stellt die einseitige Änderung von Arbeitsbedingungen dar und ist nach Auffassung des BAG nur dann gerechtfertigt, wenn sich das Gesamtvertragsverhältnis aus mehreren Teilverträgen zusammensetzt und diese Teilverträge selbst nach dem Gesamtbild des Vertrages jeweils für sich als nach dem Vertrag selbständig lösbar angesprochen sind und von vornherein eindeutig als selbständig lösbar aufgefasst werden müssen (BAG vom 14.11.1990, AP Nr. 25 zu § 611 BGB Arzt-Krankenhaus-Vertrag). Soweit Arbeitgeber und Arbeitnehmer im Zusammenhang mit dem Auslandseinsatz einen vom Haupt-Anstellungsvertrag getrennten und mit einer eigenständigen Kündigungsmöglichkeit versehenen Entsendungsvertrag geschlossen haben, wird man davon ausgehen können, dass die Kündigung des Entsendevertrages keine unzulässige Teilkündigung darstellt, da hierdurch lediglich der Auslandseinsatz beendet werden soll, ohne dass eine Störung des Ordnungs- und Äquivalenzgefüges des Haupt-Anstellungsvertrages zu befürchten wäre. Im Hinblick auf die Beteiligung der Arbeitnehmervertretung gelten die Ausführungen zum Rückruf entsprechend.

8.4 Kündigung der Versetzung durch ausländisches Unternehmen

8.4.1 Beendigung des ausländischen Anstellungsvertrages

Soweit mit der ausländischen Gesellschaft ein eigener Anstellungsvertrag geschlossen wird, ist auf diesen in aller Regel das entsprechende ausländische Recht anzuwenden. Insoweit richten sich auch die Voraussetzungen für eine wirksame Beendigung und Kündigung nach dem anwendbaren ausländischen Recht. Das ausländische Recht entscheidet über die einschlägige Kündigungsfrist, darüber, ob die Kündigung schriftlich zu erfolgen hat, ob eine (ausländische) Behörde in den Kündigungsvorgang einzuschalten ist, ob die Kündigung nur gegen Zahlung einer Abfindung erfolgen darf usw. Einigen sich die Parteien über eine einvernehmliche Beendigung im Wege eines Auflösungsvertrages, so haben sie gleichermaßen einschlägige Bestimmungen des ausländischen Rechts zu beachten.

Soweit das deutsche Arbeitgeberunternehmen und/oder eine deutsche Konzernmutter in die Begründung und Gestaltung des ausländischen Anstellungsvertrages direkt oder indirekt eingebunden ist, kann dies unter Umständen die Anwendung deutschen Rechts (auch) bei der Vertragsbeendigung zur Folge haben. So hat das BAG entschieden, dass ein Unternehmen, das unter Beibehaltung seines Weisungsrechts mit einem ausländischen Mitarbeiter eine Vereinbarung über dessen Einsatz bei einem ausländischen, konzernzugehörigen Unternehmen schließt, selbst Arbeitgeber ist und bei der Kündigung dieses Vertrages deutsches Recht zu beachten hat, auch wenn daneben zwischen dem Mitarbeiter und dem ausländischen Unternehmen ein eigener Anstellungsvertrag geschlossen wurde (BAG vom 21.01.1999, AP Nr. 9 zu § 1 KSchG 1969 Konzern).

8.4.2 Kündigung des ruhenden inländischen Anstellungsvertrages

Die Kündigung des ruhenden, nach Beendigung des ausländischen Anstellungsvertrages wieder auflebenden inländischen Anstellungsverhältnisses unterliegt dem deutschen Recht und damit auch dem deutschen Kündigungsschutzgesetz.

Vor einer Koppelung des inländischen mit dem ausländischen Anstellungsvertrag muss gewarnt werden. Zwar finden sich in der Praxis häufig Formulierungen, wonach die Beendigung des ausländischen Anstellungsvertrages generell gleichzeitig zur Beendigung des inländischen Anstellungsvertrages und umgekehrt führen soll. Derartige Vereinbarungen würden eine Umgehung des deutschen Kündigungsschutzgesetzes darstellen und sind deshalb in aller Regel unwirksam (vgl. Mauer, Personaleinsatz im Ausland, a.a.O., Rz. 407). Eine Ausnahme ist für den Fall einer außerordentlichen Kündigung aus wichtigem Grund gemäß § 626 Abs. 1 BGB anzunehmen. Wird der ausländische Anstellungsvertrag fristlos gekündigt, so dürfte die Kündigung bei einer entsprechenden vertraglichen Regelung auch auf den ruhenden inländischen Anstellungsvertrag durchschlagen.

Vor Ausspruch der Kündigung ist ein gegebenenfalls im Inlandsbetrieb vorhandener Betriebsrat oder Sprecherausschuss anzuhören. Gemäß § 623 BGB hat die Kündigung schriftlich zu erfolgen, das heißt, sie muss vom Kündigungsberechtigten unterzeichnet und im Original an den Mitarbeiter ausgehändigt werden.

Die Kündigung ist unwirksam, wenn sie nicht sozial gerechtfertigt ist. Gemäß § 1 Abs. 2 KSchG ist eine Kündigung dann sozial ungerechtfertigt, wenn sie nicht durch Gründe, die in der Person oder in dem Verhalten des Mitarbeiters liegen, oder durch dringende betriebliche Erfordernisse bedingt ist. Die Kündigungsgründe werden demnach in personen-, verhaltens- und betriebsbedingte Kündigungsgründe eingeteilt. Handelt es sich um eine sog. verhaltensbedingte Kündigung, so wird von den Arbeitsgerichten in aller Regel verlangt, dass gegenüber dem Mitarbeiter vor Ausspruch der Kündigung mindestens eine Abmahnung ausgesprochen wurde. Im Falle einer betriebsbedingten Kündigung hat der Arbeitgeber zum Beispiel darzulegen, dass der frühere Arbeitsplatz des Mitarbeiters weggefallen ist. Darüber hinaus hat er unter vergleichbaren Mitarbeitern eine Sozialauswahl durchzuführen und nachzuweisen, dass es für den Mitarbeiter im Heimatland-Betrieb oder in einem anderen Betrieb des Arbeitgebers keinen geeigneten freien Arbeitsplatz gibt.

9. Nachvertragliches Wettbewerbsverbot

9.1 Grundsätze gemäß §§ 74 ff. HGB

Grundsätzlich ist ein Mitarbeiter nach Beendigung eines Anstellungsverhältnisses frei, das beim alten Arbeitgeber erworbene Know-how künftig im Rahmen einer Tätigkeit für einen mit dem alten Arbeitgeber in Wettbewerb stehenden neuen Arbeitgeber einzusetzen. Der Mitarbeiter darf hierbei auch planmäßig und gezielt Kunden seines früheren Arbeitgebers abwerben. Nur in sehr extremen Fällen wird man von einem verbotenen unlauteren Wettbewerb ausgehen können, so z.B. wenn der Mitarbeiter mit dem Ziel handelt, seinem früheren Arbeitgeber durch die gezielte Kundenabwerbung die wirtschaftliche Existenzgrundlage zu entziehen (vgl. BGH vom 06.11.1963, NJW 1964, S. 351).

Will der Arbeitgeber die Kundenabwerbung oder auch eine sonstige Wettbewerbstätigkeit des ausscheidenden Mitarbeiters verhindern, so muss er mit dem Mitarbeiter ein entsprechendes nachvertragliches Wettbewerbsverbot vereinbaren, dessen Wirksamkeit nach deutschem Recht gemäß §§ 74 ff. HGB zwingend von der Einhaltung unter anderem folgender Voraussetzungen abhängt:

- Die Geltungsdauer des Wettbewerbsverbots darf höchstens zwei Jahre betragen;
- Der Arbeitgeber hat dem Mitarbeiter eine Karenzentschädigung zu versprechen, deren Höhe mindestens der Hälfte der vom Mitarbeiter zuletzt bezogenen vertragsmäßigen Leistungen entspricht;
- Die Vereinbarung muss schriftlich erfolgen;
- Das nachvertragliche Wettbewerbsverbot muss einem berechtigten betrieblichen Interesse des Arbeitgebers dienen und darf das berufliche Fortkommen des Mitarbeiters nicht unbillig erschweren.

9.2 Ausschluss der Anwendung der §§ 74 ff. HGB durch Wahl eines ausländischen Rechts

Wie schon dargelegt, steht es den Beteiligten grundsätzlich frei, für das Anstellungsverhältnis oder die Auslandsentsendung die Anwendung ausländischen Rechts zu vereinbaren (Art. 27 EGBGB). Bleibt der Schwerpunkt des Arbeitsverhältnisses allerdings im Inland, zum Beispiel weil der Auslandseinsatz befristet ist, so bleiben trotz Rechtswahl die zwingenden Bestimmungen des deutschen Rechts zugunsten des Mitarbeiters wirksam (Art. 30 Abs. 1 EGBGB), soweit der durch sie gewährte Schutz umfangreicher ist als der durch das ausländische Recht gewährte. Daraus folgt, dass die Wirksamkeit des nachvertraglichen Wettbewerbsverbots von der Einhaltung der eingangs beschriebenen Voraussetzungen, insbesondere von der Zusage einer Karenzentschädigung abhängig ist.

Aber auch dann, wenn Art. 30 EGBGB der getroffenen Rechtswahl nicht entgegensteht, kann die Anwendung der Bestimmungen der §§ 74 ff. HGB, insbesondere die Verpflichtung zur Zahlung einer Karenzentschädigung, nicht in jedem Fall ausgeschlossen werden.

In Betracht kommt, dass die §§ 74 ff. HGB zu den Eingriffsnormen zählen, die gemäß Art. 34 EGBGB der Disposition der Arbeitsvertragsparteien entzogen sind. Hiergegen spricht, dass die Regelungen der §§ 74 ff. HGB nur nachrangig den Interessen der Allgemeinheit dienen und auch der verfassungsrechtliche Bezug zum Beispiel zu Art. 12 GG (Berufsfreiheit) oder Art. 2 Abs. 1 GG (allgemeine Handlungsfreiheit) nicht sehr eng ist (vgl. Bauer/Diller, Wettbewerbsverbote, 4. Aufl., S. 36). Schließlich ist ein nach ausländischem Recht geregeltes nachvertragliches Wettbewerbsverbot am Maßstab des sog. ordre public (Art. 6 EGBGB) zu prüfen. Allerdings wird nach herrschender Meinung in der Tatsache, dass eine Wettbewerbsabrede keine Karenzentschädigung für den Mitarbeiter vorsieht, kein Verstoß gegen Art. 6 EGBGB gesehen, insbesondere deshalb, weil der Bezug zwischen fehlender finanzieller Entschädigung und dem Grundrecht auf Berufsfreiheit nicht als eng angesehen wird (Bauer/Diller, a.a.O. m.w.N.).

9.3 Teilrechtswahl

Fraglich ist, ob eine arbeitsrechtliche Teilrechtswahl für ein nachvertragliches Wettbewerbsverbot zulässig ist. Hierzu liegt bislang eine höchstrichterliche Entscheidung nicht vor, die arbeitsrechtliche Literaturmeinung ist uneinheitlich. Selbst wenn man eine diesbezügliche Zulässigkeit bejaht, so ist auch in diesem Fall Art. 30 EGBGB zu beachten. Soweit der Schwerpunkt des Anstellungsverhältnisses nach wie vor in Deutschland liegt, wird die Anwendung ausländischen Rechts unzulässig sein, soweit dessen Schutzumfang hinter demjenigen der §§ 74 ff. HGB zurückbleibt.

10. Umzugskosten/Rückumzugskosten

Bereits im Jahr 1973 hat das BAG (BAG vom 21.03.1973, AP Nr. 4 zu § 44 BAT) entschieden, dass der Arbeitgeber dem Mitarbeiter die mit einem Umzug (und Rückumzug) verbundenen Kosten in entsprechender Anwendung von § 670 BGB zu ersetzen hat, wenn der Umzug auf Veranlassung des Arbeitgebers infolge einer Versetzung aus dienstlichen Gründen erfolgt.

Auch auf eine einvernehmlich zwischen Mitarbeiter und Arbeitgeber vereinbarte Entsendung ist diese Rechtsprechung in der Regel anwendbar, falls die Entsendung im betrieblichen Interesse des Arbeitgebers erfolgt, was zumeist der Fall sein dürfte.

Es ist unbestritten, dass die Arbeitsvertragsparteien durch vertragliche Vereinbarung von der beschriebenen Kostentragungsregel abweichen können (vgl. BAG vom 26.7.1995, AP Nr. 7 zu § 157 BGB). Es ist deshalb durchaus üblich, dass der Entsendungsvertrag Regelungen darüber enthält, ob und in welcher Höhe der Arbeitgeber hier anfallende Kosten übernimmt. Dies umfasst auch die Art der Kosten, zum Beispiel ob neben den reinen Umzugskosten auch Maklerkosten, Inseratskosten, Einlagerung von Möbeln, Renovierungskosten usw. übernommen werden.

Will der Arbeitgeber seine Zahlungsverpflichtung reduzieren und soll insoweit der Mitarbeiter entweder diese Kosten ganz oder teilweise selbst übernehmen oder dem Arbeitgeber zurückerstatten müssen, so sind die von der arbeitsgerichtlichen Rechtsprechung gesetzten Grenzen zu beachten.

Derartige Regelungen dürften grundsätzlich nur für den Fall zulässig sein, dass die Entsendung entweder vom Mitarbeiter selbst durch Kündigung beendet wird oder dass die Beendigung auf Gründen beruht, die der Mitarbeiter zu vertreten hat. Hat dagegen der Arbeitgeber die Vertragsbeendigung zu vertreten, zum Beispiel weil er entschieden hat, seine Auslandsaktivität einzustellen oder sie in einer Weise auszugestalten, dass ein Einsatz des Mitarbeiters nicht mehr sinnvoll oder erforderlich ist, so darf dies für den Mitarbeiter nicht zu einer zusätzlichen finanziellen Belastung führen, indem er (Rück-)Umzugskosten zu übernehmen hätte.

Fall:

Der Elektroingenieur A war seit 01.01.1996 für eine Bundesbehörde in Kiel tätig. Die Anstellung richtete sich nach BAT, der eine Regelung enthielt, wonach A von der Behörde erstattete Umzugskosten zurückzuzahlen hat, falls er die Beendigung des Anstellungsverhältnisses vor Ablauf von zwei Jahren seit dem letzten Umzug zu vertreten hat. Zum 01.07.1996 wurde A nach Paris versetzt, wohin er bereits im Mai 1996 mit seiner Familie umgezogen war. Zum 01.02.1998 wurde A nach Wilhemshaven versetzt, er kündigte das Anstellungsverhältnis zum 30.06.1998. A hatte entgegen der BAT-Regelung die Umzugskosten nicht an die Behörde zurückzuerstatten, da es die Arbeitgeberin war, die ihn versetzt und damit die Umzugskosten verursacht hat. Die entsprechende tarifliche Bestimmung ist unwirksam, da sie eine unzulässige Kündigungserschwerung darstellt und damit das Grundrecht des Art. 12 GG auf freie Wahl des Arbeitsplatzes verletzt.

Aber auch dann, wenn die Beendigung der Entsendung entweder auf einer Eigenkündigung des Mitarbeiters beruht oder wenn der Mitarbeiter die zur Beendigung der Entsendung führenden Gründe zu vertreten hat, darf die damit verbundene Belastung des Mitarbeiters mit Aufwendungen nicht zu einer unzulässigen Kündigungserschwerung führen und damit dessen Grundrecht auf freie Wahl des Arbeitsplatzes nach Art. 12 GG beeinträchtigen. Nach der Rechtsprechung muss die Belastung dem Mitarbeiter nach Treu und Glauben zumutbar sein. Dabei kommt es insbesondere auf die Dauer der Bindung, die vom Arbeitgeber getätigten Aufwendungen im Zusammenhang mit der Entsendung und die Höhe der vom Mitarbeiter zu tragenden Aufwendungen an. Unter Heranziehung der Rechtslage bei der Vereinbarung von Rückzahlungsverpflichtungen für Ausbildungskosten (vgl. BAG vom 24.07.1991, NZA 1992, S. 211) wird es für zulässig erachtet, wenn der Mitarbeiter innerhalb eines Bindungszeitraums von drei Jahren (BAG vom 24.02.1975, AP Nr. 50 zu Art. 12 GG) zu einer Kostentragung verpflichtet ist, vorausgesetzt, die Rückzahlung ist dem Mitarbeiter zumutbar. Eine solche Zumutbarkeit hat das BAG regelmäßig für den Fall anerkannt, dass die Umzugskosten nicht mehr als ein Monatsgehalt ausmachten und die Entsendung auch im Interesse des Mitarbeiters lag.

11. Betriebliche Altersversorgung

Bei Auslandseinsätzen bedarf die vertragliche Ausgestaltung von Zusagen auf betriebliche Altersversorgung besonderer Aufmerksamkeit.

11.1 Weitergeltung der im Inland gewährten Versorgungszusage

11.1.1 Auslandseinsatz bei engerer Verbindung zum Inland ohne Rechtswahl

Treffen die Parteien keine Rechtswahl, findet auf das Arbeitsverhältnis deutsches Recht gemäß Art. 30 Abs. 2 Nr. 1 EGBGB Anwendung, falls der Auslandseinsatz vorübergehend ist. Weist das Arbeitsverhältnis des Mitarbeiters eine engere Verbindung zum Inland als zum Einsatzland auf, so unterliegt das Arbeitsverhältnis ebenfalls deutschem Recht, Art. 30 Abs. 2 Nr. 2 EGBGB. Als weitere Folge wird die Versorgungszusage während des Auslandseinsatzes uneingeschränkt fortgeführt. Sie unterliegt in vollem Umfang dem sachlichen und persönlichen Geltungsbereich des Betriebsrentengesetzes (BetrAVG).

Besonderheiten ergeben sich möglicherweise bei der Versetzung eines Mitarbeiters innerhalb eines Konzerns. Das Bundesarbeitsgericht hat in zwei Entscheidungen aus den Jahren 1985 und 1988 (BAG vom 06.08.1985, AP Nr. 24 zu § 7 BetrAVG und vom 25.10.1988, AP Nr. 46 zu § 7 BetrAVG), allerdings ohne Berücksichtigung des damals noch nicht in Kraft befindlichen Art. 30 EGBGB, die inländische Konzernmutter als Arbeitgeberin und Versorgungsschuldnerin angesehen, sodass der Auslandseinsatz an der Anwendung deutschen Rechts und der Fortführung der Versorgungszusage nichts geändert habe.

Die Fortführung einer Versorgungszusage zieht die Notwendigkeit nach sich, im Entsendungsvertrag spezielle entsprechende Bestimmungen vorzusehen: So zum Beispiel ist zu regeln, ob die Zeit des Auslandseinsatzes bei der Berechnung der vom Arbeitgeber versprochenen Betriebsrente mit berücksichtigt werden soll oder nicht. Dies steht in engem Zusammenhang mit der Frage, ob Leistungen eines ausländischen Versorgungssystems auf Leistungen der in Deutschland gegebenen Zusage anzurechnen sind.

In gleicher Weise besteht Regelungsbedarf im Hinblick darauf, ob Leistungen im Zusammenhang mit dem Auslandseinsatz auf die Höhe der betrieblichen Altersversorgung Einfluss nehmen.

Wird das inländische Arbeitsverhältnis auch während des Auslandseinsatzes fortgeführt, so werden Zeiten der Betriebszugehörigkeit und Zusagedauer fortgeschrieben, die Unverfallbarkeitsfristen des § 1b BetrAVG sind unter Einbeziehung des Auslandseinsatzes zu ermitteln ebenso wie die Höhe der unverfallbaren Anwartschaften.

Die Weitergeltung des BetrAVG führt auch zur Anwendung der Abfindungseinschränkung nach § 3 BetrAVG und der Einschränkung des Wechsels des Versorgungsträgers gemäß § 4 BetrAVG bei Beendigung des Arbeitsverhältnisses.

Eine vertraglich vorgesehene Verrechnung ausländischer mit inländischen Versorgungsleistungen hat die Grenzen von § 5 BetrAVG zu beachten: Die Anrechnung setzt voraus, dass die Versorgungsleistungen auf Pflichtbeiträgen zur gesetzlichen Rentenversicherung oder mindestens zur Hälfte auf Beiträgen oder Zuschüssen des Arbeitgebers beruhen (§ 5 Abs. 2 BetrAVG).

§ 6 BetrAVG sieht die vorzeitige Inanspruchnahme von Betriebsrenten vor, soweit die deutsche gesetzliche Rentenversicherung vorzeitige Leistungen gewährt. Ein entsprechender Anspruch ist allerdings zu verneinen, falls eine ausländische Rentenversicherung vorgezogene Rentenzahlungen gewährt.

Von größter Bedeutung ist die Frage, ob Versorgungsleistungen gemäß §§ 7 ff. BetrAVG durch den Pensionssicherungsverein aG (PSV) insolvenzgesichert sind, soweit sie während eines Auslandseinsatzes erdient wurden.

Der PSV hat die Voraussetzungen des Insolvenzschutzes bei inländischen Arbeitsverhältnissen mit Auslandsbeziehung in seinem Merkblatt 300/M 7 (Stand 1.05) näher beschrieben. Danach sind Versorgungsleistungen durch den PSV insolvenzgeschützt, wenn

- der Arbeitgeber, der die Pensionszusage erteilt hat, seinen Sitz in Deutschland oder in Luxemburg hat und
- der Schwerpunkt des Arbeitsverhältnisses im Einsatz für den Arbeitgeber mit Sitz in Deutschland oder Luxemburg liegt.

Die zweitgenannte Voraussetzung ist dann anzunehmen, wenn der Arbeitnehmer zwar zeitweise oder ständig im Ausland tätig ist, der Auslandseinsatz aber der vertragliche Inhalt der arbeitsrechtlichen Verpflichtungen gegenüber dem deutschen Arbeitgeber ist. Ob die Arbeitsleistung im In- oder Ausland erbracht wird, ist unerheblich ebenso wie das Vorhandensein einer inländischen Vorlaufzeit des Arbeitsverhältnisses.

Auch wenn der Mitarbeiter befristet durch separaten Arbeitsvertrag in ein ausländisches Unternehmen eingegliedert wurde, bleibt es beim Schwerpunkt des inländischen Arbeitsverhältnisses, wenn das Arbeitsverhältnis mit dem inländischen Arbeitgeber zwar ruht, gleichzeitig aber in der Entsendungsvereinbarung festgelegt ist, dass die Versorgungszusage fortgeführt wird und die Beschäftigungszeiten bei dem ausländischen Arbeitgeber auf die Betriebszugehörigkeit im Inland angerechnet werden. Von einem ruhenden Arbeitsverhältnis ist nach Auffassung des PSV dann auszugehen, wenn die Entsendung von vorneherein entweder zeitlich oder durch die Erfüllung eines Zwecks befristet ist.

Wird der Mitarbeiter ins Ausland versetzt, das heißt, wird ihm auf unbestimmte Dauer ein anderer Arbeitsplatz im Ausland zugewiesen, so kann nicht mehr davon ausgegangen werden, dass das Arbeitsverhältnis weiterhin seinen Schwerpunkt in Deutschland hat. Der Insolvenzschutz entfällt. Etwas anderes gilt auch dann nicht, wenn sich der bisherige Arbeitgeber unter Aufrechterhaltung der Versorgungszusage verpflichtet, den Mitarbeiter nach Beendigung des Arbeitsverhältnisses mit dem ausländischen Arbeitgeber wieder einzustellen.

Der Insolvenzschutz kann, falls die oben genannten Voraussetzungen nicht erfüllt sind, nicht durch eine entsprechende Vereinbarung zwischen den Parteien oder eine vom tatsächlich anzuwendenden Recht abweichende Rechtswahl zugunsten deutschen Rechts herbeigeführt werden. Der Insolvenzschutz kann auch nicht erkauft werden. Selbst wenn Beiträge an den PSV entrichtet werden, ist, wenn die Versorgungszusage nicht dem deutschen Recht und damit nicht dem BetrAVG unterfällt, kein Insolvenzschutz gegeben.

Fall:

Der Dipl.-Kfm. A ist seit Januar 1994 bei der X-GmbH in Frankfurt tätig. Die X-GmbH hat ihm im Wege einer Direktzusage eine Betriebsrente versprochen. Ab September 1996 wird A zeitlich unbefristet zu der französischen Schwestergesellschaft der X-GmbH, der Y-S.a.r.l. in Lyon abgeordnet. Ab dem 01.09.1996 lebt A mit seiner Familie in Lyon. Im Entsendungsvertrag bestätigt die X-GmbH ihre Rentenzusage gegenüber A. und es wird vereinbart, dass nach wie vor deutsches Recht zur Anwendung kommen soll. Am 15.01.2005 wird A 65 Jahre alt und bezieht gesetzliche Altersrente sowie von der X-GmbH eine Betriebsrente. Am 28.08.2005 wird über das Vermögen der X-GmbH das Insolvenzverfahren eröffnet. Der PSV leistet keine Rentenzahlung an A, da die ihm erteilte Rentenzusage lediglich vom Januar 1994 bis August 1996, also nur ein Jahr und acht Monate, von Gesetzes wegen in den Anwendungsbereich des BetrAVG fiel und dem A damit keine gesetzlich unverfallbare Anwartschaft zusteht, für welche der PSV einstehen müsste.

11.1.2 Rechtswahl und Günstigkeitsvergleich

Kommt es im Zusammenhang mit dem Auslandseinsatz eines Mitarbeiters zum Beispiel in einer Entsendungsvereinbarung zu einer Rechtswahl, so kommen folgende Fallgestaltungen in Betracht:

1. Die Parteien vereinbaren die Anwendbarkeit des deutschen Rechts, deutsches Recht käme auch nach Art. 30 Abs. 2 EGBGB zur Anwendung.
2. Die Parteien wählen deutsches Recht, objektiv wäre aber ausländisches Recht anzuwenden.
3. Die Parteien wollen, dass ausländisches Recht zur Anwendung kommt, und dieses ausländische Recht wäre auch nach objektiven Kriterien gemäß Art. 30 Abs. 2 EGBGB anzuwenden.
4. Vereinbart wird ausländisches Recht, gemäß Art. 30 Abs. 2 EGBGB ist aber deutsches Recht maßgeblich.

Wie unter 5.2.2.2 ausgeführt, regelt Art. 30 Abs. 1 EGBGB den Fall, dass das von den Parteien gewählte Recht von demjenigen abweicht, welche mangels Rechtswahl gemäß Art. 30 Abs. 2 EGBGB zur Anwendung käme. Um sicherzustellen, dass die vereinbarte Rechtswahl nicht zur Umgehung zwingender Schutzvorschriften des objektiven Rechts führt, ist ein Günstigkeitsvergleich vorzunehmen. Zu einem Günstigkeitsvergleich kommt es nur dann, wenn gewähltes Recht und mangels Rechtswahl anzuwendendes Recht nicht übereinstimmen. Zu diesem Ergebnis kommt man in den oben beschriebenen Fällen (2) und (4).

Die Durchführung des Günstigkeitsvergleichs im Zusammenhang mit betrieblichen Versorgungszusagen stellt eine besondere Problemstellung dar. Soll der Vergleich auf den jeweiligen gesetzlichen Rahmen in seiner Gesamtheit oder nur auf einzelne Regelungen abstellen, je nach dem, ob sie im konkreten Fall von Bedeutung sind? Der Vergleich der jeweils existierenden Versorgungssysteme im Ganzen scheitert an der Gestaltungsvielfalt, die im Ausland bei Betriebsrentensystemen vorzufinden ist (vgl. Höfer, a.a.O., Rz. 1384). Als Alternative käme in Betracht, jeweils die einzelne Regelung (zum Beispiel zur Unverfallbarkeit) zu vergleichen. Dies birgt das Risiko, dass Änderungen im gesetzlichen oder tariflichen Bereich zu einer Veränderung des Prüfungsergebnisses führen könnten und nur schwer unter Kontrolle zu halten wären. Zudem wird hier außer Acht gelassen, dass der Einzelfall Teil eines unternehmens- oder konzerneinheitlichen Konzeptes ist, das sich einer reinen Einzelfallbetrachtung entzieht. Möglicherweise ist die Lösung in einer differenzierten Prüfung zu sehen: Wird die Rechtswahl nur in einem Einzelfall getroffen, ohne dass ersichtlich wäre, dass der Arbeitgeber hier eine unternehmenseinheitliches Konzept verfolgt, so sollte sich der Günstigkeitsvergleich auf den konkreten Fall und damit auf die angesprochenen Regelungen beziehen. Ist die Rechtswahl auf eine Vielzahl von Auslandssachverhalten gerichtet, so ist ein unternehmensbezogener Gruppenvergleich anzustellen (Höfer, a.a.O., Rz. 1387). Dabei festzustellende individuelle Härten sollten gleichwohl beachtet und gegebenenfalls individuell ausgeglichen werden.

12. Gerichtsstand

Da sich grenzüberschreitende Arbeitsverhältnisse häufig sowohl im Heimatland mindestens einer der Vertragsparteien als auch im Bestimmungsland abspielen, liegt es nahe, dieser Besonderheit auch bei den verfahrensrechtlichen Rahmenbedingungen des Arbeitsverhältnisses Rechnung zu tragen.

Dabei ist zu unterscheiden zwischen der Frage, welches Gericht an welchem Ort für einen eventuell zwischen den Arbeitsvertragsparteien entstehenden Rechtsstreit zuständig ist („Gerichtsstand“) oder zuständig sein soll und der Frage, welche Rechtsordnung dieses Gericht seiner Entscheidung zugrunde legt („Rechtswahl“).

12.1 Gerichtsstandsbestimmung nach deutschem Recht

In zahlreichen Anstellungs- und Entsendungsverträgen findet sich eine Bestimmung darüber, welches Gericht im Streitfall zuständig sein soll, obwohl die Zulässigkeit einer derartigen Gerichtsstandsvereinbarung erheblichen Einschränkungen unterliegt.

12.1.1 Zuständigkeit der Arbeitsgerichte

Da gemäß § 2 Abs. 1 Nr. 3 ArbGG die Arbeitsgerichte ausschließlich zuständig sind für bürgerliche Rechtsstreitigkeiten zwischen Arbeitnehmern und Arbeitgebern, kann hiervon durch eine vertragliche Vereinbarung zwischen Arbeitnehmer und Arbeitgeber nicht abgewichen werden. Die Arbeitsvertragsparteien können also nicht vertraglich regeln, dass die Zivilgerichte statt der Arbeitsgerichte zuständig sein sollen. Dies gilt auch für in Großbritannien und in den USA häufig übliche Schiedsgerichtsklauseln in Anstellungsverträgen. Gemäß § 101 ArbGG sind Schiedsabreden, welche durch andere als die Tarifvertragsparteien abgeschlossen werden, unwirksam. Interessanterweise sieht das BAG (Urteil vom 04.10.1974, AP Nr. 7 zu § 38 Internationale Zuständigkeit) in einer unwirksamen Schiedsgerichtsvereinbarung eine wirksame Vereinbarung dahingehend, dass das am Ort des gewählten Schiedsgerichts maßgebliche materielle Recht zur Anwendung kommen soll.

12.1.2 Allgemeine und besondere Gerichtsstände

Bei welchem Gericht im Streitfall Klage zu erheben ist, bestimmt sich grundsätzlich nach dem für den Rechtsstreit maßgeblichen allgemeinen oder besonderen Gerichtsstand (§ 12 ZPO).

Eine natürliche Person hat ihren allgemeinen Gerichtsstand am Ort des Wohnsitzes (§ 13 ZPO), eine juristische Person am Ort ihres (Verwaltungs-)Sitzes (§ 17 ZPO). Besteht das Anstellungsverhältnis mit einer (selbständigen) Niederlassung des Arbeitgeberunternehmens, kann der Arbeitnehmer auch Klage zu dem Arbeitsgericht erheben, an dessen Ort sich die Niederlassung befindet (§ 21 ZPO).

Erfüllt der Arbeitnehmer seine Arbeitsleistung nicht am Sitz des Arbeitgeberunternehmens oder an einer selbstständigen Niederlassung, kommt möglicherweise der besondere Gerichtsstand des Erfüllungsorts in Betracht (§ 29 Abs. 1 ZPO).

12.2 Gerichtsstandsvereinbarung nach deutschem Recht

Nach § 38 Abs.1 ZPO besteht für die positive Vereinbarung eines bestimmten Gerichts oder Gerichtsbezirks („Prorogation") ein grundsätzliches Verbot, soweit die Vertragsparteien nicht Kaufleute, juristische Personen des öffentlichen Rechts oder öffentlich-rechtliche Sondervermögen sind. Das Prorogationsverbot gilt somit auch für Anstellungsverhältnisse.

Ausnahmsweise zulässig ist eine Gerichtsstandsvereinbarung dann, wenn eine der Vertragsparteien keinen allgemeinen Gerichtsstand im Inland hat (§ 38 Abs. 2 ZPO). Hier ist jedoch zu beachten, dass für den Fall, dass die andere Partei in Deutschland einen allgemeinen Gerichtsstand hat, für das Inland nur das Gericht gewählt werden kann, das dem allgemeinen Gerichtsstand dieser Partei entspricht.

Fall:

Der zwischen der in Zürich ansässigen X-AG und der in München wohnhaften und tätigen Amerikanerin A geschlossene Anstellungsvertrag sieht vor, dass das Arbeitsgericht Konstanz für Rechtsstreitigkeiten aus dem Vertrag zuständig sein soll. Nachdem A das Anstellungsverhältnis gekündigt hat, wird sie von der X-GmbH im Hinblick auf ein nachvertragliches Wettbewerbsverbot vor dem Arbeitsgericht Konstanz verklagt. A wendet sich gegen die Zuständigkeit des Arbeitsgerichts Konstanz und dies zu Recht: Die grundsätzlich zulässige Gerichtsstandsvereinbarung scheitert daran, dass A zwar in München, aber nicht in in Konstanz einen allgemeinen Gerichtsstand hat.

Ist ein Rechtsstreit bereits entstanden, so sind die Parteien frei, die Zuständigkeit eines Gerichts zu vereinbaren (§ 38 Abs. 3 Nr. 1 ZPO). Gleiches trifft auf eine Vereinbarung zu, welche unter dem Vorbehalt steht, dass die im Klageweg in Anspruch zu nehmende Partei nach Vertragsschluss ihren Wohnsitz oder gewöhnlichen Aufenthalt aus Deutschland verlegt (§ 38 Abs. 3 Nr. 2 ZPO).

Eine Gerichtsstandsvereinbarung muss schriftlich abgeschlossen oder schriftlich bestätigt werden. Sie ist nur wirksam, wenn sie sich auf ein bestimmtes Rechtsverhältnis und die daraus entspringenden Rechtsstreitigkeiten bezieht (§ 40 Abs. 1 ZPO).

Gerichtsstandsvereinbarungen sollten nur nach sorgfältiger Prüfung des Einzelfalls in den Entsendungs- oder Anstellungsvertrag aufgenommen werden. In jedem Fall ist darauf zu achten, dass im Ergebnis nicht ein Gericht bei seiner Entscheidung fremdes Recht anwenden muss.

12.3 Gerichtsstandsbestimmung nach europäischem Recht (EuGVVO und EuGVÜ)

Die Verordnung (EG) Nr. 44/2001 des Rates über die gerichtliche Zuständigkeit und die Anerkennung und Vollstreckung von Entscheidungen in Zivil- und Handelssachen (nachfolgend „EuGVVO" – Europäische Gerichtsstands- und Vollstreckungsverordnung) ersetzt seit dem 01.03.2002 das Brüsseler EWG-Übereinkommen über die gerichtliche Zuständigkeit und die Vollstreckung gerichtlicher Entscheidungen (nachfolgend „EuGVÜ"). Die EuGVVO, die im Wesentlichen die Regelungen des EuGVÜ übernimmt, gilt in allen Mitgliedsstaaten der EU mit Ausnahme von Dänemark.

12.3.1 Persönlicher Anwendungsbereich

Nach dem EuGH (EuGH, vom 09.01.2000, NJW 2001, 501) ist der Anwendungsbereich des EuGVÜ (jetzt: Art. 23 EuGVVO) eröffnet, wenn mindestens eine der Vertragsparteien ihren Wohnsitz im Hoheitsgebiet eines Vertragsstaats (jetzt: Mitgliedsstaat der EU) hat und wenn die Gerichtsstandsvereinbarung die Gerichte eines Vertragsstaats als zuständig bezeichnet.

Eine weitere Einschränkung des Anwendungsbereichs (sog. Restriktionstheorie) zieht der EuGH nicht in Betracht. Demnach dürfte die EuGVVO auch bei reinen Inlandsfällen für Vereinbarungen über die internationale Zuständigkeit gelten (str.; vgl. Thomas/Putzo, ZPO, 27. Aufl. 2005, Art. 23 EuGVVO, Rn. 2). Dann gelten die Formvorschriften des Art. 23 EuGVVO und die Einschränkungen der Art. 18, 21 EuGVVO auch in diesen Fällen.

Fall:

Ein Arbeitgeber mit Sitz in München kann mit einem Arbeitnehmer mit Wohnsitz in München, wenn kein sonstiger Auslandsbezug besteht, nicht die internationale Zuständigkeit österreichischer Gerichte vereinbaren, weil Art. 21 EuGVVO entgegensteht. Es wäre aber zulässig, dem Arbeitnehmer wahlweise die Möglichkeit einer Klage gegen den Arbeitgeber auch in Österreich einzuräumen, soweit die Formvorschriften des Art. 23 EuGVVO beachtet werden.

Die Vorschriften der EuGVVO sind immer anwendbar, wenn eine der Parteien des Arbeitsvertrages ihren Wohnsitz oder Sitz in einem Mitgliedsstaat der EU hat, darüber hinaus auch dann, wenn der Arbeitgeber als Beklagter eine Niederlassung in einem Mitgliedsstaat der EU hat (Art. 18 Abs. 2 EuGVVO). Das bedeutet, dass zum Beispiel die EuGVVO immer neben der ZPO einschlägig ist, wenn ein deutscher Arbeitgeber einen Mitarbeiter ins Ausland entsendet.

Es ist zu bedenken, dass eine Partei unter Umständen bei entsprechendem Auslandsbezug vor einem außereuropäischen Gericht Klage erhebt. Dieses wird dann nicht die EuGVVO anwenden. Nach welchem Recht ein solches Gericht die Wirksamkeit einer Gerichtsstandsvereinbarung prüft, hängt von den nationalen Regeln des Internationalen Zivilen Prozessrechts (IZPR) dieses Staates ab. Um sicher zu gehen, müsste man also beim Abschluss einer Gerichtsstandsvereinbarung die Regeln über die Wirksamkeit von Gerichtsstandsvereinbarungen (inklusive IZPR) aller möglicherweise in Frage kommenden Gerichtsstaaten parallel prüfen.

Durch die EuGVVO entfällt innerhalb der EU diese Mehrfachprüfung, soweit die EuGVVO anwendbar ist.

12.3.2 Zeitlicher Anwendungsbereich

Liegen die Voraussetzungen für die Anwendung der EuGVVO im Zeitpunkt der Klageerhebung vor, so sind deren Regelungen anzuwenden. Dies gilt auch dann, wenn sie während des Rechtsstreits entfallen, z.B. weil der klagende Arbeitnehmer seinen Wohnsitz in einen Staat verlegt, welcher nicht Mitglied der EU ist.

12.3.3 Die internationale Zuständigkeit für individuelle Arbeitsverträge (Art. 18 – 21 EuGVVO)

Für individuelle Arbeitsverträge enthalten Art. 18 – 21 EuGVVO spezielle Vorschriften über die internationale Zuständigkeit. Dabei differenziert die EuGVVO zwischen Klagen des Arbeitnehmers gegen den Arbeitgeber einerseits (Art. 18, 19 EuGVVO) sowie Klagen des Arbeitgebers gegen den Arbeitnehmer (Art. 20 EuGVVO) andererseits.

Gemäß Art. 21 EuGVVO kann von diesen Vorschriften nur sehr eingeschränkt abgewichen werden.

12.3.4 Klage des Arbeitnehmers gegen den Arbeitgeber (Art. 18, 19 EuGVVO)

Hat der Arbeitgeber seinen (Wohn-)Sitz in einem Mitgliedstaat der EU, so gilt Art. 19 EuGVVO. Der Arbeitnehmer hat dann ein Wahlrecht. Er kann Klage erheben

1. in dem Mitgliedsstaat, in dem sich der (Wohn-)Sitz des Arbeitgebers befindet (Art. 19 Nr. 1 EuGVVO),

2. in dem Mitgliedsstaat des gewöhnlichen Arbeitsorts (Art. 19 Nr. 2 a EuGVVO) oder

3. in dem Mitgliedsstaat, in dem sich die Niederlassung befindet, die den Arbeitnehmer eingestellt hat, wenn er seine Arbeit gewöhnlich nicht in ein und demselben Mitgliedsstaat verrichtet (Art. 19 Nr. 2 b EuGVVO).

Hat der Arbeitgeber zwar keinen (Wohn-)Sitz in der EU, besitzt er aber eine Niederlassung in der EU, so gilt Art. 18 Abs. 2 EuGVVO. Demnach wird der Arbeitgeber für Streitigkeiten aus dem Betrieb der Niederlassung so behandelt, als ob er einen (Wohn-)Sitz in der EU hätte (sog. Wohnsitzfiktion). Art. 18 Abs. 2 EuGVVO erweitert also den Anwendungsbereich der EuGVVO partiell. Entgegen der Grundregel des Art. 4 EuGVVO ist die EuGVVO hier anwendbar, obwohl der Beklagte nicht seinen (Wohn-)Sitz in der EU hat. Folglich kann der Arbeitnehmer einen der Gerichtsstände des Art. 19 EuGVVO wählen. Hat der Arbeitgeber weder seinen (Wohn-)Sitz noch eine Niederlassung in der EU, so gelten die nationalen Vorschriften, vor deutschen Gerichten also die ZPO, insbesondere §§ 12, 13 ZPO und § 29 Abs. 1 ZPO.

12.3.5 Klage des Arbeitgebers gegen den Arbeitnehmer

Hat der Arbeitnehmer seinen Wohnsitz in der EU, kann er gemäß Art. 20 Abs. 1 EuGVVO nur in seinem Wohnsitzstaat verklagt werden.

Hat er seinen Wohnsitz außerhalb der EU, so gelten gemäß Art. 4 Abs. 1 EuGVVO die nationalen Vorschriften, vor deutschen Gerichten also die ZPO, also insbesondere §§ 12, 13, 29 Abs. 1 ZPO.

12.4 Internationale Gerichtsstandsvereinbarung im Arbeitsrecht

In der EuGVVO finden sich zwei wesentliche Vorschriften über Gerichtsstandsvereinbarungen im Arbeitsrecht: Die generelle Vorschrift des Art. 23 EuGVVO, die vor allem die Form regelt, und speziell für Arbeitssachen Art. 21 EuGVVO, der Gerichtsstandsvereinbarungen für arbeitsrechtliche Streitigkeiten weitgehend ausschließt.

Aus Art. 23 Abs. 1 S. 1 EuGVVO ergibt sich die grundsätzliche Zulässigkeit von Gerichtsstandsvereinbarungen, sowohl zwischen Kaufleuten als auch zwischen Privatpersonen (anders § 38 ZPO). Allerdings ergeben sich für arbeitsrechtliche Streitigkeiten erhebliche Einschränkungen in Bezug auf den möglichen Inhalt der Gerichtsstandsvereinbarung aus Art. 21 i. V. m. Art. 23 Abs. 5 EuGVVO. Demnach ist eine Abweichung von den Regelungen der Art. 18 – 20 EuGVVO nur möglich, wenn diese nach Entstehen der Streitigkeit erfolgt (Art. 21 Nr. 1 EuGVVO) oder wenn sie den Arbeitnehmer einseitig begünstigt (Art. 21 Nr. 2 EuGVVO).

Gemäß Art. 23 EuGVVO muss eine Gerichtsstandsvereinbarung mindestens eine der folgenden Formerfordernisse erfüllen:

- schriftlich (Art. 23 Abs. 1 S. 3 a, 1. Alt. EuGVVO); gemäß Art. 23 Abs 2 EuGVVO ist elektronische Übermittlung (z.B. E-mail, Telefax) ausreichend
- mündlich mit schriftlicher Bestätigung (Art. 23 Abs. 1 S. 3 a, 2. Alt. EuGVVO), d.h. auch konkludente Willenseinigung, die innerhalb einer angemessenen Frist von einer Partei einseitig schriftlich bestätigt wird (sog. Halbschriftlichkeit)
- Form, die den Gepflogenheiten zwischen den Parteien entspricht (Art. 23 Abs. 1 S. 3 b EuGVVO)
- Form, die einem internationalen Handelsbrauch entspricht (Art. 23 Abs. 1 S. 3 c EuGVVO).

Für die übrigen Wirksamkeitsvoraussetzungen enthält die EuGVVO keine Regelungen. Daher gilt subsidiär nationales Recht, d.h. das Recht des Gerichtsstaats (lex fori), vor deutschen Gerichten also deutsches Recht.

Da es sich bei der internationalen Gerichtsstandsvereinbarung um einen Vertrag mit Auslandsbezug handelt, gilt das deutsche Internationale Privatrecht (IPR – vgl. Thomas/Putzo, § 23 EuGVVO, Rn. 4), und somit Art. 27 ff. EGBGB (BGH vom 14.04.2005, NJW-RR 2005, S. 929). Demnach kann das anwendbare Recht von den Parteien durch Rechtswahl bestimmt werden (Art. 27 EGBGB). Liegt keine Rechtwahl vor, gilt gemäß Art. 28 Abs. 1 EGBGB das Recht des Staats, mit dem der Vertrag die engsten Verbindungen aufweist. Bei einer Gerichtsstandsvereinbarungen ist dies das Recht des Staates, das auf dasjenige Rechtsverhältnis anwendbar ist, welches der Rechtsstreitigkeit zu Grunde liegt (BGH vom 24.11.1988, NJW 1989, S. 1431), d.h. bei einer Gerichtsstandsvereinbarung im Arbeitsrecht im Regelfall das auf den Arbeitsvertrag anzuwendende Recht.

Literaturverzeichnis

BAUER/DILLER, Wettbewerbsverbote, 4. Aufl. 2006

BITTNER, Arbeitsrechtlicher Gleichbehandlungsgrundsatz und ausländisches Vertragsrecht, NZA 1993, 161

BOEMKE, „Ausstrahlungen" des Betriebsverfassungsgesetzes ins Ausland, NZA 1992, 112

DÄUBLER, Betriebsverfassung in globalisierter Wirtschaft, AiB 2000, 392

DIETERICH/MÜLLER-GLÖGE/PREIS/SCHAUB, Erfurter Kommentar zum Arbeitsrecht, 17. Aufl. 2007

DRIVER-POLKE/MELOT DE BEAUREGARD, Rechtswahl bei Aktienoptionsplänen und damit in Zusammenhang stehenden nachvertraglichen Wettbewerbsverboten, BB 2004, 23

FALDER, Geschäftsführer bei Auslandsgesellschaften – Geschäftsführer ausländischer Tochtergesellschaften – leitende Angestellte nach deutschem Arbeitsrecht?, NZA 2000, 868

FITTING/ENGELS/SCHMIDT/TREBINGER/LINSENMAIER, Betriebsverfassungsgesetz, 23. Aufl. 2006

GNANN/GERAUER, Arbeitsvertrag bei Auslandsentsendung, 2. Aufl. 2002

HEUSER/HEIDENREICH/FÖRSTER, Auslandsentsendung und Beschäftigung ausländischer Arbeitnehmer, 2. Aufl. 2003

HÖFER, Gesetz zur Verbesserung der betrieblichen Altersversorgung Kommentar Arbeitsrecht, Stand Juni 2006

KÜTTNER, Personalbuch 2007, 14. Aufl.

LINGEMANN/STEINAU-STEINRÜCK, Konzernversetzung und Kündigungsschutz, DB 1999, 2161

MAUER, Personaleinsatz im Ausland, 1. Aufl. 2003

MAYER, Betriebsverfassungs- und tarifrechtliche Fragen bei grenzüberschreitenden Personaleinsätzen, BB 1999, 842

PALANDT, Bürgerliches Gesetzbuch Kommentar, 66. Aufl. 2007

POHL, Grenzüberschreitender Einsatz von Personal und Führungskräften, NZA 1998, 735

REISERER, Allgemeiner Kündigungsschutz bei Arbeitsverhältnissen mit Auslandsbezug, NZA 1994, 673

REITER, Anwendbare Rechtsnormen bei der Kündigung ins Ausland entsandter Arbeitnehmer, NZA 2004, 1246

RICHARDI/WLOTZKE, Münchener Handbuch zum Arbeitsrecht, 2. Aufl.

SCHAUB, Arbeitsrechtshandbuch, 11. Aufl. 2005

SCHLACHTER, Grenzüberschreitende Arbeitsverhältnisse, NZA 2000, 57

SCHLIEMANN, Fürsorgepflicht und Haftung des Arbeitgebers beim Einsatz von Arbeitnehmern im Ausland, BB 2001, 1302

THÜSING, Rechtsfragen grenzüberschreitender Arbeitsverhältnisse – Grundlagen und Neuigkeiten im Internationalen Arbeitsrecht, NZA 2003, 1303

THÜSING, Günstigkeitsvergleich und Ausweichklausel in Art. 30 EGBGB, BB 2003, 898

THOMAS/PUTZO, ZPO, 27. Aufl. 2005

Teil III

Sozialversicherungsrechtliche Fragen

Armando Koziner

1. Einleitung

Im Sozialversicherungsrecht gibt es eine Vielzahl von nationalen sowie über- und zwischenstaatlichen Regelungen, die es bei Auslandseinsätzen zu berücksichtigen gilt. Insofern ist es nicht immer einfach, die richtige Entscheidung hinsichtlich der anzuwendenden Rechtsgrundlagen zu treffen.

Eine falsche Entscheidung hat für den betroffenen Mitarbeiter und das Unternehmen nicht nur Auswirkungen hinsichtlich der Höhe der zu entrichtenden Beiträge, sondern für den Mitarbeiter möglicherweise auch leistungsrechtliche Konsequenzen. Werden z.B. zu Unrecht Beiträge abgeführt, weil es hierfür keine Rechtsgrundlagen gibt, zahlt die zuständige Beitragseinzugsstelle die Beiträge zwar zurück (allerdings nur für die letzten 3 Jahre), verweigert aber auch die Zahlung entsprechender Leistungen, und zwar für den **gesamten Zeitraum**, für den – wissentlich oder unwissentlich – fehlerhaft Beiträge abgeführt wurden.

Dieses Kapitel soll dazu dienen, dass sich die Mitarbeiter in den Personalabteilungen, als auch diejenigen, die sich für einen Auslandseinsatz interessieren, im "Dickicht" der unterschiedlichen Regelungsmöglichkeiten, die das Sozialversicherungsrecht bietet, zurechtfinden. Es soll ebenso einfache Lösungen für die komplexe Materie anbieten.

2. Rechtsgrundlagen

Nach den Bestimmungen des deutschen Sozialgesetzbuches (§ 3 SGB IV) gelten für alle versicherungspflichtig beschäftigten Arbeitnehmer die deutschen Rechtsvorschriften über die Versicherungspflicht, soweit sie im Rahmen des Geltungsbereichs dieses Gesetzbuches beschäftigt sind. Hierbei handelt es sich um das sogenannte Territorialitätsprinzip, wonach ein Arbeitnehmer in dem Land sozialversichert ist, in dem er seine Beschäftigung ausübt.

Abweichend hiervon wird aber durch § 4 SGB IV die Weitergeltung des deutschen Sozialversicherungsrechtes auch dann ermöglicht, wenn ein Arbeitnehmer im Rahmen eines in Deutschland bestehenden Beschäftigungsverhältnisses ins Ausland entsandt wird (sogenannte **Ausstrahlung**).

Gleichzeitig ist in § 5 SGB IV geregelt, dass Arbeitnehmer, die ein Arbeitsverhältnis mit einer ausländischen Gesellschaft begründet haben, und die im Rahmen dieses Beschäftigungsverhältnisses nach Deutschland entsandt werden, nicht dem deutschen Sozialversicherungsrecht unterliegen (sogenannte **Einstrahlung**).

Allerdings ist in § 6 SGB IV festgelegt, dass eine Aus- bzw. Einstrahlung nur dann zur Anwendung kommt, wenn mit dem Staat, in den der Arbeitnehmer entsandt wird, kein **Sozialversicherungsabkommen** besteht. Dies gilt selbstverständlich auch für den Fall, dass ein Arbeitnehmer aus einem Staat, mit dem ein Sozialversicherungsabkommen besteht, nach Deutschland entsandt wird.

2.1 Ausstrahlung

Ausstrahlung bedeutet, dass Beschäftigungsverhältnisse auch dann nach den deutschen Rechtsvorschriften sozialversicherungspflichtig bleiben, wenn sie im Ausland ausgeübt werden. Voraussetzung hierfür ist jedoch, dass

a) der Arbeitnehmer im Rahmen eines in Deutschland bestehenden Beschäftigungsverhältnisses ins Ausland entsandt wird und

b) die Entsendung entweder durch die Eigenart der Beschäftigung (z. B. Projekte) oder aufgrund eines Vertrages im Voraus zeitlich befristet ist.

Fehlt es an nur einer dieser Voraussetzungen, können die Regelungen zur Ausstrahlung **nicht** angewendet werden. Dann bleibt auch die Sozialversicherung Kraft Gesetzes **nicht** bestehen.

2.2 Einstrahlung

Einstrahlung bedeutet, dass Beschäftigungsverhältnisse in Deutschland **nicht** sozialversicherungspflichtig sind, wenn

a) der Arbeitnehmer im Rahmen eines im Ausland bestehenden Beschäftigungsverhältnisses nach Deutschland entsandt wird und

b) die Entsendung entweder durch die Eigenart der Beschäftigung (z. B. Projekte) oder aufgrund eines Vertrages im Voraus zeitlich befristet ist.

Anmerkung: *Im Folgenden wird nicht näher auf die „Einstrahlung" eingegangen. Aufgrund der Kongruenz der gesetzlichen Vorschriften können jedoch die Ausführungen zur „Ausstrahlung" spiegelbildlich für etwaige „Einstrahlungsfälle" übernommen werden.*

2.3 Beschäftigungsverhältnisse im Inland

Die Beschäftigung muss für einen in Deutschland ansässigen Arbeitgeber im Ausland ausgeübt werden. Aus diesem Beschäftigungsverhältnis heraus erfolgt die Entsendung ins Ausland. Der Arbeitnehmer bleibt also organisatorisch in den Betrieb des inländischen Arbeitgebers eingegliedert. D.h. er unterliegt weiterhin dem Weisungsrecht des Arbeitgebers hinsichtlich Art, Ort und Zeit der Arbeit. Dass unter Umständen durch die Tätigkeiten im Ausland das Weisungsrecht des Arbeitgebers in eher lockerer Form bestehen bleibt, schadet dabei nicht. Schließlich muss der Entgeltanspruch des Arbeitnehmers gegen den inländischen Arbeitgeber fortbestehen.

Dabei kommt es auf die tatsächlichen Verhältnisse und nicht auf die Vertragsgestaltung an (Urteile des Bundessozialgerichts vom 07.11.1996 – 12 RK 79/94 sowie vom 01.07.1999 – B 12 KR 2/99 R)

Das wichtigste Indiz für ein inländisches Beschäftigungsverhältnis besteht in den weiterhin in der Lohn-/ Gehaltsbuchhaltung – wie für die Arbeitnehmer im Inland – abgerechneten Entgelte. Hierbei ist es unerheblich, falls z.B. wegen der Bestimmungen eines Doppelbesteuerungsabkommens keine Lohnsteuer abgeführt werden muss.

Vor dem Hintergrund der Rechtssprechung des Bundessozialgerichts (hier u.a. Urteile vom 17.11.1992 – 4 RA 15/91 und 07.11.1996 – 12 RK 79/94) sind diese Voraussetzungen gegeben, wenn während der Tätigkeit im Ausland das inländische Anstellungsverhältnis mit allen Rechten und Pflichten bestehen bleibt und hierzu lediglich **zusätzliche** Vereinbarungen für die Dauer der Tätigkeit im Ausland getroffen werden.

Von einem Beschäftigungsverhältnis im Inland kann **nicht** ausgegangen werden, wenn im Rahmen der Auslandstätigkeit das inländische Beschäftigungsverhältnis (Anstellungsvertrag) in seinen Hauptpflichten (Eingliederung, Entgeltanspruch) zum Ruhen gebracht wird.

Da in der deutschen Wirtschaft die unterschiedlichsten Vertragsgestaltungen bei Auslandstätigkeiten eingesetzt werden, ist die Prüfung, ob es sich tatsächlich um eine Beschäftigung im Inland handelt oder nicht, unter Umständen schwierig. Aus diesem Grund hat das Bundessozialgericht in dem vorstehend genannten Urteil vom 07.11.1996 festgelegt, dass eine derartige Prüfung nicht auf Basis der zwischen dem Mitarbeiter und dem Unternehmen getroffenen vertraglichen Vereinbarungen sondern unter Berücksichtigung der tatsächlichen Verhältnisse zu erfolgen hat. D.h. seitens der zuständigen Behörden wird in der Regel genauestens darauf geachtet, ob der in- oder der ausländische Arbeitgeber den Aufwand (insbesondere Gehalt und Nebenleistungen) für diese Auslandstätigkeit trägt und in welche der beiden Organisationen der Mitarbeiter eingegliedert ist.

Beispiel 1

Ein Mitarbeiter wird von seinem Arbeitgeber für 36 Monate nach Pakistan entsandt, um dort den Aufbau eines Call-Centers zu unterstützen. Die gesamten Bezüge des Mitarbeiters werden in der inländischen Lohnbuchhaltung ausgewiesen und ebenso wie für die übrigen Mitarbeiter des inländischen Unternehmens abgerechnet.

Lösung

Unabhängig davon, ob aufgrund des zwischen Deutschland und Pakistan bestehenden Doppelbesteuerungsabkommens der Mitarbeiter zur pakistanischen Lohnsteuer herangezogen wird und gegebenenfalls die Auszahlung der Bezüge teilweise oder ganz auf ein Konto in Pakistan erfolgt, handelt es sich hierbei eindeutig um ein Beschäftigungsverhältnis im Inland, sodass der inländische Arbeitgeber die Beiträge zur deutschen Sozialversicherung gemäß § 4 SGB IV ordnungsgemäß abführen kann.

Beispiel 2

Sollte jedoch von vorneherein oder gegebenenfalls zu einem späteren Zeitpunkt zwischen dem inländischen und dem ausländischen Unternehmen eine Kostenteilung vereinbart werden (z.B. 70 Prozent trägt der inländische Arbeitgeber und die restlichen 30 Prozent das pakistanische Unternehmen), ist das Indiz der inländischen Gehaltsabrechnung **nicht** mehr gegeben, sodass es sich **nicht** um eine Entsendung gemäß § 4 SGB IV handelt.

Wie vorstehend bereits ausgeführt gilt die Gehaltsabrechnung im Inland (exakter: der inländische Arbeitgeber trägt auch während des Auslandseinsatzes die Kosten) als wichtigstes Indiz für das Vorliegen eines Beschäftigungsverhältnisses im Inland. Andererseits handelt es sich dennoch nur um ein Indiz. Wird die Tätigkeit im Ausland bei einer rechtlich selbständigen Tochtergesellschaft oder Zweigniederlassung ausgeübt, so kann selbst bei einer inländischen Lohn- und Gehaltsabrechnung durch die zuständigen Behörden eine eingehende Prüfung der tatsächlichen Merkmale des Beschäftigungsverhältnisses erfolgen. Angesichts der praktischen Erfahrungen ist eine derartige Prüfung auch durchaus nachvollziehbar, da bei dieser Konstellation nicht ausgeschlossen werden kann, dass tatsächlich ein ausländischen Anstellungsverhältnis vorliegt, das eben nicht zur Ausstrahlung führt, da nicht alle Hauptpflichten (hier: Eingliederung) vom inländischen Arbeitgeber erfüllt werden.

Unter Berücksichtigung des vorstehend genannten Urteils des Bundessozialgerichts vom 07.11.1996 erfordert die Eingliederung in ein Unternehmen, dass die Arbeit für eben dieses Unternehmen erbracht und ebenso die Arbeitsleistung diesem Unternehmen wirtschaftlich zugerechnet wird. Hiermit wird demnach festgelegt, welcher wirtschaftlichen Einheit gegenüber die wesentliche Leistung aus dem Anstellungsvertrag erbracht wird.

Daraus folgt: falls der Mitarbeiter gegenüber dem ausländischen Unternehmen zur Arbeitsleistung verpflichtet ist, ist er demzufolge nicht mehr im inländischen Unternehmen eingegliedert. Dies gilt insbesondere für konzerngebundene Gesellschaften (selbst dann, wenn ein Anstellungsvertrag mit der inländischen Gesellschaft besteht – Vergleich hierzu auch: BSG vom 30.04.1997 – 12 RK 55/96).

Aufgrund der Rechtssprechung des Bundessozialgerichts ist davon auszugehen, dass bei einer faktischen Eingliederung des Mitarbeiters in das ausländische Unternehmen und einer Verbuchung der mit dieser Tätigkeit verbundenen Kosten (unabhängig davon, ob ganz oder teilweise) im Ausland keine Ausstrahlung mehr vorliegt. Dies gilt unabhängig davon, ob

- die Tätigkeit bei der ausländischen Gesellschaft auf Veranlassung, Wunsch oder mit Zustimmung des inländischen Arbeitgebers erfolgt ist;
- der Mitarbeiter als „Vertrauensperson" des inländischen Unternehmens beim ausländischen Arbeitgeber angesehen wird;
- die damit verbundenen Personalkosten zwischen den beiden Gesellschaften verrechnet werden;
- das ausländische Unternehmen von der inländischen Gesellschaft wirtschaftlich „beherrscht" wird;
- die Dauer der Tätigkeit im Ausland im voraus zeitlich befristet ist oder
- für den Mitarbeiter auch während der Tätigkeit im Ausland die Regelungen zur betrieblichen Altersvorsorge des inländischen Arbeitgebers gelten.

Beispiel 3

> Ein deutscher Arbeitnehmer wird in Singapur bei einer dort errichteten Arbeitsgemeinschaft für den Bau eines Flughafens eingestellt. Der deutsche Arbeitgeber des Beschäftigten gehört dieser Arbeitsgemeinschaft an. Das inländische Arbeitsverhältnis besteht **ohne** Entgeltzahlung fort.

Lösung

Da in Deutschland lediglich ein „ruhendes" Arbeitsverhältnis ohne Entgeltanspruch und somit kein sozialversicherungsrechtliches Beschäftigungsverhältnis besteht, ist die Zahlung von Sozialversicherungsbeiträgen in Deutschland für diesen Mitarbeiter **nicht** zulässig. Arbeitgeber ist in diesem Fall die Arbeitsgemeinschaft mit ihrem Sitz in Singapur. Dennoch abgeführte Beiträge werden von der zuständigen Beitragseinzugsstelle zurückgezahlt und der Mitarbeiter hat letztlich keinen Anspruch auf Leistungen aus der deutschen Sozialversicherung.

3. Begriff der Entsendung

Wie weiter oben bereits ausgeführt (s. Seite 150), gilt im Rahmen der sogenannten Ausstrahlung weiterhin deutsches Sozialversicherungsrecht, auch wenn der Arbeitnehmer seine Tätigkeit im Ausland ausübt. Im Sozialversicherungsrecht wird dies unter dem Begriff „Entsendung" erfasst. Um eine Entsendung handelt es sich, wenn sich der Arbeitnehmer auf Weisung seines inländischen Arbeitgebers vom Inland ins Ausland begibt, um dort seine Beschäftigung auszuüben. Dies gilt auch, wenn die Einstellung extra für diesen Auslandseinsatz erfolgt.

Eine Entsendung ist auch möglich, wenn vor dem Auslandseinsatz (noch) keine Beschäftigung ausgeübt wurde, z. B. bei Schülern, Studenten, Hausfrauen, Arbeitslosen.

Der Arbeitnehmer muss aber in jedem Fall zuvor entweder in Deutschland beschäftigt gewesen sein oder hier seinen Wohnsitz oder gewöhnlichen Aufenthaltsort gehabt haben.

Beispiel 4

Ein Arbeitnehmer, der zuvor bei einem anderen deutschen Unternehmen beschäftigt war, wird in Deutschland von einem hier ansässigen amerikanischen Unternehmen für ein befristetes Projekt in Brasilien eingestellt.

Lösung

Es handelt sich um eine Entsendung aus einem inländischen Arbeitsverhältnis heraus, da der Arbeitnehmer zuvor schon in Deutschland gearbeitet hat.

Keine Entsendung liegt vor, wenn der Arbeitnehmer im Ausland wohnt und von einem deutschen Unternehmen für seine Tätigkeit in diesem oder einem anderen Land eingestellt wird.

Beispiel 5

Ein deutscher Arbeitnehmer, der schon vor Jahren nach Amerika ausgewandert war, wird von einem in Deutschland ansässigen Unternehmen für ein Projekt in Mexiko eingestellt.

Lösung

Es handelt sich **nicht** um eine Entsendung, da der Arbeitnehmer unmittelbar vor der Aufnahme seiner Tätigkeit für den inländischen Arbeitgeber nicht in Deutschland gearbeitet oder gelebt hat. Er wird also nicht aus einem inländischen Beschäftigungsverhältnis heraus ins Ausland entsandt.

Beispiel 6

Ein inländisches Unternehmen stellt einen bisher in seinem Heimatland tätigen Belgier für ein Projekt in Ägypten ein.

Lösung

Es handelt es sich auch hierbei **nicht** um eine Entsendung, da der Arbeitnehmer nicht aus einem in Deutschland bestehenden Arbeitsverhältnis heraus ins Ausland entsandt wurde.

Das Bundessozialgericht hat in seiner Entscheidung vom 25.08.1994 (2 RU 14/93) ausgeführt, dass auch dann keine Entsendung vorliegt, wenn die Einstellung des Mitarbeiters mit dem Ziel erfolgt, ihn ausschließlich im Ausland einzusetzen.

Beispiel 7

Ein Hochschulabgänger wird von einem inländischen Arbeitgeber für den Zeitraum von 3 Jahren zum Ausbau der Vertriebsaktivitäten in Bolivien eingestellt. Die Gehaltsabrechnung wird im Inland durchgeführt und der deutsche Arbeitgeber trägt die gesamten mit dem Auslandseinsatz verbundenen Kosten. Nach Beendigung der Tätigkeit in Bolivien endet auch das Anstellungsverhältnis.

Lösung

Da die Einstellung ausschließlich mit dem Ziel erfolgt, den Arbeitnehmer im Ausland zu beschäftigen, ist eine Fortgeltung des deutschen Sozialversicherungsrechtes nach den Bestimmungen des § 4 SGB IV rechtlich nicht zulässig.

3.1 Zeitliche Begrenzung der Entsendung

Eine Beschäftigung im Ausland wird nur dann als Entsendung im Sinne der sozialversicherungsrechtlichen Vorschriften angesehen, wenn die Auslandstätigkeit im Voraus zeitlich befristet ist. Dies kann zum einen durch einen Vertrag oder zum anderen durch die Eigenart der Aufgabe geschehen. Die gesetzlichen Vorschriften sehen jedoch keine zeitlichen Begrenzungen vor, d.h. es kann sich dabei durchaus um einen mehrjährigen Auslandseinsatz handeln. Entscheidend ist vielmehr, dass eine tatsächliche Befristung vorliegt. Diese ist jedoch unbedingt erforderlich, da bei einer **dauerhaften Entsendung** davon ausgegangen werden kann, dass der Schwerpunkt der Tätigkeit des Arbeitnehmers nicht mehr im Inland liegt. Es muss zumindest zu Beginn der Tätigkeit gewährleistet sein, dass der Arbeitnehmer im Anschluss an seinen Auslandseinsatz im inländischen Unternehmen weiterbeschäftigt wird, ansonsten fehlt es an der Bindung zur deutschen Sozialversicherung.

Beispiel 8

Ein inländisches Unternehmen entsendet einen in Deutschland lebenden türkischen Ingenieur nach Malaysia, um dort ein Kraftwerk zu errichten. Die Gehaltskosten werden in der Lohn- und Gehaltsabrechnung in Deutschland ausgewiesen. Die Überweisung erfolgt jedoch auf ein Konto des Mitarbeiters in Malaysia.

Lösung

Es handelt sich um eine Entsendung, da die Beschäftigung in Malaysia durch die Aufgabe befristet ist und die Gehaltskosten in der Lohn- und Gehaltsabrechnung in Deutschland ausgewiesen werden. Die Tatsache, dass die genaue Dauer des Auslandseinsatzes zu Beginn noch nicht feststeht, ist dabei unerheblich, ebenso der Auszahlungsort der Bezüge.

Aus dem vertraglich vereinbarten Recht des Arbeitgebers, den Mitarbeiter jederzeit aus dem Ausland zurückzurufen und ihm eine neue Tätigkeit im Inland anzubieten, ergibt sich keine im Voraus bestehende zeitliche Begrenzung der Entsendung.

Grund: Zu Beginn des Auslandeinsatzes steht nicht fest, ob und gegebenenfalls wann der Arbeitgeber von seinem Rückrufrecht Gebrauch machen wird.

Auch das Erreichen der Altersgrenze für eine Altersrente stellt keine zulässige Befristung des Auslandeinsatzes im Voraus dar, da der Mitarbeiter aufgrund der bestehenden gesetzlichen Vorschriften den Bezug der Altersrente auf unbestimmte Zeit aufschieben kann.

Ebenso liegt bei Abschluss eines Arbeitsvertrags in dem **ausschließlich** Auslandseinsätze geplant sind oder falls aus der Art der Tätigkeit nur Auslandseinsätze in Frage kommen, keine zulässige zeitliche Befristung vor.

Die entsprechenden Voraussetzungen sind auch dann nicht gegeben, wenn ein befristeter Vertrag vorliegt, der sich – wenn er nicht von einer der Parteien vorzeitig gekündigt wird – automatisch um einen bestimmten Zeitraum verlängert (sogenannte Evergreen-Verträge).

Beispiel 9

Arbeitgeber X entsendet einen Mitarbeiter für 18 Monate nach Brasilien. Beide Parteien vereinbaren, dass sich dieser Auslandseinsatz nach Ablauf des 18 Monatszeitraumes um jeweils weitere 18 Monate verlängert, wenn nicht 6 Monate vor diesem Zeitpunkt eine Beendigung des Auslandseinsatzes vereinbart wird.

Lösung

Da hinsichtlich der Dauer der Entsendung keine konkrete Befristung vorliegt, unterliegt der Mitarbeiter vom Beginn des Auslandseinsatzes an **nicht** mehr Kraft Gesetzes der deutschen Sozialversicherung.

Beispiel 10

Die Firma S entsendet einen 58-jährigen Mitarbeiter nach Südafrika. Der Auslandseinsatz soll mit dem Zeitpunkt enden, zu dem der Mitarbeiter Altersrente aus der deutschen Rentenversicherung bezieht.

Lösung

Wie bereits vorstehend ausgeführt, hat der Mitarbeiter das Recht, den Beginn der Altersrente hinauszuschieben, sodass es sich **nicht** um eine zulässige Befristung im Sinne der deutschen Rechtsvorschriften handelt, mit der Folge, dass der Mitarbeiter mit Beginn des Auslandseinsatzes aus der deutschen Sozialversicherung „heraus fällt".

Eine rechtlich zulässige Befristung kann jedoch dadurch erreicht werden, dass das tatsächliche Datum, zu dem dieser Mitarbeiter die Regelaltersgrenze erreicht, als Beendigungstermin für den Auslandseinsatz im Vertrag festgeschrieben wird.

In diesem Zusammenhang ist darauf hinzuweisen, dass es für die Dauer einer rechtlich zulässigen Befristung keinerlei Höchstgrenzen gibt. Demnach kann prinzipiell jede Auslandstätigkeit zeitlich begrenzt sein, deren Endzeitpunkt kalendermäßig bestimmt oder bestimmbar ist oder sich aus der Beschäftigung bzw. dem Zweck der vereinbarten Leistung (also aus der Eigenart der Beschäftigung) ergibt. So kann es z.B. durchaus möglich sein, dass bei einer Projekt bezogenen Auslandstätigkeit (z.B. Bau eines Flughafens in Indonesien, Aufbau einer Erdölförderanlage in Kasachstan, Einführung von SAP bei einer ausländischen Tochtergesellschaft) der Mitarbeiter sich über mehrere Jahre im Ausland aufhält. Seitens der zuständigen Behörden wird aber nicht jeder Auslandseinsatz, für den ein konkreter Beendigungstermin festgelegt wurde, im Sinne der Bestimmungen des § 4 SGB IV als zulässig befristet angesehen. Insbesondere werden Fallgestaltungen, in denen (mit oder ohne zulässiger Verlängerung) ein relativ langer Zeitraum vereinbart wird, in der Regel genauestens geprüft. Hier wird vermutet, dass eine zeitliche Begrenzung nur deshalb vorgenommen wurde, um den Schutz der deutschen Sozialversicherung für diese Tätigkeit aufrecht zu erhalten. Dies wird auch vor dem Hintergrund angenommen, dass es nicht üblich ist, Zeitverträge über so lange Zeiträume abzuschließen. Die Erfahrung zeigt, dass von einer sorgfältigen Prüfung in jedem Fall ausgegangen werden kann, wenn die vereinbarte Dauer einen Zeitraum von mehr als **8 Jahren** umfasst. Der Grund ist darin zu sehen, dass es in der betrieblichen Praxis in der Regel unüblich ist, befristete Verträge über solange Zeiträume abzuschließen.

Weiterhin ist darauf zu achten, dass eine Befristung des Auslandseinsatzes nicht dadurch erreicht werden kann, dass im Voraus mit dem Mitarbeiter eine Vereinbarung getroffen wird, wonach er regelmäßig für bestimmte (kurze) Zeiträume zum Inlandsunternehmen zurückkehren muss (z.B. zur Berichterstattung, Fortbildungsmaßnahmen, Unterrichtung über neue Techniken). Dabei gilt als „geringfügig" die in § 8 Ziff. 1 Nr. 2 SGB IV festgelegte Zeitgrenze von zurzeit 2 Monaten bzw. 50 Arbeitstagen.

Vereinbarungen, nach denen der Mitarbeiter im Voraus vertraglich verpflichtet wird, nach Ablauf eines bestimmten Zeitraumes (z.B. 24 Monate) für einen über den in § 8 Ziff. 1 Nr. 2 SGB IV hinausgehenden Zeitraum beim inländischen Arbeitgeber tätig zu sein, werden als Indiz für eine rechtlich zulässige zeitliche Befristung angesehen. Somit läge bei einer erneuten Auslandsbeschäftigung nach Ablauf des vorstehend genannten Zeitraumes eine neue Entsendung vor, wenn die übrigen Rahmenbedingungen gleich geblieben sind.

3.2 Ende der Entsendung und Ausstrahlung

Die Ausstrahlung endet, wenn

- der Beschäftigungsort im Ausland bleibt, aber der Arbeitnehmer zu einem anderen Arbeitgeber wechselt (dabei kann es sich auch um einen inländischen Arbeitgeber handeln);
- der Arbeitnehmer vom Ausland wieder in das Inland zurückkehrt;
- die befristete Tätigkeit im Ausland in eine unbefristete Tätigkeit umgewandelt wird;
- der Mitarbeiter vollständig in die ausländische Gesellschaft integriert wird.

3.2.1 Arbeitgeberwechsel

Beim nahtlosen Wechsel von einem zum anderen inländischen Arbeitgeber während der Beschäftigung im Ausland fehlt es – wie weiter oben bereits ausgeführt – am Kriterium der Entsendung aus dem Inland, da die neue Beschäftigung im Ausland eingegangen wurde. Mit dem Wechsel des Arbeitgebers wird damit die Entsendung automatisch beendet.

Beispiel 11

Ein Arbeitnehmer wird von seinem Arbeitgeber (Firma A) nach Kenia entsandt, um dort eine Meerwasserentsalzungsanlage zu bauen. Während der Bauphase wird er von einem anderen ebenfalls in Deutschland ansässigen Arbeitgeber (Firma B) abgeworben und arbeitet für diesen in Kenia weiter.

Lösung

Mit dem Wechsel zum Unternehmen B „fällt" dieser Arbeitnehmer aus der deutschen Sozialversicherung heraus, da das Beschäftigungsverhältnis im Ausland eingegangen wurde.

Unschädlich für die Entsendung ist der Fall des Betriebsübergangs nach § 613a BGB. Dadurch ändert sich am Charakter der Entsendung nichts. Ebenso wird bei einem Wechsel innerhalb des Konzerns in der Regel von den zuständigen Behörden auch die Fortgeltung des deutschen Sozialversicherungsrechts zugelassen.

3.2.2 Rückkehr in das Inland

Mit der dauerhaften Rückkehr des Arbeitnehmers in das Inland endet die Entsendung.

3.2.3 Beendigung der zeitlichen Befristung

Ändert sich die vertragliche Grundlage (z.B. durch eine entsprechende einvernehmliche Vereinbarung zwischen Mitarbeiter und Arbeitgeber, wonach der Mitarbeiter in die lokale Gesellschaft integriert wird (siehe Seite 153), oder aufgrund der faktischen Gegebenheiten, dass z. B. die ausländische Gesellschaft die Kosten für die Tätigkeit des Mitarbeiters übernimmt oder der Vertrag ohne zeitliche Befristung fortgeführt wird), ist auch von einem Ende der Fortgeltung deutschen Sozialversicherungsrechtes „kraft Gesetzes" auszugehen.

3.2.4 Integration im Ausland

Es kommt häufig vor, dass der Mitarbeiter aufgrund Unternehmens interner Regelungen verpflichtet wird, sich ab einer bestimmten Dauer der Tätigkeit im Ausland (hier ist ein Zeitraum von 8 Jahren in der deutschen Industrie durchaus üblich) für den endgültigen Verbleib bei der ausländischen Tochtergesellschaft oder die Rückkehr ins Stammhaus zu entscheiden. Bleibt er im Ausland, entfallen die Voraussetzungen für eine Weitergeltung des deutschen Sozialversicherungsrechtes nach § 4 SGB IV.

3.3 Merkmale/Indizien, die gegen eine Entsendung gemäß § 4 SGB IV sprechen

Die praktischen Erfahrungen zeigen, dass bei einer Auslandstätigkeit in den meisten Fällen die mit dieser Tätigkeit zusammenhängenden Personalkosten **nicht** von der inländischen Gesellschaft **getragen,** sondern dem ausländischen Unternehmen **weiterbelastet** werden. Hierfür spricht zum einen, dass die Tätigkeit des Mitarbeiters wirtschaftlich der ausländischen Gesellschaft zuzuordnen ist und zum anderen die Tatsache, dass die ausländische Gesellschaft diese Kosten im Rahmen ihrer bilanziellen Erfordernisse als Betriebsausgaben geltend macht. Insofern fehlt es von Beginn an, an dem vorstehend bereits erläuterten wichtigsten Indiz für das Vorliegen eines inländischen Beschäftigungsverhältnisses.

Wie vorstehend ebenfalls schon ausgeführt (siehe Seite 152), liegt auch bei einem „Gehalts-Splitting“ kein inländisches Beschäftigungsverhältnis mehr vor (BSG – Urteil vom 07.11.1996 – 12 RK 79/94).

Ebenso kann nicht mehr von einem inländischen Beschäftigungsverhältnis ausgegangen werden, wenn der Mitarbeiter aufgrund der faktischen Umstände in das ausländische Unternehmen eingegliedert ist (z.B. als Geschäftsführer, Bereichs- oder Abteilungsleiter).

Darüber hinaus spricht auch eine fehlende oder rechtlich nicht zulässige Befristung gegen das Vorliegen eines inländischen Beschäftigungsverhältnisses.

3.4 Folgen der Ausstrahlung

Unterliegt der Arbeitnehmer gemäß § 4 SGB IV weiterhin der deutschen Sozialversicherungspflicht, so sind für **alle** Zweige des deutschen Sozialversicherungsrechts bis zur Höhe der jeweiligen Beitragsbemessungsgrenzen die sich ergebenden Beiträge zu entrichten. Darüber hinaus kann es auch sein, dass dieser Arbeitnehmer zusätzlich dem Sozialversicherungssystem des Einsatzlandes unterliegt, sodass für eine Beschäftigung Sozialversicherungsbeiträge in zwei Ländern zu entrichten sind.

Hinweis: Wie vorstehend ausführlich dargestellt, kann eine eigenständige Feststellung, ob eine Entsendung nach § 4 SGB IV vorliegt oder nicht, durchaus problematisch sein. Es wird daher empfohlen, die Beitragseinzugsstelle (zuständige Krankenkasse) um eine verbindliche Auskunft zu bitten. Voraussetzung für eine korrekte Antwort ist jedoch, dass der zugrunde liegende Sachverhalt vollständig und zutreffend dargelegt wird.

4. Über- und Zwischenstaatliches Recht

Zur Vermeidung von Beitragszahlungen in zwei Ländern (Doppelversicherung) hat die Bundesrepublik Deutschland mit einigen Staaten Sozialversicherungsabkommen geschlossen, die im Rahmen des über- und zwischenstaatlichen Rechts einheitliche Regelungen vorsehen und die nach § 6 SGB IV den nationalen Bestimmungen vorgehen. Sie sollen gewährleisten, dass die Arbeitnehmer während der Auslandstätigkeit der Rechtsordnung nur eines Staates unterliegen, und somit Arbeitgeber und Arbeitnehmer auch nur Beiträge für ein Sozialversicherungssystem entrichten müssen.

4.1 Beschäftigung innerhalb des europäischen Wirtschaftsraums (Gemeinschaftsrecht)

4.1.1 Die Verordnung 1408/71

Bereits im Jahre 1971 haben sich die damaligen Staaten der europäischen Wirtschaftsgemeinschaft in der EWG-Verordnung Nr. 1408/71 darüber verständigt, Regelungen zur Vermeidung einer Doppelversicherung zu vereinbaren. Hiermit sollen insbesondere Arbeitnehmer aber auch Selbständige sowie deren Familienangehörige, die innerhalb der Gemeinschaft zu- und abwandern, vor den finanziellen Folgen einer Doppelversicherung geschützt werden.

Ursprünglich galt die EWG-Verordnung Nr. 1408/71 nur für die Staaten der europäischen Union. In 1994 sind Island, Liechtenstein und Norwegen dem Abkommen über den europäischen Wirtschaftsraum (EWR) beigetreten, das auf dem Gebiet der Sozialen Sicherheit eine unmittelbare Anwendung der EWG-VO 1408/71 vorsieht. Seit dem 01.06.2002 gilt sie über das „Abkommen über den freien Personenverkehr vom 21.06.1999“ (sogenanntes Sektoralabkommen) auch für die Schweiz.

Mit der Vergrößerung des europäischen Wirtschaftsraumes durch die zehn Beitragsstaaten im Jahre 2005 sind die Regelungen der EWG-VO 1408/71 auch auf diese Staaten anzuwenden.

Aufgrund der Verordnung unterliegen somit in Deutschland tätige Arbeitnehmer, die von ihrem inländischen Arbeitgeber vorübergehend in einen der EWR-Mitgliedsstaaten entsandt werden, auch weiterhin den Rechtsvorschriften der Bundesrepublik Deutschland.

Hinsichtlich des **sachlichen Geltungsbereiches** gilt das Gemeinschaftsrecht für alle Zweige der Sozialversicherung. **Persönlich** gilt die Zuständigkeitsabgrenzung in erster Linie für Staatsangehörige der EU-/ EWR-Staaten und der Schweiz, für Staatenlose und Flüchtlinge.

Mit der EWG-Verordnung 859/2003 vom 14.05.2003 wurden ab dem 01.06.2003 die Bestimmungen der EWG-VO 1408/71 auch auf diejenigen Arbeitnehmer anderer Nationalität ausgedehnt, die ihren rechtmäßigen Wohnsitz in einem EU-/EWR-Staat haben und eine Beschäftigung in einem anderen Staat ausüben (Ausnahmen: Dänemark: hier gilt die Verordnung nur für EU-Bürger; Schweiz, Island, Liechtenstein und Norwegen: hier gilt sie nur für Staatsangehörige eines EWR-Staates).

Wie weiter vorstehend bereits ausgeführt, haben die Regelungen der EWG-VO 1408/71 zum Ziel, eine Doppelversicherung zu vermeiden. Bei einer Entsendung gelten demnach gemäß Artikel 14 Abs. 1a EWG-VO 1408/71 für einen Arbeitnehmer, der von seinem Unternehmen zur Ausübung einer Tätigkeit in einen anderen Mitgliedsstaat entsandt wird, auch weiterhin die Rechtsvorschriften des Entsendestaates.

Allerdings darf die voraussichtliche Dauer der Beschäftigung zwölf Monate nicht überschreiten und der entsandte Arbeitnehmer darf keinen anderen Arbeitnehmer ablösen, der vorher für dieselbe Tätigkeit in diesen Staat entsandt wurde und für den die Entsendezeit abgelaufen ist.

Muss die ursprünglich vereinbarte Entsendungsdauer von zwölf Monaten aus nicht vorhersehbaren Gründen verlängert werden oder steht von vornherein fest, dass der Einsatz bis zu 24 Monate beträgt, können gemäß Artikel 14 Abs.1b EWG-VO 1408/71 auf Antrag mit Zustimmung der zuständigen Behörden ebenfalls die Rechtsvorschriften des Entsendestaates angewendet werden.

Steht demgegenüber von vornherein fest, dass die befristete Tätigkeit länger als 24 Monate dauern wird oder kann bei einer Projekt bezogenen Aufgabe die genaue Zeitdauer nicht abgesehen werden, besteht nach Artikel 17 EWG-VO 1408/71 die Möglichkeit, eine sogenannte **Ausnahmevereinbarung** zu beantragen.

Dies gilt auch dann, wenn der Arbeitnehmer von seinem inländischen Arbeitgeber in den anderen Mitgliedsstaat versetzt wird bzw. die Vergütung des Arbeitnehmers durch einen Dritten erfolgt. Allerdings gilt dies nicht, wenn der Arbeitnehmer **auf Dauer** in den anderen Mitgliedsstaat versetzt wird.

Obwohl die EWG-VO 1408/71 keinerlei zeitliche Beschränkungen darüber enthält, wie lange die Rechtsvorschriften des jeweiligen Entsendestaates fort gelten, lassen einige Länder Ausnahmegenehmigungen nur für bestimmte Zeiträume zu. So z.B. Finnland, Irland, Niederlande und Spanien für max. 5 Jahre, sowie Frankreich und die Schweiz für max. 6 Jahre. Der zuständige tschechische Sozialversicherungsträger ist nur bereit, die Befreiung von der Anwendung tschechischen Rechts auf max. 2 – 3 Jahre zu begrenzen.

Beispiel 12

Ein Arbeitnehmer wird für zunächst 5 Jahre nach Frankreich entsandt/versetzt. Eine Ausnahmegenehmigung wurde beantragt. Die französischen Behörden haben ihre Zustimmung gegeben. Kurz vor Ablauf des 5 – Jahreszeitraumes ergibt sich die Notwendigkeit, den Einsatz um weitere 2 Jahre zu verlängern.

Lösung

Da die französischen Behörden eine Befreiung von der Sozialversicherungspflicht in der Regel nur für max. 6 Jahre genehmigen, wird die Ausnahmegenehmigung möglicherweise nur für max. 1 weiteres Jahr erteilt. Es muss sogar damit gerechnet werden, dass die französischen Behörden den Antrag insgesamt ablehnen, sodass nach Ablauf des 5 – Jahreszeitraumes Beiträge zur französischen Sozialversicherung entrichtet werden müssen. Es könnte daher u. U. sinnvoller sein, die Ausnahmegenehmigung nur für max. ein weiteres Jahr zu beantragen.

Da es sich bei einer Ausnahmevereinbarung gemäß Artikel 17 um eine freiwillige Regelung handelt, gibt es keine Gewähr dafür, dass die zuständigen Behörden einem Antrag in jedem Fall zustimmen. So ist in den letzten Jahren festzustellen, dass z. B. im Verhältnis zu Belgien kaum noch Ausnahmegenehmigungen erteilt werden.

Obwohl die VO 1408/71 das Ziel hat, Doppelversicherungen zu vermeiden, kann es auf Grund länderspezifischer Regelungen dennoch dazu kommen. So werden z.B. in Schweden, Finnland, Norwegen und Dänemark die Sozialversicherungsbeiträge im Rahmen des Steuereinbehaltes abgeführt.

Zwar gibt es in den genannten Staaten eine spezielle Steuerformel, die ohne Einbehalt der Sozialversicherungsbeiträge ausgestaltet ist. Allerdings wird sie von den Behörden nur auf ausdrückliche Anfrage zur Verfügung gestellt. Falls demnach ein Auslandseinsatz in diesen Ländern beabsichtigt ist, sollten sich die inländische und die ausländische Personalabteilung abstimmen und darauf achten, dass die gesonderte Steuerformel für den betroffenen Mitarbeiter zur Anwendung kommt. Falls dies nicht möglich sein sollte, kann eine Doppelversicherung nur vermieden werden, wenn die Beitragszahlung im Heimatland eingestellt und im Einsatzland fortgeführt wird (zu den sich daraus ergebenden Auswirkungen siehe weiter unten).

4.1.2 Die EWG Verordnung-Nr. 883/2004

Da die VO Nr. 1408/71 seit ihrem in Kraft treten vielfach geändert wurde – einerseits um sie der Entwicklung der einzelstaatlichen Rechtsvorschriften anzupassen und andererseits um die Weitergeltung durch die Rechtssprechung des Europäischen Gerichtshofes darin einzubeziehen – haben sich die Mitgliedsstaaten darauf geeinigt, diese zu überarbeiten. Hierzu wurde am 29. April 2004 die Verordnung (EWG) Nr. 883/2004 beschlossen. Durch diese neue Verordnung sollen die Begriffe, Vorschriften und Verfahren zur Koordinierung der Systeme der sozialen Sicherheit der Mitgliedsstaaten gestrafft werden. Hierbei sind insbesondere folgende Veränderungen zu erwähnen:

- Vorruhestandsregelungen werden in den sachlichen Geltungsbereich einbezogen;
- der bisher in Artikel 14.1 a festgelegte Zeitraum von 12 Monaten wird im neuen Artikel 12.1 auf nunmehr 24 Monate ausgedehnt.

Darüber hinaus wird mit der neuen Verordnung der Grundsatz der „guten Verwaltungspraxis“ eingeführt.

Dies soll gewährleisten, dass die nationalen Träger alle Anfragen binnen einer „angemessenen Frist“ beantworten und den betroffenen Personen **alle** erforderlichen Angaben übermitteln, damit diese die ihnen durch die Verordnung eingeräumten Rechte ausüben können.

Die neue Verordnung 883/2004 wird die bisherige VO 1408/71 erst ab dem Datum aufheben, zu dem eine neue Durchführungsverordnung in Kraft tritt. Wann diese verabschiedet wird, ist derzeit nicht absehbar. Auf Basis der zum Zeitpunkt der Drucklegung dieses Buches vorliegenden Informationen wird frühestens im Jahr 2008, gegebenenfalls erst im Jahr 2009 mit der Einführung der neuen Verordnung zu rechnen sein.

4.2 Beschäftigung in einem Abkommensstaat außerhalb des europäischen Wirtschaftsraums

Neben den Abkommen mit den Staaten des europäischen Wirtschaftsraums hat die Bundesrepublik Deutschland zurzeit noch mit folgenden Staaten Abkommen zur Vermeidung der Doppelversicherung abgeschlossen:

Bosnien/Herzegowina, Chile, China, Israel, Japan, Bundesrepublik Jugoslawien (einschließlich Mazedonien), Kanada und Provinz Quebec, Korea, Kroatien, Marokko, Türkei, Tunesien, USA.

Während die EWG-VO 1408/71 alle Zweige des jeweiligen nationalen Sozialversicherungsrechts abdeckt, bezieht sich der sachliche Geltungsbereich der anderen bilateralen Abkommen nicht auf alle Sozialversicherungszweige.

Tabelle III-1 gibt einen Überblick über die jeweils geltenden Sozialversicherungszweige, auf die sich die einzelnen Abkommen erstrecken und die maßgeblichen Fristen, für die die deutschen Rechtsvorschriften ohne Abschluss einer Ausnahmevereinbarung angewendet werden können (dabei handelt es sich um eine Übersicht der zum Zeitpunkt der Drucklegung aktuellen Sozialversicherungsabkommen).

Staat	Sachl. Geltungsbereich	Rechtsgrundlage	Anwendung der Rechtsvorschriften des Entsendestaates
EWR-Staaten: Belgien Bulgarien Dänemark Estland Finnland Frankreich Griechenland Großbritannien Irland Italien Island Lettland Liechtenstein Litauen Luxemburg Malta Niederlande Norwegen Österreich Polen Portugal Rumänien Schweden Schweiz Slowakei Slowenien Spanien Tschechien Ungarn Zypern (griech. Teil)	KV, PflV, RV, UV und ALV*	Art. 14 Ziff. 1 Buchst. a EWG-VO 1408/71 Art. 14 Ziff. 1 Buchst. b EWG-VO 1408/71 Ausnahmevereinbarung nach Art. 17 EWG-VO 1408/71	12 Monate mit Zustimmung der zuständigen Behörden für längstens weitere 12 Monate - wenn die Entsendung oder die Verlängerung voraussichtlich die Dauer von 12 Monaten überschreiten wird - in anderen als den in Art. 14 genannten Fällen
Chile	RV ALV	Art.7 Satz 1 des deutsch-chilenischen Abkommens Art. 7 Satz 2 des deutsch-chilenischen Abkommens Art. 11 des deutsch-chilenischen Abkommens Ziff. 5 des Schlussprotokolls	36 Monate über 36 Monate mit Zustimmung der zuständigen Behörden Ausnahmevereinbarung möglich es gelten die Bestimmungen des Abkommens

* *KV: Krankenversicherung; PflV: Pflegeversicherung; RV: Rentenversicherung; UV: Unfallversicherung; ALV: Arbeitslosenversicherung*

Staat	Sachl. Geltungsbereich	Rechtsgrundlage	Anwendung der Rechtsvorschriften des Entsendestaates
China	RV, ALV	Art. 2 des deutsch-chinesischen Abkommens Art. 8 des deutsch-chinesischen Abkommens	48 Monate Ausnahmevereinbarung möglich
Israel	KV, RV, UV	Art. 6 des deutsch-israelischen Abkommens Art. 10 des deutsch-israelischen Abkommens	ohne feste Zeitbegrenzung Ausnahmevereinbarung möglich
Japan	RV	Art. 7 Abs. 1, Satz 1 des deutsch-japanischen Abkommens Art. 7 Abs. 1, Satz 2 des deutsch-japanischen Abkommens	60 Monate über 60 Monate bis max. 96 Monate mit Zustimmung der zuständigen Behörden
	ALV	Ziff. 10 a) des Schlussprotokolls	es gelten die Bestimmungen des Abkommens
Nachfolgestaaten des ehem. Jugoslawiens: Bosnien-Herzegowina, Bundesrep. Jugoslawien	KV, RV, UV	Art. 6 Abs. 1 des deutsch-jugoslawischen Abkommens Art. 10 des deutsch-jugoslawischen Abkommens	ohne feste Zeitbegrenzung Ausnahmevereinbarung möglich
	ALV	Art. 6 Abs. 3 des deutsch-jugoslawischen Abkommens	es gelten die Bestimmungen des Abkommens
Kanada und Provinz Quebec	RV	Art. 7 des Abkommens bzw. der Vereinbarung über Soziale Sicherheit mit Quebec Art. 10 des Abkommens/Ziff. 8a Buchst. b des Schlussprotokolls Art. 7 Abs. 1 Satz 2 der Vereinbarung mit Quebec	für 60 Monate über 60 Monate Ausnahmevereinbarung möglich über 60 Monate mit Zustimmung der zuständigen Behörde
	ALV	Ziff. 4 des Schlussprotokolls	es gelten die Bestimmungen des Abkommens

Staat	Sachl. Geltungsbereich	Rechtsgrundlage	Anwendung der Rechtsvorschriften des Entsendestaates
Korea, Republik	RV	Art. 7 Satz 1 des Abkommens	für 24 Monate
		Art. 7 Satz 2 des Abkommens	über 24 Monate Ausnahmevereinbarung möglich für weitere 72 Monate
	ALV	Ziff. 6. b) des Schlussprotokolls	es gelten die Bestimmungen des Abkommens
Kroatien	RV, KV, UV	Art. 7 des Abkommens	für 24 Monate
		Art. 11 des Abkommens	über 24 Monate Ausnahmevereinbarung möglich
	ALV, PflV	Ziff. 4 des Schlussprotokolls	es gelten die Bestimmungen des Abkommens
Marokko	RV, KV, UV	Art. 7 Satz 1 des Abkommens	für 36 Monate
		Art. 7 des Abkommens	weiterhin für längstens 36 Monate mit Zustimmung der zuständigen Behörden
		Art. 11 des Abkommens	bei Entsendung über 72 Monate Ausnahmevereinbarung möglich
	ALV	Ziff. 4 des Schlussprotokolls	ohne feste Zeitgrenze
Mazedonien	RV, KV, UV	Art. 7 des Abkommens	für 24 Monate
		Art. 11 des Abkommens	bei Entsendung über 24 Monate Ausnahmevereinbarung möglich
	ALV, PflV	Ziff. 4 des Schlussprotokolls	ohne feste Zeitgrenze

Staat	Sachl. Geltungsbereich	Rechtsgrundlage	Anwendung der Rechtsvorschriften des Entsendestaates
Schweiz	KV, RV, UV	Art. 6 Abs. 1 des Abkommens	für 24 Monate
		Art. 9 i.d.F. des Zweiten Zusatzabkommens	über 24 Monate mit Zustimmung der zuständigen Behörden
	ALV	Art. 5 Abs. 2 des Abkommens	es gelten die zeitlichen Bestimmungen des Abk.
Türkei	KV, RV, UV	Art. 6 Abs. 1 des deutsch-türkischen Abkommens	ohne feste Zeitbegrenzung
		Art. 9 Abs. 1 des deutsch-türkischen Abkommens	Ausnahmevereinbarung möglich
	ALV	Ziff. 7 des Schlussprotokolls	es gelten die Bestimmungen des Abkommens
Tunesien	KV, RV, UV	Art. 7 Satz 1 des deutsch-tunesischen Abkommens	für 12 Monate
		Art. 7 des deutsch-tunesischen Abkommens	für längstens weitere 12 Monate mit Zustimmung der zuständigen Behörden
USA	RV	Art. 6 Abs. 2 des deutsch-amerikanischen Abkommens	wenn die Dauer der Entsendung voraussichtlich 60 Monate nicht überschreitet
		Art. 6 Abs. 5 des deutsch-amerikanischen Abkommens	Ausnahmevereinbarung möglich

Tabelle III-1: *Übersicht über die einzelnen Zweige des deutschen Sozialversicherungsrechts, die wichtigsten Rechtsvorschriften aus dem jeweiligen Abkommen, den persönlichen Geltungsbereich und die Weitergeltung der deutschen Rechtsbestimmungen bei Entsendungen/Versetzungen aus der Bundesrepublik Deutschland (Stand: 01.06.2007)*

Anmerkung:

Da für die Schweiz aufgrund des „Sektoralabkommens vom 21.06.1999" seit dem 01.06.2002 auch die EWG-VO 1408/71 gilt, hiervon aber ***nicht*** *sogenannte* ***Drittstaatsangehörige*** *erfasst sind (hierbei handelt es sich um Arbeitnehmer, die zwar ihren Wohnsitz in einem Staat des EU-/EWR – Raumes haben, die aber nicht die Staatsangehörigkeit eines EU-/EWR-Staates oder der Schweiz besitzen bzw. nicht Staatenlos oder Flüchtlinge sind), wurde für die Schweiz in der vorstehenden Tabelle auch das nach wie vor gültige bilaterale Abkommen dargestellt.*

4.2.1 Sachlicher Geltungsbereich

Da nicht alle Versicherungszweige von den jeweiligen Abkommen erfasst werden, sind bei Entsendungen in diese Länder Doppelversicherungen (sowohl Entrichtung der Beiträge in das deutsche als auch in das ausländische Sozialversicherungssystem) nicht ausgeschlossen.

Beispiel 13

Ein deutscher Arbeitnehmer wird von seinem Arbeitgeber für die Dauer von 48 Monaten gem. § 4 SGB IV nach Korea entsandt, d.h. er bleibt mit allen Rechten und Pflichten Mitarbeiter der deutschen Gesellschaft und seine Bezüge werden in voller Höhe von ihr getragen.

Aufgrund des mit Korea abgeschlossenen Abkommens unterliegt dieser Arbeitnehmer nur für die ersten 24 Monate der Entsendung den deutschen Rechtsvorschriften.

Lösung

Von Beginn an entsteht in der Kranken- und Unfallversicherung (falls es diese Zweige im koreanischen Sozialversicherungsrecht gibt) eine doppelte Versicherung, da diese Zweige vom Abkommen nicht erfasst werden. Wird aufgrund der Tatsache, dass die Entsendung über 24 Monate hinaus dauert, eine Ausnahmegenehmigung erteilt, gilt dies für den gesamten Zeitraum des Auslandseinsatzes. Falls die koreanischen Behörden dem Antrag auf Ausnahmegenehmigung jedoch nicht zustimmen, sind mit Beginn des fünfundzwanzigsten Monats der Entsendung generell die koreanischen Rechtsvorschriften anzuwenden. Da es sich um eine Entsendung im Sinne der Vorschriften gemäß § 4 SGB IV handelt, sind für die verbleibenden 24 Monate in beiden Ländern für alle Sozialversicherungszweige die sich jeweils ergebenden Beiträge zu entrichten.

4.2.2 Persönlicher Geltungsbereich

Mit Ausnahmen von Marokko und Tunesien gelten die vorstehend genannten zwischenstaatlichen Abkommen in der Regel für alle Arbeitnehmer der jeweiligen Vertragsstaaten (d.h. es handelt sich um „offene“ Abkommen) und zwar unabhängig von ihrer Staatsangehörigkeit. Im Rahmen der Abkommen mit Marokko und Tunesien ist vorgesehen, dass diese grundsätzlich nur für Angehörige der Vertragsstaaten und Flüchtlinge bzw. Staatenlose gelten (sogenannte „geschlossene Abkommen“).

Beispiel 14

Ein in Deutschland lebender französische Staatsbürger wird von seinem inländischen Arbeitgeber für 24 Monate nach Tunesien entsandt.

Lösung:

Da das mit Tunesien abgeschlossene Abkommen französische Staatsbürger nicht erfasst, sind für diesen Mitarbeiter ggf. Sozialversicherungsbeiträge in beiden Ländern abzuführen.

4.3 Ausnahmevereinbarungen

Da die bestehenden Abkommen bestimmte Fristen festlegen, nach deren Ablauf deutsches Sozialversicherungsrecht nicht mehr anwendbar ist bzw. im Rahmen der bilateralen Abkommen nicht alle Zweige des deutschen Sozialversicherungsrechtes erfasst werden, beinhalten alle Abkommen wie vorstehend schon erwähnt die Möglichkeit, sogenannte **Ausnahmevereinbarungen** abzuschließen. Diese können auch in den Fällen abgeschlossen werden, in denen eine Entsendung nach den deutschen Rechtsvorschriften gemäß § 4 SGB IV aufgrund der entsprechenden Rahmenbedingungen (keine ordnungsgemäße Befristung, Weiterbelastung der Kosten in das Ausland etc.) nicht vorliegt.

Sie sollten grundsätzlich dann beantragt werden, wenn der Mitarbeiter in der deutschen Sozialversicherung verbleiben will und

- von Beginn des Auslandseinsatzes an feststeht, dass die Tätigkeit im Abkommensstaat länger dauern wird, als es die zeitlichen Grenzen des entsprechenden Abkommens (siehe hierzu Tabelle III-1) vorsehen bzw.
- keine Entsendung nach § 4 SGB IV vorliegt, sondern der Mitarbeiter zur ausländischen Gesellschaft versetzt wird.

Wie bereits zum Gemeinschaftsrecht weiter oben dargelegt, werden die Ausnahmevereinbarungen nur für bestimmte Zeiträume genehmigt, sodass sie nicht die Möglichkeit eröffnen, Mitarbeiter, die auf Dauer im Abkommensstaat verbleiben, bis zu ihrer Rückkehr in den jeweiligen Zweigen der deutschen Sozialversicherung zu belassen.

Prinzipiell obliegt es der Deutschen Krankenversicherung Ausland (DVKA)[1], Ausnahmevereinbarungen mit den zuständigen ausländischen Behörden abzuschließen, sodass entsprechende Anträge grundsätzlich an sie gerichtet werden müssen.

Falls die DVKA in dem einen oder anderen Fall nicht zuständig sein sollte (siehe hierzu weiter unten), leitet sie in der Regel den Antrag umgehend an die in diesem Fall zuständige deutsche Behörde weiter bzw. sendet ihn an den Antragsteller mit dem Hinweis zurück, an wen sich das Unternehmen zu wenden hat. Sollte es in der Personalabteilung hinsichtlich des richtigen Ansprechpartners Unklarheiten geben, wird empfohlen, sich an die DVKA zu wenden.

---

[1] Deutsche Verbindungsstelle, Krankenversicherung – Ausland, Pennefeldsweg 12 c, 53177 Bonn, Telefon: +49 228 9530-0, Telefax: +49 228 9530-600, E-Mail: Post@dvka.de

4.4 Formalitäten

Damit das deutsche Sozialversicherungsrecht weiterhin angewendet werden kann, sind in den Fällen des über- und zwischenstaatlichen Rechts gewisse Formalitäten zu beachten.

4.4.1 Ausstellen der Entsendebescheinigung

Diese Bescheinigung wird auf Antrag des Arbeitgebers und Arbeitnehmers ausgestellt. Bei Beschäftigung in einem Staat des europäischen Wirtschaftsraumes trägt die Bescheinigung die Bezeichnung E 101, bei Beschäftigung in einem der Vertragsstaaten die jeweils ländertypische Bezeichnung (z.B. D/CAN 101 für das deutsch-kanadische Abkommen).

Diese Bescheinigung ist der jeweils zuständigen Stelle der ausländischen Sozialversicherung vorzulegen und führt im Ergebnis dazu, dass der ausländische Sozialversicherungsträger davon absieht, Beiträge nach den in diesem Land geltenden Rechtsvorschriften für die Beschäftigung zu fordern.

Die Erfahrung zeigt, dass es gegenwärtig bis zur endgültigen Erstellung der Bescheinigung durchaus mehrere Monate dauern kann. Aus diesem Grunde empfiehlt es sich, – falls möglich – den entsprechenden Antrag rechtzeitig vor Beginn der Entsendung zu stellen. Im Rahmen der Abkommen innerhalb der EU könnte – wie weiter oben bereits dargelegt – die neue Verordnung 883/2004 künftig eine Beschleunigung der Bearbeitung nach sich ziehen.

Hinweis:

In der betrieblichen Praxis kommt es häufig vor, dass zu Beginn der Tätigkeit des Mitarbeiters im Ausland die Ausnahmegenehmigung noch nicht vorliegt. In diesen Fällen kann dennoch davon ausgegangen werden, dass dem Antrag stattgegeben wird, sodass die Beitragszahlung im Inland weitergeführt werden kann und keine Beiträge zur ausländischen Sozialversicherung entrichtet werden müssen.

Sollte sich zu einem späteren Zeitpunkt herausstellen, dass die ausländischen Behörden dem Antrag doch nicht stattgegeben haben, werden die Beiträge vom deutschen Sozialversicherungsträger erstattet und können in der Regel rückwirkend zur ausländischen Sozialversicherung abgeführt werden.

Liegt die Zustimmung der zuständigen Behörden vor, wird die entsprechende Bescheinigung von dem Träger der gesetzlichen Krankenversicherung ausgestellt, bei dem der Arbeitnehmer pflicht- oder freiwillig krankenversichert ist.

Hinweis

Sollte es sich um einen **sehr kurzfristigen** Auslandsaufenthalt von bis zu **max. 3 Monaten** in einem EWR-Mitgliedsstaat handeln, kann im Wege eines vereinfachten Verfahrens die Bescheinigung E 101 vom Arbeitgeber selber ausgestellt werden. Hierzu werden von den Krankenkassen Blanko Vordrucke zur Verfügung gestellt. Es ist darauf zu achten, dass der Versicherte einen der Vordrucke erhält und ein Exemplar an die zuständige Krankenkasse geht. Dieses muss jedoch innerhalb von 24 Stunden – vor Beginn der Tätigkeit – an die Kasse übersandt werden.

Bei Beschäftigung in einem anderen Abkommensstaat wird die Bescheinigung in der Regel von dem Träger der gesetzlichen deutschen Krankenversicherung erteilt, an den die Beiträge zur Rentenversicherung im Inland abgeführt werden (Einzugsstelle).

Hinweis

Bei einem Auslandseinsatz in

- einem EWR-Mitgliedstaat, Bosnien-Herzegowina, Israel sowie Serbien-Montenegro wird die Bescheinigung von der Deutschen Rentenversicherung Bund ausgestellt, wenn der Arbeitnehmer weder pflicht- noch freiwilliges Mitglied einer gesetzlichen Krankenversicherung ist;
- Marokko, Türkei oder Tunesien wird die Bescheinigung vom zuständigen Träger der deutschen Unfallversicherung erteilt, wenn der Arbeitnehmer nur in der Unfallversicherung versichert ist;
- Bulgarien, Chile, China, Japan, Kanada/Quebec, Korea, Kroatien, Mazedonien sowie USA wird die Bescheinigung ebenfalls von der Deutschen Rentenversicherung Bund ausgestellt, wenn der Arbeitnehmer von der Versicherungspflicht in der gesetzlichen Rentenversicherung befreit ist (z.B. bei Mitgliedschaft in einem ständischen Versorgungswerk).

4.4.2 Inhalte des Antrags

Der Antrag sollte dabei insbesondere folgende Angaben enthalten:

- Vor- und Familienname sowie Sozialversicherungsnummer des Mitarbeiters;
- Beginn der Auslandstätigkeit und voraussichtlicher Zeitpunkt der Beendigung;
- Anschrift der ausländischen Gesellschaft, Baustelle, Niederlassung etc., bei der der Mitarbeiter die Beschäftigung aufnimmt;
- kurze Begründung des Antrags;
- Aufgaben, die der Mitarbeiter im Ausland übernehmen wird;
- Zusätzlich sollte eine Erklärung des Mitarbeiters beigefügt werden, in der er dem Antrag auf Aufnahmevereinbarung zustimmt *(siehe Muster im Anhang S. 253 f.)*.

Haben die Behörden dem Antrag zugestimmt, ist die entsprechende Entsendebescheinigung in Kopie der Personalakte beizulegen, um im Rahmen einer Prüfung durch die zuständigen Behörden die Rechtmäßigkeit der abgeführten Beiträge während des Auslandseinsatzes des Mitarbeiters nachzuweisen.

Eine Kopie ist – wie weiter oben bereits ausgeführt – über die Personalabteilung der ausländischen Gesellschaft den zuständigen Behörden im Einsatzland vorzulegen. Eine weitere Kopie sollte dem Mitarbeiter ausgehändigt werden.

5. Leistungsrecht

Im Folgenden werden die sich aus den jeweiligen Zweigen des deutschen Sozialversicherungsrechts ergebenden Leistungen erläutert.

5.1 Rentenversicherung

Bei einer Beschäftigung in einem Abkommensstaat werden die dort gezahlten Pflichtbeiträge zur Rentenversicherung wie Pflichtbeitragszeiten für die Rentenversicherung in Deutschland gewertet. Dies gilt jedoch nur für den Anspruch dem „Grunde nach", nicht jedoch für die Rentenhöhe. Diese bemisst sich nach den Beitragszahlungen im Heimatland. Angesichts der relativ hohen Beiträge, die zur deutschen Sozialversicherung abgeführt werden müssen und der aktuellen Probleme unseres Rentenversicherungssystems (Stichwort: Einheitsrente), wird immer öfter von Mitarbeitern die Frage gestellt, ob es sinnvoller sei, von einer Fortsetzung der Beitragszahlung in die deutsche Rentenversicherung abzusehen und in das „beitragsmässig günstigere" ausländische Sozialversicherungssystem einzuzahlen. Zur Diskussion und Beantwortung der Frage ist jedoch zum einen die grundsätzliche Haltung des Unternehmens entscheidend. Zum anderen sollte dies von der vorgesehenen Dauer des jeweiligen Auslandaufenthaltes und der individuellen Situation des betroffenen Mitarbeiters abhängig gemacht werden. Hier empfiehlt es sich, ggf. mit einem Rentenberater oder Versichertenältesten ein Beratungsgespräch zu führen.

Falls sich der Mitarbeiter für die Beitragszahlung im Einsatzland entscheiden sollte, gibt es hinsichtlich der späteren Rentenberechnung/-zahlung Folgendes zu beachten:

Grundsätzlich wird von jedem Staat, in dem Rentenversicherungszeiten zurückgelegt wurden, geprüft, ob nach dem nationalen Recht ein Rentenanspruch besteht oder nicht.

Bei dieser Anspruchsprüfung (insbesondere Erfüllung der Anwartschaftszeiten für den Rentenanspruch) werden – soweit erforderlich – auch die in dem anderen Vertragsstaat zurückgelegten Versicherungszeiten berücksichtigt.

Wer demnach in mehreren Staaten, mit denen Deutschland ein Sozialversicherungsabkommen geschlossen hat, Versicherungszeiten zurückgelegt hat, erhält somit später auch Rente aus diesen Staaten, wobei die jeweilige Rente in den Staat transferiert wird, in dem der Rentner schließlich seinen „Lebensabend“ verbringt.

Wie sich die während einer Tätigkeit in einem anderen Vertragsstaat entrichteten Pflichtbeiträge auf die Anspruchsvoraussetzungen für eine deutsche Rente auswirken, ist aus der **Tabelle 1** im Anhang S. 257 ff. ersichtlich.

In diesem Zusammenhang ist darüber hinaus auch das Verbot der **multilateralen Vertragsanwendung** zu beachten. Dies bedeutet, dass Versicherungszeiten, die in unterschiedlichen Ländern (Ausnahme ist hier das EU-Recht) zurückgelegt wurden, **nicht** zusammengerechnet werden.

Dies soll anhand der folgenden Beispiele verdeutlicht werden

Beispiel 15 (Prüfung der deutschen Wartezeit)

Der Mitarbeiter hat folgende Pflichtbeitragszeiten zurückgelegt:

Deutschland:	1970 – 1979	=	10 Jahre
Frankreich:	1980 – 1989	=	10 Jahre
Kanada:	1990 – 1999	=	10 Jahre
Italien:	2000 – 2004	=	5 Jahre

Um die Voraussetzungen für die Erfüllung der **Wartezeit** für einen deutschen Rentenanspruch zu prüfen, werden einerseits die Zeiten im Rahmen des EU/EWR-Rechts (10 Jahre Deutschland + 10 Jahre Frankreich + 5 Jahre Italien= 25 Jahre) und andererseits die Zeiten im Rahmen des Sozialversicherungsabkommens mit Kanada (10 Jahre Deutschland + 10 Jahre Kanada= 20 Jahre) berücksichtigt. Da nach beiden Berechnungen die allgemeine Wartezeit von 60 Monaten für die Gewährung einer Altersrente nach Vollendung des 65. Lebensjahres erfüllt sind, stellt der deutsche Rentenversicherungsträger 2 Berechnungen an. Eine nach dem EU/EWR-Recht und eine auf Basis des Sozialversicherungsabkommens mit Kanada. Die höhere der beiden Renten wird gezahlt.

Dem gegenüber ist jedoch die Wartezeit für z.B. die Gewährung einer Altersrente für langjährig Versicherte, die insgesamt 35 Jahre Pflichtbeiträge erfordern, im vorstehenden Beispiel aufgrund des Verbots der multilateralen Vertragsanwendung **nicht** erfüllt, obwohl der Mitarbeiter insgesamt 35 Pflichtbeitragsjahre nachweisen kann.

Um die Anspruchsvoraussetzungen für eine Altersrente für langjährig Versicherte zu erfüllen, müsste er demnach noch 10 weitere Pflichtbeitragsjahre in Deutschland oder einem EU/EWR-Staat nachweisen.

Beispiel 16 (Anwartschaftszeit für Rente wegen Erwerbsminderung)

Der Mitarbeiter hat folgende Pflichtbeitragszeiten zurückgelegt:

Deutschland:	01/1980 – 12/2000	= 21 Jahre
Spanien:	01/2001 – 04/2003	= 28 Monate
Chile:	05/2003 – 07/2005	= 26 Monate

Nach der Rückkehr aus Chile stellt der Mitarbeiter am 01.08.2005 Antrag auf Erwerbsminderungsrente. Aufgrund der gesetzlichen Vorschriften gemäß § 43 SGB VI muss er in den letzten fünf Jahren vor Eintritt der Erwerbsminderung drei Jahre Pflichtbeiträge nachweisen.

Die Prüfung dieser Anwartschaftszeit hat wegen des Verbots der multilateralen Vertragsanwendung (s.o.) einerseits nach dem EU/EWR-Recht und daneben auch nach dem Sozialversicherungsabkommen mit Chile zu erfolgen:

Im Rahmen des EU/EWR-Rechts ergeben sich im 5-Jahreszeitraum insgesamt 33 Monate Pflichtbeiträge (08/2000 – 12/2000 = 5 Monate sowie 01/2001 – 04/2003 = 28 Monate).

Im Rahmen des Abkommens mit Chile sind es insgesamt 31 Monate Pflichtbeiträge (08/2000 – 12/2000 = 5 Monate sowie 05/2003 – 07/2005 = 26 Monate).

Damit hat der Mitarbeiter weder nach dem EU/EWR-Recht noch nach dem Sozialversicherungsabkommen mit Chile die Voraussetzungen für den Bezug einer Erwerbsminderungsrente erfüllt.

5.2 Krankenversicherung

Mitarbeiter, die sich während ihrer Tätigkeit im Ausland aufhalten –dies gilt im Übrigen auch bei Dienstreisen – haben gemäß § 17 SGB V gegenüber ihrem Arbeitgeber Anspruch auf die ihnen von der deutschen Krankenversicherung zustehenden Leistungen. Dies gilt auch – bei längerfristigen Auslandseinsätzen – für die ggf. familienversicherten Angehörigen, die den Mitarbeiter ins Ausland begleiten oder ihn dort besuchen. Dieser Anspruch bezieht sich auf die Art der Leistungen, also auch dann, wenn die Kosten hierfür im Ausland ggf. höher sind als in Deutschland.

Die zuständige Krankenkasse wiederum erstattet dem Arbeitgeber die von ihm verauslagten Kosten allerdings nur bis zu der Höhe, in der sie im Inland entstanden wäre.

Beispiel 17

Ein Mitarbeiter muss sich in Frankreich einer Bypassoperation unterziehen. Hierfür entstehen Kosten in Höhe von Euro 15.000,--. In Deutschland hätte dieser Eingriff maximal Euro 11.000,-- gekostet.

Lösung:

Der Arbeitgeber muss dem Mitarbeiter den vollen Rechnungsbetrag erstatten. Von der zuständigen Krankenkasse erhält er jedoch lediglich Euro 11.000,-- erstattet, sodass er den Differenzbetrag selber tragen muss, soweit er nicht für den Arbeitnehmer eine zusätzliche private Krankenversicherung oder eine Gruppenkrankenversicherung abgeschlossen hat, die diese Zusatzkosten übernimmt.

Um entsprechende Leistungsansprüche bei einer Tätigkeit in einem EWR-Mitgliedsstaat geltend machen zu können, muss der Mitarbeiter die europäische Krankenversichertenkarte (EHIC) vorlegen. Diese wird ihm auf Antrag von der zuständigen deutschen Krankenkasse ausgestellt.

Bei einer Beschäftigung in einem anderen Abkommensstaat sind die Leistungsansprüche auf Basis unterschiedlicher Vordrucke geltend zu machen (die EHIC gilt hier nicht). Auch diese Vordrucke werden von der zuständigen Krankenkasse ausgestellt. Aus ihnen ergibt sich auch, bei welcher zuständigen ausländischen Behörde der Vordruck gegen einen sogenannten Behandlungsausweis umgetauscht werden kann.

5.3 Leistungen für Familienangehörige

Prinzipiell haben auch die familienversicherten Angehörigen im Ausland dieselben Leistungsansprüche wie der Mitarbeiter. Daraus folgt, dass die Erstattungspflicht des Arbeitgebers auch für die Familienangehörigen gilt, wenn diese den Mitarbeiter begleiten oder ihn anlässlich seiner Tätigkeit im Ausland besuchen. Seitens der Krankenkasse werden aber auch nur diejenigen Aufwendungen erstattet, die im Inland entstanden wären, sodass sich auch aus diesem Grund der Abschluss einer zusätzlichen privaten Krankenversicherung empfiehlt.

Bleiben die Familienangehörigen jedoch in Deutschland, werden von der zuständigen Krankenkasse die üblichen Leistungen gewährt, wenn der Mitarbeiter auch während des Auslandseinsatzes Mitglied in der gesetzlichen Krankenversicherung bleibt und die Familienversicherung besteht.

5.4 Pflegeversicherung

Der Grundsatz „Pflegeversicherung folgt der Krankenversicherung" gilt auch für die ins Ausland entsandten Mitarbeiter. Unterliegen sie gemäß § 4 SGB IV weiterhin der deutschen Sozialversicherungspflicht, sind selbstverständlich auch Beiträge zur Pflegeversicherung zu entrichten.

Dies gilt auch bei Beschäftigung in einem EU-/EWR-Staat, sofern der Mitarbeiter weiterhin in der deutschen Sozialversicherung verbleibt.

5.5 Entgeltfortzahlungsversicherung

Die Beiträge zur Entgeltfortzahlung (U1 bzw. U2) sind auch bei einer Tätigkeit im Ausland zu entrichten, wenn die Voraussetzungen

a) für den Anspruch auf Entgeltfortzahlung nach dem Entgeltfortzahlungsgesetz oder

b) die Anwendbarkeit des Mutterschutzgesetzes weiterhin gegeben ist.

5.6 Unfallversicherung

Handelt es sich um eine Entsendung nach § 4 SGB IV oder werden aufgrund des über- bzw. zwischenstaatlichen Rechts Beiträge in das deutsche Sozialversicherungssystem gezahlt, sind durch den Arbeitgeber auch weiterhin Beiträge zur gesetzlichen Unfallversicherung zu entrichten. Erleidet der Mitarbeiter während des Auslandseinsatzes einen Arbeitsunfall oder erkrankt er an einer Berufskrankheit, kommt der Unfallversicherungsträger für die Kosten auf.

Der Anspruch auf die Sachleistungen wegen eines Arbeitsunfalls oder einer Berufskrankheit bei Auslandseinsätzen innerhalb des europäischen Wirtschaftsraumes wird durch den zuständigen deutschen Träger der Unfallversicherung mit dem Vordruck E 123 bestätigt (bei entsprechenden Sachleistungen anlässlich einer Auslandstätigkeit in einem Vertragsstaat ist es die entsprechende Bescheinigung D/Vertragsstaat 123).

Der entsprechende Vordruck ist direkt bei der zuständigen Berufsgenossenschaft erhältlich. Zu beachten ist, dass in diesen Fällen auch für die Dauer der Leistungsgewährung das Recht des ausländischen Trägers gilt. Die Beschränkung auf die sofort notwendigen Sachleistungen ist bei Arbeitsunfällen und Berufskrankheit nicht vorgesehen.

Darüber hinaus wird jedoch empfohlen, eine zusätzliche Gruppen-Unfallversicherung abzuschließen, um einen zusätzlichen Schutz für die im Ausland tätigen Mitarbeiter zu gewährleisten.

5.7 Arbeitslosenversicherung

Liegen die Voraussetzungen des § 4 SGB IV vor oder ist aufgrund des über- bzw. zwischenstaatlichen Rechts die Beitragszahlung zur Bundesagentur für Arbeit weiterhin möglich, hat der Mitarbeiter bei Arbeitslosigkeit im unmittelbaren Anschluss an den Auslandseinsatz Anspruch auf Arbeitslosengeld, wenn auch die sonstigen Voraussetzungen zum Bezug von Arbeitslosengeld erfüllt sind.

5.8 Erziehungs- und Kindergeld

Aufgrund der Regelungen in § 1 Abs. 2 Nr. 1 Bundeserziehungsgeldgesetz hat ein Arbeitnehmer Anspruch auf **Erziehungsgeld**, wenn er „im Rahmen seines in Deutschland bestehenden Beschäftigungsverhältnisses vorübergehend ins Ausland entsandt ist und aufgrund über- oder zwischenstaatlichen Rechts oder nach § 4 SGB IV dem deutschen Sozialversicherungsrecht unterliegt".

Der Anspruch auf **Kindergeld** richtet sich zum einen nach den einkommensteuerrechtlichen Vorschriften. Danach ist gemäß § 62 Abs. 1 Ziff. 1 und 2 Einkommensteuergesetz (EStG) prinzipiell nur derjenige Kindergeld berechtigt, der „im Inland seinen Wohnsitz oder gewöhnlichen Aufenthalt hat oder (...) nach § 1 Abs. 2 (EStG) unbeschränkt einkommensteuerpflichtig ist bzw. nach § 1 Abs. 3 (EStG) als unbeschränkt einkommensteuerpflichtig behandelt wird", wenn er seinen Wohnsitz nicht im Inland hat.

Die betriebliche Praxis zeigt, dass diese Voraussetzungen von Mitarbeitern, die eine Auslandstätigkeit übernehmen, in der Regel nicht erfüllt werden, da insbesondere bei längerfristigen Auslandseinsätzen der Wohnort bzw. gewöhnliche Aufenthaltsort und damit auch die Steuerpflicht ins Ausland verlagert wird. Daneben ergibt sich jedoch auch aus dem Bundeskindergeldgesetz (BKGG) der Anspruch auf Kindergeld. Danach erhält gemäß § 1 Abs. 1

Ziff. 1 BKGG Kindergeld auch derjenige, der im Inland nicht unbeschränkt einkommensteuerpflichtig ist bzw. als unbeschränkt einkommensteuerpflichtig behandelt wird, wenn er „in einem Versicherungspflichtverhältnis zur Bundesagentur für Arbeit nach § 24 SGB III steht".

Hierzu gehören auch Mitarbeiter, die gemäß § 4 SGB IV ins Ausland entsandt worden sind. Darüber hinaus sind auch diejenigen Mitarbeiter Kindergeld berechtigt, die aufgrund der Regelungen des über- oder zwischenstaatlichen Rechts in einen EU-/EWR-Staat oder einen Abkommensstaat entsandt oder versetzt wurden, mit dem eine Regelung über die **Fortzahlung der Beiträge zur Bundesagentur für Arbeit** geregelt wurde (hierzu gehören zum Zeitpunkt der Drucklegung dieses Buches: Chile, China, Japan, Nachfolgestaaten des ehem. Jugoslawien, Kanada, Kroatien, Marokko, Mazedonien und die Türkei). Voraussetzung ist hier, dass während des Auslandseinsatzes die Beiträge zur Bundesagentur für Arbeit weiter abgeführt werden.

In diesen Fällen ist der Antrag gem. § 13 BKGG in Verbindung mit der Dienstanweisung zum BKGG vom März 2005 an die jeweils örlich zuständige Familienkasse zu richten, wobei sich diese nach dem Staat richtet, in dem der Arbeitnehmer während der Auslandstätigkeit seinen Wohnsitz hat:

Wohnsitz-/Einsatzstaat des Arbeitnehmers	Örtlich zuständige Agentur für Arbeit
Niederlande	Aachen
Belgien	Aachen
Luxemburg	Saarbrücken
Frankreich	Saarbrücken (sofern der Arbeitgeber seinen Betriebssitz in Rheinland-Pfalz oder im Saarland hat); ansonsten Offenburg
Schweiz	Offenburg
Österreich	Passau
alle anderen Staaten	Nürnberg

Tabelle III-2: *Zuständiges Arbeitsamt nach Wohnsitz-/Einsatzstaat*

Die praktische Erfahrung mit der Arbeitsverwaltung zeigt, dass auch, wenn aufgrund des über- oder zwischenstaatlichen Rechts ordnungsgemäß Beiträge an die Agentur für Arbeit abgeführt werden, in der Regel die Kindergeldzahlung eingestellt wird, obwohl – wie vorstehend ausgeführt – unabhängig von den steuerlichen Verhältnissen ein Kindergeldanspruch gegen die Bundesagentur für Arbeit besteht. Dies hat dazu geführt, dass viele Unternehmen sowohl den entsandten als auch den versetzten Mitarbeitern eine entsprechende Ausgleichszahlung gewähren und somit staatliche Leistungen übernehmen.

Da es sich um durch aus hohe Beträge handeln kann, könnte es ggf. sinnvoll sein, mit dieser Praxis aufzuhören und stattdessen die Mitarbeiter bei der Durchsetzung ihrer Ansprüche gegen die Arbeitsverwaltung zu unterstützen.

6. Beschäftigung im vertragslosen Ausland

Das Schaubild unter Ziff. 4.2 zeigt, dass die Bundesrepublik Deutschland außerhalb der EU bzw. des EWR nur mit einer kleinen Anzahl von Staaten ein Sozialversicherungsabkommen geschlossen hat. Wird nun ein Mitarbeiter in ein Land entsandt, mit dem keine Vereinbarungen zur Vermeidung der Doppelversicherung bestehen, gelten vom Grundsatz her zunächst die Bestimmungen des § 4 SGB IV (Ausstrahlung).

Allerdings nur dann, wenn es sich tatsächlich um eine Entsendung handelt (siehe hierzu die Ausführungen unter Ziff. 3). Aufgrund des fehlenden Sozialversicherungsabkommens sind in diesen Fällen jedoch Doppelversicherungen nicht auszuschließen.

Im Folgenden werden die Möglichkeiten eines Verbleibs in der deutschen Sozialversicherung ausgeführt, auch wenn der Arbeitnehmer **nicht** mehr Kraft Gesetzes gemäß § 4 SGB IV im deutschen Sozialversicherungssystem verbleiben kann.

6.1 Rentenversicherung

Vom Grundsatz her ist zunächst festzustellen, dass eine Auslandstätigkeit nicht den deutschen Rechtsvorschriften über die Versicherungspflicht entspricht. Allerdings hat der Mitarbeiter auch während dieser Auslandstätigkeit die Möglichkeit, in der deutschen Rentenversicherung zu verbleiben, wenn bestimmte Voraussetzungen erfüllt sind.

6.1.1 Pflichtversicherung auf Antrag

Gemäß § 4 Abs. 1 SBG VI können Deutsche, die für eine begrenzte Zeit im Ausland beschäftigt sind, auf Antrag ihres inländischen Arbeitgebers weiterhin Pflichtmitglied in der deutschen Rentenversicherung bleiben. Dies ist insbesondere dann zu empfehlen, wenn die späteren Rentenansprüche des Mitarbeiters unter Umständen nur durch die Entrichtung von Pflichtbeiträgen aufrechterhalten werden können (z.B.: Erwerbsminderungsrente, Altersrente für Frauen, Altersrente wegen Arbeitslosigkeit oder nach Altersteilzeitarbeit) – siehe hierzu auch die vergleichende Übersicht im Anhang Tabelle 1, S. 257 ff.

Im Rahmen des über- bzw. zwischenstaatlichen Rechts besteht bei einer zeitlich begrenzten Auslandstätigkeit für folgende Personengruppen die Möglichkeit, eine Pflichtversicherung zu beantragen:

- Staatsangehörige der Staaten, mit denen Deutschland ein Sozialversicherungsabkommen geschlossen hat, wenn die Tätigkeit in diesem Vertragsstaat ausgeübt wird;
- Staatsangehörige der EU – bzw. EWR Mitgliedsstaaten, wenn die Tätigkeit in einem der Mitgliedsstaaten ausgeübt wird;
- Staatsangehörige der Mitgliedsstaaten, wenn die Tätigkeit **außerhalb** der Mitgliedsstaaten ausgeübt wird und die allgemeine Wartezeit von 60 Monaten (gegebenenfalls durch Zusammenrechnung der deutschen mit der mitgliedsstaatlichen Versicherungszeiten) erfüllt ist und der Mitarbeiter nicht nach den Vorschriften eines anderen Mitgliedsstaates pflichtversichert oder freiwillig versichert ist (Ausnahmen: belgische, britische, französische, österreichische und spanische Staatsangehörige werden so behandelt wie deutsche Mitarbeiter, d.h. sie sind bereits ohne Erfüllung der vorstehend genannten Voraussetzungen zur Antragspflichtversicherung berechtigt);
- Ausländische Mitarbeiter, die nicht die Staatsangehörigkeit eines EU – bzw. EWR – Mitgliedsstaates besitzen und ihren rechtmäßigen Wohnsitz in einem Staat der EU haben, wenn die Tätigkeit in einem EU/EWR – Mitgliedsstaat ausgeübt wird. Weitere Voraussetzung ist jedoch, dass diese Mitarbeiter Verbindungen zu mindestens zwei EU/EWR – Mitgliedsstaaten haben (z.B. rechtmäßiger Wohnsitz in den Niederlanden und Beitragszeiten in Deutschland). Nach den Bestimmungen des § 4 Abs.1 SGB VI setzt auch die Antragspflichtversicherung voraus, dass der Mitarbeiter die Tätigkeit im Ausland „für eine begrenzte Zeit" ausübt. In diesem Zusammenhang kann auf die vorstehenden Ausführungen verwiesen werden, wonach die Befristung im Voraus zeitlich vereinbart sein muss. Ebenso gibt es auch hier keine Höchstgrenzen. Insofern wird prinzipiell jeder Zeitraum, der sich kalendermäßig bestimmen lässt, von dieser Regelung erfasst.

Ebenso lässt der Wortlaut des § 4 Abs. 1 SBG VI einen Antrag auf Pflichtversicherung nicht zu, wenn die Tätigkeit im Ausland zeitlich nicht zulässig befristet ist (siehe auch hierzu die Ausführungen auf den Seiten 155 bis 158).

Der Antrag ist vom inländischen Arbeitgeber zu stellen (d.h. weder der Mitarbeiter selber noch eine „reine" Privatperson – wie z.B. ein Familienangehöriger des Mitarbeiters – sind hierzu berechtigt).

Der Antrag kann jederzeit gestellt werden. Ein entsprechendes Formblatt kann von der deutschen Rentenversicherung bezogen bzw. deren Web – Seite (www.deutsche-rentenversicherung.de) herunter geladen werden.

Falls jedoch Fristen gewahrt werden müssen, weil sich zum Beispiel der Mitarbeiter bereits im Ausland befindet und der inländische Arbeitgeber erst zu einem späteren Zeitpunkt von der Möglichkeit der Antragspflichtversicherung erfahren hat, reicht ein formloser Antrag aus.[2]

---

2 „Hiermit beantragen wir für unseren Mitarbeiter Hans Mustermann, Versicherungs-Nr.: 120852K4711, Versicherungspflicht nach § 4 Abs.1 Nr. 2 SGB VI".

In besonders eiligen Fällen kann der Antrag an den zuständigen Rentenversicherungsträger auch telefonisch gestellt werden, da die Versicherungspflicht mit dem Tag, der dem Eingang des Antrags beim zuständigen Rentenversicherungsträger folgt, beginnt. Sie beginnt jedoch frühestens mit dem Tag, an dem die entsprechenden Voraussetzungen eingetreten sind.

Beispiel 18

Der Mitarbeiter hat die zeitlich befristete Tätigkeit im Ausland am 01.05.2006 begonnen. Der Arbeitgeber hat erst im September 2006 von der Möglichkeit der Antragspflichtversicherung gemäß § 4 Abs.1 SGB VI Kenntnis erhalten und am 05.09.2006 den Antrag telefonisch gestellt, sodass ab dem 06.09.2006 die Antragspflichtversicherung beginnt. Diese ist aber nicht rückwirkend möglich, sodass für den Zeitraum vom 01.05. bis einschließlich 05.09.2006 keine Beiträge nach entrichtet werden können.

Beispiel 19

Der inländische Arbeitgeber hat für einen Mitarbeiter, der mit Wirkung zum 01.10.2006 eine zeitlich befristete Tätigkeit im vertragslosen Ausland übernehmen wird, bereits im Vorhinein einen schriftlichen Antrag auf Pflichtversicherung gemäß § 4 Abs.1 SGB VI gestellt. Dieser ist beim zuständigen Rentenversicherungsträger am 26. Juli 2006 eingegangen. Da die Voraussetzungen für die Antragspflichtversicherung erst ab dem 01.10.2006 erfüllt sind, beginnt die Antragspflichtversicherung auch erst ab diesem Zeitpunkt.

Aufgrund der gesetzlichen Vorschriften endet die Antragspflichtversicherung mit Ablauf des Tages, an dem die entsprechenden Voraussetzungen weggefallen sind.

Dies gilt insbesondere dann, wenn

- die Beschäftigung, für die die Antragspflichtversicherung gestellt wurde, endet;
- die ursprünglich zeitlich befristete Tätigkeit in eine unbefristete Tätigkeit umgewandelt wird;
- das Anstellungsverhältnis durch den inländischen Arbeitgeber oder den Mitarbeiter während der Auslandstätigkeit beendet wird und der Mitarbeiter zu einem anderen Arbeitgeber im Ausland wechselt;
- die Bundesrepublik Deutschland mit dem Staat, in dem der Mitarbeiter seine Tätigkeit ausübt, ein Sozialversicherungsabkommen abschließt.

6.1.1.1 Höhe der Beiträge

Die Höhe der Pflichtbeiträge aufgrund einer Antragspflichtversicherung wird unter Berücksichtigung der tatsächlichen Bezüge des Mitarbeiters ermittelt oder es ist – falls dies für den Mitarbeiter günstiger ist – ein gesetzlich festgelegtes Durchschnittsentgelt als Bemessungsgrundlage heranzuziehen.

6.1.1.2 Tatsächliche Bezüge

Grundsätzlich ist für die Beitragsberechnung auf die tatsächlichen Bezüge, die der Mitarbeiter während der Auslandstätigkeit erhält, abzustellen. Hierzu zählen neben dem Monatslohn bzw. –gehalt auch alle sonstigen einmaligen oder laufenden Zahlungen, Zuschläge bzw. sonstige mit der Auslandstätigkeit verbundene Leistungen, soweit sie nach § 1 der Arbeitsentgeltverordnung nicht lohnsteuerfrei sind. Hierzu zählen z.B. Auslandszulagen, Auslösungen und Kaufkraftzuschläge. Erhält der Mitarbeiter gegebenenfalls Bezüge in ausländischer Währung, sind diese unter Berücksichtigung der Festlegungen in § 17 a SGB IV in Euro umzurechnen.

Ist zwischen dem inländischen Arbeitgeber und dem Mitarbeiter vereinbart, dass er neben seinen Bezügen im Heimatland zusätzlich eine Zahlung von der ausländischen Gesellschaft erhält (unabhängig davon, ob es sich um monatlich laufende oder gegebenenfalls eine einmalige Zahlung – wie Boni oder Projektprämien – handelt), ist als Bemessungsgrundlage das Gesamtgehalt, d.h. beide Gehaltsteile zu berücksichtigen.

Da im Rahmen der Antragspflichtversicherung das beitragspflichtige Entgelt durch die jeweils maßgebliche Beitragsbemessungsgrenze in der gesetzlichen Rentenversicherung begrenzt wird (in 2007: Euro 5.250,- p.M. in den Alten Bundesländern bzw. Euro 4.550,- p.M. in den Neuen Bundesländern), sind die vorstehend genannten Berechnungen nur dann durchzuführen, wenn die Bezüge die Beitragsbemessungsgrenze in der gesetzlichen Rentenversicherung **nicht** überschreiten.

6.1.1.3 Durchschnittsentgelt

Aus § 166 Ziff. 1 Nr. 4 SGB VI ergibt sich, dass eine Beitragszahlung auf Basis der tatsächlich für die Auslandstätigkeit bezahlten Bezüge nur dann zu erfolgen hat, wenn sich nicht ein höherer Betrag aus dem gesetzlich festgelegten „Durchschnittsentgelt“ ergibt.

Dies gilt nur für den Fall, dass die Bezüge des Mitarbeiters nicht bereits über der jeweils maßgeblichen monatlichen Beitragsbemessungsgrenze in der gesetzlichen Rentenversicherung liegen (s.o.).

Für die Errechnung des Durchschnittswertes sind zum einen die Bezüge des Mitarbeiters, die er in den letzten 3 Monaten vor Beginn der Auslandstätigkeit erhalten hat, und zum anderen die jeweils maßgebliche monatliche Beitragsbemessungsgrenze in der gesetzlichen Rentenversicherung dieser 3 Monate zu berücksichtigen.

Dabei sind für diesen 3-Monatszeitraum jeweils die **vollen Bezüge,** die dem Mitarbeiter gezahlt wurden, zugrunde zu legen, d.h. etwaige Urlaubs-, Weihnachtsgeldzahlungen oder Boni sind in voller Höhe den Bezügen für den Monat zuzurechnen, in dem sie gezahlt wurden. Dies gilt auch dann, wenn für einen Monat durch eine entsprechende Sonderzahlung die Beitragsbemessungsgrenze in der gesetzlichen Rentenversicherung überschritten worden sein sollte.

Dies soll anhand der folgenden Beispiele verdeutlicht werden:

Beispiel 20

Dem Mitarbeiter wurden in den Monaten Juli bis September 2006 die folgenden Bezüge gezahlt. Die Beitragsbemessungsgrenze im Jahr 2006 belief sich auf Euro 5.250,- p.M. (in den Alten Bundesländern) bzw. Euro 4.400,- p.M. (in den Neuen Bundesländern):

Letzte drei voll mit Pflichtbeiträgen belegte Kalendermonate	Bezüge in Euro	Beitragsbemessungsgrenze in Euro (Alte Bundesländer)	Beitragsbemessungsgrenze in Euro (Neue Bundesländer)
(1)	(2)	(3)	(4)
Juli 2006	3.500,-	5.250.-	4.400,-
August 2006	3.500,-	5.250.-	4.400,-
September 2006	4.500,-	5.250.-	4.400,-
Summe	**11.500,-**	**15.750,-**	**13.200,-**

Der Verhältniswert ergibt sich, in dem man die Gehaltsumme durch die Summen der Beitragsbemessungsgrenzen dividiert. Er ist auf vier Stellen nach dem Komma zu runden und muss mindestens 0,6667 betragen.

Auf dieser Basis ergeben sich folgende Verhältniswerte:

Summe Spalte (2) / Summe Spalte (3) = 0,73015 bzw. **0,7302 (gerundet)**

Summe Spalte (2) / Summe Spalte (4) = **0,8712**

Da in beiden Fällen der errechnete Verhältniswert über dem gesetzlichen Mindestverhältniswert von 0,6667 liegt, ist dieser für die Folgejahre, in denen eine Antragspflichtversicherung besteht, für die Ermittlung der abzuführenden Beiträge maßgeblich.

Mit Beginn der Auslandstätigkeit im Oktober 2006 ergibt sich somit folgendes beitragspflichtige Monatsentgelt:

Monatliche Beitrags-bemessungsgrenze in Euro	Verhältniswert	Beitragspflichtiges monatliches Durchschnittsentgelt für die restlichen Monate in 2006
5.250,-	0,7302	**3.833,55**
Monatliche Beitrags-bemessungsgrenze in Euro	Verhältniswert	Beitragspflichtiges monatliches Durchschnittsentgelt für die restlichen Monate in 2006
4.400,-	0,8712	**3.833,28**

Das monatliche Durchschnittsentgelt für den Mitarbeiter beläuft sich auf Euro 3.833,55 (Beispiel für die alten Bundesländer) bzw. 3.833,28 (Beispiel für die neuen Bundesländer) und bildet die Grundlage für die Ermittlung der monatlichen Beiträge. Sollte das tatsächlich gezahlte Gehalt für die Auslandstätigkeit nicht höher sein als das Durchschnittsentgelt, sind die Beiträge aus dem durchschnittlichen Beitragsentgelt zu errechnen.

Beispiel 21

Werden dem Mitarbeiter neben den monatlichen Bezügen weitere Gehaltsbestandteile für die Auslandstätigkeit gewährt (z. B. hardship-allowance, Mietzuschuss, Ausgleich für höhere Lebenshaltungskosten), sodass das monatliche Einkommen die jeweils maßgebliche Beitragsbemessungsgrenze übersteigt, wird das beitragspflichtige Entgelt auf die Beitragsbemessungsgrenze begrenzt.

6.1.2 Freiwillige Versicherung in der gesetzlichen Rentenversicherung

Da eine Antragspflichtversicherung zur Folge haben kann, dass in 2 Ländern die Höchstbeiträge für Arbeitgeber und Arbeitnehmer in die jeweiligen gesetzlichen Rentenversicherungssysteme einzuzahlen sind, bietet sich für den Mitarbeiter als Alternativlösung zum Verbleib in der deutschen Rentenversicherung die Möglichkeit der „freiwilligen Versicherung". Dabei ist jedoch nach der Staatsangehörigkeit des Mitarbeiters zu unterscheiden.

Grundsätzlich gehören alle deutschen Staatsangehörigen, die ihren Wohnsitz oder gewöhnlichen Aufenthalt ins Ausland verlagern, zum berechtigten Personenkreis.

Ebenso sind unter bestimmten Voraussetzungen auch ausländische Staatsangehörige bzw. Staatenlose sowie Flüchtlinge im Sinne der Genfer Konvention berechtigt, sich bei einer Tätigkeit im Ausland in der deutschen gesetzlichen Rentenversicherung freiwillig zu versichern.

Diese Berechtigung ergibt sich insbesondere aus der VO 1408/71 bzw. den sonstigen Sozialversicherungsabkommen. Es würde jedoch den Rahmen dieses Buches überschreiten, die entsprechenden Vorschriften im Detail darzulegen. Insofern wird auf die Informationsbroschüre Nr. 20: "Die freiwillige Versicherung bei Aufenthalt im Ausland", der Deutschen Rentenversicherung Bund verwiesen.

Im Unterschied zur Antragspflichtversicherung kann eine freiwillige Versicherung nur vom Mitarbeiter selber beantragt werden, der auch die Höhe der freiwilligen monatlichen Beiträge prinzipiell frei bestimmen kann. Die Höhe des Beitrags muss sich allerdings zwischen dem Mindest- und dem Höchstbeitrag bewegen. Für 2007 belaufen sich diese auf monatlich Euro 79,60 (Mindestbeitrag, der bundesweit einheitlich gilt) und Euro 1.044,75 (Höchstbeitrag, der ebenfalls bundesweit einheitlich gilt).

Da der Mitarbeiter Antragssteller ist, ist er auch für die Abführung der Beiträge an den zuständigen Rentenversicherungsträger verantwortlich. Wie aus der Übersicht im Anhang Tabelle 1, Seite 257 ff. ersichtlich, können mittels der Zahlung freiwilliger Beiträge, die für bestimmte Rentenarten erforderlichen Wartezeiten erfüllt werden. Zum anderen führen die freiwilligen Beiträge auch dazu, dass sich der spätere Rentenanspruch voraussichtlich erhöhen wird.

6.2 Krankenversicherung

Bei Aufnahme einer Tätigkeit im vertragslosen Ausland besteht kein Anspruch mehr auf Leistungen aus der deutschen gesetzlichen Krankenversicherung (dies gilt auch bei Tätigkeiten in Abkommensstaaten, in denen keine Regelungen zur Weitergeltung der deutschen Krankenversicherung vereinbart wurden (wie z.B. China, Japan, USA).

Allerdings sollte der Mitarbeiter für die Dauer seiner Auslandstätigkeit seine Mitgliedschaft in der gesetzlichen Krankenversicherung als Anwartschaftsversicherung weiterführen. Dabei werden die Beiträge pauschal aus einem Zehntel der monatlichen Bezugsgröße errechnet, die sich in 2007 auf Euro 2.450,- beläuft. Bei einem durchschnittlichen Beitragssatz von 14,5 Prozent (in 2007) ergibt sich somit ein monatlicher Beitrag von Euro 35,53. Mit der Anwartschaftsversicherung wird auch automatisch die Pflegeversicherung fortgeführt.

Die Anwartschaftsversicherung gewährt zwar keinen Krankenversicherungsschutz für die Dauer des Auslandsaufenthaltes. Ebenso haben der Mitarbeiter und die mit ihm evt. ausgereisten Familienmitglieder anlässlich von dienstlichen oder privaten Reisen nach Deutschland keinen Anspruch auf Leistungen aus der Anwartschaftsversicherung. Allerdings lebt der Anspruch dann wieder auf, wenn der Mitarbeiter oder seine Familienmitglieder auf Dauer nach Deutschland zurückkehren. Gemäß § 9 Abs.1 Ziff. 5 SGB V kann der Mitarbeiter sich zwar nach Rückkehr aus dem Ausland in der gesetzlichen Krankenversicherung freiwillig versichern. Diese Möglichkeit besteht jedoch nur dann, wenn er innerhalb von 2 Monaten nach

Beendigung der Auslandstätigkeit in Deutschland wieder eine sozialversicherungspflichtige Tätigkeit aufnimmt. Mit der Anwartschaftsversicherung ist gewährleistet, dass der Mitarbeiter automatisch wieder bei seiner gesetzlichen Krankenversicherung versichert ist, selbst wenn er nach Rückkehr aus dem Ausland z. B. aufgrund einer schweren Erkrankung keine sozialversicherungsrechtliche Tätigkeit aufnehmen kann.

Hinweis

Auf die möglichen Auswirkungen, die das Gesetz zur Stärkung des Wettbewerbs in der gesetzlichen Krankenversicherung (GKV-WSG), für Mitarbeiter, die eine Auslandstätigkeit übernehmen, hat, kann zum Zeitpunkt der Drucklegung leider noch nicht eingegangen werden.

So ist vorstellbar, dass es in Zukunft aufgrund der neuen Versicherungspflicht gem. § 5 Abs. 1 Nr. 13a SGB V u.U. nicht mehr erforderlich sein wird, eine „Anwartschaftsversicherung" abzuschliessen. Darüber hinaus könnte sich für ausländische Arbeitnehmer, die nach Deutschland entsandt werden (Einstrahlungsfälle), über die „Bürgerversicherung" eine gesetzliche Krankenversicherungspflicht ergeben.

Die DKVA wird hierzu in einem gesonderten Rundschreiben Stellung nehmen.

6.3 Pflegeversicherung

Verlegt der Mitarbeiter seinen Wohnsitz in das vertragslose Ausland, kann er sich in der Pflegeversicherung gem. § 26 Abs. 2 SGB XI freiwillig versichern. Hierfür ist ein verminderter Beitrag zu zahlen, der sich in 2007 auf Euro 6,94 p.M. (bzw. Euro 7,96 p.M. falls der Mitarbeiter kinderlos ist) beläuft. Auch hier entstehen – wie bei der Krankenversicherung – daraus keine Leistungsansprüche. Allerdings werden diese Zeiten bei Eintritt eines Pflegefalles für eine ggf. erforderliche Vorversicherungszeit angerechnet.

Der Antrag ist spätestens einen Monat nach dem Ausscheiden aus der gesetzlichen Pflegeversicherung zu stellen. Falls die Familienmitglieder mit ausreisen, sind sie ebenfalls versichert. Verbleiben Familienmitglieder im Inland, müssen sie sich um einen eigenen Versicherungsschutz kümmern, falls noch keiner bestehen sollte.

6.4 Arbeitslosenversicherung

Wenn sich das Abkommen nicht auf die Arbeitslosenversicherung erstreckt, können seit dem 1. Februar 2006 Pflichtversicherungsbeiträge auf Antrag gemäß § 28 a SGB III an die Bundesagentur für Arbeit entrichtet werden.

Voraussetzung hierfür ist, dass der Mitarbeiter innerhalb der letzten 24 Monate vor Aufnahme der Tätigkeit im Ausland mindestens 12 Monate in einem Versicherungspflichtverhältnis nach dem SGB III gestanden hat oder in dem vorgenannten Zeitraum Entgeltersatzleistungen (z.B. Arbeitslosengeld) nach dem SGB III erhalten hat. Der Antrag ist spätestens innerhalb der Ausschlussfrist von einem Monat nach Beginn der Tätigkeit im Ausland zu stellen. Dabei ist zu beachten, dass die verspätete Antragsstellung kein freiwilliges Versicherungspflichtverhältnis mehr begründen kann.

Mitarbeiter, die sich zum Zeitpunkt des Inkrafttretens dieser neuen gesetzlichen Vorschrift bereits im vertragslosen Ausland aufgehalten haben, konnten aufgrund einer Übergangsregelung den Antrag noch bis zum 31.12.2006 stellen. Wegen dieser Übergangsregelung greift die vorstehend genannte Ausschlussfrist ab dem 01.01.2007.

Als beitragspflichtiges Entgelt werden 25 Prozent der monatlichen Bezugsgröße für die Alten Bundesländer festgelegt (in 2007 = Euro 2.450,-). Der Beitragssatz beträgt 4,2 Prozent, sodass sich für 2007 ein monatlicher Beitrag in Höhe von Euro 25,73 ergibt. Dieser ist vom Arbeitnehmer zu überweisen, wobei ihm sein Arbeitgeber im Innenverhältnis diese Aufwendungen selbstverständlich ganz oder teilweise erstatten kann. Der Antrag ist vom Mitarbeiter zu stellen, und zwar bei der Agentur für Arbeit seines (letzten) Wohnorts.

Wird der Mitarbeiter nach Beendigung der Auslandstätigkeit arbeitslos, werden die Zeiten der freiwilligen Weiterversicherung als Anwartschaft begründend für den Anspruch auf Arbeitslosengeld berücksichtigt. Die **Höhe** des Arbeitslosengeldes richtet sich dabei nach einem „fiktiven Arbeitsentgelt", welches von der Agentur für Arbeit unter Berücksichtigung bestimmter Qualifikationsstufen festgelegt wird.

Die **Dauer** des Anspruchs auf Arbeitslosengeld ist vom Zeitraum der Beitragszahlung abhängig und beträgt max. 12 Monate. Hat der Mitarbeiter das 55. Lebensjahr vollendet, kann der Anspruch max. 18 Monate betragen.

Qualifikationsgruppe	**Steuerklasse**	
	I/IV	III
	ohne Kind	mit Kind
Hoch-/Fachhochschulabschluß	€ 1.044,90	€ 1.364,10
Fachschule/Meisterabschluß	€ 908,40	€ 1.200,00
Abgeschlossener Ausbildungsberuf	€ 764,40	€ 1.003,20
Keine Ausbildung	€ 616,80	€ 767,40

Tabelle III-3: *Berechnung des Anspruchs auf Arbeitslosengeld nach § 28 a SGB III*

Die Angaben beziehen sich auf das Jahr 2007, und wurden unter Berücksichtigung des Arbeitslosengeldrechners der Bundesagentur für Arbeit ermittelt. Die Regelungen des § 28a SGB III sind vorerst jedoch nur bis zum 31.12.2010 befristet.

6.5 Unfallversicherung

Bei einer Tätigkeit im vertragslosen Ausland ist eine Fortführung der Beitragszahlung zur gesetzlichen Unfallversicherung nicht möglich. Allerdings haben verschiedene Träger der Unfallversicherung von der Möglichkeit des § 140 Abs. 2 und 3 SGB VII Gebrauch gemacht.

Danach kann eine besondere – freiwillige – Auslandsversicherung eingerichtet werden, die alle Mitarbeiter erfasst deren inländisches Anstellungsverhältnis während des Auslandseinsatzes ruht.

Nähere Informationen gibt der zuständige Träger der Unfallversicherung.

So haben z. B. die Metall-Berufsgenossenschaften zum 01.01.2002 eine Auslandsversicherung eingerichtet (das hierfür notwendige Antragsformular ist als Muster im Anhang S. 256 dargestellt).

Wie bereits in Ziff. 5.6) ausgeführt wird darüber hinaus empfohlen, eine zusätzliche Gruppen-Unfallversicherung abzuschließen.

6.6 Kindergeld

Wie weiter oben bereits ausgeführt (s. unter Ziff. 5.8) besteht Anspruch auf Kindergeld, wenn der Arbeitnehmer Pflichtbeiträge zur Arbeitslosenversicherung entrichtet. Da sich aus den Gesetzesmaterialien nichts Gegenteiliges ergibt, kann davon ausgegangen werden, dass mit der Zahlung der freiwilligen Pflichtbeiträge zur Arbeitslosenversicherung gemäß § 28 a SGB III auch der Anspruch auf Kindergeld nach dem Bundeskindergeldgesetz aufrechterhalten wird. Hierzu liegt zum Zeitpunkt der Drucklegung allerdings noch keine abschließende Stellungnahme der Bundesagentur für Arbeit vor.

7. EXKURS

7.1 Riesterrente

Im Zusammenhang mit der Reduzierung des Leistungsniveaus der gesetzlichen Rentenversicherung haben Arbeitnehmer seit 2002 die Möglichkeit, auf privater Basis eine zusätzliche, staatlich geförderte Altervorsorge aufzubauen. Die staatliche Förderung erfolgt dabei über eine progressionsunabhängige Zulage und ggf. (im Rahmen der Günstigkeitsprüfung) zusätzlich über den Sonderausgabenabzug. Den Anspruch auf eine Zulage bzw. den Sonderausgabenabzug können allerdings nur Arbeitnehmer erlangen, die

a) in der gesetzlichen Rentenversicherung pflichtversichert sowie

b) nach dem Einkommensteuergesetz unbeschränkt steuerpflichtig sind, d.h. ihren Wohnsitz oder gewöhnlichen Aufenthalt im Sinne der Regelungen des § 8 Abgabenordnung in Deutschland haben, und

c) für die eine förderfähige Altersvorsorge besteht.

Mitarbeiter, die gemäß § 4 SGB IV ins Ausland entsandt wurden oder in einem Staat tätig sind, mit dem Deutschland ein Sozialversicherungsabkommen geschlossen hat, welches auch die Rentenversicherung erfasst, erfüllen zunächst die oben unter a) genannte Voraussetzung. Die Voraussetzungen werden darüber hinaus auch von denjenigen Arbeitnehmern erfüllt, für die bei einer Beschäftigung im vertragslosen Ausland nach § 4 Abs. 1 SGB VI eine Antragspflichtversicherung abgeschlossen wurde. Die Regelungen zur Riesterrente sehen daneben aber auch vor, dass Arbeitnehmer, die in der gesetzlichen Rentenversicherung eines ausländischen Staates pflichtversichert sind, in die staatliche Förderung einbezogen werden, wenn die Pflichtmitgliedschaft in diesem System mit der in der deutschen Rentenversicherung vergleichbar ist (**Hinweis**: Auskünfte hierüber erteilt die Zentrale Zulagestelle für Altersvermögen der Rentenversicherung Bund *–ZfA)*.

Hat sich der Mitarbeiter bei Beschäftigung im vertragslosen Ausland jedoch für eine freiwillige Versicherung in der gesetzlichen Rentenversicherung entschieden, ist die geforderte Voraussetzung zunächst nicht erfüllt. Ist der Mitarbeiter bei einer Tätigkeit im vertragslosen Ausland in der dortigen gesetzlichen Rentenversicherung jedoch vergleichbar zur deutschen Rentenversicherung versichert, ist es förderungsunschädlich, wenn er daneben zusätzlich freiwillige Beiträge in die deutsche Rentenversicherung einzahlt.

Falls alle vorstehend genannten Voraussetzungen gegeben sind, kann es auch während des Auslandseinsatzes zur staatlichen Förderung für diese Form der zusätzlichen Altersvorsorge kommen (**Hinweis**: weitere Informationen können der Broschüre „Von Ansparphase bis Zulage – ‚Riestern' leicht gemacht" der Rentenversicherung Bund entnommen werden).

Für die staatliche Förderung reicht jedoch nicht nur das Vorliegen einer Pflichtversicherung in der gesetzlichen Rentenversicherung. Vielmehr muss der Arbeitnehmer zusätzlich seinen Wohnsitz oder gewöhnlichen Aufenthalt gem. § 8 Abgabenordnung in Deutschland haben. Ansonsten kann er gem. § 95 Abs. 1 Einkommensteuergesetz grundsätzlich keine staatliche Förderung mehr in Anspruch nehmen. Leistet der Mitarbeiter während des Auslandseinsatzes weiterhin Beiträge zugunsten einer förderfähigen Altervorsorge und ist er auf Basis der Regelungen des § 4 SGB IV nach überstaatlichem oder zwischenstaatlichem Recht im Ausland tätig, kann die Zulage **nachträglich** gewährt werden.

Voraussetzung hierfür ist die erneute unbeschränkte Steuerpflicht nach Rückkehr in Deutschland sowie die Beantragung mittels eines amtlich vorgeschriebenen Vordrucks. Der Antrag ist „bis zum Ablauf des zweiten Kalenderjahres zu beantragen, das auf das Kalenderjahr folgt, in dem letztmals keine unbeschränkte Steuerpflicht bestand“ (§ 95 Abs. 3 Satz 3 Einkommensteuergesetz).

Beispiel 22

Der Mitarbeiter wird im Rahmen der Ausstrahlung gem. § 4 SGB IV vom 01.07.2003 bis zum 31.12.2005 nach Brasilien entsandt. Da er seinen Wohnsitz in Deutschland aufgibt und auch keinen gewöhnlichen Aufenthalt mehr hier hat, ist er in Deutschland nicht mehr unbeschränkt steuerpflichtig, sodass er eine der Voraussetzungen für die Gewährung der staatlichen Zulage nicht erfüllt.

Lösung

Falls der Mitarbeiter dennoch weiterhin Beiträge in seinen Riesterrentenvertrag eingezahlt hat, kann er nach Rückkehr die entsprechende Zulage für den Zeitraum des Auslandseinsatzes beanspruchen, wenn er dies bis spätestens zum Ablauf des 31.12.2007 auf dem amtlich vorgeschriebenen Formblatt beantragt.

7.2 Elterngeld

Aufgrund des am 29. September 2006 vom Bundestag beschlossenen Bundeselterngeld- und Elternteilzeitgesetzes (BEEG) haben Eltern, deren Kinder nach dem 01. Januar 2007 geboren werden, Anspruch auf Elterngeld, wenn sie die im Gesetz festgelegten Anspruchsvoraussetzungen erfüllen. Danach hat Anspruch auf Elterngeld, wer seinen Wohnsitz oder gewöhnlichen Aufenthalt in Deutschland hat, mit seinem Kind in einem Haushalt lebt, dieses selbst betreut und erzieht und keine bzw. keine volle Erwerbstätigkeit ausübt (§ 1 Abs. 1 BEEG).

Mitarbeiter, die im Ausland tätig sind, wären demnach nur dann anspruchsberechtigt, wenn sie einen Wohnsitz oder gewöhnlichen Aufenthalt in Deutschland beibehalten. Allerdings sieht § 1 Abs. 2 BEEG vor, dass ein Anspruch auf Elterngeld besteht, wenn der Anspruchsberechtigte nach § 4 SGB IV in das Ausland entsandt wurde. Dies gilt auch für den Fall, dass kein Wohnsitz oder gewöhnlicher Aufenthaltsort in Deutschland beibehalten wird.

Wie weiter oben mehrfach ausgeführt, ist eine Anwendung der Regelungen nach § 4 SGB IV regelmäßig dann ausgeschlossen, wenn der Mitarbeiter in ein EU-/EWR-Mitgliedsstaat oder ein Land entsandt wird, mit dem Deutschland ein Sozialversicherungsabkommen geschlossen (siehe Seite 161 ff.).

Im Ergebnis kann festgehalten werden, dass ein Anspruch auf Elterngeld bei Auslandstätigkeiten nur dann besteht, wenn

a) ein Wohnsitz oder gewöhnlicher Aufenthalt in Deutschland beibehalten wird oder

b) eine Entsendung nach § 4 SGB IV vorliegt.

Dies steht nicht im Einklang mit den Regelungen zum Bundeserziehungsgeldgesetz (BErzGG), die durch das Elterngeld abgelöst wurden. Danach hatten auch diejenigen im Ausland tätigen Mitarbeiter Anspruch auf Erziehungsgeld, die „aufgrund über- oder zwischenstaatlichen Rechts oder nach § 4 SGB IV dem deutschen Sozialversicherungsrecht“ unterlagen (§ 1 Abs. 2 BErzGG).

Allerdings ist aus der Gesetzesbegründung zu § 1 BEEG zu entnehmen, dass es sich beim Elterngeld um eine Familienleistung im Sinne der EWG-Verordnung 1408/71 handelt. Da das Gemeinschaftsrecht grundsätzlich nationalem Recht vorgeht, ist daher ein entsprechender Verweis bzw. gesonderter Absatz im Gesetzeswortlaut nicht erforderlich. Darüber hinaus sind die Verordnungen der Europäischen Gemeinschaft für alle Mitgliedsstaaten bindend und können durch nationale Gesetzgebung nicht außer Kraft gesetzt werden.

Im Ergebnis bedeutet dies, dass auch bei einer Entsendung und/oder Versetzung in ein EU-/EWR-Abkommensland Anspruch auf Leistungen gem. BEEG bestehen.

Aus den Gesetzesmaterialien ergibt sich jedoch nicht, ob dies auch bei einer Versetzung in ein Abkommensland gilt.

Inwiefern diese Differenzierung tatsächlich gewollt bzw. mit dem über- oder zwischenstaatlichen Recht vereinbar ist, kann an dieser Stelle nicht beurteilt werden. Es kann jedoch davon ausgegangen werden, dass diese Beschränkung einer rechtlichen Überprüfung nicht standhalten wird, sollte ein Mitarbeiter klagen, der in ein Abkommensland entsandt wird.

Da zum Zeitpunkt der Drucklegung dieses Buches noch keine praktischen Erfahrungen mit den Bestimmungen des BEEG vorliegen, bleibt abzuwarten, wie die Umsetzung in diesen Fällen erfolgen wird.

Falls die zuständige Zahlstelle bei einer Versetzung in ein Abkommensland einen Anspruch auf Elterngeld ablehnen sollte, wird empfohlen, den Mitarbeiter bei einer evt. Klage zu unterstützen.

Literaturverzeichnis

INTERNATIONALE SOZIALVERSICHERUNG, Dokumentation der Abkommen, www.dvka.de

BUNDESMINISTERIUM FÜR ARBEIT UND SOZIALORDNUNG, EURO ATLAS, Soziale Sicherheit im Vergleich, Bestellnr.: A 801

DEUTSCHE RENTENVERSICHERUNG BUND, Diverse Broschüren zum Thema: Arbeiten im Ausland, zu beziehen über: www.deutsche-rentenversicherung-bund.de

PUBLICATIONS OFFICE DER EU, MISSOC 2004 – Soziale Sicherheit in den Mitgliedsstaaten der EU, im EWR und in der Schweiz, zu beziehen über: www.publications.europa.eu

PUBLICATIONS OFFICE DER EU, Die Gemeinschaftsbeziehungen über die soziale Sicherheit, zu beziehen über: www.publications.europa.eu

DEUTSCHE GESELLSCHAFT FÜR PERSONALFÜHRUNG, Sozialversicherung bei Auslandsbeschäftigung, Wirtschaftsverlag Bachem, Köln 1998

Richtlinien der Spitzenverbände der Sozialversicherungsträger über die Ein- und Ausstrahlung vom 28.10.2004

Teil IV

Steuerrechtliche Auswirkungen einer Entsendung

Dorothee Bastian / Yvonne Heinke

Auslandseinsätze berühren steuerlich nicht nur den Arbeitgeber, sondern ganz besonders auch den Arbeitnehmer und seine Familie.

Die umfassende steuerliche Beratung vor, während und nach der Entsendung ist daher nach Meinung der Autorinnen ein „muss", sollen weder die Mitarbeiter noch das Unternehmen schutzlos den strengen Argusaugen der Finanzverwaltung ausgesetzt werden.

Gerade wenn es schnell gehen soll, der Mitarbeiter besser gestern als morgen im Ausland eingesetzt werden kann, passieren die meisten „Fehler", die im nachhinein z.B. im Rahmen einer Betriebsprüfung oder Lohnsteuerprüfung, oder sogar schon bei Erstellung der Einkommensteuer-Erklärung des Mitarbeiters „hochkommen" und dann teuer bezahlt werden müssen.

Dieses Kapitel ersetzt diese steuerliche Beratung auf keinen Fall, sondern soll anhand von Beispielen und praktischen Hinweisen die Planung und den Einsatz des Mitarbeiters erleichtern. Insofern sind die Ausführungen in diesem Kapitel als Anregungen zu verstehen und nicht als steuerliche Beratung.

Wir werden in diesem Kapitel insbesondere die Themen Kostentragung, Arbeitgeberpflichten bei Entsendungen und steuerliche Folgen beim entsandten Mitarbeiter behandeln. Wir werden nicht zu sehr die steuerlichen Details der gesetzlichen Vorschriften besprechen, sondern vielmehr auf die Fragen in der täglichen Praxis eingehen.

Die nachfolgenden Fragen stellen sich in der Praxis bei Auslandsentsendungen immer wieder:

1. Dienstreise oder Entsendung – Ist der Mitarbeiter noch auf Dienstreise oder bereits entsandt?
2. Kostentragung – Wer trägt die Kosten und wie werden diese verteilt und/oder weiterbelastet?
3. Steuerpflicht – Wo wird der Mitarbeiter steuerpflichtig?
4. DBA – Wann kommt es zum Einsatz und was muss beachtet werden?
5. Pflichten des Arbeitgebers?
6. Steuerliche Folgen beim Mitarbeiter?
7. Steuerausgleich – Wer trägt die entsendebedingten Mehrsteuern?
8. Dienstreise – aufenthalts-, steuer- und sozialversicherungsrechtliche Folgen
9. Exkurs – Was passiert bei Entsendungen in Nicht-DBA-Staaten?

1. Ist der Mitarbeiter noch auf Dienstreise oder bereits entsandt?

Nicht jeder kurzfristige Auslandsaufenthalt des Mitarbeiters ist gleich eine Entsendung. Dieser Begriff **(zur Definition s. Kapitel 1**) ist im Steuerrecht nicht gesondert geregelt. Lediglich für die Dienstreise gibt es im deutschen Einkommensteuerrecht eine klare Definition, insbesondere hinsichtlich des **zeitlichen Moments**.

Eine **Dienstreise** im steuerlichen Sinne liegt vor, wenn ein Arbeitnehmer, der eine regelmäßige Arbeitsstätte hat

- aus beruflichen Gründen
- vorübergehend
- außerhalb dieser regelmäßigen Arbeitsstätte und außerhalb seiner Wohnung tätig wird.

Besonderes Augenmerk ist auf den Punkt „**vorübergehend**" zu legen, denn eine Auswärtstätigkeit ist nur dann vorübergehend, wenn der Mitarbeiter nach Beendigung der Auswärtstätigkeit wieder an seine regelmäßige Arbeitsstätte zurückkehrt und dort weiterarbeitet.

Für die steuerliche Betrachtung ist es unerheblich, ob es sich um eine Entsendung im sozialversicherungsrechtlichen oder personalpolitischen Sinne handelt. Eine Entsendung, die der steuerlichen Betrachtung zugrundegelegt wird, liegt vor, wenn ein Mitarbeiter für einen begrenzten Zeitraum für seinen Arbeitgeber in einem anderen Land tätig wird. Dieser Zeitraum muss mindestens 3 Monate und einen Tag lang sein, sonst liegt eine Dienstreise (s.u.) vor. Die Bindung an den Arbeitgeber im Heimatland darf dabei nicht aufgegeben werden. Geht eine Dienstreise einer Entsendung voraus, so ist diese anzurechnen.

Beispiel

Der Mitarbeiter geht am 01.06.2007 ins Ausland und wird dort projektbezogen für 3 Monate eingesetzt. Seine ursprüngliche Dienstreise endet am 30.08.2007. Es stellt sich heraus, dass die Fachkenntnisse des Mitarbeiters für den weiteren Verlauf des Projektes dringend notwendig sind, sodass eine Verlängerung dieses Auslandseinsatzes beschlossen wird. Der Mitarbeiter wird nun im Rahmen einer verlängerten Dienstreise, deren Beginn zum 10.09.2007 für die Dauer von 2 Monaten vertraglich vereinbart wird, weiterhin bei dem ursprünglichen Projekt im Ausland eingesetzt.

Möchte der Arbeitgeber dem Mitarbeiter erneut die Auslandspauschalen für Verpflegungsmehraufwand bezahlen, so ist das ab dem 10.09.2007 nicht mehr steuerfrei möglich, da die ersten drei Monate des Auslandseinsatzes auf die Zeit der verlängerten Dienstreise angerechnet werden. Wird die Auslandspauschale nun erneut gewährt, so ist das grundsätzlich steuerpflichtiger Arbeitslohn, der allerdings bis zur Höhe der doppelten Pauschbeträge pauschal mit 25 Prozent besteuert werden kann.

Die 10-tägige Unterbrechung der Tätigkeit am selben Ort, sei sie durch Urlaub, Krankheit oder eine notwendige Tätigkeit im Heimatunternehmen veranlasst, verlängert weder den Dreimonatszeitraum der Dienstreise noch beginnt diese am 10.09.2007 neu zu laufen.

Es ist grundsätzlich eine Mindestunterbrechung von 4 Wochen erforderlich, um den Dreimonatszeitraum der Dienstreise neu zu starten. Beginnt der Mitarbeiter seine Abordnung z.B. erst zum 01.10.2007 sind die ersten drei Monate der Abordnung steuerlich gesehen wieder eine neue Dienstreise und die Auslandspauschalen können nach deutschem Recht steuerfrei für drei Monate gezahlt werden.

Wechselt das Besteuerungsrecht in das Einsatzland, müssen sowohl Gehaltszahlungen, geldwerte Vorteile und Auslandsauslösungen nach lokalem Recht beurteilt werden.

Wird die vorgenannte Dienstreise nicht nur um 2 Monate, sondern eventuell um 4 Monate verlängert, hält sich der Mitarbeiter im laufenden Steuerjahr (= im vorliegenden Fall das Kalenderjahr) an mehr als 183 Tagen im Tätigkeitsstaat auf. Grundsätzlich wechselt dann das Besteuerungsrecht in den Tätigkeitsstaat nach Art. 15 Abs. 1 OECD-MA (= OECD-Musterabkommen – s. unter 4.1.ff), und zwar nicht erst ab dem 184. Tag im Tätigkeitsstaat, sondern rückwirkend ab dem ersten Tag der vorgenannten Dienstreise. Wurden bei dem Mitarbeiter bis dahin alle Gehaltsbestandteile nach deutschem Recht versteuert, so ändert sich das rückwirkend, d.h. die dem Ausland zuzuordnenden Gehaltsbestandteile sind dann grundsätzlich nicht mehr in Deutschland steuerpflichtig, sondern im Tätigkeitsstaat. Der 183-tägige Aufenthalt im Tätigkeitsstaat muss nicht ununterbrochen und zusammenhängend dort verbracht werden. Mehrere Aufenthalte im maßgeblichen Steuerjahr werden zusammengerechnet.

Der entsendende Arbeitgeber sollte daher neben der zeitlichen Komponente des Auslandseinsatzes auch feststellen, ob das Besteuerungsrecht vom Heimat- in den Einsatzstaat wechselt, z.B. aufgrund der 183-Tage-Regelung (vgl. 4.3. Bedeutung der 183-Tage-Regel) oder durch die Weiterbelastung des Gehalts an das aufnehmende Unternehmen. Dies führt zum ersten wichtigen Aspekt bei Mitarbeiterentsendungen – der Kostentragung.

Ist ein Mitarbeiter nicht mehr im Rahmen einer Dienstreise in einem anderen Land tätig, sondern wird ein Mitarbeiter von seinem Arbeitgeber in ein anderes Land entsandt, so können sich hierdurch sowohl für den Arbeitnehmer, als auch für den Arbeitgeber zahlreiche steuerliche Auswirkungen ergeben, die wir im Folgenden besprechen werden.

2. Kostentragung – Wer trägt die Kosten und wie werden diese verteilt und/oder weiterbelastet?

Die mit der Entsendung verbundenen Aufwendungen sind grundsätzlich von dem Unternehmen zu tragen, in dessen Interesse die Entsendung erfolgt und hierbei sind insbesondere die Art der Tätigkeit des Mitarbeiters und die Höhe der Vergütung zu berücksichtigen (= Fremdvergleichsprinzip).

Die Grundsätze zur Kostentragung, die im nachfolgenden Text dargestellt werden, können nur ein Bild davon vermitteln, wie eine korrekte Verteilung und Weiterbelastung der Kosten vorgenommen werden kann. Dies kann und darf jedoch die Prüfung des einzelnen Sachverhaltes in Ihrem Unternehmen durch Steuerexperten nicht ersetzen. Die Finanzverwaltung hat diese Grundsätze in einem BMF-Schreiben vom 09.11.2001 (**„Grundsätze für die Prüfung der Einkunftsabgrenzung zwischen international verbundenen Unternehmen in Fällen der Arbeitnehmerentsendung“**) zusammengefasst, anhand dessen sich insbesondere die Prüfer im Rahmen ihrer Außenprüfungen orientieren.

Für die Anwendung der Prüfungsgrundsätze definiert die Finanzverwaltung eine Arbeitnehmerentsendung wie folgt:

„Eine **Arbeitnehmerentsendung** ..... liegt grundsätzlich dann vor, wenn ein Arbeitnehmer mit seinem bisherigen Arbeitgeber (entsendendes Unternehmen) vereinbart, für eine befristete Zeit bei einem verbundenen Unternehmen (aufnehmendes Unternehmen) tätig zu werden und das aufnehmende Unternehmen entweder eine arbeitsrechtliche Vereinbarung mit dem Arbeitnehmer abschließt oder als wirtschaftlicher Arbeitgeber anzusehen ist.

Keine Arbeitnehmerentsendung ..... liegt demnach vor, wenn ein Arbeitnehmer zur Erfüllung einer Dienst- oder Werkleistungsverpflichtung des entsendenden Unternehmens bei einem anderen verbundenen Unternehmen tätig wird und sein Arbeitslohn Preisbestandteil der Dienst- bzw. Werkleistung ist ...“

Wo diese Unterscheidung von Bedeutung ist, wird unter Abschnitt 2.2. Kostenverteilung in einem Beispiel am „Team Montagelinie“ dargestellt.

2.1 Aufwendungen

Als zu betrachtende Kosten kommen alle direkten und indirekten Aufwendungen in Frage, die der Entsendung zuzuordnen sind. Es handelt sich hierbei nicht nur um den Arbeitslohn, der dem entsandten Mitarbeiter unmittelbar zufließt, sondern um alle Aufwendungen, soweit sie das Ergebnis des aufnehmenden und/oder entsendenden Unternehmens gemindert haben und mit der Entsendung in wirtschaftlichem Zusammenhang stehen, wie z.B.

- Grundgehalt
- Prämien, Urlaubs- und Weihnachtsgeld
- Weitere laufende und einmalige Bezüge
- Übernommene Steuern
- Sozialversicherungsbeiträge im Heimat- und Gastland
- Lebenshaltungskostenausgleich
- Umzugskosten
- Reisekosten
- Auslandszulagen
- Schulkosten
- Sachbezüge und sonstige Anreize (z.B. Firmenwagen, Aktienoptionen)
- Zuführungen zu Pensionsrückstellungen

2.2 Kostenverteilung

Bei der Kostenverteilung stehen das **Veranlassungsprinzip** und der **Fremdvergleich** im Mittelpunkt der Betrachtung. Grundsätzlich müssen das entsendende und das aufnehmende Unternehmen darlegen, in wessen Interesse die Entsendung stattfindet und ob die Übernahme der (entsendebedingten) Aufwendungen dem Fremdvergleich entspricht.

Das Interesse an der Arbeitnehmerentsendung kann sowohl beim entsendenden als auch beim aufnehmenden Unternehmen liegen. Auch ein beiderseitiges Interesse muss bei der Zuordnung der Kosten berücksichtigt werden. Für die Berücksichtigung der Aufwendungen beim entsendenden oder beim aufnehmenden Unternehmen ist es zwingend erforderlich, dass das **wirtschaftliche Interesse an der Entsendung nachgewiesen wird**.

Beurteilungskriterien für die Interessenlage sind nach dem vorgenannten BMF-Schreiben vom 09.11.2001 unter anderem:

- die ausgeübte Funktion
- die benötigten Kenntnisse
- die üblichen Aufwendungen im Arbeitsmarkt des Tätigkeitsstaates für einen vergleichbaren Arbeitnehmer

- der Zusammenhang zwischen den Aufwendungen für den entsandten Arbeitnehmer und seinem Beitrag zum wirtschaftlichen Erfolg im Unternehmen
- der Tätigkeitsort
- von welchem Unternehmen die Initiative für die Entsendung ausging
- ob die Tätigkeit des Mitarbeiters einzelprojektbezogen ist
- ob gleichwertig qualifizierte Arbeitnehmer im lokalen Arbeitsmarkt des aufnehmenden Unternehmens verfügbar sind und einen geringeren Aufwand verursachen
- ob der Arbeitnehmer Koordinierungs- bzw Kontrolltätigkeit ausübt
- etc.

Regelmäßig ist davon auszugehen, dass der Expatriate im Interesse und für Rechnung des aufnehmenden Unternehmens tätig wird, da der wirtschaftliche Nutzen der Tätigkeit beim aufnehmenden Unternehmen liegt.

Das Hauptinteresse an der Entsendung kann jedoch auch beim entsendenden Unternehmen liegen, wenn der entsandte Mitarbeiter für das entsendende Unternehmen Planungs-, Koordinierungs- oder Kontrollfunktionen wahrnimmt und diese nicht gesondert abgegolten werden. Zum Beispiel können Tätigkeiten beim aufnehmenden Tochterunternehmen, die der Qualitätskontrolle oder der Konzernkonsolidierung dienen, als überwiegend im Interesse des entsendenden Mutterunternehmens eingestuft werden.

Neben dem Veranlassungsprinzip muss auch noch beachtet werden, ob die für die Entsendung geplanten Kosten einem Fremdvergleich standhalten.

Hier stellt die Finanzverwaltung in ihrem o.g. BMF-Schreiben drei Fremdvergleichsmethoden vor:

- betriebsinterner Fremdvergleich
- betriebsexterner Fremdvergleich
- hypothetischer Fremdvergleich.

Beim betriebsinternen Fremdvergleich wird auf Ebene des aufnehmenden Unternehmens untersucht, welchen Aufwand es für vergleichbare nicht entsandte Mitarbeiter trägt.

Beim betriebsexternen Fremdvergleich wird untersucht, welchen Aufwand unabhängige Unternehmen, die unter gleichen Bedingungen in demselben Staat wie das aufnehmende Unternehmen tätig sind, für einen vergleichbaren Mitarbeiter tragen.

Und beim hypothetischen Fremdvergleich ist festzustellen, ob der ordentliche und gewissenhafte Geschäftsführer eines unabhängigen Unternehmens bei gleichen Geschäftsbedingungen den Aufwand für den entsandten Mitarbeiter überhaupt oder in vollem Umfang allein getragen hätte, oder ob er eine Kostenbeteiligung des entsendenden Unternehmens gefordert hätte.

Sie sehen, die Finanzverwaltung macht es uns hier nicht unbedingt leicht, den steuerlichen Anforderungen in entsprechendem Umfang gerecht zu werden. Zum besseren Verständnis werden wir die o.g. Verwaltungsgrundsätze anhand des nachfolgenden Beispiels darstellen.

Beispiel

Die Medicare AG, Deutschland stellt pharmazeutische Produkte her und möchte in Polen eine neue Produktionsstätte errichten. Hierzu hat sie eine polnische Gesellschaft, die Medicare Polska (früher Pharma Polska) gekauft, die über einige Hallen und Angestellte verfügt und in den letzten 10 Jahren eigene Medikamente hergestellt hat. Zur Umstellung der Produktion auf deutschen Standard wird die Medicare AG einige Mitarbeiter zur Medicare Polska entsenden:

1) Max Huber (verheiratet, 2 Kinder)
   Manager, bisher Leiter der Salbenproduktion,
   geplante Stelle in Polen: Werksleiter
   geplante Einsatzdauer: 3 Jahre

2) Zur Errichtung und späteren Veräußerung einer neuen Montagelinie an die polnische Tochtergesellschaft wird von der deutschen Muttergesellschaft ein neues Team gebildet und entsandt:

   Team Montagelinie, bestehend aus 5 Mitarbeitern (alle ledig und ohne Kinder), die die Montagelinie planen, aufbauen, selbständig mit den Lieferanten der Maschinen verhandeln, die Lieferbedingungen koordinieren und überwachen;
   geplante Einsatzdauer: 8-16 Monate

3) Vorarbeiter Produktion
   Irene Müller (verheiratet, keine Kinder)
   bislang Vorarbeiterin in der Tablettenproduktion
   geplante Aufgabe in Polen: Einarbeitung der Mitarbeiter der Produktion;
   geplante Einsatzdauer: 2 Jahre

   Stefan Meier (geschieden, 1 Kind)
   bislang Gruppenleiter in der Flüssigproduktion
   geplante Aufgabe in Polen: Einarbeitung Mitarbeiter der Produktion;
   geplante Einsatzdauer: 2 Jahre

4) Susanne Kunze (ledig, 1 Kind)
   Qualitätsbeauftragte „Resident"
   geplante Aufgabe in Polen: Qualitätsüberwachung Warenausgang zum deutschen Unternehmen;
   geplante Einsatzdauer: 3-5 Jahre

5) Detlev Burg (verheiratet, Ehefrau stammt aus Polen)
IT-Entwickler
geplante Aufgabe in Polen: Konsolidierung der IT-Systeme nach Konzern-Grundsätzen
geplante Einsatzdauer: 6-12 Monate
danach lokale Anstellung als IT-Leiter geplant

Verteilung der Kosten nach Interessenslagen

1) Max Huber

Mit der Übernahme der Funktion als polnischer Werksleiter wird Herr Huber, wenn nicht im ganz ausschließlichen, so zumindest doch im überwiegenden Interesse des aufnehmenden Unternehmens in Polen tätig. Die aufnehmende polnische Gesellschaft hat daher in diesem Fall die Kosten der Entsendung zu tragen.

Etwas anderes könnte sich ergeben, wenn diese Stelle immer von aus Deutschland kommenden Mitarbeitern besetzt werden soll. Das könnte ein Hinweis darauf sein, dass das aufnehmende polnische Unternehmen nicht frei entscheiden kann, wer die Stelle besetzt, sondern dass bestimmte Positionen beim aufnehmenden Unternehmen grundsätzlich an Mitarbeiter des entsendenden Unternehmens vergeben werden. Das Interesse an der Entsendung liegt somit beim entsendenden Unternehmen, welches dann die Kosten zu tragen hätte.

2) Team Montagelinie

Hier handelt es sich um sog. Anlagenbau, d.h. die Mitarbeiter der Montagelinie werden nach Polen entsandt, um vor Ort für die deutsche Medicare AG die Anlage zu errichten. Die Errichtung der Anlage geschieht daher zunächst im Interesse der Muttergesellschaft. Die fertige Anlage wird dann an die Tochtergesellschaft veräußert. Die Lohnkosten des Teams Montagelinie sind damit Bestandteil der Werkleistung. Deshalb sind alle Kosten für den Einsatz der Mitarbeiter (inkl. Gehalt, Nebenleistungen, Wohnkosten, Reisekosten, etc.) vom entsendenden Unternehmen, sprich der deutschen Medicare AG zu tragen.

3) Vorarbeiter Produktion – Einarbeitung der polnischen Mitarbeiter in die Produktion durch Frau Müller und Herrn Meier

Hier handelt es sich um sog. Know-How Transfer, denn Medicare Polska hat ein besonderes Interesse an dem Fachwissen der beiden entsandten Experten. Vergleichbare Arbeitnehmer mit diesem speziellen Medicare-Fachwissen stehen im polnischen Arbeitsmarkt nicht zur Verfügung. Aus diesem Grund wird das aufnehmende Unternehmen Medicare Polska die gesamten Kosten tragen.

Natürlich ist auch eine andere Aufteilung der Kosten denkbar, wenn z.B. ein entsprechendes Interesse der entsendenden Muttergesellschaft Medicare AG nachgewiesen werden kann. Die Kosten wären dann anteilig zu tragen. Ein Interesse des entsendenden Unternehmens könnte darin liegen, dass die nach Polen entsandten Mitarbeiter bei ihrer Rückkehr nach Deutschland vom entsendenden Unternehmen so eingesetzt werden, dass sie die im Ausland gesammelten Erfahrungen nutzen können.

4) Susanne Kunze überwacht als Qualitätsbeauftragte „Resident" die Qualität der an das deutsche Unternehmen gelieferten Waren.

Der Qualitätsbeauftragte handelt im Auftrag des Unternehmens, das die Qualitätsüberwachung veranlasst. Da die deutsche Medicare AG als Abnehmer der Waren die Qualität bereits während des Herstellungsprozesses überwachen möchte, wird diese Tätigkeit im Interesse des entsendenden Unternehmens ausgeübt. Die Entsendungskosten sind daher von diesem zu tragen.

5) IT-Entwickler Detlev Burg konsolidiert die IT Systeme nach Konzerngrundsätzen, und die lokale Anstellung als IT-Leiter ist geplant.

Die IT-Konsolidierung nach Konzerngrundsätzen liegt regelmäßig im Interesse des Mutterkonzerns. Die Kosten für diese Entsendung sind daher grundsätzlich vom entsendenden Unternehmen zu tragen.

Problematisch kann die Abgrenzung werden, wann diese Tätigkeit endet und wann die Tätigkeit als lokaler IT-Leiter beginnt. Die Kosten für den lokalen IT-Leiter entstehen im Interesse des aufnehmenden Unternehmens und sind daher von diesem zu tragen. Als Anhaltspunkt kann hier der Abschluss des lokalen Anstellungsvertrages dienen, wenn der bislang von Deutschland nach Polen entsandte Mitarbeiter ein lokal in Polen angestellter Mitarbeiter wird.

2.3 Unzutreffende Kostentragung

Sofern die Kosten der Auslandsentsendung unzutreffend verteilt und getragen werden, so sind die Aufwendungen nach den maßgeblichen Vorschriften entsprechend zu korrigieren. In Frage kommen hier u.a. eine Berichtigung nach § 8 Abs. 3 KStG als sog. „verdeckte Gewinnausschüttung" oder im Rahmen des § 1 AStG.

2.4 Kostenweiterbelastung

Regelmäßig entstehen die Kosten für die Entsendung auf erster Ebene bei der Heimatgesellschaft, die bislang bereits die Kosten für die Beschäftigung der Mitarbeiter getragen hat. Sind jedoch die Überlegungen und Entscheidungen zur Kostenverteilung abgeschlossen, müssen diese in die Praxis umgesetzt und die Aufwendungen ggfs. weiterbelastet werden. Hierfür stehen den Unternehmen verschiedene Möglichkeiten zur Verfügung.

2.4.1 Direkte Weiterbelastung

Bei der direkten Weiterbelastung werden die entstandenen Kosten unmittelbar ohne Veränderung an das aufnehmende Unternehmen weiterbelastet. Die Weiterbelastung umfasst, wie schon erwähnt, nicht nur das direkt an den Mitarbeiter ausbezahlt Gehalt, sondern auch die damit in Zusammenhang stehenden Lohnnebenkosten und weitere entsendungsbedingte Aufwendungen, wie z.B. zusätzlich gewährte Zulagen, Umzugskosten, Übernahme der Mietkosten etc.

2.4.2 Cost Plus (= Kostenaufschlagsmethode)

Bei der Kostenaufschlagsmethode ist wie bei allen anderen Verrechnungspreismethoden auch der Fremdvergleich maßgebend und zu beachten. Auch hier sind die Bedingungen zu wahren, die voneinander unabhängige Dritte vereinbart hätten. Dabei ist das Fremdvergleichsverhalten sowohl bei der Ermittlung der Kosten als auch bei der Höhe des Gewinnaufschlags zu beachten. Die weiterzubelastenden Aufwendungen für die Auslandsentsendung werden um „betriebs- oder branchenübliche Gewinnzuschläge" erhöht.

2.4.3 Management – oder Project Fee

Über eine sog. Management oder Project Fee werden im Ergebnis nicht die entsendungsbedingten Aufwendungen direkt und offen weiterbelastet, sondern vielmehr eine vorher definierte Dienstleistung, die vom entsendenden Unternehmen an das aufnehmende Unternehmen weiterberechnet wird.

2.5 Einheitlicher Aufteilungsmaßstab

Sofern das Unternehmen erst im Rahmen einer Außenprüfung mit der Weiterbelastung und Kostenverteilung konfrontiert wird, ist es durchaus möglich, dass insbesondere bei zahlreichen Entsendungen mit dem Prüfer gemeinsam ein einheitlicher Aufteilungsmaßstab ermittelt wird, der dann für alle Mitarbeiterentsendungen im Rahmen einer typisierenden Betrachtungsweise angewandt wird. Die Angemessenheit dieses Aufteilungsmaßstabes soll regelmäßig überprüft und im Falle eines Falles entsprechend an die veränderten Verhältnisse angepasst werden.

2.6 Betriebsstätten-Problematik

Neben dem Thema Kostenverteilung und Kostentragung muss das entsendende Unternehmen regelmäßig überprüfen, ob durch den Einsatz ihrer Mitarbeiter im Einsatzland eine Betriebsstätte entsteht.

Grundsätzlich ist dies nur möglich, sofern die Gehaltskosten nicht direkt weiterbelastet werden, da bei einer Weiterbelastung die Mitarbeiter in die bestehende Gesellschaft vor Ort integriert und nicht mehr für die entsendende Heimatgesellschaft tätig sind.

§ 12 AO definiert eine Betriebsstätte wie folgt

Betriebsstätte ist jede feste Geschäftseinrichtung oder Anlage, die der Tätigkeit eines Unternehmens dient. Als Betriebsstätten sind insbesondere anzusehen:

1. die Stätte der Geschäftsleitung,
2. Zweigniederlassungen,
3. Geschäftsstellen,
4. Fabrikations- oder Werkstätten,
5. Warenlager,
6. Ein- oder Verkaufsstellen,
7. Bergwerke, Steinbrüche oder andere stehende, örtlich fortschreitende oder schwimmende Stätten der Gewinnung von Bodenschätzen,
8. Bauausführungen oder Montagen,..........., die länger als sechs Monate dauern.

Nach allen Musterabkommen (MA) ist das Bestehen einer Betriebsstätte die entscheidende Voraussetzung für die Besteuerung von Einkünften aus einer Unternehmenstätigkeit und des Vermögens, das einer solchen Tätigkeit dient. Nach Art. 7 MA (Unternehmensgewinne) kann ein Vertragsstaat Gewinne eines Unternehmens des anderen Vertragsstaats nur besteuern, soweit das Unternehmen seine Tätigkeit durch eine auf dem Gebiet des Vertragsstaates belegene Betriebsstätte ausübt. Die Regelung soll bewirken, dass eine unternehmerische Tätigkeit erst dann von einem ausländischen Staat besteuert werden darf, wenn sie zu einer intensiven geschäftlichen Bindung an diesen Staat geführt hat; nur lockere wirtschaftliche Beziehungen zum Ausland bleiben dagegen dem Wohnsitzstaat des Unternehmens zur Besteuerung überlassen.

Art. 5 OECD-MA definiert eine Betriebsstätte wie folgt:

1. Im Sinne dieses Abkommens bedeutet der Ausdruck „Betriebsstätte" eine feste Geschäftseinrichtung, durch die die Tätigkeit eines Unternehmens ganz oder teilweise ausgeübt wird.
2. Der Ausdruck „Betriebsstätte" umfasst insbesondere:
   a) einen Ort der Leitung,
   b) eine Zweigniederlassung,
   c) eine Geschäftsstelle
   d) eine Fabrikationsstätte,
   e) eine Werkstätte und
   f) ein Bergwerk, ein Öl- oder Gasvorkommen, einen Steinbruch oder eine andere Stätte der Ausbeutung von Bodenschätzen.
3. Eine Bauausführung oder Montage ist nur dann eine Betriebsstätte, wenn ihre Dauer 12 Monate überschreitet.

...

Hinweis:

Bitte beachten Sie insbesondere die abweichende Regelung zwischen § 12 AO und Art. 5 OECD-MA bei einer Bauausführung oder Montage, die laut DBA erst ab dem Überschreiten von 12 Monaten zur Betriebsstätte wird.
Wird durch die Entsendung eines Mitarbeiters im Gastland eine Betriebsstätte begründet, führt das zur Steuerpflicht des Unternehmens im entsprechenden Staat, und zwar mit allen Konsequenzen. Bei grenzüberschreitenden Mitarbeiterentsendungen sollte daher dieses Thema immer durchdacht werden.

3. Wo wird der Mitarbeiter steuerpflichtig?

3.1 Steuerpflicht nach nationalem Recht – § 1 EStG

Die Frage der Steuerpflicht des Mitarbeiters darf nicht erst im Rahmen der jährlichen Einkommensteuer-Erklärung beantwortet werden, sondern muss bereits unterjährig beim Lohnsteuerabzug geklärt werden, damit der entsendende Arbeitgeber entscheiden kann, ob für den entsandten Mitarbeiter Lohnsteuer einbehalten werden muss oder nicht.

Dieses ist in zweifacher Hinsicht eine wichtige Komponente – betrachtet man die beiden folgenden Alternativen:

Fall 1: Ein deutscher Mitarbeiter geht ins Ausland. Das entsendende Unternehmen muss entscheiden, ob in Deutschland für die Dauer der Entsendung weiterhin Lohnsteuer einbehalten werden muss bzw. ob davon abgesehen werden kann. Wann ist für den Mitarbeiter eine Freistellungsbescheinigung erforderlich (mehr dazu unter Punkt 5.5.1.)? Kann dann das gesamte Gehalt ggfs. auch rückwirkend steuerfrei ausbezahlt werden?

Fall 2: Ein Mitarbeiter kommt aus dem Ausland ins deutsche Unternehmen und wird hier für eine bestimmte Zeit eingesetzt. Wann muss das aufnehmende Unternehmen Lohnsteuer einbehalten und auf welche Gehaltsbestandteile? Woher bekommt das aufnehmende Unternehmen die notwendigen Informationen?

Zuerst muss in beiden Fällen die **Ansässigkeit** des entsandten Arbeitnehmers geklärt werden, denn dieses Kriterium entscheidet grundsätzlich über die Steuerpflicht des Arbeitnehmers in Deutschland.

Wir betrachten in unserem Beitrag ausschließlich Arbeitnehmer, die in Deutschland ansässig sind, d.h. sowohl Mitarbeiter, die von Deutschland ins Ausland entsandt werden und dennoch weiterhin in Deutschland ihren steuerlichen Wohnsitz beibehalten, als auch Mitarbeiter, die vom Ausland nach Deutschland kommen und dadurch in Deutschland ansässig und somit unbeschränkt steuerpflichtig werden.

Auf die Sonderformen der unbeschränkten Steuerpflicht auf Antrag (§ 1 Abs. 2 + 3 EStG) gehen wir im vorliegenden Kapitel nicht ein; die klassischen beschränkt steuerpflichtigen Mitarbeiter (§ 1 Abs. 4 EStG) erwähnen wir im Zusammenhang mit der Abgeltungswirkung bei der Lohnsteuer.

Die nachfolgenden Beispiele und Ausführungen lassen sich also bei unbeschränkter Steuerpflicht auf beide Entsendungsrichtungen (inbound und outbound für Inpats und Expats) entsprechend anwenden.

Fall 1: Ein Mitarbeiter wird von Deutschland ins Ausland entsandt, d.h. hier muss geklärt werden, ob der Mitarbeiter weiterhin auch während der Entsendung in Deutschland ansässig und dadurch ggfs. **steuerpflichtig bleibt**.

Fall 2: Ein Mitarbeiter kommt vom Ausland nach Deutschland und es ist zu klären, ob er während der Entsendung nach Deutschland hier ansässig und somit **steuerpflichtig wird.**

Der Mitarbeiter ist bzw. wird in Deutschland unbeschränkt steuerpflichtig, wenn er im Inland entweder einen **Wohnsitz** oder seinen **gewöhnlichen Aufenthalt** hat (§ 1 Abs. 1 S. 1 EStG).

Ist eine dieser Voraussetzungen erfüllt, so ist der Mitarbeiter in Deutschland **ansässig** und damit grundsätzlich mit seinem Welteinkommen in Deutschland steuerpflichtig. Die Begriffe „Wohnsitz" und „gewöhnlicher Aufenthalt" sind im Einkommensteuerrecht nicht definiert. Hier verweist das Einkommensteuergesetz auf §§ 8 und 9 der Abgabenordnung (AO).

3.2 Wohnsitz gemäß § 8 AO

„Einen Wohnsitz hat jemand dort, wo er eine **Wohnung** unter Umständen innehat, die darauf schließen lassen, dass er die Wohnung beibehalten und benutzen wird."

Mit **Wohnung** sind objektiv zum Wohnen geeignete Wohnräume gemeint. Es ist weder eine Küche, noch eine separate Waschgelegenheit erforderlich, noch muss die Wohngelegenheit abgeschlossen sein.

Der Steuerpflichtige muss jedoch diese Wohnung **innehaben**, d.h. er muss tatsächlich über sie verfügen können und sie nicht nur als Bleibe vorübergehend benutzen. Es genügt, wenn die Wohnung über Jahre hinweg jährlich regelmäßig zweimal im Jahr zu bestimmten Zeiten über einige Wochen benutzt wird, z.B. im Rahmen eines Heimaturlaubs oder während „Dienstreisen" zum Heimatunternehmen. Eine Mindestanzahl der Aufenthaltstage ist nicht nötig.

Die Frage des Wohnsitzes ist bei Ehegatten und sonstigen Familienangehörigen für jede Person gesondert zu prüfen. Dies kann dazu führen, dass der Wohnsitz innerhalb einer Familie für verschiedene Personen abweichend beurteilt wird. Darüber hinaus können Personen über einen Familienangehörigen einen Wohnsitz beibehalten, dies ist oftmals bei Ehegatten und im Verhältnis Eltern und jüngerer Kinder der Fall. So hat ein Ehegatte, der nicht dauernd von seinem Partner getrennt lebt, seinen Wohnsitz grundsätzlich dort, wo seine Familie lebt. Eine Abweichung von diesem Grundsatz ist jedoch möglich, wenn die Gesamtbetrachtung aller Umstände zu einem anderen Ergebnis führt, z.B. wenn die Heimreisen zur Familie unregelmäßig und selten sind und auch keine weitere Bindung zu diesem „Wohnsitz" besteht.

Hierbei ist zu beachten, dass die **bloße An- bzw. Abmeldung** beim Einwohnermeldeamt lediglich ein **Indiz** für einen Wohnsitz bzw. die Aufgabe dessen ist, jedoch keine unmittelbare steuerliche Wirkung entfaltet.

Wenn im Ausland nach lokalem Recht ein ausländischer Wohnsitz begründet wird, wird der inländische Wohnsitz dadurch nicht automatisch aufgegeben. Der Mitarbeiter kann durchaus sowohl im In- als auch im Ausland einen Wohnsitz haben. Welcher Wohnsitz bei diesen sog. „**Doppel-Wohnsitzen**" der steuerlich relevante Wohnsitz ist, wird in der Regel durch Anwendung des entsprechenden Doppelbesteuerungsabkommen (= DBA) entschieden. Wir gehen in Abschnitt 4.6. Doppelansässigkeit in beiden Staaten näher darauf ein.

Wenn die Wohnung im Inland beibehalten wird, ist zunächst ein inländischer Wohnsitz widerlegbar zu vermuten, sobald die o.g. Nutzung möglich und geplant ist. Die Finanzverwaltung stellt im Zweifelsfall sehr gründliche Nachforschungen an, um den Tatbestand des Wohnsitzes zu bekräftigen (z. B. bei der Frage, ob im Inland steuerpflichtiges Einkommen vorliegt) oder zu verneinen (z.B. wenn es darum geht, ob der Mitarbeiter Anspruch auf Zahlung der Eigenheimzulage oder des Kindergeldes hat).

Als Indizien **für das Innehaben einer Wohnung** und eines Wohnsitzes gelten z. B. weiterhin anfallende Kosten für Wasser- und Stromverbrauch oder auch ein weiterlaufender Vertrag für einen Telefonanschluss. Wenn der Mitarbeiter seinen inländischen Wohnsitz beibehalten und dies durch entsprechende Heimreisen beweisen möchte, soll er unbedingt Flug- oder Bahntickets aufheben bzw. wenn er mit dem Pkw unterwegs ist, können auch Tankbelege als Nachweis vorgelegt werden.

Der inländische Wohnsitz gilt dann als aufgegeben, wenn die gemietete Wohnung gekündigt wird und deren Nutzung somit nicht mehr möglich ist. Wenn es sich allerdings nur um eine kurzfristige „Untervermietung" handelt, die darüber hinaus auf die Dauer der Entsendung zeitlich begrenzt ist, lässt sich die Finanzverwaltung nur ungern davon überzeugen, dass dieser Wohnsitz tatsächlich aufgegeben wurde. Auch der Verkauf einer Immobilie beendet den Wohnsitz regelmäßig.

Da sich durch die **Wohnsitzaufgabe** im Inland für den Mitarbeiter steuerlich „schwerwiegende" Veränderungen ergeben, wie z.B. Wechsel von der unbeschränkten in die beschränkte Steuerpflicht, Verlust der Eigenheimzulage, des Kindergeldes oder der Förderung der Riester-Rente, sollte der Mitarbeiter unbedingt entsprechend beraten werden.

Der Arbeitgeber sollte sich die tatsächliche steuerliche Wohnsitzaufgabe vom Mitarbeiter grundsätzlich schriftlich bestätigen lassen, denn gerade der Wechsel von der unbeschränkten in die beschränkte Steuerpflicht berührt auch die Arbeitgeberpflichten, insbesondere beim Lohnsteuereinbehalt.

3.3 Gewöhnlicher Aufenthalt gemäß § 9 AO

„Den gewöhnlichen Aufenthalt hat jemand dort, wo er sich unter Umständen aufhält, die erkennen lassen, dass er an diesem Ort oder in diesem Gebiet nicht nur vorübergehend verweilt. Als gewöhnlicher Aufenthalt im Geltungsbereich dieses Gesetzes ist stets und von Beginn an ein zeitlich zusammenhängender Aufenthalt von mehr als sechs Monaten Dauer anzusehen; kurzfristige Unterbrechungen bleiben unberücksichtigt. Satz 2 gilt nicht, wenn der Aufenthalt ausschließlich zu Besuchs-, Erholungs-, Kur- oder ähnlichen privaten Zwecken genommen wird und nicht länger als ein Jahr dauert."

Der Begriff „gewöhnlich" ist gleichbedeutend mit „dauernd". „Dauernd" erfordert keine ununterbrochene Anwesenheit, sondern ist im Sinne von „nicht vorübergehend" zu verstehen. Bei Unterbrechungen der Anwesenheit kommt es darauf an, ob noch ein einheitlicher Aufenthalt oder mehrere getrennte Aufenthalte anzunehmen sind. Ein einheitlicher Aufenthalt ist gegeben, wenn der Aufenthalt nach den Verhältnissen fortgesetzt werden sollte und die Unterbrechung nur kurzfristig ist. Als kurzfristige Unterbrechungen kommen in Betracht Familienheimfahrten, Jahresurlaub, längerer Heimaturlaub, Kur und Erholung, aber auch geschäftliche Reisen.

Ein gewöhnlicher Aufenthalt liegt dann nicht vor, wenn der Mitarbeiter nur für die Ausübung seiner Tätigkeit im Inland verweilt, aber danach zu seiner ausländischen Wohnung zurückkehrt. Grenzgänger haben ihren gewöhnlichen Aufenthalt grundsätzlich im Wohnsitzstaat. Davon zu unterscheiden sind jedoch die Mitarbeiter, die regelmäßig an Arbeitstagen im Inland übernachten und nur an Wochenenden und Feiertagen zur Wohnung im Ausland zurückkehren, denn diese Mitarbeiter haben ihren gewöhnlichen Aufenthalt in Deutschland.

Während es bei einem Wohnsitz durchaus möglich ist, diesen an mehreren Orten und in mehreren Ländern zu begründen, so kann der gewöhnliche Aufenthalt lediglich an einem Ort bestehen. Bei fortdauerndem Schwerpunktsaufenthalt im Ausland begründen kurzfristige Aufenthalte im Inland, z.B. Geschäfts-, Dienstreisen oder Schulungen keinen gewöhnlichen Aufenthalt im Inland.

Der gewöhnliche Aufenthalt im Inland ist aufgegeben, wenn der Mitarbeiter zusammenhängend mehr als sechs Monate im Ausland lebt, es sei denn dass besondere Umstände darauf schließen lassen, dass die Beziehungen zum Inland bestehen bleiben. Entscheidend ist dabei, ob der Mitarbeiter den persönlichen und geschäftlichen Lebensmittelpunkt ins Ausland verlegt hat und ob er seinen Willen, nach Deutschland zurückzukehren, endgültig aufgegeben hat. Als Kriterien dafür können die familiären, beruflichen und gesellschaftlichen Bindungen herangezogen werden. Hält sich der Mitarbeiter zusammenhängend länger als ein Jahr im Ausland auf, so ist grundsätzlich eine Aufgabe des gewöhnlichen Aufenthaltes im Inland anzunehmen.

Familienr
für Steue
STEUERPRAXIS
Beratung
der freien
STEUERPRAXIS
Oliver Fehrenbacher | Anusch Tavakoli
Besteuerung der
GmbH & Co. KG
STEUERPRAXIS
GABLER
Besteuerung
der Altersvorsorge
STEUERPRAXIS
GABLER

In vielen Staaten gibt es speziell für Expatriates steuerliche Vergünstigungen, die an das Vorhandensein eines Wohnsitzes im Heimat- und/oder Gastland gekoppelt sind. Eine rechtzeitige Steuerberatung vor Ort ist daher unbedingt zu empfehlen.

4. DBA – Wann kommt es zum Einsatz und was muss beachtet werden?

Deutschland hat inzwischen mit mehr als 80 Staaten „Abkommen zur Vermeidung der doppelten Besteuerung", sog. Doppelbesteuerungsabkommen (DBA) abgeschlossen, in denen insbesondere die Vermeidung der Doppelbesteuerung ein und desselben Einkommens geregelt ist, und welchem der beteiligten Staaten letztendlich das Besteuerungsrecht für das maßgebliche Einkommen zugewiesen wird.

Bei diesen Abkommen handelt es sich um Verträge, ergänzt um Protokolle und Briefwechsel. Letztere enthalten zum Teil wichtige Ergänzungen zur Anwendung der DBA und sollten daher auch immer hinzugezogen werden. Die Bundesregierung gibt jedes Jahr im Januar eine aktuelle Übersicht der derzeit bestehenden DBA heraus (veröffentlicht in den Bundessteuerblättern), denn DBA werden nicht zeitlich unbefristet abgeschlossen. So wurde z.B. in 2006 das DBA mit Brasilien gekündigt und bislang noch nicht erneuert. Anders verhält es sich mit dem DBA VAE, das ursprünglich in 2006 auslief, dann aber um weitere zwei Jahre verlängert wurde.

Wird ein DBA beendet und nicht verlängert, wird dieser Staat zum **Nicht-DBA-Staat**. Bei einer Entsendung in diese Länder sollte dann die Anwendung des Auslandstätigkeitserlasses (= ATE) überprüft werden. Darauf gehen wir in unserem Exkurs am Ende dieses Kapitels näher ein.

4.1 Anwendbarkeit des DBA

Da bei Mitarbeiterentsendungen regelmäßig die Beurteilung von Einkünften aus nichtselbständiger Arbeit im Vordergrund steht, konzentrieren wir uns im Folgenden auf **Artikel 15 OECD-MA** (Musterabkommen). Wir möchten aber darauf hinweisen, dass nicht alle DBA dem Text des OECD-MA folgen und daher ist ein Blick in das entsprechende Länder-DBA unabdingbar.

Das DBA ist zur Beurteilung eines Sachverhaltes insbesondere dann erforderlich, wenn mehrere Staaten den Anspruch erheben, ein und dieselben Einkünfte zu besteuern. Ohne eindeutige Zuweisung des Besteuerungsrechtes an einen dieser Staaten käme es folglich zur Doppelbesteuerung dieses Einkommens.

Als Faustregel gilt daher:

- Bei Sachverhalten **ohne Grenzüberschreitung** (= Ansässigkeits- und Tätigkeitsstaat des Arbeitnehmers stimmen überein) kann das Besteuerungsrecht eindeutig diesem einen Staat zugewiesen werden. Ein DBA ist nicht erforderlich.
- Bei Sachverhalten **mit Grenzüberschreitung** (= Ansässigkeits- und Tätigkeitsstaat des Arbeitnehmers sind verschieden) wird mit Hilfe eines DBA das Besteuerungsrecht einem dieser Staaten zugeordnet.

Beispiele zur Anwendung eines DBA

1) Der Arbeitnehmer wohnt und arbeitet in Deutschland für einen Arbeitgeber, der in Deutschland ansässig ist. Es liegt hier kein Auslandsbezug vor, d.h. das Besteuerungsrecht kann ohne Anwendung eines DBA Deutschland zugewiesen werden.

2) Der Arbeitnehmer wohnt und arbeitet in Polen – jedoch für einen Arbeitgeber, der in Deutschland ansässig ist. Da Wohnsitz- und Tätigkeitsstaat des Arbeitnehmers nicht auseinanderfallen, ist zur Ermittlung des Besteuerungsrechts für die Einkünfte des Mitarbeiters ein DBA nicht erforderlich. Die Ansässigkeit des Arbeitgebers ist für diese Beurteilung nicht von Bedeutung.

3) Der Arbeitnehmer wohnt in Deutschland, arbeitet jedoch in Polen. Der Arbeitgeber ist ebenfalls in Polen ansässig. Ansässigkeitsstaat und Tätigkeitsstaat des Mitarbeiters fallen auseinander. Ob in diesem Fall Deutschland oder Polen das Besteuerungsrecht für die Einkünfte aus nichtselbständiger Tätigkeit hat, ist unter Anwendung des DBA Deutschland/Polen zu klären.

4) Der Arbeitnehmer wohnt in Deutschland und arbeitet in Belgien, jedoch für einen Arbeitgeber, der in den Niederlanden ansässig ist. Ansässigkeitsstaat und Tätigkeitsstaat des Mitarbeiters fallen wieder auseinander. Zur Zuweisung des Besteuerungsrechts ist hier das DBA Deutschland/Belgien anzuwenden. Die Ansässigkeit des Arbeitgebers in den Niederlanden ist zur Zuweisung des Besteuerungsrechtes ohne Bedeutung.

Der Vollständigkeit halber möchten wir darauf hinweisen, dass für die Zuweisung des Besteuerungsrechtes an den Ansässigkeitsstaat des Mitarbeiters nach einigen DBA Voraussetzung ist, dass der Arbeitgeber im selben Staat wie der Mitarbeiter ansässig ist, so z.B. DBA Norwegen.

Beispiel

A ist Arbeitnehmer des ausländischen (britischen) Unternehmens B. Er wohnt seit Jahren in Deutschland und ist bei einer deutschen unselbständigen Betriebsstätte des B in Hamburg beschäftigt. Im Jahr 2006 befindet er sich an 5 Arbeitstagen bei Kundenbesuchen in Norwegen.

Maßgeblich für den Aufenthalt in Norwegen ist das DBA Deutschland/Norwegen. Deutschland hat kein Besteuerungsrecht für die Tätigkeit in Norwegen. Zwar hält sich A nicht länger als 183 Tage in Norwegen auf, sondern nur 5 Tage! Das Besteuerungsrecht steht Deutschland nach Art. 15 Abs. 2b DBA Norwegen aber nur dann zu, **wenn der Arbeitgeber in dem Staat ansässig ist, in dem auch der Arbeitnehmer ansässig ist!** Arbeitgeber ist hier das ausländische britische Unternehmen B; die inländische unselbständige Betriebsstätte kann nicht Arbeitgeber im Sinne des DBA sein. Deutschland stellt die Vergütung für die 5 Tage in Norwegen unter Beachtung des § 50d Abs. 8 EStG und des Progressionsvorbehaltes frei (vgl. Art. 23 Abs. 2 DBA Norwegen).

4.2 Zuordnung des Besteuerungsrechtes nach den Regelungen des DBA

Für alle Formen der Entsendung muss regelmäßig in diesen Fällen das Besteuerungsrecht für die **Einkünfte aus unselbständiger Tätigkeit** entweder dem Ansässigkeitsstaat oder dem Tätigkeitsstaat zugewiesen werden. Aus Vereinfachungsgründen arbeiten wir hier mit **Art. 15 des OECD-MA**, da die meisten DBA anhand des OECD-MA aufgebaut sind, und hier heißt es wie folgt:

(1) Vorbehaltlich der Artikel 16, 18 und 19 können Gehälter, Löhne und ähnliche Vergütungen, die eine in einem Vertragsstaat ansässige Person aus unselbständiger Arbeit bezieht, nur in diesem Staat besteuert werden, es sei denn, die Arbeit wird im anderen Vertragsstaat ausgeübt. Wird die Arbeit dort ausgeübt, so können die dafür bezogenen Vergütungen im anderen Staat besteuert werden.

(2) Ungeachtet des Absatzes 1 können Vergütungen, die eine in einem Vertragsstaat ansässige Person für eine im anderen Vertragsstaat ausgeübte unselbständige Arbeit bezieht, nur im erstgenannten Staat besteuert werden, wenn
   a) der Empfänger sich im anderen Staat insgesamt nicht länger als 183 Tage innerhalb eines Zeitraums von 12 Monaten, der während des betreffenden Steuerjahres beginnt oder endet, aufhält und
   b) die Vergütungen von einem Arbeitgeber oder für einen Arbeitgeber gezahlt werden, der nicht im anderen Staat ansässig ist, und
   c) die Vergütungen nicht von einer Betriebsstätte oder einer festen Einrichtung getragen werden, die der Arbeitgeber im anderen Staat hat.

Absatz 3 regelt die Besonderheiten für die Besteuerung von Bordpersonal von Seeschiffen und Luftfahrzeugen im internationalen Verkehr, sowie von Bordpersonal von Schiffen im Binnenverkehr und wird hier nicht weiter besprochen.

Gemäß **Art. 15 Abs. 1 OECD-MA** liegt das Besteuerungsrecht grundsätzlich beim **Ansässigkeitsstaat** – insbesondere wenn Ansässigkeitsstaat und Tätigkeitsstaat identisch sind, ist diese Zuordnung auch nur recht und billig.

Aber was ist zu beachten, wenn Ansässigkeitsstaat und Tätigkeitsstaat auseinanderfallen?

Wenn die Tätigkeit im anderen Staat ausgeübt wird, verweist **Art. 15 Abs. 1 OECD-MA** das Besteuerungsrecht für diese Einkünfte grundsätzlich an den **Tätigkeitsstaat**.

Es gibt selten einen Grundsatz ohne Ausnahme und diese Ausnahme beinhaltet die vorab bereits angeführte 183-Tage-Regelung. Sofern die nachfolgend genannten Voraussetzungen insgesamt erfüllt sind, verbleibt das Besteuerungsrecht für die Einkünfte aus unselbständiger Tätigkeit beim Ansässigkeitsstaat, **obwohl** die Tätigkeit in einem anderen Staat ausgeübt wird.

Der **Ansässigkeitsstaat** darf die Einkünfte aus einer nichtselbständigen Tätigkeit nach Art. 15 Abs. 2 OECD-MA jedoch nur dann **besteuern**, wenn der

- Mitarbeiter sich an **weniger** als 183 Tagen (183-Tage-Regelung) innerhalb eines im jeweiligen Abkommen näher beschriebenen Zeitraums im Tätigkeitsstaat aufhält

und

- der Arbeitgeber, der die Vergütung zahlt, nicht im Tätigkeitsstaat ansässig ist

und

- der Arbeitslohn nicht von einer Betriebsstätte oder festen Einrichtung, die der Arbeitgeber im Tätigkeitsstaat hat, getragen wird.

Diese drei Voraussetzungen müssen **kumulativ** vorliegen.

Ist schon **eine** der Voraussetzungen **nicht erfüllt**, wechselt das Besteuerungsrecht sofort in den **Tätigkeitsstaat**.

Das bedeutet, dass aus Sicht des **Tätigkeitsstaates** dieser sofort das Besteuerungsrecht erhält, wenn die jeweiligen Voraussetzungen alternativ gegeben sind, also der

- Mitarbeiter sich an **mehr** als 183 Tagen innerhalb eines im jeweiligen Abkommen näher beschriebenen Zeitraums im Tätigkeitsstaat aufhält

oder

- der Arbeitgeber, der die Vergütung zahlt, im Tätigkeitsstaat ansässig ist

oder

- der Arbeitslohn von einer Betriebsstätte oder festen Einrichtung, die der Arbeitgeber im Tätigkeitsstaat hat, getragen wird.

Für die Zuweisung des Besteuerungsrechts an den Ansässigkeits- oder den Tätigkeitsstaat müssen daher die vorgenannten drei Voraussetzungen genauer untersucht werden.

Wenn folgende Alternativen vorliegen, ist die Zuweisung des Besteuerungsrechts relativ unproblematisch:

Alternative 1: Der Mitarbeiter ist länger als 183 Tage im Tätigkeitsstaat – dann ist das Besteuerungsrecht bereits beim Tätigkeitsstaat. Auf eine eventuell vorliegende Weiterbelastung des Gehaltes an den Tätigkeitsstaat kommt es nicht mehr an.

Alternative 2: Das Gehalt des Mitarbeiters wird sofort vom aufnehmenden Unternehmen im Tätigkeitsstaat wirtschaftlich getragen. Dann ist der Mitarbeiter bereits ab dem ersten Tag der Beschäftigung im Ausland steuerpflichtig, egal ob er 183 Tage dort verbringt oder nicht.

Alternative 3: Der Mitarbeiter zieht sofort ins Ausland um und gibt seinen deutschen Wohnsitz auf. Dann fallen Wohnsitzstaat und Tätigkeitsstaat nicht mehr auseinander!

Ein klassisches Beispiel zur Anwendung des Art. 15 OECD-MA ist z.B. auch schon die normale Dienstreise ins Ausland – ein Mitarbeiter wird für 2 Monate von Deutschland zur Tochtergesellschaft ins benachbarte Ausland entsandt, um dort die lokale EDV-Abteilung zu unterstützen. Sein Gehalt wird für diese kurze Zeit nicht ins Ausland weiterbelastet, sondern verbleibt beim inländischen Arbeitgeber:

- Der Mitarbeiter behält seinen Wohnsitz in Deutschland (= Ansässigkeitsstaat) bei.
- Der Mitarbeiter übt während der Dienstreise seine Tätigkeit im anderen Staat (= Tätigkeitsstaat) aus.

Grundsätzlich hat nun nach Art. 15 Abs. 1 S. 2 OECD-MA der Tätigkeitsstaat das Besteuerungsrecht!

Wenn das Besteuerungsrecht schon bei jeder noch so kurzen Dienstreise in den anderen Staat wechseln würde, käme es in kürzester Zeit wohl zum Zusammenbruch der jeweiligen Finanzverwaltungen, die diesen Arbeitsaufwand nicht mehr bewältigen könnten.

- Der Mitarbeiter war im laufenden Steuerjahr des Tätigkeitsstaates an weniger als 183 Tagen im Tätigkeitsstaat anwesend.
- Seine Vergütung wird auch nicht von einem Arbeitgeber gezahlt, der im Tätigkeitsstaat ansässig ist.
- Die Vergütung wird auch nicht von einer Betriebsstätte getragen, die der Arbeitgeber im Tätigkeitsstaat unterhält. Die selbständige Tochtergesellschaft ist keine Betriebsstätte.

Folglich verbleibt das Besteuerungsrecht für die Einkünfte aus dieser 2-monatigen Dienstreise ins Ausland beim Ansässigkeitsstaat Deutschland – Art. 15 Abs. 2 OECD-MA. Für den Arbeitgeber ist hier steuerlich gesehen nichts veranlasst, außer dass er nach wie vor die deutsche Lohnsteuer berechnet und an das Finanzamt abführt.

Belastet der Arbeitgeber aber – aus welchen Gründen auch immer – das Gehalt auch für diese 2-monatige Dienstreise an die ausländische Tochtergesellschaft, dann wird diese rein arbeitsrechtlich gesehen, zwar nicht zum typischen Arbeitgeber für den Mitarbeiter, aber steuerlich betrachtet wird sie zum sog. „wirtschaftlichen" Arbeitgeber. Das bedeutet, die Tochtergesellschaft weist das Gehalt des Mitarbeiters in ihrer Buchführung aus und das Besteuerungsrecht wechselt nun nach Art. 15 Abs. 2 OECD-MA – auch wenn es nur eine 2-monatige Dienstreise ist – in den Tätigkeitsstaat.

Die Praxis hält die unterschiedlichsten Möglichkeiten bereit und die größte Schwierigkeit besteht hier meist bei der korrekten Ermittlung der sog. **183-Tage-Regelung**.

Die Finanzverwaltung hat sich diesem Thema nach langer Wartezeit im vergangenen Jahr erneut angenommen und das bis dahin geltende BMF-Schreiben aus dem Jahr 1983 abgelöst. Das neue BMF-Schreiben, datiert vom 14.09.2006, beschreibt gut verständlich anhand von Beispielen die Ermittlung und Berechnung der maßgeblichen 183 Tage.

4.3 Art. 15 Abs. 2a OECD-MA: Was bedeutet die 183-Tage-Regel und wie wird diese ermittelt?

Bevor wir näher auf die Ermittlung der 183-Tage-Regelung eingehen, möchten wir vorab darauf hinweisen, dass sich die 183-Tage-Frist sowohl auf den **Aufenthalt** im Tätigkeitsstaat beziehen kann (z.B. DBA Frankreich, Italien, Österreich), als auch auf die Dauer der **Ausübung** der Tätigkeit im Tätigkeitsstaat (z.B. DBA Belgien oder Dänemark).

Die Ermittlung der 183-Tage-Frist kann sich entweder auf das **Steuerjahr** des Tätigkeitsstaates, das **Kalenderjahr** oder auch auf einen **Zeitraum von 12 Monaten** beziehen.

Zur **Ermittlung** der 183 Tage sind nicht nur die beruflich veranlassten, sondern **alle Aufenthalts-/Ausübungstage** im Tätigkeitsstaat zu betrachten. Es kommt darauf an, ob der Mitarbeiter an mehr als 183 Tagen im Tätigkeitsstaat anwesend war. Es ist nach Auffassung der deutschen Finanzverwaltung nicht notwendig, dass sich der Mitarbeiter 24 Stunden pro Tag im Tätigkeitsstaat aufhält. Bereits eine nur kurzfristige Anwesenheit – z.B. für ein paar Stunden – an einem Tag zählt als voller Aufenthaltstag im Tätigkeitsstaat.

Auch muss es sich nicht um einen zusammenhängenden Aufenthalt im Tätigkeitsstaat handeln, denn mehrere Aufenthalte im selben Tätigkeitsstaat werden zusammengerechnet.

Als **volle Tage des Aufenthalts im Tätigkeitsstaat** werden u.a. **mitgerechnet:**

- der Ankunfts- und Abreisetag
- alle Tage der Anwesenheit im Tätigkeitsstaat unmittelbar vor, während und unmittelbar nach der Tätigkeit, z.B. Samstage, Sonntage, öffentliche Feiertage,

- Tage der Anwesenheit im Tätigkeitsstaat während Arbeitsunterbrechungen, z.B. bei Streik, Aussperrung, Ausbleiben von Lieferungen oder Krankheit, es sei denn, die Krankheit steht der Abreise des Arbeitnehmers entgegen und er hätte ohne sie die Voraussetzungen für die Steuerbefreiung im Tätigkeitsstaat erfüllt,
- Urlaubstage, die unmittelbar oder in einem engen zeitlichen Zusammenhang vor, während und nach der Tätigkeit im Tätigkeitsstaat verbracht werden.

Gerade der letzte Punkt kann das „Fass der 183 Tage" gegebenenfalls zum Überlaufen bringen, denn man kann dem Mitarbeiter schließlich nicht vorschreiben, wo er seinen Urlaub zu verbringen hat. Wenn allerdings – warum auch immer – die Besteuerung im Tätigkeitsstaat auf jeden Fall vermieden werden soll, dann besprechen Sie bitte mit dem Mitarbeiter die Problematik. Vorher kann man die Anwesenheit von 183 Tagen im Tätigkeitsstaat noch steuern – nachträglich lassen sich die im Tätigkeitsstaat verbrachten Tage nicht mehr reduzieren.

Tage, die ausschließlich außerhalb des Tätigkeitsstaates verbracht werden, unabhängig, ob dies aus beruflichen oder privaten Gründen geschieht, werden nicht mitgezählt. Auch zählen Tage des Transits in einem Durchreisestaat nicht als Aufenthaltstage für diesen Staat.

Bedingt durch diese Zählweise kann es bei 365 kalendarischen Tagen pro Jahr zu mehr als 365 Anwesenheitstagen kommen, da die Reisetage oft sowohl im Heimatstaat bei Abfahrt, als auch im Tätigkeitsstaat bei Ankunft mitgezählt werden.

Beispiel

Ein deutscher Mitarbeiter wird nach Frankreich entsandt. Er beginnt morgens in Deutschland seine Reise mit dem Pkw nach Frankreich. Dieser Tag gilt als Anwesenheitstag in Deutschland. In den Transitländern Österreich und Italien zählt die Anwesenheit nach dem o.g. BMF-Schreiben weder als Anwesenheitstag in Österreich noch in Italien. Wenn er abends in Frankreich ankommt, zählt dieser Tag auch in Frankreich als Anwesenheitstag.

Wenn der Mitarbeiter durch seine berufliche Tätigkeit in Frankreich, die er z.B. im Oktober des laufenden Jahres beendet, an lediglich 170 Tagen in Frankreich anwesend war, so ist die Anzahl dieser Anwesenheitstage hinsichtlich der sog. 183-Tage-Regelung noch unkritisch.

Verbringt der Mitarbeiter direkt im Anschluss an seine berufliche Tätigkeit noch einen 14-tägigen Urlaub in Frankreich, so zählen diese Anwesenheitstage für die Ermittlung der 183-Tage-Grenze mit. Das Besteuerungsrecht für die Einkünfte aus unselbständiger Tätigkeit wechselt nun in den Tätigkeitsstaat Frankreich, da sich der Mitarbeiter an mehr als 183 Tagen in Frankreich aufgehalten hat. Der Urlaub wurde unmittelbar in einem zeitlichen Zusammenhang mit der beruflichen Tätigkeit im Tätigkeitsstaat verbracht.

Wenn bei der Ermittlung der Aufenthalts-/Ausübungstage in einem DBA auf das **Steuerjahr** oder das **Kalenderjahr** verwiesen wird, dann sind diese Tage für jedes Steuer- oder Kalenderjahr gesondert zu ermitteln. Maßgeblich ist jeweils das Steuerjahr des Staates, in dem die Tätigkeit ausgeübt wird.

Bei der Ermittlung der 183 Tage nach dem Steuerjahr ist zu beachten, dass folgende Länder ein vom Kalenderjahr abweichendes Steuerjahr haben:

Australien	*01.07. – 30.06.*
Bangladesch	*01.07. – 30.06.*
Großbritannien	*06.04. – 05.04.*
Indien	*01.04. – 31.03.*
Iran	*21.03. – 20.03.*
Mauritius	*01.07 – 30.06.*
Namibia	*01.03. – 28./29.02.*
Neuseeland	*01.04. – 31.03.*
Pakistan	*01.07. – 30.06.*
Sri Lanka	*01.04. – 31.03.*
Südafrika	*01.03. – 28./29.02.*

Die Ermittlung der maßgeblichen 183 Tage ist in der Praxis nicht immer ganz einfach – der entsandte Mitarbeiter kann dies jedoch durch das Führen eines Reisekalenders erheblich erleichtern. Neben einem Reisekalender können auch die Reisekostenabrechnung oder entsprechende Stempel im Reisepass zur Ermittlung der 183 Tage herangezogen werden.

Sofern sich das DBA anstelle auf das Steuer- oder Kalenderjahr auf eine beliebige 12-Monats-Periode, also einen „**Zeitraum von 12 Monaten**" (z.B. DBA Norwegen oder Polen) bezieht, müssen alle denkbaren 12-Monats-Zeiträume in Betracht gezogen werden, auch wenn sie sich zum Teil überschneiden. Diese Regelung ist bereits im OECD-MA vorgesehen.

Mit jeder Einreise beginnt ein neuer 12-Monats-Zeitraum zu laufen. Immer wenn sich der Mitarbeiter in einem beliebigen 12-Monats-Zeitraum an mehr als 183 Tagen in dem anderen Vertragsstaat aufhält, steht diesem für die Einkünfte, die auf diese Tage entfallen, das Besteuerungsrecht zu. Mit jedem Aufenthaltstag des Mitarbeiters in dem anderen Vertragsstaat ergeben sich neue zu betrachtende 12-Monats-Zeiträume.

Das DBA Deutschland – Norwegen enthält folgende Regelung:

„ ... der Empfänger sich im anderen Staat insgesamt nicht länger als 183 Tage innerhalb eines Zeitraums von 12 Monaten, der während des betreffenden Steuerjahrs beginnt oder endet, aufhält ..."

Beispiel

Der Mitarbeiter wird von seinem deutschen Arbeitgeber nach Norwegen entsandt und wird dort vom 01.04.2005 bis 20.04.2005, zwischen dem 01.08.2005 und dem 31.03.2006 für 90 Tage sowie vom 25.04.2006 bis zum 31.07.2006 für 97 Tage tätig.

Für die Vergütungen, die innerhalb des Zeitraumes 01.08.2005 bis 31.07.2006 auf Tage entfallen, an denen sich der Mitarbeiter in Norwegen aufhält, hat Norwegen das Besteuerungsrecht, da sich der Mitarbeiter innerhalb eines 12-Monats-Zeitraums dort an insgesamt mehr als 183 Tagen aufgehalten hat. Deutschland stellt insoweit die Vergütungen des Mitarbeiters unter Beachtung des § 50d Abs. 8 EStG und des Progressionsvorbehaltes steuerfrei.

Das Besteuerungsrecht für die Einkünfte, die auf den Zeitraum 01.04.2005 bis 20.04.2005 entfallen, steht dagegen Deutschland zu, da in allen auf diesen Zeitraum bezogenen denkbaren 12-Monats-Zeiträumen sich der Mitarbeiter an nicht mehr als 183 Tagen in Norwegen aufgehalten hat.

4.4 Art. 15 Abs. 2b OECD-MA: Wer ist der im Tätigkeitsstaat ansässige Arbeitgeber?

Der ins Ausland entsandte Mitarbeiter kann seine nichtselbständige Tätigkeit für seinen zivilrechtlichen Arbeitgeber (1), im Rahmen einer Arbeitnehmerentsendung zwischen verbundenen Unternehmen (2) oder auch für einen fremden dritten Arbeitgeber (3) ausüben.

Alternative 1

Sofern der im Inland ansässige Arbeitnehmer für seinen zivilrechtlichen Arbeitgeber z.B. im Rahmen einer Lieferung- oder Werkleistung bei einem nicht verbundenen Unternehmen im Ausland tätig ist, kann regelmäßig davon ausgegangen werden, dass der zivilrechtliche Arbeitgeber auch der Arbeitgeber im Sinne des DBA ist. Entsprechendes gilt natürlich für einen im Ausland ansässigen Arbeitnehmer, der für seinen zivilrechtlichen Arbeitgeber im Inland tätig ist.

Alternative 2

Arbeitgeber im Sinne des DBA kann nicht nur der o.g. zivilrechtliche Arbeitgeber sein, sondern auch eine andere natürliche oder juristische Person, die die Vergütungen für die ihr geleistete nichtselbständige Arbeit **wirtschaftlich trägt**.

Wenn also ein im Inland ansässiger Mitarbeiter seine Tätigkeit bei einem im Ausland ansässigen **verbundenen Unternehmen** ausübt, so ist zu prüfen, ob das inländische entsendende Unternehmen oder aber das ausländische aufnehmende Unternehmen als Arbeitgeber im Sinne des DBA anzusehen ist. Gleiches gilt, wenn ein im Ausland ansässiger Mitarbeiter bei einem im Inland ansässigen verbundenen Unternehmen tätig ist.

Die Finanzverwaltung legt bei der Beantwortung dieser Frage besonderes Augenmerk auf den wirtschaftlichen Gehalt und die tatsächliche Durchführung zugrunde liegender Vereinbarungen. Grundsätzlich ist auch hier die o.g. Alternative 1 zu beachten, wenn entsprechende Hinweise dazu vorliegen. Wird z.B. der Arbeitnehmer im Rahmen eines Lieferungs- oder Werkleistungsvertrages des entsendenden Unternehmens bei einem verbundenen Unternehmen tätig und ist der Arbeitslohn des entsandten Mitarbeiters Preisbestandteil der Lieferung oder Werkleistung, so ist der **zivilrechtliche Arbeitgeber** (= das entsendende Unternehmen) auch Arbeitgeber im Sinne des DBA. **Die Grundsätze des BMF-Schreibens vom 09.11.2001, BStBl 2001 I S. 796 ff sind entsprechend zu beachten**.

Anstelle des zivilrechtlichen Arbeitgebers tritt der **wirtschaftliche Arbeitgeber**, wenn

- der Mitarbeiter in das aufnehmende Unternehmen eingebunden ist und
- das aufnehmende Unternehmen den Arbeitslohn (infolge seines eigenen betrieblichen Interesses an der Entsendung des Mitarbeiters) wirtschaftlich trägt. Dabei ist es hier ohne Bedeutung, ob das aufnehmende Unternehmen die Vergütung unmittelbar an den entsandten Mitarbeiter auszahlt, oder ob ein anderes Unternehmen (z.B. das entsendende Unternehmen) mit dieser Arbeitsvergütung in Vorlage tritt.

Ob der entsandte Mitarbeiter in das aufnehmende Unternehmen eingebunden ist, lässt sich nicht anhand einzelner Punkte festmachen, sondern entscheidend ist auch hier das Gesamtbild der Verhältnisse. Folgende Fragen sollten bei dieser Entscheidung beantwortet werden:

- Wer trägt die Verantwortung und die Risiken für die durch die Tätigkeit des Mitarbeiters erzielten Ergebnisse?
- Ist der Mitarbeiter den Weisungen des aufnehmenden oder des entsendenden Unternehmens unterworfen?
- Wer hat den Anspruch auf die Arbeitsleistung des Mitarbeiters?
- Wem gegenüber ist der Mitarbeiter weisungsbefugt?
- Wer schuldet das Entgelt?
- Wer entscheidet über
  - Art und Umfang der täglichen Arbeit
  - die Höhe der Bezüge
  - die Teilnahme an Erfolgsplänen
  - eine eventuelle Kündigung oder Entlassung des Mitarbeiters
- Wer trägt das Risiko der Lohnfortzahlung im Krankheitsfall?
- Wo erbringt der Mitarbeiter seine Leistungen?

Die Frage „wirtschaftlicher Arbeitgeber ja oder nein?“ ist insofern nicht allein mit einem **Ja** oder **Nein** zu beantworten. Die Finanzverwaltung hat daher in den o.a. „Verwaltungsgrundsätzen-Arbeitnehmerentsendungen“ (BMF-Schreiben vom 09.11.2001) entsprechende Anweisungen herausgegeben, die von den Unternehmen zu beachten sind.

Das aufnehmende Unternehmen wird daher regelmäßig zum „wirtschaftlichen Arbeitgeber", wenn es nach diesen Grundsätzen die Lohnaufwendungen **getragen hat oder nach dem Fremdvergleich hätte tragen müssen** (vgl. Punkt 2. Kostentragung).

Hier wird die Problematik ganz deutlich, welche Folgen es insbesondere auch für die Steuerpflicht des Mitarbeiters hat, wenn für seine Beschäftigung im Ausland nicht mehr der bisherige zivilrechtliche Arbeitgeber, sondern der wirtschaftliche Arbeitgeber zur Anwendung kommt. Dadurch kann das Besteuerungsrecht auch bereits bei nur kurzen Entsendungen (weniger als 183 Tage) vom Ansässigkeitsstaat in den Tätigkeitsstaat wechseln, wenn z.B. das Gehalt ab dem ersten Tag der Beschäftigung im Ausland an das aufnehmende Unternehmen im Ausland weiterbelastet wird.

Hinweis:

Eine entsprechende Kommunikation zwischen Personalabteilung, Steuerabteilung und entsandtem Mitarbeiter ist daher unabdingbar!

Hinweis:

In Einzelfällen kann es zu Mischfällen kommen, d.h. dass abkommensrechtlich sowohl das aufnehmende als auch das entsendende Unternehmen „wirtschaftlicher Arbeitgeber" des entsandten Mitarbeiters sein können.

4.5 Art. 15 Abs. 2c OECD-MA: Betriebsstätte des Arbeitgebers im Tätigkeitsstaat

Ob im Tätigkeitsstaat eine Betriebsstätte vorliegt, richtet sich nach den Definitionen im entsprechenden DBA (vgl. Art. 5 OECD-MA). Einige DBA definieren eine Betriebsstätte in Abweichung zu § 12 AO (= 6 Monate) erst ab einem Zeitraum von mehr als 12 Monaten.

Die Betriebsstätte kommt zwar zivilrechtlich als Arbeitgeber nicht in Betracht, aber sie hat den Arbeitslohn zu tragen, wenn er wirtschaftlich betrachtet der Betriebsstätte zuzuordnen ist. Hier ist es wiederum nicht entscheidend, wer die Vergütungen ausbezahlt oder im Rahmen seiner Teilbuchführung abrechnet. Entscheidend ist allein, ob und in welchem Umfang die ausgeübte Tätigkeit des Mitarbeiters nach dem jeweiligen DBA der Betriebsstätte zuzuordnen ist und die Vergütung deshalb wirtschaftlich zu Lasten der Betriebsstätte geht. Auch hier gilt, dass Arbeitslohn, der lediglich Teil von Verrechnungen für Lieferungen oder Leistungen im Verhältnis zur Betriebsstätte ist, nicht von der Betriebsstätte getragen wird.

Die o.g. Grundsätze zum „wirtschaftlichen Arbeitgeber“ geltend hier entsprechend.

Beispiele zur Zuordnung des Besteuerungsrechtes

Anhand unseres schon genannten Beispiels stellen wir die Zuweisung des Besteuerungsrechts nach den Regeln des DBA dar:

1) Max Huber (verheiratet, 2 Kinder), Familie begleitet ihn nach Polen
   Manager, bisher Leiter der Salbenproduktion,
   geplante Stelle in Polen: Werksleiter
   geplante Entsendungsdauer: 3 Jahre

   Herr Huber wird durch die zeitlich befristete Entsendung nach Polen dann doppelt ansässig, wenn er seinen Wohnsitz in Deutschland beibehält und die bisher bewohnte Immobilie nicht kündigt oder verkauft. Darüber hinaus wird er auch nach polnischem Recht in Polen ansässig werden.

   Bei doppelter Ansässigkeit weist Art. 4 Abs. 2 DBA dem Staat das Besteuerungsrecht zu, in dem der Mitarbeiter seinen Mittelpunkt der Lebensinteressen hat. Bei verheirateten Mitarbeitern ist das regelmäßig am gemeinsamen Wohnsitz der Familie. Herr Huber wird von seiner Familie nach Polen begleitet und so wird Polen der nach DBA ermittelte Ansässigkeitsstaat. Herr Huber wird mit seinen Einkünften aus nicht selbständiger Tätigkeit in Polen steuerpflichtig.

   Interessant wird dieses Beispiel, wenn Herr Huber während seiner Auslandstätigkeit Dienstreisen zum deutschen Mutterunternehmen unternimmt. Da das Entgelt für seine Tätigkeit von der aufnehmenden Gesellschaft in Polen getragen wird, ist nun der Arbeitgeber nicht mehr im Tätigkeitsstaat Deutschland ansässig und so würde das Besteuerungsrecht für diese Dienstreisen nach Deutschland erst dann nach Deutschland wechseln, wenn Herr Huber mehr als 183 Tage in Deutschland anwesend war. Das kann z.B. in den Transferjahren der Fall sein. Hier ist es zwingend erforderlich, einen Reisekalender zu führen.

2) Team Montagelinie, bestehend aus 5 Mitarbeitern (alle ledig und ohne Kinder), die die Montagelinie planen, aufbauen, selbständig mit den Lieferanten der Maschinen verhandeln, die Lieferbedingungen koordinieren und überwachen;
   geplante Einsatzdauer: 8-16 Monate, die Mitarbeiter fahren regelmäßig am Wochenende nach Hause

   Bei der doch relativ kurzfristigen Entsendedauer von max. 16 Monaten kann man davon ausgehen, dass diese Mitarbeiter ihren Wohnsitz im Heimatland Deutschland beibehalten werden, insbesondere wenn sie jedes Wochenende nach Hause fahren. Auch bei doppelter Ansässigkeit wird hier der Mittelpunkt der Lebensinteressen eher in

Deutschland verbleiben. Im vorliegenden Beispiel werden die Gehaltskosten nicht nach Polen weiterbelastet, daher kommt es hier ausschließlich auf die 183-Tage-Regelung an, ob die Mitarbeiter in Polen oder in Deutschland mit ihren Einkünften aus nichtselbständiger Tätigkeit besteuert werden. Auch beim DBA Polen kommt es auf einen x-beliebigen 12-Monats-Zeitraum an, der für die Ermittlung der 183-Tage-Regelung betrachtet werden muss.

3) Vorarbeiter Produktion
Irene Müller (verheiratet, keine Kinder), Ehemann bleibt in Deutschland
bislang Vorarbeiterin in der Tablettenproduktion
geplante Aufgabe in Polen: Einarbeitung Mitarbeiter der Produktion
geplante Einsatzdauer: 2 Jahre

Ehegatten haben ihren Lebensmittelpunkt regelmäßig am gemeinsamen Familienwohnsitz und bei Frau Müller bleibt dieser in Deutschland. Frau Müllers Gehalt wird jedoch an die polnische Medicare Polska weiterbelastet und somit wechselt das Besteuerungsrecht in den Tätigkeitsstaat Polen.

Stefan Meier
(geschieden, 1 Kind), geht alleine nach Polen und gibt den deutschen Wohnsitz auf;
bislang Gruppenleiter in der Flüssigproduktion
geplante Aufgabe in Polen: Einarbeitung Mitarbeiter der Produktion
geplante Einsatzdauer: 2 Jahre

Da Herr Meier seinen Wohnsitz in Deutschland aufgibt und somit nur noch in Polen ansässig ist, sind nun Ansässigkeitsstaat und Tätigkeitsstaat identisch. Eine Zuweisung des Besteuerungsrechts aufgrund DBA ist nicht erforderlich.

4) Susanne Kunze (ledig, 1 Kind), Kind geht mit nach Polen
Qualitätsbeauftragte „Resident"
geplante Aufgabe in Polen: Qualitätsüberwachung der an das deutsche Unternehmen zu liefernden Waren
geplante Einsatzdauer: 3-5 Jahre

Frau Kunze wird ihren Wohnsitz in Deutschland nicht aufgeben, aber der Familienwohnsitz und somit auch Frau Kunzes Lebensmittelpunkt werden nach Polen verlegt. Folglich ist Frau Kunzes Hauptansässigkeitsstaat Polen. Hier liegt deshalb auch das Besteuerungsrecht für ihre Einkünfte aus nichtselbständiger Arbeit, obwohl ihr Gehalt von dem Unternehmen in Deutschland ausbezahlt und getragen wird.

Hinweis:

Wichtig ist, dass es für die Zuweisung des Besteuerungsrechts nicht darauf ankommt, wo das Gehalt ausbezahlt, sondern für welche Tätigkeit es gewährt wird.

5) Detlev Burg (verheiratet), seine Ehefrau stammt aus Polen und begleitet ihn nach Polen
IT-Entwickler
geplante Aufgabe in Polen: Konsolidierung der IT-Systeme nach Konzern-Grundsätzen
geplante Einsatzdauer: 6-12 Monate
danach lokale Anstellung als IT-Leiter geplant

Familie Burg wird ihren deutschen Wohnsitz komplett aufgeben und nur noch in Polen wohnen. Herr Burg ist nun mit seinen Einkünften in Polen steuerpflichtig. Solange das deutsche entsendende Untenehmen die Kosten trägt, wäre das Entgelt für Dienstreisen nach Deutschland in Deutschland steuerpflichtig. Das deutsche entsendende Unternehmen muss dann entsprechend Lohnsteuer einbehalten, und zwar nach den Grundsätzen für beschränkt steuerpflichtige Mitarbeiter, da Herr Burg in Deutschland mangels Wohnsitz nicht mehr unbeschränkt steuerpflichtig ist.

Hinweis:

Wenn die Lohnsteuer nun nach Steuerklasse I einbehalten werden soll, muss eine Bescheinigung für beschränkt Steuerpflichtige beantragt werden.

4.6 Doppelansässigkeit in beiden Staaten

Wie bereits unter dem Abschnitt „Wohnsitz“ angesprochen, kann es bei grenzüberschreitenden Mitarbeiterentsendungen durchaus dazu kommen, dass die Mitarbeiter „mehrfach ansässig“ sind, da jeder der beteiligten Staaten die Ansässigkeit nach seinem lokalen Recht regelt. Da darüber hinaus die Steuerpflicht in den Staaten regelmäßig nach der Ansässigkeit beurteilt wird, hat die doppelte Ansässigkeit in der Regel auch eine doppelte Steuerpflicht zur Folge.

Zur Anwendung eines DBA ist es nun erforderlich, einen der beteiligten Staaten zum „Ansässigkeitsstaat“ zu bestimmen, dem in Auslegung des DBA´s auch das Besteuerungsrecht der fraglichen Einkünfte zusteht.

Grundsätzlich verweist **Art. 4 Abs. 1 OECD-MA** das Besteuerungsrecht an den Ansässigkeitsstaat des Mitarbeiters, der, wie schon erwähnt, nach lokalem Recht der Staaten bestimmt wird.

Ist der Mitarbeiter unter Anwendung lokalen Rechts jedoch in mehreren Staaten ansässig (= Doppelansässigkeit), so ist **Art. 4 Abs. 2 OECD-MA** (= sog. „**tie-breaker-rule**“) einschlägig. Hier wird geregelt, welcher dieser Staaten für die Anwendung des DBA und die Zuweisung des Besteuerungsrechts der „Haupt-Ansässigkeitsstaat“ ist.

Nach **Art. 4 Abs. 2 OECD-MA** gilt eine Person als **nur in dem Staat ansässig** in dem sie

a) über eine ständige **Wohnstätte** verfügt. Verfügt sie in beiden Staaten über eine ständige Wohnstätte, so gilt sie als in dem Staat ansässig, zu dem sie die engeren persönlichen und wirtschaftlichen Beziehungen hat (= „**Mittelpunkt der Lebensinteressen**“).

b) Kann der Ansässigkeitsstaat nicht nach a) bestimmt werden, so gilt der Staat als Ansässigkeitsstaat, in dem die Person ihren **gewöhnlichen Aufenthalt** hat.

c) Hat die Person ihren gewöhnlichen Aufenthalt in beiden oder in keinem der Staaten, so gilt sie als nur in dem Staat ansässig, dessen Staatsangehöriger sie ist.

d) Ist die Person Staatsangehöriger beider Staaten oder besitzt sie keine davon, dann regeln die zuständigen Behörden die Frage der Zuständigkeit in gegenseitigem Einvernehmen.

Hinweis:

In der Praxis kann die Ansässigkeit in der überwiegenden Zahl der Fälle nach a) bzw. b) beurteilt werden.

Der **Mittelpunkt der Lebensinteressen** ist nach objektiven Kriterien zu bestimmen. Die persönlichen Beziehungen umfassen in der Regel die gesamte private Lebensführung. Dazu gehören nicht nur familiäre und gesellschaftliche, sondern durchaus auch politische und kulturelle Beziehungen. Insbesondere der Familienwohnsitz (z.B. auch Großeltern und weitere Verwandtschaft), der Freundeskreis, eine Vereinszugehörigkeit oder auch die Anmeldung der Fahrzeuge können hier Indizwirkung haben.

Die wirtschaftlichen Interessen hingegen bestehen zu ortsgebundenen Tätigkeiten oder Einnahmenquellen, wie z.B. Immobilienbesitz, Fortdauer des Anstellungsverhältnisses beim Arbeitgeber, Bankkonten, Verbleib im heimatlichen Sozialversicherungssystem, andere Einkünfte aus inländischen Einkunftsquellen, z.B. Gesellschafter bei einem inländischen Unternehmen.

Die persönlichen und wirtschaftlichen Beziehungen müssen nicht kumulativ vorliegen, sondern können durchaus getrennt betrachtet werden. Wie schon vorab gesagt, kommt es auf das Gesamtbild der Verhältnisse an.

Hinweis:

Die Ansässigkeitsregelung bzw. das Besteuerungsrecht der betroffenen Staaten nach lokalem Recht sind durch die Zuweisung zu einem der Staaten gemäß DBA bei dem anderen Staat deshalb nicht aufgehoben. Es tritt jedoch zur Anwendung des DBA in den Hintergrund. Die DBA bestimmen kein eigenes Besteuerungsrecht, sondern weisen bei doppeltem Besteuerungsrecht einem der beteiligten Staaten das Recht zu, dieses Einkommen zu besteuern.

4.7 Durchführung der Besteuerung

Sofern das Besteuerungsrecht nach Anwendung des Art. 4 OECD-MA **einem** der beteiligten Vertragsstaaten **zugewiesen** wird, so erfolgt die entsprechende Besteuerung der Einkünfte nach lokalem Recht des entsprechenden Staates und zwar ggfs. auch rückwirkend.

Beispiel

Der Mitarbeiter wird mit Wirkung zum 01.02.2007 für die geplante Dauer von 5 Monaten zur Tochtergesellschaft ins Ausland entsandt. Der Arbeitgeber betrachtet diese Entsendung als „verlängerte Dienstreise" und zieht daraus keinerlei steuerliche Folgen. Das Gehalt des entsandten Mitarbeiters wird nicht an das aufnehmende Unternehmen im Ausland weiterbelastet und der Arbeitgeber behält unverändert in Deutschland die Lohnsteuer ein und führt diese an das Betriebsstätten-Finanzamt ab. Im Ausland werden bislang auch keine steuerlichen Konsequenzen gezogen.

Aus unternehmensinternen Gründen verlängert sich der Auslandsaufenthalt um weitere 2 Monate und der Mitarbeiter ist nun mehr als 183 Tage im entsprechenden Zeitraum im Ausland beschäftigt. Die Ausnahmeregelung des Art. 15 Abs. 2 OEDC-MA, dass der Ansässigkeitsstaat das Besteuerungsrecht für die im Ausland ausgeübte Tätigkeit behält, ist nun nicht mehr einschlägig, da bereits Art. 15 Abs. 2a OECD-MA nicht mehr erfüllt ist.

Der Tätigkeitsstaat hat nun nach Art. 15 Abs. 1 OECD-MA das Besteuerungsrecht für diese Einkünfte und zwar nicht erst ab dem 184. Tag der Auslandstätigkeit, sondern bereits ab dem 1. Tag der Beschäftigung im Ausland, sprich ab dem 01.02.2007.

Entsprechend ist der Arbeitslohn für diese Tätigkeit in Deutschland steuerfrei zu stellen und im Ausland sind die entsprechenden Regelungen zu beachten, wie z.B. Lohnsteuereinbehalt und Abgabe einer Steuererklärung.

Um eventuelle **Haftungsrisiken** auf Arbeitgeberseite und ungewollte Steuernachforderungen im Ausland zu vermeiden, sollte wie folgt vorgegangen werden:

- Steuerliche Beurteilung des Sachverhaltes vor Beginn der Entsendung – insbesondere hinsichtlich der Weiterbelastung der Kosten
- Besprechung mit dem Mitarbeiter wegen der Folgen bei Überschreiten der 183 Tage. Es ist sinnvoll, wenn die Mitarbeiter einen entsprechenden Reisekalender führen und diesen z. B. nach 160 Auslandstagen dem personalverantwortlichen Ansprechpartner vorlegen, um die weitere Vorgehensweise zu koordinieren.
- Wenn der Mitarbeiter aufgrund Überschreitens der 183 Tage im Tätigkeitsstaat steuerpflichtig wird, so ist es Aufgabe des Arbeitgebers festzustellen, inwieweit er im Ausland zur Lohnsteuereinbehaltungspflicht herangezogen wird und wie der Mitarbeiter im Ausland seinen steuerlichen Pflichten nachkommen muss.

4.8 Vermeidung der Doppelbesteuerung

Die DBA regeln in den Art. 6 – 22 OECD-MA nicht nur die Zuweisung des Besteuerungsrechts bei den unterschiedlichen Einkunftsarten, sondern in Art. 23 OECD-MA auch die Vermeidung der Doppelbesteuerung. Mit anderen Worten: Wird einem der Vertragsstaaten das Besteuerungsrecht zugewiesen, so hat der andere der beteiligten Vertragsstaaten die Doppelbesteuerung entsprechend zu vermeiden.

Für die Vermeidung der Doppelbesteuerung gibt es in den DBA zwei unterschiedliche Methoden – die Freistellungs- und die Anrechnungsmethode.

Bei der **Freistellungsmethode** (Art. 23 A OECD-MA) wird das Einkommen grundsätzlich von der Besteuerung freigestellt, d.h. dieser Staat besteuert das ausländische Einkommen nicht noch einmal, sondern stellt es steuerfrei. Daneben hat er allerdings das Recht, dieses Einkommen zur Ermittlung des Steuersatzes heranzuziehen – in Deutschland bekannt unter dem Stichwort „Progressionsvorbehalt“. Die Folgen des Progressionsvorbehaltes besprechen wir in Abschnitt 6.1.

Bei der **Anrechnungsmethode** (Art. 23 B OECD-MA) werden die im Ausland bereits besteuerten Einkünfte auch im Inland der Besteuerung unterworfen und die im Ausland schon bezahlte Einkommensteuer kann ggfs. auf die im Inland auf diese Einkünfte zu zahlende Steuer entsprechend angerechnet werden.

Die meisten DBA, die Deutschland abgeschlossen hat, wenden bei den Einkünften aus nichtselbständiger Tätigkeit die Freistellungsmethode an.

4.9 Grenzgängerreglung

Der Vollständigkeit halber möchten wir hier darauf hinweisen, dass es in einigen DBA sog. „Grenzgängerregelungen“ gibt. Grenzgänger sind Personen, die in der Nähe einer Grenze wohnen, ihre Arbeit jedoch auf der anderen Seite der Grenze ausüben und daher regelmäßig die Grenze überqueren müssen. Grenzgänger halten sich dadurch regelmäßig an mehr als 183 Tagen im anderen Staat auf und werden dadurch grundsätzlich nach Art. 15 Abs. 1 OECD-MA im Tätigkeitsstaat steuerpflichtig. Mangels Wohnsitz im Tätigkeitsstaat unterliegen die Grenzgänger jedoch nur der beschränkten Steuerpflicht, d.h. insbesondere Familienvergünstigungen, die in der Regel nur unbeschränkt steuerpflichtigen Mitarbeitern zuteil werden, kommen hier nicht zur Anwendung. Um diese Grenzgänger diesbezüglich steuerlich nicht schlechter zu stellen, gibt es in einigen DBA (Frankreich, Schweiz, Österreich) besondere Regelungen. Abweichend von Art. 15 Abs. 1 OECD-MA können Grenzgänger ihre Einkünfte aus nichtselbständiger Tätigkeit dennoch im Wohnsitzstaat versteuern, auch wenn sie die 183-Tage-Regelung des entsprechenden DBA nicht erfüllen.

5. Pflichten des Arbeitgebers

5.1 Fürsorgepflicht – Worauf muss der Arbeitgeber den Arbeitnehmer hinweisen?

Als eine wesentliche Voraussetzung sollten die Entsendungsprozesse im Unternehmen für die Mitarbeiter transparent gestaltet und dargestellt werden. Entsendungsrichtlinien und Steuerausgleichsprozesse können z.B. über das firmeninterne Intranet publiziert werden.

Die Mitarbeiter sollten die Möglichkeit haben, die steuerliche Situation vor, während und nach der Entsendung mit einem Experten zu besprechen. Der Mitarbeiter sollte unbedingt über die steuerlichen und sozialversicherungsrechtlichen Folgen der Entsendung aufgeklärt werden. Die Praxis hat gezeigt, dass die Mitarbeiter vor allem Antworten auf folgende Fragen suchen:

- Was passiert, wenn der Wohnsitz im Inland beibehalten wird?
- Welche Folgen hat eine Wohnsitzaufgabe?
- Wann muss sich der Mitarbeiter abmelden?
- Können auch mehrere Wohnsitze beibehalten werden?
- Bleibt der Anspruch auf Kindergeld erhalten?
- Verliert der Mitarbeiter evtl. seine Eigenheimzulage?
- Was passiert mit der Riester-Förderung?
- Wo überall muss der Mitarbeiter eine Steuererklärung abgeben?
- Was muss im Ausland und was im Inland versteuert werden?
- Was bedeutet eine Nettozusage?
- Wer kümmert sich um die Freistellungsbescheinigung?
- Wer übernimmt entsendebedingte Mehrsteuern?
- Wer führt im Ausland die Lohnsteuer ab?

- Können inländische Verluste im Ausland geltend gemacht werden?
- Müssen im Ausland erzielte Einkünfte in Deutschland versteuert werden?
- Kann der Mitarbeiter weiterhin in der deutschen Sozialversicherung versichert bleiben? Wenn nicht, welche Alternativ-Möglichkeiten bestehen?
- Kann sich der Mitarbeiter freiwillig versichern?
- Wird die Auslandstätigkeit auf die deutsche Rente angerechnet?
- Was passiert, wenn der Mitarbeiter nach Beendigung des Auslandseinsatzes arbeitslos wird?

Zur Beantwortung dieser Fragen ist die Unterstützung durch die Steuerabteilung oder einen Steuerberater hilfreich. Dabei kann es sinnvoll sein, in einer kurzen Zusammenfassung über das Gespräch zwischen Steuerberater und Mitarbeiter zumindest stichpunkthaltig festzuhalten, über welche Inhalte gesprochen und der Mitarbeiter beraten wurde.

Für die Besprechung der jährlichen Einkommensteuererklärung am Ende eines Entsendungsjahres mit dem Steuerberater ist es hilfreich, wenn der Mitarbeiter eine Aufstellung bzw. Bescheinigung von seinem personalverantwortlichen Ansprechpartner erhält, die detailliert alle an den Mitarbeiter gezahlten Vergütungsbestandteile und gewährten Sachbezüge beinhaltet. Hierin sollten alle verschiedenen Gehaltselemente und alle monetären, sowie nicht-monetären Gehalts- und Gehaltsnebenleistungen aufgestellt sein, sowie die steuerliche Behandlung durch den Arbeitgeber, d.h. ob diese Leistungen brutto, netto oder steuerfrei an den Mitarbeiter geflossen sind. Nur mit einer derartigen Gesamtübersicht aller an den Arbeitnehmer geflossenen Leistungen ist der Steuerberater in der Lage, eine korrekte Einkommensteuer-Erklärung zu erstellen und gleichzeitig das Haftungsrisiko des Arbeitgebers zu reduzieren.

5.2 Lohnsteuereinbehaltungspflicht – Wo muss Lohnsteuer einbehalten werden?

Ein inländischer Arbeitgeber ist nach **§ 38 Abs. 1 EStG** verpflichtet, von den Einkünften aus nichtselbständiger Arbeit die Lohnsteuer nach den Merkmalen der jeweiligen persönlichen Lohnsteuerkarte einzubehalten und termingerecht an das zuständige Betriebsstätten-Finanzamt abzuführen. Diese Regelung gilt grundsätzlich auch, wenn der Arbeitnehmer im Ausland tätig ist, und zwar solange, wie der Mitarbeiter mit diesen Einkünften in Deutschland steuerpflichtig ist. Der Mitarbeiter ist und bleibt Schuldner der Lohnsteuer (§ 38 Abs. 2 EStG), und der Arbeitgeber ist verpflichtet, die Lohnsteuer für Rechnung des Mitarbeiters bei jeder Lohnzahlung einzubehalten und an das Finanzamt abzuführen (§ 38 Abs. 3 EStG).

Welche Fragen sind zu beantworten, wenn ein ausländischer Mitarbeiter nach Deutschland kommt?

- Wann bekommt der aus dem Ausland kommende Mitarbeiter eine Lohnsteuerkarte?
- Nach welchen Kriterien wird die Lohnsteuer ohne Lohnsteuerkarte einbehalten?
- Muss in Deutschland auch auf ausländische Lohnzahlungen Lohnsteuer berechnet werden?
- Wie erfahren Sie von ausländischen Lohnzahlungen?
- Muss der ausländische Mitarbeiter in Deutschland eine Steuererklärung abgeben?

Was ist bei Mitarbeitern zu beachten, die von Deutschland ins Ausland gehen?

- Wie lange muss die deutsche Lohnsteuer und vor allem auf was muss sie einbehalten werden?
- Muss auch auf ausländische Lohnzahlungen in Deutschland Lohnsteuer einbehalten werden?
- Wie und durch wen wird über Lohnzahlungen informiert, die der Mitarbeiter im Ausland erhalten hat, sog. Lohnzahlungen von dritter Seite?
- Was passiert, wenn die Lohnsteuer zu lange einbehalten wurde?
- Was passiert, wenn keinerlei Lohnsteuer mehr einbehalten wurde?
- Können Fehler beim Lohnsteuereinbehalt korrigiert werden? Wenn ja, wie lange?
- Muss im Ausland Lohnsteuer einbehalten und abgeführt werden?

Bei Auslandsentsendungen endet die Lohnsteuereinbehaltungs- und abführungspflicht des deutschen Arbeitgebers nicht unbedingt an der deutschen Grenze.

Es ist Aufgabe des Unternehmens zu prüfen, ob für die ins Ausland entsandten Mitarbeiter vor Ort Lohnsteuer nach lokalem Recht einbehalten und abgeführt werden muss und welche steuerlichen Pflichten darüber hinaus bestehen.

So unterschiedlich die Steuersysteme der einzelnen Länder sind, so unterschiedlich können auch die Steuererhebungsformen sein. Oft unterscheiden die Staaten nach beschränkter und unbeschränkter Steuerpflicht. Je nachdem erfolgt dann die Erhebung der Lohnsteuer, z.B. in Form einer Pauschalbesteuerung, durch die sämtliche Steueransprüche als abgegolten gelten und somit auch keine Steuererklärung abgegeben werden kann bzw. muss. Ob diese pauschale Steuererhebung jedoch durch den ausländischen Arbeitgeber oder den entsandten Mitarbeiter zu erfolgen hat, muss nach lokalem Recht geklärt werden. Neben einer Pauschalbesteuerung gibt es in einigen Ländern auch den individuell berechneten Lohnsteuerabzug mit der Möglichkeit, die abgeführte Lohnsteuer im Rahmen der Jahressteuererklärung gegen zu rechnen.

Hinweis

Informieren Sie sich unbedingt vor der Auslandsentsendung im jeweiligen Land über die lokalen Vorschriften, insbesondere um nicht in die missliche Situation der Lohnsteuer-Haftung zu geraten. Lassen Sie sich vor Ort auch über weitere notwendige Formalitäten, wie die korrekte Anmeldung zur Lohnsteuer, die termingerechte Abführung an den richtigen Empfänger und die Verwendung der richtigen Formulare beraten. Insbesondere der Nachweis über im Ausland gezahlte Steuern wird seit dem Veranlagungszeitraum 2004 unabdingbar, da die deutsche Finanzverwaltung seit der Einführung der sog. **„nationalen Rückfallklausel"** im **§ 50d Abs. 8 EStG** (mehr dazu in Abschnitt 6.3. Nachweis der Besteuerung bei ausländischen Einkünften) die Freistellung ausländischer Einkünfte davon abhängig macht, dass die Besteuerung dieser Einkünfte im Ausland nachgewiesen wird. Ohne Nachweis hat das Finanzamt nun das Recht, diese Einkünfte in Deutschland zu besteuern!

Die häufig in Entsendungsverträgen anzutreffende Formulierung, dass der Arbeitnehmer allein für die Besteuerung seiner Vergütung im Gastland verantwortlich ist, ist mit großer Vorsicht zu genießen. Sofern der Arbeitgeber nach lokalem Recht zur Lohnsteuereinbehaltung verpflichtet ist, kann diese Verpflichtung nicht einfach per Entsendungsvertrag auf den Mitarbeiter übertragen werden. Darüber hinaus könnte dieses Verfahren für den Arbeitgeber die Gefahr einer Haftung gegenüber dem ausländischen Fiskus nach sich ziehen, wenn der Arbeitnehmer die Steuern im Ausland tatsächlich nicht abführt.

5.3 Ermittlung des steuerpflichtigen Arbeitslohns

Als Grundregel gilt – nicht alles, was in Deutschland steuerpflichtiger Arbeitslohn ist, ist auch im Ausland steuerpflichtig! Steuerbefreiungen müssen grundsätzlich nach lokalem Recht beurteilt werden.

Wenn der Mitarbeiter mit seinen Einkünften aus nichtselbständiger Arbeit **im Inland steuerpflichtig wird oder bleibt**, so sind die deutschen Vorschriften anzuwenden. Der in Deutschland steuerpflichtige Arbeitslohn ist nach deutschen Grundsätzen zu ermitteln – z.B. beim Sachbezug Firmenwagen entweder nach der Ein-Prozent-Regelung oder der Fahrtenbuch-Methode. In anderen Ländern ist die Dienstwagennutzung möglicherweise kein steuerpflichtiger geldwerter Vorteil.

Ein weiteres Beispiel ist die Übernahme der Mietaufwendungen durch den Arbeitgeber – Deutschland kennt hier das Gestaltungsmittel der doppelten Haushaltsführung. So können die Mietzahlungen vom Arbeitgeber übernommen werden, ohne dass dies einen steuerpflichtigen Sachbezug in Deutschland auslöst.

Hinweis:

Bei ledigen Mitarbeitern hat die Finanzverwaltung die Voraussetzungen für das Vorliegen einer doppelten Haushaltsführung insoweit verschärft, als dass diese Mitarbeiter auch bereits vor der Entsendung schon in einem eigenen Hausstand gelebt haben müssen. Ledige Mitarbeiter, die noch im gemeinsamen Haushalt mit den Eltern leben, erfüllen diese Voraussetzung regelmäßig nicht.

Sobald der Mitarbeiter mit diesen Einkünften im Ausland steuerpflichtig wird, ist lokales Recht anzuwenden. In Deutschland steuerfreie Zuwendungen können durchaus im Ausland steuerpflichtig sein!

Sollen Zahlungen, z.B. Einmalzahlungen, zur Besteuerung ins Heimat- oder ins Gastland verlagert werden, kann dies durch eine vertragliche Vereinbarung erreicht werden.

Hier gilt das Prinzip der **Sachbezogenheit**! Das heißt, dass Gehaltszahlungen dem Zeitraum zugeordnet werden, dem sie sachlich zuzuordnen sind. Wann hat sich der Mitarbeiter diese Zahlung verdient? In der Zeit, in der er im Ausland tätig war oder wenn er bereits wieder im Inland beschäftigt ist?

Beispiel

Der Mitarbeiter war im vergangenen Jahr vom 01.05. bis 31.12. im Ausland beschäftigt. Im laufenden Jahr erhält er eine Einmalzahlung, die seine besonderen Leistungen entweder

Alternative a) im vergangenen Jahr oder
Alternative b) während der Zeit im Ausland

abgelten soll.

In Alternative a) wird die Einmalzahlung im laufenden Jahr dem Auslandseinsatz im vergangenen Jahr nur zeitanteilig zugeordnet und daher unter Beachtung der nationalen Rückfallklausel und dem Progressionsvorbehalt nur zu 8/12 steuerfrei gestellt.

In Alternative b) kann die Einmalzahlung dem Auslandseinsatz in voller Höhe zugeordnet werden und daher unter Beachtung der nationalen Rückfallklausel gemäß § 50d Abs. 8 EStG (vgl. Abschnitt 6.3) und dem Progressionsvorbehalt im laufenden Jahr in voller Höhe steuerfrei gestellt werden.

5.4 Fehlerhafter Lohnsteuereinbehalt

Sollte der Fall eintreten, dass die Lohnsteuer beim monatlichen Lohnsteuerabzug nicht korrekt einbehalten wurde, gibt es Möglichkeiten, die Lohnsteuer zu berichtigen. Lohnsteuer-Voranmeldungen ergehen grundsätzlich unter dem Vorbehalt der Nachprüfung (§ 164 AO), d.h. im laufenden Kalenderjahr können diese regelmäßig nach oben und unten korrigiert werden.

Nach Ablauf des Kalenderjahres oder, wenn das Dienstverhältnis vor Ablauf des Kalenderjahres endet, nach Beendigung des Dienstverhältnisses, ist die Änderung des Lohnsteuerabzugs nur bis zur Übermittlung oder Ausschreibung der Lohnsteuerbescheinigung zulässig (§ 41c Abs. 3 EStG). Sofern die Lohnsteuerbescheinigungen ausgeschrieben und an die Mitarbeiter ausgehändigt sind, ist eine Erstattung zuviel einbehaltener Lohnsteuer nur noch im Rahmen der Einkommensteuer-Erklärung möglich. Bei beschränkt Steuerpflichtigen ist eine Änderung des Lohnsteuerabzugs mit Erstattungsfolge nur über das Finanzamt gemäß § 37 Abs. 2 AO (= Rückforderung einer Zahlung ohne rechtlichen Grund) möglich.

Hinweis

Reagieren Sie – unverzüglich! –, wenn Sie merken, dass zu wenig Lohnsteuer einbehalten wurde, denn hier geht es um die Haftung und einen eventuellen Haftungsausschluss.

Beispiel

Ein Mitarbeiter, der aus dem Ausland nach Deutschland kommt, erhält im laufenden Jahr vom ausländischen entsendenden Unternehmen eine Einmalzahlung für seine Tätigkeit in Deutschland, die allerdings im Ausland ausgezahlt und später an das aufnehmende Unternehmen in Deutschland weiterbelastet wird. Die Zuordnung zu seiner Beschäftigung in Deutschland soll eindeutig vorliegen. Der inländische wirtschaftliche Arbeitgeber hat hier grundsätzlich die Lohnsteuer auf diese „Lohnzahlung von dritter Seite" einzubehalten, aber der laufende Arbeitslohn reicht nicht aus, um diese Lohnsteuer unmittelbar vom laufenden Gehalt des Mitarbeiters einzubehalten. Der Mitarbeiter beendet seine Tätigkeit in Deutschland im laufenden Jahr und verlässt Deutschland, ohne jedoch eine Einkommensteuer-Erklärung für dieses Jahr beim Finanzamt einzureichen, da dies erst nach Ablauf des laufenden Kalenderjahres möglich ist.

In diesem Fall ist **sofort und unverzüglich** das Finanzamt über den Vorfall zu informieren, damit das Finanzamt diese Lohnsteuer ggfs. über einen sog. Nachforderungsbescheid beim „abreisenden" Mitarbeiter nachfordern kann.

Unterbleibt die Meldung an das Finanzamt, hat der Fiskus wenig Möglichkeiten, später auf den schon abgereisten Mitarbeiter zurück zu greifen. Die Folge ist, dass sich das Finanzamt an das deutsche Unternehmen wendet und bei diesem die Lohnsteuer ggfs. über einen Haftungsbescheid eintreibt.

Um dem vorzubeugen, sollten der für den entsandten Mitarbeiter personalverantwortliche Referent oder Sachbearbeiter, der entsandte Mitarbeiter und die involvierten Abteilungen (Lohnbuchhaltung, Personal- und Steuerabteilung im In- und Ausland) regelmäßig das Gespräch suchen, damit keine Versäumnisse auf Seiten des inländischen wirtschaftlichen Arbeitgebers eintreten.

5.5 Absehen vom Lohnsteuerabzug

5.5.1 Der Mitarbeiter geht ins Ausland und bleibt unbeschränkt steuerpflichtig

Wenn ein Mitarbeiter ins Ausland entsandt wird, dann stellt sich in Deutschland die Frage, ab wann vom Lohnsteuerabzug abgesehen werden darf bzw. ab wann die Bezüge dem Mitarbeiter „brutto wie netto" ausgezahlt werden können.

Der Lohnsteuerabzug darf bei in Deutschland unbeschränkt steuerpflichtigen Mitarbeitern grundsätzlich nur dann unterbleiben, wenn der zu zahlende Arbeitslohn unter Anwendung

- eines DBA (§ 39b Abs. 6 EStG)
- des Auslandstätigkeitserlasses
  (§ 34c Abs. 5 EStG i.V.m. BMF-Schreiben vom 31.10.1983) oder
- des steuerfreien Kaufkraftausgleichs (§ 3 Nr. 64 EStG)

in Deutschland nicht der Besteuerung unterliegt.

Die notwendige Freistellungsbescheinigung kann vom Arbeitgeber oder vom Arbeitnehmer beim Betriebsstättenfinanzamt beantragt werden. Dies sollte bestenfalls bereits vor der Entsendung erfolgen, kann aber unterjährig bis zum Ablauf des laufenden Kalenderjahres nachgeholt werden. Rückwirkend kann die Bescheinigung jedoch nur solange beantragt werden, wie der Arbeitgeber den Lohnsteuerabzug noch ändern kann. Eine **antragsgebundene Freistellung** vom Lohnsteuerabzug ist nur in den DBA Großbritannien, Frankreich, Italien, Norwegen, Schweden, Schweiz und USA erforderlich. Das Finanzamt stellt die Bescheinigung grundsätzlich für den Zeitraum aus, für den sie gelten soll. Der Zeitraum darf aber 3 Jahre nicht überschreiten und soll mit dem Ablauf eines Kalenderjahres enden. Die Bescheinigung ist als Beleg zum Lohnkonto aufzubewahren.

In allen anderen Fällen kann der Arbeitgeber grundsätzlich auch **ohne Freistellungsbescheinigung,** jedoch bei Vorliegen der übrigen Voraussetzungen vom Lohnsteuerabzug absehen. Aus Gründen der Rechtssicherheit sollte aber generell die Freistellungsbescheinigung beim Betriebsstätten-Finanzamt beantragen.

Hinweis:

Über die endgültige Freistellung des Arbeitslohns wird erst im Rahmen der Einkommensteuer-Veranlagung entschieden. Dieser Hinweis ist zwar auch auf den Freistellungsbescheinigungen enthalten, wird aber oft übersehen. Wenn für den Mitarbeiter also eine Freistellungsbescheinigung beantragt wurde, hat das eine Pflichtveranlagung nach § 46 Abs. 2 Nr. 1 EStG zur Folge, d.h. der Mitarbeiter muss für dieses Jahr eine Einkommensteuer-Erklärung abgeben, auch wenn er nur Einkünfte aus nichtselbständiger Arbeit erzielt hat.

Im Rahmen der Einkommensteuer-Veranlagung kommt § 50d Abs. 8 EStG zur Anwendung, d.h. der Mitarbeiter muss die Besteuerung der im Ausland steuerpflichtigen Einkünfte nachweisen, wenn er die Freistellung in der deutschen Steuererklärung erreichen möchte. Ohne diesen Nachweis werden die ausländischen Einkünfte in Deutschland besteuert (vgl. Abschnitt 6.3).

Bei der Steuerbefreiung aufgrund des ATE ist die Freistellungsbescheinigung zwingend erforderlich.

Sofern in den o.g. Fällen dennoch weiterhin Lohnsteuer einbehalten und abgeführt wurde, so hat der unbeschränkt steuerpflichtige Mitarbeiter bei der Einkommensteuer-Erklärung die Möglichkeit, die Steuerbefreiung zu beantragen. Unter Anwendung des § 50d Abs. 8 EStG und des Progressionsvorbehaltes wird dann zuviel erhobene Lohnsteuer wieder erstattet.

5.5.2 Der Mitarbeiter geht ins Ausland und wird beschränkt steuerpflichtig

Wenn der Mitarbeiter während seines Auslandseinsatzes in Deutschland weder Wohnsitz noch gewöhnlichen Aufenthalt beibehält, wird er grundsätzlich beschränkt steuerpflichtig (§ 1 Abs. 4 EStG), wenn er inländische Einkünfte im Sinne des § 49 EStG erzielt. Zu diesen Einkünften zählen insbesondere Einkünfte aus nichtselbständiger Arbeit, die

- im Inland ausgeübt oder verwertet worden ist,
- aus inländischen öffentlichen Kassen.....gewährt werden,
- als Vergütung für eine Tätigkeit als Geschäftsführer, Prokurist oder Vorstandsmitglied einer Gesellschaft mit Geschäftsleitung im Inland bezogen werden,

- als Entschädigung im Sinne des § 24 Nr. 1 EStG für die Auflösung eines Dienstverhältnisses gezahlt werden, soweit die für die zuvor ausgeübte Tätigkeit bezogenen Einkünfte der inländischen Besteuerung unterlegen haben.

Hinweis:

Sofern für einen Mitarbeiter, der in Deutschland nur mehr der beschränkten Steuerpflicht unterliegt, Lohnsteuer einbehalten werden muss, sollte die „Bescheinigung für beschränkt Steuerpflichtige" beim Betriebsstätten-Finanzamt beantragt werden. Diese Bescheinigung ersetzt die fehlende Lohnsteuerkarte, denn diese wird von den Behörden nur bei Wohnsitz in Deutschland ausgestellt. Ohne diese Bescheinigung ist zwingend Lohnsteuerklasse VI anzuwenden, während mit der Bescheinigung Lohnsteuerklasse I gültig wird. Zuviel einbehaltene Lohnsteuer kann bei beschränkt steuerpflichtigen Mitarbeitern grundsätzlich nicht über eine spätere Einkommensteuer-Erklärung zurück geholt werden, denn bei klassischen beschränkt steuerpflichtigen Mitarbeitern gilt die Lohnsteuer mit dem monatlichen Lohnsteuereinbehalt grundsätzlich als abgegolten und eine Veranlagung zur Einkommensteuer findet nicht statt.

5.5.3 Der Mitarbeiter kommt nach Deutschland und wird unbeschränkt steuerpflichtig

Wird ein Mitarbeiter vom Ausland nach Deutschland entsandt, wird er regelmäßig auch in Deutschland steuerpflichtig und muss in die Lohnbuchhaltung integriert werden.

Seit dem 01.01.2004 ist diese Integration des Mitarbeiters in die deutsche Lohnbuchhaltung regelmäßig zwingend erforderlich, denn zu diesem Zeitpunkt hat der Gesetzgeber den bisherigen inländischen Arbeitgeberbegriff auf den **inländischen wirtschaftlichen Arbeitgeberbegriff** ausgedehnt und damit den abkommensrechtlichen wirtschaftlichen Arbeitgeberbegriff zugrunde gelegt:

„Inländischer Arbeitgeber im Sinne des Satzes 1 ist in den Fällen der Arbeitnehmerentsendung auch das in Deutschland ansässige aufnehmende Unternehmen, das den Arbeitslohn für die ihm geleistete Arbeit wirtschaftlich trägt; Voraussetzung hierfür ist nicht, dass das Unternehmen den Arbeitslohn im eigenen Namen und für eigene Rechnung auszahlt (§ 38 Abs. 1 S. 2 EStG)".

Das Besteuerungsrecht für in Deutschland ausgeübte Tätigkeiten im vorgenannten Sinne steht aufgrund des DBA grundsätzlich Deutschland als Tätigkeitsstaat zu. Wenn sich der Mitarbeiter an weniger als 183 Tagen in Deutschland aufgehalten hat, gilt dieser Grundsatz auch, sofern die Vergütungen von bzw. für einen Arbeitgeber gezahlt werden, der in Deutschland ansässig ist. Abkommensrechtlich ist hier vom sog. „wirtschaftlichen Arbeitgeberbegriff" auszugehen.

Wirtschaftlicher Arbeitgeber ist derjenige, der den Mitarbeiter in seinen Geschäftsbetrieb integriert, ihm gegenüber weisungsbefugt ist und die Vergütung für die für ihn geleistete Arbeit wirtschaftlich trägt, sei es, dass er die Vergütung unmittelbar dem betreffenden Mitarbeiter auszahlt oder dass ein anderes Unternehmen für ihn mit der Vergütung in Vorlage tritt.

Dies führt nun dazu, dass das in Deutschland ansässige aufnehmende Unternehmen zwar nicht zum zivilrechtlichen Arbeitgeber, aber zum wirtschaftlichen Arbeitgeber wird, der nun die Lohnsteuer auf die Gehaltszahlungen der zu ihm entsandten Mitarbeiter einzubehalten hat. Dies gilt auch, wenn und soweit die Gehaltsauszahlung an die Mitarbeiter von dem ausländischen entsendenden Unternehmen erfolgen.

Es muss daher nun sichergestellt werden, dass alle Lohnbestandteile in Deutschland entsprechend und vor allem zeitnah erfasst werden. Es empfiehlt sich, dass die Mitarbeiter informiert werden und diese ggfs. in regelmäßigen Abständen melden, ob sie weitere Zahlungen oder andere geldwerte Vorteile entweder im Ausland oder aber vom ausländischen Unternehmen empfangen haben. Dies lässt sich z.B. mit einem kurzen Fragebogen erreichen, der quartalsmäßig von den Mitarbeitern ausgefüllt werden muss. Sofern das inländische aufnehmende Unternehmen die Lohnsteuer nicht in korrekter Höhe einbehält, kann das bei einer Lohnsteuerprüfung zu unangenehmen Folgen – z.B. die Haftung des Arbeitgebers – führen. Um Konsequenzen zu vermeiden, sollte dies rechtzeitig mit der Steuerabteilung oder dem Steuerberater besprochen werden.

6. Steuerliche Folgen beim Mitarbeiter

Durch den Auslandseinsatz können sich für den Mitarbeiter unterschiedliche Konstellationen der Steuerpflicht ergeben:

- Der Mitarbeiter bleibt im Heimatland steuerpflichtig.
- Der Mitarbeiter wird im Gastland steuerpflichtig.
- Der Mitarbeiter ist sowohl im Heimat- als auch im Gastland steuerpflichtig.

Den Mitarbeiter treffen dadurch sowohl im In- als auch im Ausland erweiterte Steuererklärungs- und Nachweispflichten, denn der Untersuchungsgrundsatz der lokalen Finanzbehörden endet regelmäßig an den Grenzen. Alles was darüber hinaus in den Steuererklärungen angegeben werden muss oder geltend gemacht werden kann, hat der Mitarbeiter sorgfältig vorbereitet und im besten Fall stets nach Rücksprache mit dem Steuerberater bei den in- und ausländischen Finanzämtern vorzulegen.

> **Hinweis**
>
> Hier ist besondere Aufmerksamkeit erforderlich, denn in der Praxis zeigt es sich immer wieder, dass der auf der Lohnsteuerbescheinigung ausgewiesene Bruttoarbeitslohn nicht dem tatsächlich in Deutschland steuerpflichtigen Bruttoarbeitslohn entspricht, obwohl die Auszahlungen mit Hilfe der IT abgewickelt werden.

Entsandte Mitarbeiter, kommen sie aus dem Ausland oder gehen sie ins Ausland, erhalten regelmäßig ihr Gehalt und die entsendungsbedingten Zulagen nicht **nur** vom entsendenden oder aufnehmenden Unternehmen, sondern oft von beiden Seiten. Hier kann es zu Schnittstellenproblemen kommen.

Es ist durchaus sinnvoll und hilfreich, wenn der Mitarbeiter insbesondere zur Erstellung der Steuererklärungen eine Übersicht (sog. „compensation breakdown") erhält, in der alle Gehaltsbestandteile und sonstigen entsendungsbedingten Zulagen, wie z.B. Funktionszulagen, Erschwerniszulagen, COLA, Trennungsgeld, Umzugskostenpauschalen, „housing allowances", Schulgeld, im Ausland bezahlte Steuern und Sozialversicherungsbeiträge aufgelistet sind, im optimalsten Fall getrennt nach Brutto- und Nettobezügen. Den Mitarbeitern ist es oft gar nicht geläufig, was alles zum Arbeitslohn gehört, insbesondere, wenn die Zahlungen direkt vom Arbeitgeber z.B. an den Mieter der Wohnung geleistet werden und nicht vorher über das Lohn- bzw. Bankkonto des Mitarbeiters laufen.

Bei der Erstellung der Steuererklärungen können dann notwendige Korrekturen vorgenommen werden, die nicht mehr im abgelaufenen Lohnzahlungszeitraum berücksichtigt werden konnten. Des Weiteren kann diese Aufstellung auch für die Ermittlung des in Deutschland anzusetzenden Progressionseinkommens verwendet werden. Wenn die Berichtigung über die Einkommensteuer-Erklärung nicht vorgenommen wird, kann dies immer noch im Rahmen einer beim Arbeitgeber später stattfindenden Lohnsteuer-Prüfung erfolgen.

6.1 Progressionsvorbehalt – § 32 EStG

> „Hat ein zeitweise oder während des gesamten Veranlagungszeitraums unbeschränkt Steuerpflichtiger oder beschränkt Steuerpflichtiger, auf den § 50 Abs. 5 S. 2 Nr. 2 EStG Anwendung findet,
>
> - ausländische Einkünfte, die im Veranlagungszeitraum nicht der deutschen Besteuerung unterlegen haben; dies gilt nur für Fälle der zeitweisen unbeschränkten Steuerpflicht einschließlich der in § 2 Abs. 7 S. 3 EStG geregelten Fälle,
> - Einkünfte, die nach einem DBA ... steuerfrei sind, ...
>
> ... bezogen, so ist auf das nach § 32a Abs. 1 EStG zu versteuernde Einkommen ein besonderer Steuersatz anzuwenden."

Nach **Art. 23 A OECD-MA** stellt Deutschland als Ansässigkeitsstaat ausländische Einkünfte aus nichtselbständiger Tätigkeit von der deutschen Besteuerung frei, behält sich aber vor, diese Einkünfte im Rahmen des Progressionsvorbehaltes zur Ermittlung des individuellen Steuersatzes zu berücksichtigen.

Dies bedeutet, dass auf das tatsächlich in Deutschland zu versteuernde Einkommen nicht die tarifliche Einkommensteuer gemäß **§ 32a Abs. 1 EStG** anzuwenden ist, sondern die im Ausland erzielten Einkünfte beeinflussen über die Progression den individuellen Steuersatz des Steuerpflichtigen. Der Mitarbeiter soll sein in Deutschland steuerpflichtiges Einkommen mit dem Steuersatz versteuern, den er hätte, wenn das gesamte Welteinkommen in Deutschland versteuert werden würde.

Beispiel

Ein Mitarbeiter wird am 01.04.2006 für drei Jahre ins Ausland entsandt. Sein monatliches Gehalt bis zur Entsendung beträgt 5.000 €. Ab 01.04.2006 soll sein Gehalt auf monatlich 6.250 € ansteigen zzgl. geldwerter Vorteil in Höhe von mtl. 1.500 €. (Übernahme der Wohnkosten, jedoch keine steuerlich anerkannte doppelte Haushaltsführung).

Für die Monate Januar – März 2006 beträgt die monatliche Steuerbelastung ca. 1.300 € (= 26 Prozent). Ab April 2006 wird für den Mitarbeiter in Deutschland keine weitere Lohnsteuer einbehalten.

In seiner Einkommensteuererklärung 2006 erklärt der Mitarbeiter seine deutschen Einkünfte in Höhe von 15.000 € (= Januar – März je 5.000 €). Darüber hinaus hat der Mitarbeiter steuerfreies Progressionseinkommen in Höhe von

Grundgehalt April – Dezember à 6.250 €	56.250 €
Übernahme Wohnkosten April – Dezember à 1.500 €	13.500 €
Ausländisches Progressionseinkommen	**69.750 €**

Auf den Ansatz von Werbungskosten beim Progressionseinkommen verzichten wir hier aus Vereinfachungsgründen.

Sein Welteinkommen beträgt also 84.750 € (= 15.000 € + 69.750 €). Der Steuersatz für dieses Welteinkommen beträgt 32 Prozent.

Seine Einkommensteuer ermittelt sich daher wie folgt:

Deutsches Einkommen	15.000 €
Anzuwendender Steuersatz 32 Prozent	4.800 €
Bereits einbehaltene Lohnsteuer	3.900 €
Nachzahlung	**900 €**

Die Progressionswirkung beträgt in diesem Beispiel 900 €.

Diese Regelung trifft den Mitarbeiter insbesondere in Transferjahren, d.h. im Jahr des Wegzugs aus Deutschland und im Jahr des Zuzugs nach Deutschland.

Als Faustregel gilt:

Wegzugsjahr: Je später im Jahr Deutschland verlassen wird, umso geringer ist die Auswirkung der Progression auf das in Deutschland zu versteuernde Einkommen.

Zuzugsjahr: Je früher im Jahr der Zuzug erfolgt, umso geringer ist auch hier die Progressionswirkung auf das dann in Deutschland zu versteuernde Einkommen.

Neben den vorgenannten Progressionsauswirkungen im Transferjahr gibt es auch noch den Progressionsvorbehalt, der generell bei im Inland steuerfreiem Auslandseinkommen anzuwenden ist.

Beispiel

Der aus den USA nach Deutschland entsandte Mitarbeiter ist bereits seit 2 Jahren in Deutschland tätig und ansässig und gibt im 2. Jahr der Entsendung erstmals in Deutschland eine Steuererklärung ab, in der er seine Einkünfte aus nichtselbständiger Tätigkeit (= 120.000 €), für die bereits für 12 Monate Lohnsteuer einbehalten wurde (= 43.000 €), angibt.

Neben diesen in Deutschland steuerpflichtigen Einkünften aus nichtselbständiger Arbeit erzielt der Mitarbeiter in den USA Einkünfte aus Vermietung und Verpachtung (= 15.000 €), die auch bereits in den USA versteuert werden.

Deutschland stellt diese Einkünfte nach dem DBA in Deutschland steuerfrei, behält sich aber vor, diese Einkünfte im Rahmen des Progressionsvorbehaltes zur Ermittlung des Steuersatzes heranzuziehen. Das Welteinkommen beträgt 135.000 € und der darauf anzuwendende Steuersatz 37 Prozent. Die deutsche Einkommensteuer auf die Einkünfte aus nichtselbständiger Tätigkeit beträgt somit 44.400 €. Der Progressionsvorbehalt bewirkt in diesem Fall eine Nachzahlung in Höhe von 1.400 €, die der Arbeitgeber im Lohnsteuerabzugsverfahren nicht berücksichtigen kann.

Aus diesem Grund ist in Fällen von Progressionseinkommen (Freigrenze 410 €) stets eine **Pflichtveranlagung** beim Finanzamt durchzuführen (vgl. § 46 Abs. 2 Nr. 1 EStG).

6.2 Ermittlung der Progressionseinkünfte

Die Progressionseinkünfte sind analog den Regelungen zur Ermittlung der deutschen steuerpflichtigen Einkünfte zu berechnen, d.h. auch bei den Progressionseinkünften sind Werbungskosten (wie z.B. Fahrten Wohnung Arbeitsstätte, Umzugskosten, doppelte Haushaltsführung) zu berücksichtigen, allerdings erst im Rahmen der Einkommensteuererklärung.

Sämtliche Bezüge und geldwerte Vorteile sind nach deutschen Vorschriften zu ermitteln, d.h. ein ausländischer Firmenwagen kann nicht mit dem ausländischen geldwerten Vorteil angesetzt werden, vielmehr muss auch hier nach der deutschen Ein-Prozent-Methode ermittelt werden.

Im Ausland steuerfreie Gehaltsbestandteile, z.B. im Rahmen eines ausländischen Pensionsplans nachgelagert zu versteuerndes Gehalt (sog. „deferred compensation"), ist in Deutschland nicht immer steuerfrei. Diese Korrekturen sollten regelmäßig im Rahmen der Steuererklärung über einen sog. „compensation breakdown" erfolgen. D.h. der Steuerberater ermittelt das tatsächlich in Deutschland zu versteuernde Gehalt und ebenso die Höhe des in Deutschland nur unter Progressionsvorbehalt anzusetzenden ausländischen Gehalts.

Grundsätzlich wird die Anwendung des Progressionsvorbehaltes vom Mitarbeiter als ungerecht empfunden. Er fühlt sich einer Doppelbesteuerung unterworfen, da die ausländischen Einkünfte im Ausland „direkt" und im Inland „indirekt" besteuert werden. Aber nicht nur das eigene Einkommen wird dadurch höher als erwartet besteuert, auch das Ehegatteneinkommen wird durch die Anwendung des Progressionsvorbehaltes bei Zusammenveranlagung einem höheren Steuersatz unterworfen. Dieses Thema sollte daher mit dem Mitarbeiter vor der Entsendung unbedingt besprochen werden, insbesondere wenn die unternehmensinterne Steuerausgleichsrichtlinie diesen Punkt nicht berücksichtigt, damit der Mitarbeiter im Rahmen seiner Steuererklärung nicht mit Überraschungen konfrontiert wird.

6.3 Nachweis der Besteuerung bei ausländischen Einkünften

Neben dem doch sehr komplexen Thema des Progressionsvorbehaltes gibt es seit dem 01.01.2004 noch eine weitere Hürde, die der im Ausland tätige Mitarbeiter im Rahmen seiner deutschen Einkommensteuer-Erklärung überwinden muss – er muss den Nachweis erbringen, dass sein ausländisches Einkommen auch tatsächlich im Ausland entsprechend besteuert wurde. Diese sog. „nationale Rückfallklausel" hat der Gesetzgeber mit Wirkung zum 01.01.2004 in § 50d Abs. 8 EStG eingeführt.

Die nationale Rückfallklausel gilt unabhängig von einer eventuellen Rückfallklausel laut DBA und findet bislang erst im Rahmen der Steuererklärung Anwendung. Im laufenden Lohnsteuerabzugsverfahren kann der Arbeitgeber nach wie vor auf den Lohnsteuereinbehalt verzichten, wenn die Voraussetzungen (z.B. Freistellungsbescheinigung) vorliegen.

Der Mitarbeiter muss dann bei seiner Steuererklärung durch geeignete Dokumente, wie z.B. Kopie des ausländischen Steuerbescheides oder der ausländischen Steuererklärung, wenn z.B. wie in den USA kein Bescheid ergeht, durch Überweisungsträger oder in Einzelfällen auch durch eine schriftliche Bestätigung des Arbeitgebers nachweisen, dass der Staat, dem das Besteuerungsrecht nach dem DBA zusteht, auf dieses Besteuerungsrecht verzichtet hat, oder dass die in diesem Staat auf die Einkünfte festgesetzten Steuern entrichtet wurden.

In einem BMF-Schreiben vom 21.07.2005 hat die Finanzverwaltung ausführlich dazu Stellung genommen, wie der Nachweis zu erbringen ist. Besonders hinweisen möchten wir in diesem Zusammenhang auf die Bagatellgrenze in Höhe von 10.000 €, die besagt, dass aus Vereinfachungsgründen die Freistellung unter Progressionsvorbehalt auch ohne das Erbringen von Nachweisen zu gewähren ist, wenn der maßgebende nach deutschem Steuerrecht ermittelte Arbeitslohn in dem jeweiligen Veranlagungszeitraum nicht mehr als 10.000 € beträgt.

7. Steuerausgleich – Wer übernimmt die steuerliche Mehrbelastung im In- und Ausland?

Hinsichtlich der steuerlichen Fragen im Zusammenhang mit Nettolohnvereinbarungen hat die OFD Düsseldorf ihre Grundsätze in einer Verfügung vom 29.11.2005 zusammengestellt. Diese Verfügung beinhaltet insbesondere Aussagen zu folgenden Themen:

- steuerliche Behandlung der Einkommensteuererstattung bei Nettolohnvereinbarung
- Nachzahlungs- und Erstattungszinsen
- Steuerberatungskosten als Arbeitslohn
- spezielle Werbungskosten bei Mitarbeiterentsendungen, wie z.B. doppelte Haushaltsführung und Umzugskosten.

Leitet der Mitarbeiter aufgrund einer Nettolohnvereinbarung mit dem Arbeitgeber seine Einkommensteuererstattung an den Arbeitgeber weiter, so ist dieser Betrag als **negative Einnahme** im Jahr der Zahlung beim Mitarbeiter steuerlich zu berücksichtigen. Im Lohnsteuerabzugsverfahren kann der Arbeitgeber den Rückfluss von Arbeitslohn durch eine entsprechende Minderung des laufenden Bruttoarbeitslohns berücksichtigen. Ein Abzug vom laufenden Nettolohn ist nicht zulässig.

Wird dem Mitarbeiter in Deutschland kein laufender Arbeitslohn mehr ausbezahlt, z.B. weil er Deutschland schon wieder verlassen hat, so kann diese Korrektur auch noch im Rahmen seiner letzten deutschen Einkommensteuererklärung vorgenommen werden.

Bei Nettolohnvereinbarungen wird oft auch vereinbart, dass der Arbeitgeber zusätzlich zu den übernommenen Steuern und Sozialversicherungsbeiträgen auch evtl. anfallende Nachzahlungszinsen tragen soll. Erstattungszinsen dagegen werden an den Arbeitgeber abgetreten.

Die Übernahme der Nachzahlungszinsen durch den Arbeitgeber ist zusätzlicher Arbeitslohn, der bei der Berechnung der Lohnsteuer als sonstiger Bezug entsprechend zu erfassen und versteuern ist.

Erhält der Mitarbeiter im Rahmen der Einkommensteuererklärung Erstattungszinsen vom Finanzamt, so sind das grundsätzlich Einnahmen aus Kapitalvermögen. Die Weiterleitung der erhaltenen Zinsen an den Arbeitgeber stellt auch wieder negativen Arbeitslohn dar.

Sofern der Arbeitgeber für den Mitarbeiter die anfallenden Steuerberatungskosten übernimmt, ist dies grundsätzlich auch Arbeitslohn, der entsprechend zu versteuern ist. Die Tatsache, dass die eventuell entstehende Einkommensteuererstattung an den Arbeitgeber abgetreten wird, rechtfertigt nicht, dass der Arbeitgeber die Steuerberatungskosten steuerfrei übernehmen kann.

Abschließend möchten wir darauf hinweisen, dass die vorgenannte Verfügung auch eine umfassende steuerliche Würdigung von speziell bei Auslandsentsendungen auftretenden Werbungskosten wie die doppelte Haushaltsführung oder Umzugskosten beinhaltet, und daher eine sehr gute Hilfestellung für den Praktiker darstellt.

8. Dienstreise – aufenthalts-, steuer- und sozialversicherungsrechtliche Folgen

Wie in Abschnitt 1 beschrieben, ist bereits eine Dienstreise ins Ausland ein grenzüberschreitender Personaleinsatz, an den bestimmte rechtliche Voraussetzungen geknüpft sind.

Dienstreisen haben verschiedene Anlässe und variieren in der Dauer. Nach deutschem Recht wird eine einheitliche Dienstreise nach maximal drei Monaten beendet. Danach unterstellt die Gesetzgebung, dass der Mitarbeiter nicht mehr im Rahmen einer Dienstreise unterwegs ist, sondern dass sich der übliche Ort seiner Beschäftigung an den neuen Arbeitsort verlagert hat und der Mitarbeiter somit nicht mehr auf Dienstreise ist.

Die Frist für die 3 Monate beginnt mit dem Tag der ersten Einreise und endet am Tag des Ablaufs der 3 Monate, unabhängig davon, ob der Mitarbeiter im Ausland arbeitet, freie Tage und Wochenenden dort verbringt **oder wieder aus- und einreist.**

Beispiel

Ein deutscher Mitarbeiter reist am 07.06.2007 erstmalig nach Spanien, um für seinen Arbeitgeber dort tätig zu werden. Der „Dienstreisezeitraum" endet am 06.09.2007 nach Ablauf der 3 Monate.

Der Dienstreisezeitraum wird unterbrochen und beginnt von neuem zu laufen, wenn der Mitarbeiter für mindestens 4 Wochen nicht mehr in das Land einreist, **um an diesem Projekt tätig zu werden** (siehe Abbildung IV-1).

Auch beginnt unter Umständen ein neuer Dienstreisezeitraum, wenn der Mitarbeiter für ein anderes Projekt in dasselbe Gastland einreist (siehe Abbildung IV-2).

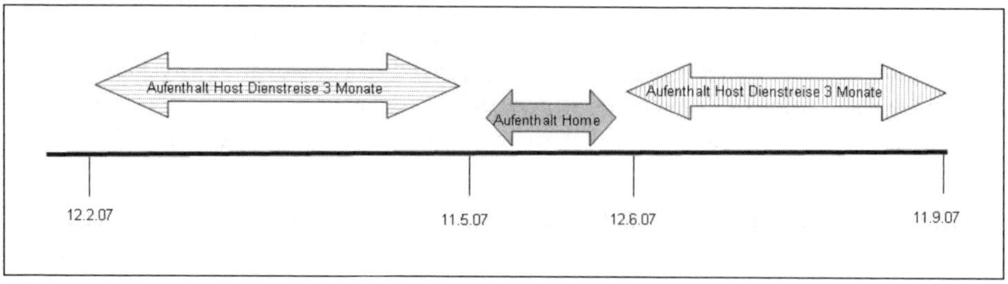

Abbildung IV-1

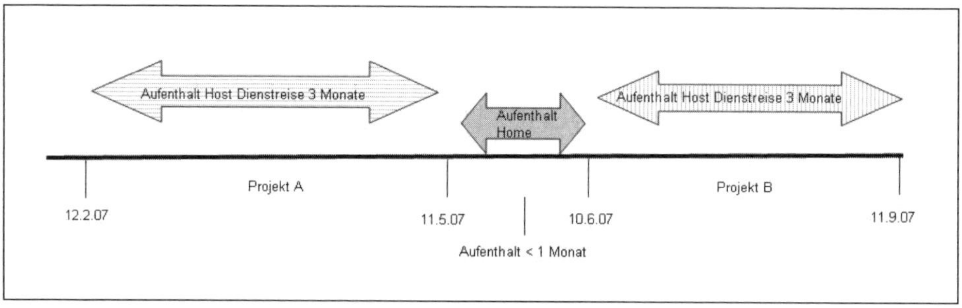

Abbildung IV-2

Zur rechtlichen Würdigung einer Dienstreise gehört nicht nur das Steuerrecht, sondern ebenso das Aufenthalts- und Sozialversicherungsrecht.

8.1 Aufenthaltsrecht

Um die aktuellen Visums-, Aufenthalts- und Arbeitsbestimmungen befolgen zu können, muss sich das entsendende Unternehmen bei den zuständigen Behörden bzw. diplomatischen Vertretungen informieren. Dies ist auch aus rechtlichen Gründen notwendig, da bei Verstößen gegen das Aufenthalts- und Einwanderungsrecht in vielen Ländern sowohl die einreisende Person als auch das entsendende sowie das aufnehmende Unternehmen unter Strafe gestellt werden können.

Viele Länder erlauben die Einreise für Dienstreisende ohne Visum oder mit einem Touristenvisum, wenn im Land nicht für eine lokale Gesellschaft gearbeitet wird. So sind Dienstreisen für Meetings, Seminare und Konferenzen sehr häufig vom Visum befreit.

Da im internationalen Rechtsverkehr anerkannt ist, dass eine Dienstreise maximal drei Monate andauern kann, erteilen ebenfalls viele Ländern Dienstreisevisa über diesen Zeitraum meist zu erleichterten Bedingungen.

Soll jedoch für die Gesellschaft vor Ort eine Tätigkeit – auch für einen Dienstreisezeitraum von bis zu 3 Monaten – ausgeübt werden, so ist in vielen Ländern ein Businessvisum zu beantragen. Die VISA Bestimmungen sind vielfältig und die Vorgehensweisen genau zu beachten.

So fordern z.B. die USA als Voraussetzung für ein Tätigwerden vor Ort immer eine lokale Anstellung mit der amerikanischen Gesellschaft. Reisen zu Meetings, Seminaren, Konferenzen und reine vorbereitende Arbeiten sind gestattet, aber keine weitere Tätigkeit darüber hinaus. Verstöße werden sowohl gegen den Mitarbeiter, als auch gegen die beteiligten Gesellschaften geahndet.

Auch innerhalb der EU Länder gibt es bei der Aufenthalts- und Arbeitsgenehmigung wichtige Formalitäten zu beachten:

Für Bürger aus bestimmten Ländern – z.B. den neuen EU-Beitrittsländern oder Nicht-EU-Ländern – fordern einige Länder (auch Deutschland) für Dienstreisende, die z.B. für eine Qualifikation für einen Zeitraum von weniger als 3 Monaten nach Deutschland kommen, eine Arbeitsgenehmigung EU bei der Agentur für Arbeit zu beantragen.

In Ungarn besteht die Pflicht, eine Arbeitserlaubnis zu beantragen, auch für Dienstreisende, die im Land tätig sind und sich nicht nur zu Meetings oder Konferenzen dort aufhalten.

Des Weiteren gibt es Länder, in denen weder für den Aufenthalt noch für die Tätigkeit eine Erlaubnis beantragt werden muss.

In der Slowakei muss jeder Dienstreisende, der sich bei einer slowakischen Firma aufhält, den lokalen Arbeitsbehörden mit seinen persönlichen Daten, geplanter Aufenthaltsdauer und Aufenthaltsort angemeldet werden. Ebenso muss eine frühzeitige Abreise wieder gemeldet werden.

8.2 Steuerrecht

Der Arbeitgeber kann Verpflegungsmehraufwand oder sogenanntes Verpflegungstagegeld nur innerhalb der ersten drei Monate einer Dienstreise steuerfrei an den Mitarbeiter auszahlen. Nach Ablauf der drei Monate stellt die Erstattung der Verpflegungsmehraufwendungen Arbeitslohn dar, der jedoch, wie schon a.a.O. erwähnt, bis zu bestimmten Grenzen pauschal mit 25 Prozent besteuert werden kann. Deshalb ist es für das Unternehmen notwendig, die Dienstreisetage der Auslands-Mitarbeiter genau zu prüfen und zu überwachen, da der Arbeitgeber sonst evtl. gegen seine Lohnsteuereinbehaltungsverpflichtung verstößt und unter Umständen in Haftung genommen werden kann.

Es muss jedoch beachtet werden, dass in manchen Ländern nach nationalem Recht auch ein beruflich bedingter Aufenthalt von weniger als drei Monaten lokale steuerliche Auswirkungen auslösen kann.

Beispiel

Wird eine Tätigkeit in Großbritannien länger als drei Monate ausgeübt, wird durch diese Dienstreise nach Großbritannien ein britisches Arbeitsverhältnis begründet. Gegebenenfalls muss britische Lohnsteuer (Pay As You Earn – PAYE) auf die Einkünfte abgeführt werden, die dieser Tätigkeit zugeordnet werden können.

Hinweis:

Auch durch Dienstreisende kann eine Betriebsstätte (s.o. 2.6.) begründet werden.

8.3 Sozialversicherungsrecht

In diesem Zusammenhang wird auf die Ausführungen zur Sozialversicherung in Teil III „Sozialversicherungsrechtliche Fragen“ verwiesen.

Auch bei einer Dienstreise in das Ausland ist darauf zu achten, dass für die Mitarbeiter ein ausreichender Krankenversicherungsschutz zur Verfügung steht.

Aus § 17 SGB IV Abs. 1 ergibt sich, dass Arbeitnehmer, „die im Ausland beschäftigt sind und während dieser Beschäftigung erkranken, (...) die ihnen nach diesem Kapitel zustehenden Leistungen von ihrem Arbeitgeber“ erhalten.

Zwar hat der Arbeitgeber gem. § 17 SGB IV Abs. 2 gegenüber der zuständigen Krankenkasse Anspruch auf Kostenersatz, jedoch nur bis zu der Höhe, „in der sie im Inland entstanden wären“.

Die Praxis zeigt, dass bei einer ärztlichen Behandlung im Ausland die anfallenden Kosten üblicherweise wesentlich höher sind als im Inland, sodass hier seitens des Arbeitgebers ein nicht unbeträchtliches Kostenrisiko eingegangen wird, wenn nicht über eine Gruppen-Krankenversicherung eine zusätzliche Absicherung gewährleistet ist. Diese sollte als sogenannte Differenzkosten-Versicherung abgeschlossen werden, d.h. es werden nur die über den Erstattungsbetrag seitens des gesetzlichen Krankenversicherungsträgers hinausgehenden Kosten versichert. Somit wird eine Doppelversicherung vermieden und die zusätzlichen Kosten bleiben überschaubar.

9. Exkurs – Entsendungen in Staaten, mit denen kein DBA besteht

Deutschland hat mit über 80 Staaten DBA abgeschlossen, aber daneben gibt es eben noch eine Reihe von Ländern, die die Folgen einer eventuellen Doppelbesteuerung nicht über ein solches Abkommen geregelt haben. Wie auch bereits schon an anderer Stelle erwähnt, werden diese Abkommen in der Regel nicht auf unbegrenzte Zeit abgeschlossen. Wird z.B. ein DBA von den Vertragsparteien gekündigt oder beendet es sich durch Zeitablauf, wird dieser Staat zum Nicht-DBA-Staat. Hier gilt es dann die entsprechenden Konsequenzen zu regeln und zu beachten. Ein aktuelles Beispiel war bzw. ist das DBA Brasilien, das in 2005 mit Wirkung zum 01.01.2006 von der Bundesrepublik Deutschland gekündigt wurde. Ein neues DBA ist noch nicht abgeschlossen.

Die Vermeidung der eventuellen Doppelbesteuerung obliegt dann allein der Bundesrepublik Deutschland nach nationalen Rechtsgrundsätzen. Im Einkommensteuergesetz sind diese Regelungen in § 34c EStG – Steuerermäßigungen bei ausländischen Einkünften aufgeführt.

Die wichtigste Regelung ist wohl § 34c Abs. 5 EStG in Verbindung mit dem BMF-Schreiben vom 31. Oktober 1983 (BStBl 1983 I S. 470), der sog. „**Auslandstätigkeitserlass**“, denn nur diese „Steuerermäßigung ausländischer Einkünfte“ kann bereits im monatlichen Lohnsteuerabzugsverfahren berücksichtigt werden.

Alle weiteren Möglichkeiten der Steuerermäßigung ausländischer Einkünfte, die im übrigen nur in Deutschland unbeschränkt steuerpflichtigen Mitarbeitern zustehen, können erst und nur im Rahmen der Einkommensteuer-Erklärung beantragt werden. Eine Anwendung beim Lohnsteuerabzug scheidet aus, aus diesem Grund erwähnen wir die „Anrechnung ausländischer Steuern“ nach § 34c Abs. 1 EStG und den „Abzug ausländischer gezahlter Steuern“ nach § 34c Abs. 2 EStG nur der Vollständigkeit halber.

Auslandstätigkeitserlass (ATE)

Bei Entsendungen in Nicht-DBA-Staat sollte generell geprüft werden, ob die Auslandsentsendung unter den Auslandstätigkeitserlass fällt. Bei Erfüllung der Voraussetzungen nach dem ATE kann der entsprechende Arbeitslohn steuerfrei gestellt werden, sofern eine Freistellungsbescheinigung vorliegt. Der ATE ist nicht nur für unbeschränkt steuerpflichtige Mitarbeiter anwendbar, sondern begünstigt auch in Deutschland nur beschränkt steuerpflichtige Mitarbeiter.

Eine Befreiung nach dem ATE kommt in Betracht, wenn Arbeitnehmer eines inländischen Arbeitgebers aufgrund eines gegenwärtigen Dienstverhältnisses Arbeitslohn für eine sog. begünstigte Tätigkeit erhalten.

Begünstigt im Sinne des ATE ist unter anderen die Auslandstätigkeit für einen inländischen Lieferanten, Hersteller, Auftragnehmer oder Inhaber ausländischer Mineralaufsuchungs- oder gewinnungsrechte im Zusammenhang mit

- der Planung, Errichtung, Einrichtung, Inbetriebnahme, Erweiterung, Instandsetzung, Modernisierung, Überwachung oder Wartung von Fabriken, Bauwerken, ortsgebundenen großen Maschinen oder ähnlichen Anlagen sowie dem Einbau, der Aufstellung oder Instandsetzung sonstiger Wirtschaftsgüter; außerdem ist das Betreiben der Anlage bis zur Übergabe an den Auftraggeber begünstigt,
- dem Aufsuchen oder Gewinnen von Bodenschätzen,
- der Beratung (Consulting) ausländischer Auftraggeber oder Organisationen im Hinblick auf die vorgenannten Vorhaben.

Die begünstigte Auslandstätigkeit muss allerdings mindestens drei Monate ununterbrochen im Nicht-DBA-Staat ausgeübt werden und die Frist beginnt mit Antritt der Reise in das entsprechende Land und endet mit der endgültigen Rückkehr ins Inland. Wenn der Aufenthalt im Nicht-DBA-Staat durch eine vorübergehende Rückkehr ins Inland oder durch einen kurzen Aufenthalt in einem DBA-Staat unterbrochen wird, gilt diese Unterbrechung bis zu einer Gesamtaufenthaltsdauer von zehn vollen Kalendertagen innerhalb der Mindestfrist nicht als schädliche Unterbrechung der begünstigten Auslandstätigkeit, wenn sie zur weiteren Durchführung oder Vorbereitung eines begünstigten Vorhabens notwendig ist.

Bei Anwendung des ATE ist eine Freistellungsbescheinigung zwingend erforderlich. Der Arbeitgeber hat auch hier den in Deutschland steuerfrei gestellten Arbeitslohn auf der jährlichen Lohnsteuerbescheinigung auszuweisen. Im Rahmen der Einkommensteuer-Erklärung wird dieses Einkommen als Progressionseinkommen zur Ermittlung des Steuersatzes herangezogen.

Für die Freistellung des Arbeitslohnes nach dem ATE ist ein entsprechender Nachweis der Besteuerung im Einsatzstaat nicht erforderlich! § 50d Abs. 8 EStG (= nationale Rückfallklausel) findet hier keine Anwendung.

Sofern der Mitarbeiter mit seiner Auslandstätigkeit im Tätigkeitsstaat nicht besteuert wird, kommt es hier zu „weißen Einkünften“, die keinerlei Besteuerung unterliegen.

Anhang

Gesetzliche Grundlagen für Ausstrahlung und Einstrahlung Sozialversicherung

Sozialgesetzbuch SGB IV

§ 4 Ausstrahlung

(1) Soweit die Vorschriften über die Versicherungspflicht und die Versicherungsberechtigung eine Beschäftigung voraussetzen, gelten sie auch für Personen, die im Rahmen eines im Geltungsbereich dieses Gesetzbuchs bestehenden Beschäftigungsverhältnisses in ein Gebiet außerhalb dieses Geltungsbereichs entsandt werden, wenn die Entsendung infolge der Eigenart der Beschäftigung oder vertraglich im Voraus zeitlich begrenzt ist.

(2) Für Personen, die eine selbständige Tätigkeit ausüben, gilt Absatz 1 entsprechend.

§ 5 Einstrahlung

(1) Soweit die Vorschriften über die Versicherungspflicht und die Versicherungsberechtigung eine Beschäftigung voraussetzen, gelten sie nicht für Personen, die im Rahmen eines außerhalb des Geltungsbereiches dieses Gesetzbuches bestehenden Beschäftigungsverhältnisses in diesen Geltungsbereich entsandt werden, wenn die Entsendung infolge der Eigenart der Beschäftigung oder vertraglich im Voraus zeitlich begrenzt ist.

(2) Für Personen, die eine selbständige Tätigkeit ausüben, gilt Absatz 1 entsprechend.

§ 6 Vorbehalt abweichender Regelungen

Regelungen des über- und zwischenstaatlichen Rechts bleiben unberührt.

Gesetzliche Grundlage zur Übernahme der im Verlauf einer Auslandstätigkeit angefallenen Leistungen im Krankheitsfall

Sozialgesetzbuch SGB IV

§ 17 Leistungen bei Beschäftigung im Ausland

(1) Mitglieder, die im Ausland beschäftigt sind und während dieser Beschäftigung erkranken, erhalten die ihnen nach diesem Kapitel und nach den Vorschriften des Zweiten Abschnitts des Zweiten Buches der Reichsversicherungsverordnung zustehenden Leistungen von ihrem Arbeitgeber, Satz 1 gilt entsprechend für die nach § 10 versicherten Familienangehörigen, soweit sie das Mitglied für die Zeit dieser Beschäftigung begleiten oder besuchen.

(2) Die Krankenkasse hat dem Arbeitgeber die ihm nach Absatz 1 entstandenen Kosten bis zur Höhe zu erstatten, in der sie ihr im Inland enstanden wären.

(3) Die See-Krankenkasse hat dem Reeder die Aufwendungen zu erstatten, die ihm nach § 48 Abs. 2 des Seemannsgesetzes entstanden sind.

Antrag Sozialversicherung

Deutsche Verbindungsstelle
Krankenversicherung-Ausland
Pennefeldsweg 12 c

53177 Bonn

11.05.2007

Abschluss einer Vereinbarung nach Artikel 17, EWG-VO 1408/71

Sehr geehrte Damen und Herren,

hiermit beantragen wir, unseren Mitarbeiter/unsere Mitarbeiterin

Herrn/Frau
geb.:
Staatsangehörigkeit: Deutsch
wohnhaft:

der/die voraussichtlich mit Wirkung vom --.--.---- zu unserer .... Tochtergesellschaft

(Name und Adresse der Gesellschaft im Ausland)
....
....
....

versetzt/entsandt wird, weiterhin den deutschen Rechtsvorschriften über Soziale Sicherheit zu unterstellen.

Herr/Frau wird voraussichtlich bis zum .... als Geschäftsführer/in der **.......** tätig sein.

Herr/Frau ist Pflichtmitglied in der deutschen Rentenversicherung.

Vers.-Nr.: ....

Der Befreiungsantrag wird von uns gestellt, da Herr/Frau spätestens nach Ablauf der Entsendungsdauer, ggf. schon früher, in die Bundesrepublik Deutschland zurückkehren wird und er/sie deshalb an einer uneingeschränkten Fortführung seiner/ihrer Beitragszeiten im Rahmen der deutschen Sozialversicherung interessiert ist.

Die Einverständniserklärung von Herrn/Frau ist diesem Schreiben als Anlage beigefügt.

Mit freundlichen Grüßen

xy ag

<u>Anlage</u>

Name, Vorname Adresse

Erklärung

Hiermit erkläre ich, daß ich den Abschluß einer Vereinbarung nach Artikel 17 EWG-VO 1408/71 wünsche, wonach während meiner Beschäftigung für die xy ag, Strasse #, PLZ Ort, in Land nicht die Rechtsvorschriften über die soziale Sicherheit des Beschäftigungsstaates, sondern die der Bundesrepublik Deutschland Anwendung finden sollen.

Ferner erkläre ich, daß mein Arbeitgeber berechtigt ist, Erklärungen hinsichtlich der Vereinbarungen nach Art. 17 EWG-VO 1408/71 für mich in Empfang zu nehmen.

Ort, Datum

Unterschrift

Entscheidungstabelle zur Beurteilung der Versicherungspflicht bei einem Auslandseinsatz

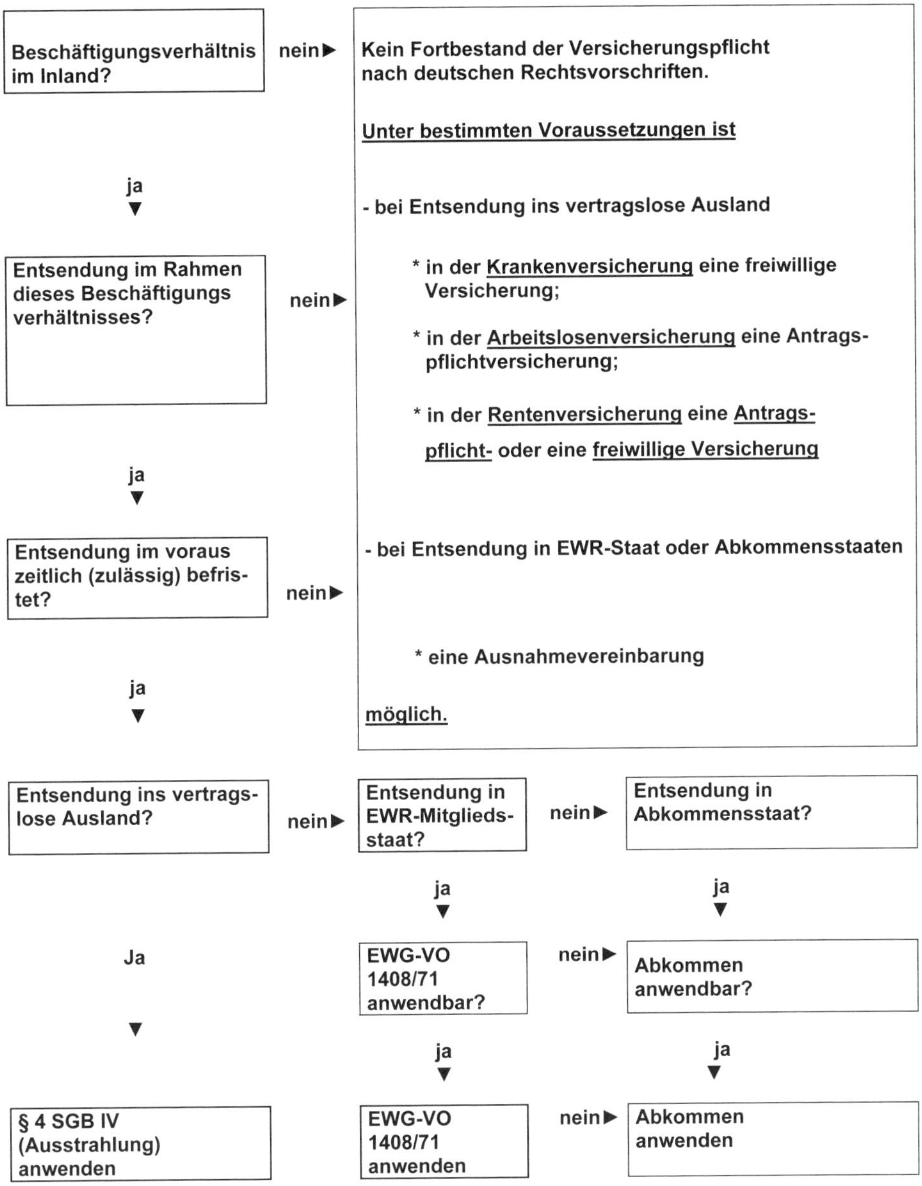

Musterantrag zur Auslandsversicherung der Metallberufsgenossenschaften

Mitgliedsnummer:

Bitte unbedingt die Mitgliedsnummer angeben und für jede zu versichernde Person ein gesondertes Anmeldeformular benutzen.

Antrag zur Auslandsversicherung

A. Angaben zum teilnehmenden Unternehmen (bitte bei erstmaligem Antrag vollständig ausfüllen, danach nur noch im Änderungsfall)

Name des Unternehmers mit Anschrift (Straße/Postfach, PLZ, Ort)			
Ansprechpartner im Unternehmen	Telefon	Fax	E-Mail

B. Person, die im Rahmen der Auslandsversicherung versichert sein soll

Nachname, Vorname der zu versichernden Person	Geburtsdatum
Die vorgenannte Person ist (bitte den zutreffenden Fall ankreuzen und ggf. beschreiben) ( ) Beschäftigte/r des teilnehmenden Unternehmens. ( ) bei ruhendem inländischen Beschäftigungsverhältnis während dieser Zeit Beschäftigte/r eines ausländischen (Tochter-)Unternehmens. ( ) ______	Auslandsaufenthalt Beginn: Ggf. voraussichtliches Ende:

Die vorgenannte Person ist (bitte den zutreffenden Fall ankreuzen und ggf. beschreiben)

- in welchem ausländischen Staat tätig? ______
- länger als 12 ( ), 24 ( ), 36 ( ) Monate bzw. für einen nicht im voraus begrenzten Zeitraum dorthin entsandt worden ( ).
- im Ausland eingestellt worden ( ).

Für die vorgenannte Person wurde bei der DVKA ein Antrag auf Weitergeltung der deutschen Rechtsvorschriften gestellt (bitte den zutreffenden Fall ankreuzen)

- Entscheidung liegt noch nicht vor ( )
- Antrag wurde bewilligt ( )
- Antrag wurde abgelehnt ( ).

______ (Ort) ______ (Datum) ______ (Stempel und Unterschrift)

Zurück an:

Berufsgenossenschaft
Metall Süd
Mitglieder- und Beitragsabt.
Postfach 37 80

55027 Mainz

Übersicht Altersversorgung

Rentenart	**Anspruchs-voraussetzungen**	**Deutsche** RV-Pflichtbeiträge aufgrund einer Entsendung, Ausnahmevereinbarung, Antragspflichtversicherung	RV-Beiträge - eines anderen **EU-/EWR-Mitgliedstaates** oder - der **USA**	Deutsche freiwillige Beiträge	RV-Beiträge eines Staates des **vertragslosen Auslands**
Rente wegen Erwerbsminderung	Begriff der Erwerbsminderung	Beurteilt sich ausschließlich nach deutschem Recht			
- teilweise - voll - Berufsunfähigkeit	Allgemeine Wartezeit von 5 Jahren	ja	ja	ja	
	Anwartschaftszeit - von 36 Pflichtbeiträgen in den letzten 5 Jahren vor Eintritt der Erwerbsminderung oder - in Übergangsfällen	ja	ja*	nein	
	Allgemeine Wartezeit von 5 Jahren vor dem 01.01.1984 und	ja	ja**	ja	
	Beiträge ab dem 01.01.1984 für jeden Monat	ja	ja	ja	nein
Erziehungsrente	Allgemeine Wartezeit von 5 Jahren (beim Berechtigten)	ja	ja	ja	
Hinterbliebenenrente (Witwe, Witwer, Waise, Lebenspartnerschaft)	Allgemeine Wartezeit von 5 Jahren (beim Verstorbenen)	ja	ja	ja	
Regelaltersrente (65. Lebensjahr)	Allgemeine Wartezeit von 5 Jahren	ja	ja	ja	
Altersrente für langjährig Versicherte (63. Lebensjahr, geboren ab 1950 = 62. Lebensjahr)	Wartezeit von 35 Jahren	ja	ja	ja	
Altersrente für Schwerbehinderung oder Berufs- oder Erwerbsunfähigkeit (60. Lebensjahr)	Wartezeit von 35 Jahren	ja	ja	ja	
	Eigenschaft als schwerbehinderter Mensch	Schwerbehinderte Menschen i.S. des § 2 Abs. 2 SGB IX			nein
	Berufs- oder Erwerbsunfähigkeit	Beurteilt sich ausschließlich nach deutschem Recht			

Rentenart	**Anspruchs-voraussetzungen**	**Deutsche** RV-Pflichtbeiträge aufgrund einer Entsendung, Ausnahmevereinbarung, Antragspflichtversicherung	RV-Beiträge - eines anderen **EU-/EWR-Mitgliedstaates** oder - der **USA**	Deutsche freiwillige Beiträge	RV-Beiträge eines Staates des **vertragslosen Auslands**
Altersrente für Frauen (60. Lebensjahr, vor dem 01.01.1952 geboren)***	nach Vollendung des 40. Lebensjahres mehr als 10 Jahre Pflichtbeiträge aufgrund einer Beschäftigung	ja	ja****	nein	
Altersrente wegen - Arbeitslosigkeit oder - Altersteilzeit (60. Lebensjahr, vor dem 01.01.1952 geboren)***	Wartezeit von 15 Jahren	ja	ja	ja	nein
	8 Jahre Pflichtbeiträge in den letzten 10 Jahren	ja	ja****	nein	
	Arbeitslosigkeit bei Beginn der Rente und von insgesamt 52 Wochen nach Vollendung eines Lebensalters von 58 Jahren und 6 Monaten oder	Erfüllung nur möglich mit Zeiten der Arbeitslosigkeit auf dem deutschen oder dem Arbeitsmarkt eines EU-/EWR-Mitgliedstaates			
	für mindestens 24 Kalendermonate Altersteilzeit	Erfüllung nur möglich mit Altersteilzeitarbeit i. S. des deutschen Altersteilzeitgesetzes und Entrichtung deutscher Pflichtbeiträge infolge Entsendung nach § 4 SGB IV oder Abschluss einer Ausnahmevereinbarung			
Anmerkungen:	* Sofern es sich um Pflichtbeiträge aufgrund Erwerbstätigkeit (oder als solche geltende) handelt. Mit ihnen kann die geforderte deutsche Anspruchsvoraussetzung auch ausschließlich durch mitgliedsstaatliche bzw. US-Pflichtbeiträge erfüllt werden. Diese Pflichtbeiträge werden selbst dann berücksichtigt, wenn daneben freiwillige Beiträge zur deutschen Rentenversicherung entrichtet wurden. Es ist jedoch das Verbot der multilateralen Vertragsanwendung zu beachten.				
	** Voraussetzung dieser deutschen Übergangsregelung ist, dass vor dem 01.01.1984 bereits die Wartezeit für eine Rente wegen Erwerbsminderung (5 Jahre) erfüllt war. Bei dieser Prüfung sind ebenfalls die Versicherungszeiten eines anderen Mitgliedstaates bzw. der USA zu berücksichtigen; dies allerdings nur dann, wenn vor dem 01.01.1984 wenigstens ein deutscher Beitrag liegt. Es ist jedoch das Verbot der multilateralen Vertragsanwendung zu beachten.				
	*** Für nach dem 01.01.1951 geborene Versicherte gibt es diese Rentenart nicht mehr. Als vorzeitige Altersrente kommt für sie die Altersrente für langjährig Versicherte (62. Lebensjahr) bzw. die Altersrente wegen Schwerbehinderung oder Berufs- oder Erwerbsunfähigkeit in Betracht.				
	**** Sofern es sich um Pflichtbeiträge aufgrund Erwerbstätigkeit (oder als solche geltende) handelt. Sind solche vorhanden, kann die geforderte deutsche Anspruchsvoraussetzung auch ausschließlich durch mitgliedstaatliche bzw. US-Pflichtbeiträge erfüllt werden. Diese Pflichtbeiträge werden selbst dann berücksichtigt, wenn daneben freiwillige Beiträge zur deutschen Rentenversicherung entrichtet wurden. Es ist jedoch das Verbot der multilateralen Vertragsanwendung zu beachten.				

Muster

Entsendungsvertrag

Zwischen

XY GmbH

Anschrift

(nachfolgend Arbeitgeber genannt)

und

N.N.

(nachfolgend Arbeitnehmer genannt)

werden folgende Änderungen und Ergänzungen des Anstellungsvertrages vom … *(Datum einfügen)* vereinbart, der im Übrigen fortbesteht. Soweit nicht ausdrücklich hiervon Abweichendes vorgesehen ist, treten die hier vereinbarten Änderungen und Ergänzungen außer Kraft, wenn der Auslandseinsatz beendet ist.

Alternativ: Der zwischen den Parteien bestehende Anstellungsvertrag vom ...*(Datum einfügen)* wird für die Zeit der Entsendung ruhend gestellt. Nach Beendigung des Auslandseinsatzes lebt der ruhende Anstellungsvertrag wieder auf.

§ 1 Entsendung, Art der Tätigkeit

1) Der Arbeitnehmer wird mit Wirkung vom (*Datum einfügen*) zeitlich befristet zu (*Name Company Land und Ort*) als (*Funktion*) entsandt. Voraussetzung für die Aufnahme der Auslandstätigkeit ist das Vorliegen einer Aufenthalts- und Arbeitserlaubnis.

2) Die Tätigkeit des Arbeitnehmers richtet sich nach der Stellenbeschreibung. Er unterliegt den Weisungen von (*einfügen*). Der Arbeitgeber ist berechtigt, dem Arbeitnehmer auch andere gleichwertige Aufgaben zu übertragen, die seinen Kenntnissen und Fähigkeiten entsprechen.

3) Der Arbeitnehmer berichtet an (*einfügen*). Der Arbeitgeber behält sich vor, die Unterstellung und Berichtspflicht zu ändern.

4) Nach Ablauf des Vertrags und der Rückkehr nach Deutschland gelten wieder die bisherigen Arbeitsbedingungen. Es besteht kein Anspruch auf Aufrechterhaltung des bisherigen Arbeitsplatzes. Der Arbeitgeber wird den Arbeitnehmer auf einem Arbeitsplatz einsetzen, der seinen Kenntnissen und Fähigkeiten entspricht. Dies kann auch in einem anderen Betrieb des Arbeitgebers sein.

5) Der Arbeitnehmer ist verpflichtet, seine arbeitsvertraglichen Pflichten im Ausland unter Berücksichtigung der gesetzlichen Bestimmungen und Gepflogenheiten des Gastlandes zu erfüllen.

§ 2 Dauer des Auslandseinsatzes

1) Die Entsendung ist auf einen Zeitraum von *xx* Monaten/Jahren befristet und endet entsprechend am (*Datum einfügen)*, ohne daß es einer besonderen Erklärung des Arbeitgebers bedarf. Eine Vereinbarung über die Verlängerung dieses Vertrags wird spätestens *xx* Monate vor Ablauf des Vertrags getroffen. Soweit im Falle der Verlängerung nicht ausdrücklich andere Vereinbarungen getroffen werden, gelten die in diesem Vertrag festgelegten Bestimmungen weiter.

2) Der Arbeitgeber behält sich jedoch vor, den Auslandseinsatz aus Gründen, die in der Person des Arbeitnehmers oder seinem Verhalten liegen, oder bei Vorliegen besonderer betrieblicher Gründe vorzeitig zu beenden und den Arbeitnehmer wieder auf der Grundlage der bisherigen Vereinbarungen einzusetzen. § 1 Abs. 4 dieses Vertrages gilt entsprechend.

3) Während des Auslandseinsatzes ist eine ordentliche Kündigung des Arbeitsverhältnisses beiderseits mit einer Frist von *xx* Wochen/Monaten zum xx möglich. Sollte kraft Gesetzes oder Tarifvertrags für den Arbeitgeber eine längere Kündigungsfrist oder ein abweichender Kündigungstermin gelten, gilt entsprechendes für den Arbeitnehmer. Ein Ausscheiden aus o. g. Gründen entbindet den Arbeitgeber vom gleichen Zeitpunkt an von jeder Leistungsverpflichtung, ausgenommen die Kosten für die Rücksiedelung (Reise- und Transportkosten). Das Recht zur außerordentlichen Kündigung bleibt hiervon unberührt. Die Kündigung bedarf der Schriftform.

   Alternativ: Ein beiderseitiger Ausschluss der Möglichkeit einer ordentlichen Kündigung für die Zeit des befristeten Auslandseinsatzes ist ebenso möglich.

4) Erhält der Arbeitnehmer wegen der Beendigung der Tätigkeit im Ausland von der dortigen Gesellschaft Zahlungen, die nicht Gegenstand dieses Vertrages sind (zB Abfindungen, Prämien etc.), wird er diese an den Arbeitgeber abführen. Anderenfalls ist der Arbeitgeber berechtigt, diese Zahlungen mit Ansprüchen des Arbeitnehmers gegen den Arbeitgeber zu verrechnen.

§ 3 Arbeitszeit / Urlaub/ Feiertage

1) Die im Einsatzbetrieb gültige Arbeitszeitregelung ist für den Arbeitnehmer maßgebend. Die individuelle regelmäßige wöchentliche Arbeitszeit beträgt *xx* Stunden.

2) Der Arbeitnehmer ist verpflichtet, bei Bedarf Überstunden und Nachtarbeit zu leisten und an Samstagen, Sonntagen und gesetzlichen Feiertagen tätig zu werden.

3) Der Jahresurlaub des Arbeitnehmers beträgt während der Auslandstätigkeit insgesamt *xx* Arbeitstage für ein volles Kalenderjahr.

4) Während des Auslandseinsatzes sind die gesetzlichen Feiertage vor Ort maßgeblich. Eine zusätzliche Freistellung an deutschen gesetzlichen Feiertagen wird nicht gewährt, es sei denn, der Arbeitnehmer hält sich aufgrund einer Dienstreise in Deutschland auf.

§ 4 Vergütung

1) Während des Auslandseinsatzes erhält der Arbeitnehmer ein jährliches Nettogehalt von Währung yy / Bruttogehalt Währung yy. Die Berechnung des Gehaltes zum Zeitpunkt des Entsendungsbeginns ist als Anlage beigefügt. Etwaige Überstunden, Nachtarbeit und Arbeit an Samstagen, Sonntagen und Feiertagen sind mit dem Gehalt abgegolten.

2) Die Vergütung für die Auslandstätigkeit wird jährlich überprüft. Dabei werden auch Änderungen des Familienstandes, der Steuer- und Sozialversicherungsabzüge in Deutschland und im Einsatzland, der Mobilitäts- und/oder Erschwernis-Zulage und der Lebenshaltungs- und der Mietkostenrelation zwischen Deutschland und dem Einsatzland berücksichtigt, die sich seit der letzten Anpassung ergeben haben.

3) Bei Nettogehalts-Vereinbarung:

Der Arbeitgeber übernimmt die Versteuerung der Bezüge in (*Land einfügen)*. Der Arbeitnehmer ist zur Abgabe einer persönlichen Steuererklärung gemäß den in (*Land)* und ggf. in Deutschland geltenden gesetzlichen Vorschriften verpflichtet. Evtl. anfallende Einkommensteuer in Deutschland geht zu Lasten des Arbeitgebers. Der Arbeitgeber übernimmt die Kosten für die Erstellung der deutschen Einkommensteuererklärung durch *(Steuerberatungsgesellschaft einfügen)* im Wegzugs- und im Zuzugsjahr.

Bei Bruttogehalts-Vereinbarung:

Der Arbeitnehmer ist zur ordnungsgemässen Versteuerung und Abführung seiner Steuern im Einsatzland nach den dort geltenden gesetzlichen Vorschriften und ggf. in Deutschland verpflichtet.

Soweit eine Verpflichtung des Arbeitgebers zur Einbehaltung und Abführung von Steuern des Arbeitnehmers besteht, wird der Arbeitgeber diese direkt einbehalten und abführen. Steuerschuldner bleibt in jedem Fall der Arbeitnehmer, auch bei unrichtiger Berechnung bzw. Abführung der Steuer durch den Arbeitgeber.

Der Arbeitgeber übernimmt die Kosten einer jährlichen steuerlichen Beratung des Arbeitnehmers durch *(Steuerberatungsgesellschaft einfügen).* Der Umfang der Steuerberatung ist grundsätzlich auf die Einkünfte aus der Tätigkeit im Einsatzland beschränkt.

4) Die vorgenannte Jahresvergütung ist in zwölf gleichen Raten jeweils am Monatsende fällig und wird am letzten Werktag eines Monats unter Berücksichtigung der dann geltenden steuerlichen und sozialversicherungsrechtlichen Vorgaben (Zahlungsweise) auf ein vom Arbeitnehmer zu benennendes Konto ausgezahlt.

5) Der Arbeitnehmer bleibt Mitglied in der betrieblichen Altersversorgung des Arbeitgebers. (Einzelheiten siehe die entsprechende betriebliche Regelung)

6) Sämtliche finanziellen Leistungen des Arbeitgebers während der Dauer des Auslandseinsatzes sind in diesem Vertrag abschließend geregelt. Nach Beendigung des Auslandseinsatzes gelten die bisherigen Regelungen zur Vergütung im Arbeitsvertrag vom *(Datum einfügen)*. Der Arbeitgeber verpflichtet sich, den Arbeitnehmer in die allgemeine Gehaltsentwicklung vergleichbarer Arbeitnehmer im Inland einzubeziehen.

§ 5 Umzugskostenpauschale

Der Arbeitnehmer erhält zu Beginn der Entsendung eine Umzugspauschale in Höhe von *Währung yy* netto. Der Arbeitgeber übernimmt die evtl. notwendige Versteuerung.

§ 6 Firmenwagen

Der Arbeitgeber stellt dem Arbeitnehmer für die Dauer der Entsendung einen Firmenwagen zur Verfügung, den dieser auch privat nutzen darf. Auf die Privatnutzung entfallende Steuern und Sozialabgaben trägt der Arbeitnehmer.

§ X andere Leistungen

Hier ggf. andere zusätzliche Leistungen aufführen, die im Allgemeinen in den Entsendungsrichtlinien enthalten sind, z.B. Schulkosten. Versicherungen, Sprachkurse, interkulturelles Training, Vorbereitung, etc.

§ 7 Wohnung

1) Das Unternehmen zahlt einen monatlichen Wohnkostenzuschuss in Höhe von *Währung yy* netto für die Unterbringung in *(Land/Ort einfügen)*. Sollten Miete und Nebenkosten diesen Betrag übersteigen, hat der Arbeitnehmer alleine für die zusätzlichen Kosten aufzukommen, die über dem vorgenannten Betrag liegen.

2) Die Kosten für die Suche und Vermittlung einer Mietwohnung am Einsatzort, z.B. Maklerkosten, werden gegen Nachweis erstattet. Eine eventuell fällige Mietkaution am Einsatzort wird durch den Arbeitgeber dem Arbeitnehmer vorgestreckt und ist vom Arbeitnehmer am Ende des Mietverhältnisses, einschließlich evtl. Verzinsung, in voller Höhe zurückzuzahlen.

3) Der Arbeitgeber trägt die Kosten für die Einlagerung in Deutschland von persönlichen Gegenständen/Hausrat und Möbeln des Arbeitnehmers während des Auslandeinsatzes. Die Kosten für den Transport des Einlagerungsgutes in ein Lager und zurück werden ebenfalls vom Arbeitgeber übernommen. Eine Kostenerstattung erfolgt ausschließlich nach vorheriger schriftlicher Zustimmung des Arbeitgebers.

§ 8 Reisekosten für Hin- und Rückreise

1) Die Kosten für den Hinflug zu Beginn des Auslandseinsatzes sowie für den Rückflug nach Beendigung der Auslandstätigkeit in der *Business/Economy* Class werden für den Arbeitnehmer und seine mitreisenden Familienmitglieder übernommen.

Familienmitglied im Sinne dieses Vertrages sind der Ehe-/Lebenspartner des Arbeitnehmers und dessen unterhaltsberechtigte Kinder, die nicht berufstätig sind, und mit diesem auf Dauer in einem gemeinsamen Haushalt leben.

2) Der Arbeitgeber erstattet dem Arbeitnehmer und seinen mitreisenden Familienmitgliedern die Kosten für Übergepäck für persönliche Dinge (z.B. Kleidung und kleinere Gegenstände) bis zu einer Höhe von insgesamt xx kg jeweils für den Hin- und Rückflug.

§ 9 Heimflüge

1) Einmal pro Jahr erhält der Arbeitnehmer für sich und seine mitreisenden Familienmitglieder einen bezahlten Heimflug in der *Business/Economy* Class. Die Heimreise soll möglichst in Verbindung mit Dienstreisen nach Deutschland erfolgen.

2) Wird der Anspruch auf Heimflug in dem Beschäftigungsjahr, in dem er entsteht, durch den Arbeitnehmer oder seine mitreisenden Familienmitglieder nicht wahrgenommen, verfällt der Anspruch. Ein Anspruch auf Auszahlung der Flugkosten besteht nicht.

Alternativ: grundsätzlich Auszahlung des Flugkostenanspruchs zwischen Einsatz- und Heimatland.

§ 10 Dienstreisen

Für Dienstreisen während des Auslandsaufenthaltes gelten die Dienstreiseregelungen der XY oder Gesellschaft im Einsatzland in der jeweils gültigen Fassung.

§ 11 Sozialversicherung

1) Soweit dies nach den gesetzlichen Regelungen (Sozialgesetzbuch bzw. anwendbare Sozialversicherungsabkommen, überstaatliche Regelungen) möglich ist, bleibt der Arbeitnehmer bei Zustimmung der zuständigen Behörden während der Entsendung im deutschen Sozialversicherungssystem versichert. Die entsprechenden Beiträge (Arbeitnehmer- und Arbeitgeberbeiträge) werden vom Arbeitgeber in Deutschland abgeführt. Der Arbeitnehmeranteil wird von der dem Arbeitnehmer auszuzahlenden Vergütung abgezogen.

2) Werden der Arbeitnehmer und/oder der Arbeitgeber zur Zahlung zusätzlicher Sozialversicherungsbeiträge in *(Land)* herangezogen, werden diese vom Arbeitgeber getragen.

3) Um möglicherweise höhere Krankheitskosten abzudecken, wird für die Zeit des Auslandseinsatzes für den Arbeitnehmer eine private *(evtl. zusätzliche)* Auslandskrankenversicherung abgeschlossen.

§ 12 Krankheitsbedingte Arbeitsunfähigkeit

1) Wird der Arbeitnehmer durch Arbeitsunfähigkeit infolge von Krankheit an seiner Arbeitsleistung gehindert, gelten die Regelungen des Entgeltfortzahlungsgesetzes in seiner jeweils gültigen Fassung sowie die Regelungen in dem bestehenden Anstellungsvertrag.

2) Bei einer krankheitsbedingten Rückkehr nach Deutschland wird der Auslandseinsatz ab dem Tag beendet, ab dem abzusehen ist, dass der Arbeitnehmer nicht mehr nach (*Einsatzland einfügen)* zurückkehrt, spätestens jedoch nach Ablauf eines dreimonatigen krankheitsbedingten Aufenthalts in Deutschland. An die Stelle der Auslandsbezüge tritt für die Dauer des krankheitsbedingten Aufenthalts in Deutschland unter Berücksichtigung des Entgeltfortzahlungsgesetzes das fortgeschriebene Inlandsgehalt.

3) Falls der Arbeitnehmer aus medizinischen Gründen ausgeflogen werden muss, übernimmt der Arbeitgeber die Transportkosten.

§ 13 Nebentätigkeit

Der Arbeitnehmer wird seine Kenntnisse und Fähigkeiten während des Auslandseinsatzes ausschließlich dem Arbeitgeber und der *xx Company* widmen. Er wird weder eine andere Beschäftigung annehmen noch eine Geschäftstätigkeit - gleich welcher Art und ob entgeltlich oder unentgeltlich - übernehmen, ohne daß er zuvor eine ausdrückliche schriftliche Zustimmung des Arbeitgebers erhalten hat.

§ 14 Geheimhaltungsverpflichtung

Der Arbeitnehmer verpflichtet sich, über alle Betriebs- und Geschäftsgeheimnisse und alle sonstigen vertraulichen Angelegenheiten und Vorgänge, die ihm während des Auslandseinsatzes bekannt werden, während und auch nach der Beendigung des Auslandseinsatzes und des Arbeitsverhältnisses Stillschweigen zu bewahren.

§ 15 Nachvertragliches Wettbewerbsverbot

ggf. einfügen

§ 16 Verhalten des Arbeitnehmers im Ausland

Der Arbeitnehmer versichert, die Gesetze und Bestimmungen im Ausland zu beachten, die dort herrschenden Sitten und Gebräuche zu respektieren und sich hierüber zu informieren, wobei ihm der Arbeitgeber auf Nachfrage Hilfestellung leistet.

§ 17 Geltendes Recht/Gerichtsstand

1) Das Arbeitsverhältnis, seine Beendigung und nachvertragliche Pflichten beider Parteien bestimmen sich nach deutschem Recht.

2) Soweit rechtlich zulässig, vereinbaren die Vertragsparteien die Zuständigkeit des Arbeitsgerichts, das für den Sitz des Arbeitgebers zuständig ist. Dies gilt insbesondere für den Fall, dass der Arbeitnehmer seinen Wohnsitz in Deutschland aufgibt.

§ 18 Schriftform/Schlußbestimmung

1) Änderungen, Ergänzungen oder eine Aufhebung dieses Vertrags bedürfen zu ihrer Rechtswirksamkeit der Schriftform. Dies gilt auch für ein Abweichen vom Schriftformerfordernis. Mündliche Nebenabreden sind nicht getroffen.

2) Sollte eine Bestimmung des Vertrags oder eine Änderung oder Ergänzung ganz oder teilweise unwirksam sein oder werden oder sollte sich in diesem Vertrag eine Lücke herausstellen, wird hierdurch die Wirksamkeit des Vertrags im übrigen nicht berührt. In diesem Falle soll an die Stelle der unwirksamen Bestimmung und zur Ausfüllung von Lücken eine Regelung treten, die dem wirtschaftlich Gewollten am nächsten kommt.

Ort, den ... (Datum)	Ort, den ... (Datum)
______________________________	______________________________
XY GmbH	N.N.

Der Arbeitnehmer bestätigt, eine beiderseits unterschriebene Ausfertigung dieser Vereinbarung erhalten zu haben.

____

N.N.

Entsendungsrichtlinie

I. Einführung
Personalpolitische Grundsätze

II. Grundlagen

1. Vertragsgestaltung

2. Einsatzdauer

3. Rückkehr und Wiedereingliederung

4. Familienangehörige

5. Verhalten im Entsendungsland

III. Vorbereitung der Entsendung

1. Medizinische Vorsorge

2. Heimatwohnung

3. Umzug – was, wann, wohin, wieviel

4. Mitnahme von Hausrat

5. Mitnahme von Haustieren

6. PKW – Verkauf im Heimatland

7. Vorbereitungszeit

8. Vorbereitendes Training – inkl. Sprache

9. Ausbildung der Kinder
- im Entsendungsland
- im Heimat- oder Drittland
- Kindergarten

IV. Vergütung
Gehaltspolitische Grundsätze

1. Basisgehalt

2. Steuerbetrachtung

3. Sozialversicherung
- Heimatland
- Entsendungsland

4. Mietkosten / evtl. Anrechnung Mietpauschale Heimatland

5. Andere Abgaben und Leistungen

6. Auslandszulage
- Mobilität / Foreign Service
- Hardship / Location / evtl. Baustelle

7. Lebenshaltunskostenausgleich
- Basis
- Änderung

8. Methode der Gehaltsauszahlung

V. Bedingungen während der Entsendung

1. Arbeitszeit
- täglich
- Mehrarbeit
- Besondere Einsatz- / Freizeitregelung

2. Urlaub
- Dauer
- Evtl. zusätzliche Reisetage
- Zeitpunkt
- Übertragung in das Folgejahr
- Erkrankung im Urlaub
- Sonderurlaub
- Ausreiseurlaub

3. Fahrzeugregelung
- eigener PKW oder Firmenwagen

4. Clubmitgliedschaften

5. Versicherungen

6. Unterbringung
- in einer eigenen Wohnung
- vor Bezug einer eigenen Wohnung
- Tagegelder
- in einer Unterkunft des Unternehmens

VI. Reisen

1. Transportmittel

2. Reisekosten

3. evtl. zusätzliche Reisen bei Familientrennung - Kosten

4. Reisekosten bei medizinischer Behandlung außerhalb des Einsatzlandes

5. Todesfälle

6. Dienstreisen

7. Reisegepäck

8.Tagegelder

VII.Soziale und medizinische Absicherung

1. Versicherungsschutz

2. Krankheitsfall / Arbeitsunfähigkeit

3. Unfallversicherung

Checkliste für den Auslandseinsatz

Mitarbeiter- & Reisedaten:

Name/Vorname..Abteilung/Kostenstelle..................................

Eintrittsdatum...Geburtsdatum..

Funktion..AT-/Tarifgruppe...

PersonalNr..Vorgesetzter (1.Ebene)...................................

Anschrift Heimatland: ....

....

Mitreisende Familienangehörige: Name/Vorname Geburtsdatum

....

....

. ...

Gastland...Einsatzort..

Gesellschaft...

Anschrift der Gesellschaft..

Ansprechpartner...................................... Funktion im Gastland...................................

Vorgesetzter im Gastland...

Beginn der Entsendung......................... Ende der Entsendung.................Dauer...........

Vorläufige Anschrift im Gastland..

Kontaktperson im Heimatland...

Anschrift der Kontaktperson..

Vertragsdaten

Anstellungsvertrag im Heimatland

O ruht für die Dauer der Entsendung

O mit Zusatzvereinbarung

O ohne Zusatzvereinbarung

O wird aufgelöst

O mit Wiedereinstellungsgarantie

O ohne Wiedereinstellungsgarantie

Art des Entsendungsvertrages	O long term assignment
	O mit Familie
	O ohne Familie
	O short term assignment
	O mit Familie
	O ohne Familie

Vergütungsdaten (brutto & jährlich)

Grundgehalt im Heimatland		....
+ fester Bonus		....
+ variable Gehaltsbestandteile		....
+ sonstige Geldleistungen		....
= Bruttojahresbezüge im Heimatland		.... :........ Monate
= Bruttomonatsbezüge im Heimatland		....
Grundgehalt im Gastland		....
+ variable Bezüge		....
+ garantierte Provisionen		....
+ Mobilitätszulage (netto)		....
+ Erschwerniszulage	(%)	....
+ Individuelle Zulage	(%)	....
+ sonstige Geldleistungen		....
= Bruttojahresbezüge im Gastland		.... : ....Monate
= Bruttomonatsbezüge im Gastland		....

Auszahlungsmodalitäten

Nettomonatsbezüge	O ja	O nein
Bruttomonatsbezüge	O ja	O nein
Payroll	O Heimatgesellschaft	O Gastgesellschaft

Visa / Arbeitsgenehmigung im Gastland

Visum beantragt durch.. am.......................

Für Mitarbeiter/ in O Für mitreisende Familienangehörige O

Visum erteilt am........................

Ansprechpartner im Konsulat / in der Botschaft..

Arbeitsgenehmigung beantragt durch.................................... am........................
Für Mitarbeiter/ in O Für Ehepartner/ in O

Arbeitsgenehmigung erteilt am..............

Bankverbindung im Gastland

Institut...

Kontonummer...Bankleitzahl...

Anschrift...

....

Bankverbindung im Heimatland

Institut...

Kontonummer...Bankleitzahl...

Anschrift...

....

Kostenträgerschaft

(hier sollte festgehalten werden, welche Kosten der Entsendung von welcher Gesellschaft und/oder Kostenstelle getragen werden)

....

....

....

Finanzamt & Versicherungen

Doppelbesteuerungsabkommen	O ja	O nein
Sozialversicherungsabkommen	O ja	O nein

Steuerklasse..Finanzamt...

Freistellungsantrag beim Finanzamt	O ja	O nein
Abmeldung beim Finanzamt erforderlich	O ja	O nein
Abmeldung bei Familienkasse erforderlich	O ja	O nein
Sozialversicherung verbleibt im Heimatland	O ja	O nein

Welche Art kommt zur Anwendung..

....

....

Freistellung von der Sozialversicherung im Gastland (Antrag DVKA)	O ja	O nein
Auslandskrankenversicherung abgeschlossen (auch für Familienmitglieder)	O ja	O nein
Anträge Rentenversicherung - Antragspflichtversicherung	O ja	O nein
- Freiwillige Versicherung	O ja	O nein
Antrag auf Arbeitslosenversicherung (nach § 28a SGB III)	O ja	O nein
Reisegepäckversicherung abgeschlossen	O ja	O nein
Unfallversicherung abgeschlossen	O ja	O nein
Meldung an betriebliche Altersversorgung erfolgt	O ja	O nein
....	O ja	O nein

Urlaub & Sonderurlaub

Resturlaub im Heimatland................Tage

O ....Tage werden noch genommen

O ....Tage werden übertragen

O ....Tage werden ausgezahlt

Zeitkonto im Heimatland..................Tage

O ....Tage werden noch genommen

O ....Tage werden übertragen

O ....Tage werden ausgezahlt

Urlaubsanspruch im Gastland ....Tage

Umzugsurlaub................... Tage

Sonderurlaub .... Tage

Heimaturlaub ....Tage

Hinweise: ....

....

Flugkonto/Flugentitlement

Mitarbeiter/in.............................Flüge (IATA-Business-Tarif) Wert........................

(Ehe)Partner/in.........................Flüge (IATA-Business-Tarif) Wert........................

...........Kinder .... Flüge (IATA-Business-Tarif) Wert.........................

Hinweise: ....

....

Schule / Ausbildung der Kinder:

Vorname des Kindes	Geburts-datum	bisherige Schul-/ Ausbildung	angestrebte Abschlüsse
....	....	....	....
....	....	....	....

Vorname des Kindes	Schule im Gastland Art & Ort der Schule	Schulgeld im Heimatland	Schulgeld im Gastland
....	....		....
....	....		....

Hinweise: ....

....

Wohnungssituation:

Wohnung/Haus im Heimatland:

Wohnung/Haus im Heimatland O Eigentümer O Mieter/in

Wohnung/Haus im Heimatland wird O aufgegeben O beibehalten

O vermietet O verkauft

Kosten werden übernommen für O Makler; Betrag ca.................................

O Inserate; Betrag ca...............................

O Mietdifferenz; ca.................................

O ....

Wohnung/Haus im Gastland:

Ort der Wohnung/des Hauses ....

Lage / Kategorie / Ausstattung O expensive O moderate O inexpensive

voraussichtliche Kosten: ....Nebenkosten.............................

Zahlung erfolgt durch O Company Heimatland O Company Gastland

O Mitarbeiter/in O Partnerunternehmen

Größe der Wohnung / des Hauses: ....Zimmer (exkl. Küche/Bad)

Um Wohnraumbeschaffung kümmert sich: ....

Makler O ja O nein Kaution O ja .... O nein

Hinweise: ....

....

....

....

Umzug:

Art und Umfang des Umzuges O Gesamtumzug O Teilumzug

O Einlagerung

Umzug / Transport erfolgt durch O LKW O Schiff O Bahn

Umzug wird organisiert durch O Company O Mitarbeiter/in O Relocation

Voraussichtliche Kosten für O Gesamtumzug ....

O Teilumzug ....

O Einlagerung ....pro Jahr

O Umzugsmanagement ....

O Versicherungen ....

Angebote für Umzug eingeholt O ja O nein O Anzahl

beauftragte Spedition ....

....

Transport von Haustieren O ja .... O nein

Hinweise ....

....

Polizeiliche Abmeldung Heimatland O ja O nein

Relocation Service:

Relocation Service wird beauftragt O ja von O Company

O nein O Mitarbeiter/in

Name des Relocation Services ....

Ansprechpartner ....Tel. ....

Leistungsumfang ....

....

(siehe auch Vertrag mit dem Relocation Service)

Voraussichtliche Kosten ....

Hinweise: ....

....

Fahrzeugregelung:

Dienstwagen im Heimatland O ja O nein

Dienstwagen im Gastland O ja O nein

Nachteilsausgleich O ja .... O nein

Verkauf des privaten Fahrzeuges O ja, zu .... O nein

Wert nach ADAC-Liste: ....

Ausgleich (x %): ....

Vorübergehender Mietwagen O ja O nein

Transfer des privaten Fahrzeuges O ja O nein

Transfer erfolgt durch O eigene Überführung O LKW

O Schiff O Bahn

Voraussichtliche Kosten des Transfers ....

KFZ Versicherung Einsatzland O ja O nein

Hinweise: ....

....

Look & See Trip:

Look & See Trip notwendig für Mitarbeiter/in O ja O nein

für (Ehe)partner/in O ja O nein

für Kinder (ab 14 Jahre) O ja O nein

Dauer des Look & See Trips ....Tage (ohne Reisetage)

Organisation des Look & See Trips durch O Mitarbeiter/in

O Company im Heimatland

O Company im Gastland

O Relocation Service

voraussichtliche Kosten des Look & See Trips ....

Inhalt des Look & See Trips ....

....

Ansprechpartner/in vor Ort ....

Hinweise: ....

....

Vorbereitung auf den Auslandseinsatz:

Zusammen mit der Personalentwicklung, dem/der Mitarbeiter/in und den zuständigen Vorgesetzten sollte rechtzeitig ein Qualifizierungskonzept entwickelt werden, das sowohl die fachlichen als auch die persönlichen Aspekte der Entsendung beinhaltet.

Trainingsmaßnahmen	Mitarbeiter/in	(Ehe)Partner/in	Kinder
Interkulturelles Training Institut:........ Inhouse:......	O	O	O
fachliche Vorbereitung	O		
Landessprache	O	O	O
Englisch	O	O	O
....	O	O	O
....	O	O	O

Verantwortlich für die Organisation und Durchführung der Auslandsvorbereitung:

....

Informationsmaterial für den/die Mitarbeiter/in

O das Gastland im Allgemeinen

O über den Einsatzort im Speziellen

O über Schulen und Ausbildungsmöglichkeiten

O über Arbeitsmöglichkeiten für den/die (Ehe)Partner/in

O über notwendige Behördengänge und Formalitäten Gastland (z.B. Führerschein, Visum, Meldepflichten)

Hinweise: ....

....

Gesundheit:

	Mitarbeiter/ Mitarbeiterin	(Ehe)Part-ner/in	Kinder
Medizinische Vorsorgeuntersuchung erfolgt	O	O	O
Tropentauglichkeit erforderlich	O	O	O
Medizinische Unbedenklichkeitsbescheinigung	O	O	O
erforderliche Impfungen durchgeführt	O	O	O

(alle Bescheinigungen müssen im Original vor Antritt der Reise beigebracht werden)

behandelnde/r Arzt/Ärztin: ....

....

Sonstiges: ....

....

....

verantwortliche/r Bearbeiter/in in der Personalabteilung/IHR..

Internet Links

Allgemeine Länderinformationen

www.ifa.de
www.auswaertiges-amt.de
www.marco-polo.de
www.focus.de/reisen
www.goethe.de

Landkarten/Stadtpläne

www.reliefweb.int/mapc/
www.multimap.com/world/places.cgi
www.maps.com
www.maps.expedia.com

Kultur

www.concierge.com

Sprache

www.alphadictionary.com
www.leo.org

Währung

www.reisebank.de
www.oanda.com

Medizinische Reisevorbereitung

www.fit-for-travel.de
www.dtg.org
www.crm.de

Quarantänebestimmungen

www.britischebotschaft.de/de/embassy/agriculture/pets.htm

Sicherheit für Auslandsentsendungen

www.control-risks.com

Visabestimmungen

www.auswaertiges-amt.de
www.konsulate.de

Botschaften im Ausland

www.auswaertiges-amt.de
www.escapeartist.com/embassy1/embassy1.htm

Schulen im Ausland

www.auslandsschulwesen.de

Jobs im Ausland

www.escapeartist.com/job/overseas1.htm

Literatur für Expats im Internet

www.escapeartist.com/e_Books/e_Books.html

Sozialversicherungsabkommen

www.dvka.de/oeffentlicheSeiten/ArbeitenAusland.html

Doppelbesteuerungsabkommen

www.bundesfinanzministerium.de/lang_de/DE/Steuern/Veroeffentlichungen_zu_Steuerarten/Internationales_Steuerrecht/001.html

Deutsche Rentenversicherung Bund (Früher:Bundesversicherungsanstalt für Angestellte)

www.deutsche-rentenversicherung-bund.de

Bundesagentur für Arbeit

www.arbeitsagentur.de

Stichwortverzeichnis